D1457019

MORT OU VIF

Aux Éditions Albin Michel

MORT OU VIF tome 2, 2011.

TOM CLANCY
avec Grant Blackwood

MORT OU VIF

Tome 1

ROMAN

Traduit de l'américain
par Jean Bonnefoy

Albin Michel

Ceci est une œuvre de fiction. Les personnages et les situations décrits dans ce livre sont purement imaginaires : toute ressemblance avec des personnages ou des événements existant ou ayant existé ne serait que pure coïncidence.

1

LES TROUPES LÉGÈRES – « le Fantassin léger 11B » dans le jargon des forces d'occupation de l'armée de terre américaine – sont censément formées de soldats bien briqués, uniforme impeccable jusqu'au dernier bouton de guêtre et visage rasé de près, mais le caporal-chef Sam Driscoll n'était plus vraiment dans cet état – et depuis belle lurette. C'est que la notion de camouflage impliquait un peu plus que le BDU – le fameux Battle Dress Uniform, même si aujourd'hui on parlait plutôt d'ACU – Army Combat Uniform. Bonnet blanc, blanc bonnet.

Driscoll avait une barbe de dix centimètres – avec suffisamment de sel dans le poivre pour que ses hommes l'aient surnommé Papa Noël – plutôt énervant pour un gars de trente-six ans à peine, mais voilà, quand la plupart de vos compatriotes sont en moyenne de dix ans plus jeunes que vous… enfin, ça aurait pu être pire. Du genre « Papy ».

Non, ce qui l'ennuyait surtout, c'étaient les cheveux longs, en bataille, sombres et gras – ajoutés à la barbe drue, ce qui ici était bien utile comme couverture. De toute façon, pour les autochtones, l'essentiel était d'être barbu, le reste de la coiffure importait peu.

Pour la tenue, même chose : cent pour cent couleur locale, idem pour son équipe. Quinze hommes en tout. Le commandant de la compagnie, un capitaine, était H.-S. pour cause de jambe cassée après avoir trébuché – il n'en fallait pas plus pour vous mettre hors course sur ce genre de terrain. Installé sur la crête d'une colline, il attendait l'hélico Chinook pour son évacuation, accompagné de l'un des deux infirmiers du groupe, chargé de s'assurer qu'il n'était pas en état de choc. Ce qui laissait à Driscoll le commandement de la mission. Pas grave. Il avait plus d'ancienneté sur le terrain que le capitaine Wilson, quand bien même ce dernier était titulaire, lui, d'un diplôme universitaire. Chaque chose en son temps. Il lui faudrait d'abord survivre à ce déploiement et, ensuite seulement, il pourrait retourner sur les bancs de l'université de Georgie. Marrant, somme toute, qu'il lui ait fallu près de trente ans pour enfin pouvoir goûter à la vie estudiantine. *Enfin, mieux vaut tard que jamais, sans doute.*

Il était las, de cette lassitude pesante à vous rompre les os que connaissent trop bien les Rangers. Il savait dormir, lové comme un chien sur une dalle de granite, la crosse de son arme en guise d'oreiller, il savait rester aux aguets quand son corps et son cerveau lui hurlaient de s'étendre. Le problème est que désormais, à l'approche de la quarantaine, toutes ces gênes et ces douleurs lui pesaient plus que lorsqu'il avait vingt ans, et il lui fallait deux fois plus de temps pour se dérouiller chaque matin. Mais là encore, tous ces petits bobos étaient compensés par la sagesse et l'expérience. Il lui avait fallu des années pour s'en rendre compte mais, cela avait beau être un cliché, il suffisait que l'esprit sache dominer la matière. Ainsi avait-il appris à bloquer presque entièrement la douleur, ce qui était bien utile quand vous commandiez des hommes bien plus jeunes que vous dont le paquetage devait leur paraître autrement plus léger. La vie n'était finalement qu'une succession de compromis.

Cela faisait deux jours qu'ils parcouraient les collines, en déplacement constant, ne dormant que deux ou trois heures par nuit. Il faisait partie du Groupe d'opérations spéciales du 75e régiment de Rangers, posté à Fort Benning, Georgie, fameux par son mess des sous-offs avec bière pression à volonté. Il lui suffit de fermer les yeux et de se concentrer pour sentir le contact de la mousse fraîche sur ses papilles mais cela ne dura qu'un instant. Il devait rester concentré en permanence. Ils se trouvaient à cinq mille mètres d'altitude, dans les montagnes de l'Hindou Kouch, dans cette zone floue indistinctement partagée entre l'Afghanistan et le Pakistan – du moins aux yeux des populations locales. Driscoll savait que des lignes sur une carte ne font pas les frontières, surtout dans cette partie du sous-continent indien. Il avait vérifié sa position sur son GPS, mais les coordonnées n'étaient pas le point essentiel pour cette mission. L'important était leur objectif, quelle que soit sa position sur la carte.

La population locale ne s'intéressait pas vraiment aux frontières. Pour elles, la réalité était votre tribu, votre famille, votre appartenance au sein de la communauté musulmane. Ici, les souvenirs se perpétuaient au long des siècles, et les récits plus encore. Sans parler des rancunes. Les autochtones se glorifiaient toujours d'avoir chassé du pays Alexandre le Grand, et certains se rappelaient encore les noms des guerriers qui avaient défait les cavaliers macédoniens jusque-là conquérants victorieux de tous les territoires où ils s'étaient engagés. La plupart toutefois évoquaient surtout les Russes, combien ils en avaient tué, la plupart lors des embuscades, certains au couteau en combat singulier. Des récits qui faisaient rire ou sourire et qu'on se transmettait de père en fils. Driscoll doutait que les soldats russes qui en avaient réchappé fussent particulièrement réjouis par l'expérience. Non, ces gens-là n'étaient certainement pas des blaireaux. C'étaient des durs-à-cuire, encore endurcis par les intempéries, la guerre, la famine, s'efforçant avant tout de rester en vie dans un pays qui, la plupart du temps, semblait faire son possible pour vous tuer. Driscoll savait qu'il aurait dû éprouver un minimum de sympathie à leur égard. Dieu leur avait distribué de mauvaises cartes et ce n'était peut-être pas leur faute – mais ce n'était pas non plus celle de Driscoll, ça n'était pas son problème. Ces gens étaient les ennemis de son pays et les autorités de son pays les avaient désignés à sa vindicte, voilà pourquoi lui et ses hommes se retrouvaient ici. Telle était l'incontournable vérité du moment, la raison de sa présence dans ces satanées montagnes.

Une autre vérité incontournable semblait être cette nouvelle crête devant eux. Ils l'avaient escaladée sur quinze bornes, presque exclusivement de rocaille et d'éboulis, depuis qu'ils avaient sauté du Chinook CH-47, un modèle Delta, le seul opérationnel à leur disposition à de telles altitudes.

Là-bas... la ligne de crête. Cinquante mètres.

Driscoll ralentit le pas. Il ouvrait la marche – c'était lui le sous-off le plus haut gradé – tandis que ses hommes s'étiraient sur une centaine de mètres derrière lui, aux aguets, scrutant les alentours, carabine M4 prête, chacun balayant le secteur qu'on lui avait assigné. Ils s'attendaient à rencontrer des sentinelles sur la ligne de crête. Les autochtones étaient peut-être incultes au sens occidental du terme, mais ils étaient tout sauf stupides, raison pour laquelle les Rangers menaient cette opération de nuit – une heure quarante-quatre, à en croire sa montre. Pas de lune, et un plafond élevé, assez couvert pour masquer la lumière des étoiles. Une météo idéale pour la chasse.

Il regardait plus en bas qu'en haut. Il ne voulait faire aucun bruit, or le bruit venait des pieds – un simple caillou délogé et dévalant la pente suffirait à les trahir. Impensable ! Pas question de gâcher ainsi les trois jours et vingt-cinq kilomètres de marche qu'il leur avait fallu pour arriver si près du but.

Vingt mètres jusqu'à la ligne de crête. Soixante pieds.

Il scruta l'arête, guettant un mouvement. Rien à proximité. Quelques pas encore, à gauche et à droite, la carabine plaquée contre le torse, canon vers le bas, le doigt caressant la détente, pour se rassurer.

Il était difficile d'expliquer aux gens la difficulté de la tâche, combien c'était usant, épuisant – bien plus qu'une marche forcée de vingt-cinq kilomètres dans les bois – de savoir qu'il y avait peut-être en face de vous quelqu'un avec un AK-47, lui aussi le doigt sur la détente, le sélecteur bloqué en position tir automatique, prêt à vous tailler en pièces. Driscoll savait certes que ses hommes auraient tôt fait de lui régler son compte mais pour le bien que ça lui ferait… il se consola en se disant que si jamais ça devait lui arriver, il y avait des chances qu'il ne s'en rendît même pas compte. Il avait éliminé suffisamment d'ennemis pour savoir comment cela se passait : à un instant, vous marchez, l'œil aux aguets, l'oreille tendue, à l'affût du danger… l'instant d'après, rien. La mort.

Driscoll connaissait la règle dans ces terres arides, au cœur de la nuit : Hâte-toi lentement. Progresser avec lenteur, pas à pas, en redoublant de précaution. Une leçon apprise au cours de ces longues années.

Pas plus tard que six mois auparavant, il avait terminé troisième au concours du meilleur Ranger, le championnat national des Forces spéciales. En fait, il avait eu pour partenaire le capitaine Wilson dans l'équipe 21. L'officier devait à présent enrager à cause de sa jambe cassée. C'était un bon Ranger mais un tibia brisé, ça ne pardonnait pas. On n'y pouvait pas grand-chose. Une déchirure musculaire faisait un mal de chien, mais on s'en remettait rapidement. D'un autre côté, un os brisé devait se ressouder, ce qui vous contraignait à rester alité plusieurs semaines dans un hôpital militaire avant que les toubibs vous autorisent de nouveau à vous appuyer dessus. Sans compter la rééducation, réapprendre à marcher, puis à courir. Quelle corvée… il avait eu de la chance, le pire dont il ait eu à souffrir ayant été une foulure de la cheville, une fracture de l'auriculaire et un hématome à la hanche… aucun de ces bobos ne l'avait mis sur la touche plus d'une semaine. En tout cas moins qu'une balle ou qu'un éclat d'obus. Les dieux des Rangers lui avaient sans nul doute été favorables.

Encore cinq pas…

OK, nous y sommes… Ouaip. Comme il s'y était attendu, il y avait bien une sentinelle. Vingt-cinq mètres sur sa droite. Une position un peu trop évidente, même si l'homme ne faisait guère d'efforts pour se cacher, restant planté là, à regarder dans la mauvaise direction, sans doute par ennui, à moitié assoupi et comptant les minutes jusqu'à la relève. Oui mais voilà, l'ennui pouvait tuer et c'est ce qui allait se produire dans moins d'une minute, quand bien même le bonhomme ne devait jamais s'en rendre compte. *Sauf si je rate mon coup,* se rappela Driscoll, même s'il était sûr que ce ne serait pas le cas.

Il se retourna une dernière fois pour scruter les alentours avec ses lunettes infrarouges PVS-17. *Personne dans les parages. Parfait.* Il s'allongea sur le sol, cala la crosse de sa carabine contre l'épaule droite et centra le viseur sur l'oreille droite du gars, retenant son souffle…

Sur sa droite, venant d'un étroit sentier, lui parvint un raclement de cuir sur la rocaille.

Driscoll se figea.

Dans la seconde, il récapitula mentalement la position de son équipe. Y avait-il quelqu'un par là ? Non. La plupart de ses hommes étaient déployés derrière lui et sur sa droite. Avec une lenteur délibérée, Driscoll tourna la tête en direction du bruit. Rien dans les lunettes amplificatrices. Il abaissa la carabine, la posant en travers de son torse. Regarda sur sa gauche. À trois mètres à peine, Collins était tapi derrière un rocher. Du geste, Driscoll lui mima : *Un bruit sur la gauche ; prends deux hommes avec toi.* Collins acquiesça et s'éloigna, marchant en crabe, et disparut hors de vue. Driscoll l'imita, pour aller s'allonger entre deux buissons broussailleux.

En contrebas, nouveau bruit : celui d'un liquide contre la roche. Driscoll sourit. *Un besoin naturel.* Le gars cessa d'uriner. Les pas s'éloignèrent. À six ou sept mètres de lui, estima Driscoll, après le virage.

Quelques secondes plus tard, une silhouette apparut sur la piste. La démarche était lente, nonchalante, presque. Dans ses lunettes, Driscoll distingua un AK-47 passé à l'épaule, canon tourné vers le sol. La sentinelle approchait. Driscoll demeura immobile. Cinq mètres... quatre.

Une silhouette surgit de l'ombre sur le sentier, vint se couler dans le dos de la sentinelle. Une main apparut au-dessus de son épaule, puis l'éclat d'une lame du côté opposé. Collins fit pivoter l'homme sur sa droite et l'attira au sol avec lui. Leurs ombres se mêlèrent. Dix secondes passèrent. Collins se releva, s'écarta du sentier, traînant la sentinelle hors de vue.

Une élimination dans les règles. En dehors des plateaux de cinéma, les agressions à l'arme blanche restaient une rareté dans leur métier. N'empêche, Collins n'avait pas perdu la main.

Quelques instants plus tard, il réapparut sur la droite de Driscoll.

Ce dernier reporta son attention sur la sentinelle postée sur la crête. Toujours là. Elle n'avait pas bougé. Driscoll releva son M4, mit en joue la base du cou de l'homme, son doigt se raidit sur la détente.

Tout doux, tout doux… appuie…

Pop. Presqu'aucun bruit. Difficile à percevoir à plus de cinquante mètres mais le projectile atteignit son but et transperça la tête de la cible, laissant un sillage de vapeur verte, et l'homme alla rejoindre son dieu ; la vingtaine à peine, encore en train de grandir et d'apprendre, sans doute à se battre aussi, tout cela pour finir d'une manière aussi abrupte qu'inattendue.

La cible se tassa sur elle-même et disparut hors de vue.

Pas de bol, mec, songea Driscoll, *mais on traque un gibier autrement plus gros ce soir.*

« Sentinelle abattue, commenta Driscoll à voix basse dans sa radio. La ligne de crête est dégagée. Poursuivez l'ascension. Dans l'ordre et en silence. » Ce dernier conseil était superflu avec des hommes comme les siens.

Il se retourna et les vit presser le pas. Ils étaient excités mais se maîtrisaient, prêts à tout instant à passer à l'action. Ça se lisait dans leur posture, l'économie de mouvements qui séparait les vrais tireurs des bleus et des appelés qui avaient surtout hâte de retrouver la vie civile.

Leur vraie cible était à peut-être moins de cent mètres désormais, alors qu'ils s'échinaient depuis trois mois à débusquer cette crapule. L'alpinisme, ce n'était pas de la rigolade, excepté pour ces cinglés qui prenaient leur pied à escalader l'Everest ou le K2 au Pakistan. Mais pour eux, ça faisait partie de leur présente mission, alors ils ravalaient leur rogne même s'ils n'en pensaient pas moins.

Les quinze hommes s'étaient répartis en trois groupes de tireurs. Le premier devait rester positionné avec les armes lourdes – deux mitrailleuses M249 SAW en couverture. Ils ignoraient à combien d'adversaires ils risquaient d'avoir à faire mais la Squad Automatic

Weapon était idéale pour niveler les chances. Les renseignements fournis par les satellites restaient limités ; il fallait toujours ajuster certaines variables sur le terrain. Tous ses hommes scrutaient la rocaille, guettant un mouvement. N'importe lequel. Ce pouvait être simplement un adversaire sorti couler un bronze. Dans ce trou paumé, vous aviez quatre-vingt-dix pour cent de chance de tomber sur un méchant. D'un autre côté, ça vous facilitait la tâche.

Redoublant encore de lenteur, il mesura ses pas, prenant soin d'éviter les cailloux branlants et les brindilles, avançant toujours, toujours aux aguets… encore un des avantages de la sagesse, se dit-il : savoir contenir l'excitation due à la proximité du but. C'était souvent le moment où les bleus et les morts futurs commettaient leurs erreurs, croyant avoir fait le plus dur à présent que l'objectif était tout près. Et ça, Driscoll le savait, c'était le moment où ce brave vieux Murphy (oui, celui-là même, l'auteur de la fameuse loi) se radinait derrière vous en douce, vous tapait sur l'épaule et vous balançait une mauvaise surprise. Excitation et attente étaient les deux faces, l'une et l'autre mortelles, de la même pièce. Même convenablement dosées, l'une ou l'autre pouvaient s'avérer meurtrières au mauvais moment.

Pas ce coup-ci, toutefois. Merde, pas sous mes ordres. Et pas avec une équipe de cette qualité.

Driscoll vit la ligne de crête, à moins de trois mètres devant lui et il se pencha en avant, prenant garde à ce que sa silhouette ne se découpe pas au sommet et offre ainsi une cible trop facile. Il couvrit les derniers pas à croupetons, puis il se pencha, la main plaquée contre la roche, avant de relever la tête.

Elle était là… la grotte.

2

« A LERTE NIVEAU CARBURANT BAS, *bip-bip*, alerte niveau carburant », serina la voix électronique.

« Je sais, je sais », bougonna le pilote.

L'information était clairement visible sur son écran d'affichage
cathodique. Cela faisait maintenant un quart d'heure que le
témoin d'alerte de l'ordinateur principal de surveillance clignotait
ainsi. Ils avaient rejoint la côte canadienne dix minutes plus tôt et,
en baissant les yeux, ils pouvaient contempler ce qui, en plein jour,
aurait ressemblé à un terrain verdoyant recouvert d'arbres chétifs.
À moins qu'il se soit vraiment planté côté navigation, ils ne
devraient pas tarder à voir apparaître des lumières. En tout cas, ils
avaient rallié la terre ferme, ce qui était déjà un soulagement.

Les vents sur l'Atlantique Nord avaient été bien plus forts que
prévu. À cette heure de la nuit, l'essentiel du trafic était dirigé
vers l'est et ces appareils embarquaient bien plus de carburant
qu'un Dassault Falcon 9000. Il leur en restait pour vingt minutes.
Dix de plus que nécessaire. Leur vitesse relative était d'un peu
plus de 500 nœuds, leur altitude de vingt-cinq mille pieds, et elle
diminuait.

« Approche Gander, lança-t-il dans son micro, ici Hotel 0-9-7 Mike Foxtrot, en approche pour ravitaillement, à vous.

– Mike Foxtrot. Gander en fréquence. Les vents sont calmes. Recommandons piste 2-9 pour approche normale.

– Des vents calmes ? observa le copilote. Bigre. »

Ils venaient de se taper trois bonnes heures avec cent nœuds de jet-stream en plein dans le nez, et pas mal de turbulences – pas la cata pour une altitude de quarante et un mille pieds, mais quand même. « Faut pas m'en demander plus, comme traversée maritime.

– Surtout avec des vents pareils, renchérit le pilote. J'espère que les moteurs tournent aux gaz d'échappement.

– On est en règle avec les douanes ?

– On a passé le CANPASS[1], et on est OK pour arriver à Moose Jaw. Ils ont un service d'immigration, là-bas ?

– Ouais, sûr. »

Tous deux avaient pris leurs précautions. Ce vol serait quelque peu inhabituel pour eux entre Gander et leur destination. Mais on les payait généreusement. Et le taux de change euro / dollar jouait en leur faveur. Surtout avec le dollar canadien…

« Lumières repérées, annonça le copilote. Arrivée dans cinq minutes.

– Compris, piste en vue, répondit le pilote. Volets.

– Volets descendus à dix. » Le copilote actionna les commandes et ils entendirent gémir les servomoteurs électriques. « On réveille les passagers ?

– Non, pour quoi faire ? », décida le pilote.

---

1. *Canadian Passenger Accelerated Service System* : programmes de l'Agence des services frontaliers du Canada (ASFC) qui accélèrent les formalités douanières pour les voyageurs aériens ou maritimes qualifiés comme « à faible risque ». (*Toutes les notes sont du traducteur.*)

S'il s'y prenait bien, ils ne remarqueraient rien avant l'accélération pour l'ultime décollage. Après avoir obtenu ses galons de pilote et passé vingt mille heures de vol sur Swissair, il avait pris sa retraite et s'était acheté un Falcon d'occasion pour transporter les milliardaires à travers l'Europe et autour du monde. La moitié de ceux qui pouvaient s'offrir ses services se retrouvaient toujours aux mêmes endroits – Monaco, Harbor Island aux Bahamas, Saint-Tropez, Aspen... Le fait que son actuel passager ait choisi une autre destination était en soi une curiosité mais tant qu'on le payait, ça ne le regardait pas.

Ils passèrent sous la barre des dix mille pieds. Les lumières de la piste étaient faciles à repérer, une ligne droite dans les ténèbres qui avait jadis guidé une escadrille d'intercepteurs F-84 de l'US Air Force.

Cinq mille pieds, toujours en descente.

« Volets à vingt.

– Compris volets à vingt, répéta le pilote.

– Train », commanda-t-il ensuite, et le copilote saisit la poignée.

Le bruit d'un appel d'air entra dans la cabine quand les trappes s'ouvrirent et que le train d'atterrissage se déploya. Trois cents pieds.

« Descendu et verrouillé, répondit le copilote.

– Cent pieds », dit la voix synthétique.

Le pilote crispa les bras puis se détendit, posant doucement l'appareil, pile à l'endroit qu'il avait choisi. Seul le métier lui permettait de savoir à quel moment précis le Falcon allait toucher les dalles de dix mètres de côté. Il activa l'inversion de poussée et le Dassault ralentit. Un camion à gyrophares lui indiqua bientôt la voie à suivre pour rejoindre le véhicule de ravitaillement.

L'escale dura vingt minutes en tout. Un fonctionnaire de l'immigration les interrogea par radio et en conclut que leur statut n'avait pas changé. Dehors, le conducteur du camion-citerne débrancha le tuyau et referma le bouchon du réservoir de kérosène.

OK, voilà une bonne chose de faite, songea le pilote. En route pour la seconde partie de ce vol en trois étapes.

Le Falcon roula pour regagner l'extrémité nord de la piste. Comme toujours, le pilote se repassa la pré-liste de contrôle, après avoir attendu en bout de piste. Il prit doucement de la vitesse, puis le train rentra, les volets remontèrent, suivant la trajectoire d'envol. Dix minutes encore et ils avaient rejoint le niveau de trente-sept mille pieds, altitude définie à l'origine par les contrôleurs de vol de Toronto.

Cap à l'ouest, ils croisaient à Mach 0,81 – environ 520 nœuds, soit 960 kilomètres-heure – leurs passagers toujours endormis en cabine tandis que les réacteurs engloutissaient le kérosène au rythme d'une tonne cinq à l'heure. Le transpondeur de leur appareil répercutait leur vitesse et leur altitude aux radars de contrôle aérien et, en dehors de ces signaux, aucun échange radio en vocal n'était nécessaire. Par un temps moins clément, on leur aurait peut-être assigné une altitude de croisière sans doute plus élevée pour améliorer le confort du vol mais la tour de Gander ne s'était pas trompée. Une fois passé le front froid qu'ils avaient dû affronter depuis Terre-Neuve, ils auraient aussi bien pu se croire immobiles dans les airs, s'il n'y avait pas eu le grondement assourdi des réacteurs de queue. Pilote et copilote restaient quasiment muets. Ils avaient volé ensemble si souvent maintenant qu'ils connaissaient par cœur les mêmes blagues, et sur un vol sans histoire comme celui-ci, il était inutile d'échanger des informations. Tout avait été programmé, jusqu'au plus petit détail. L'un et l'autre se demandaient à quoi pourrait bien ressembler Hawaï. Ils pouvaient déjà rêver de deux suites au Royal Hawaiian et d'une longue journée de sommeil pour chasser l'inévitable fatigue du décalage horaire, ajoutée aux dix heures de vol supplémentaires qu'ils allaient devoir supporter. Enfin, l'un et l'autre n'avaient rien contre une bonne sieste sur la plage au soleil et la météo locale s'annonçait, comme de coutume, idéale – c'en était presque monotone. Ils avaient prévu une pause de deux jours avant de rejoindre leur base aux environs de Genève – un vol de retour à vide, cette fois.

« Moose Jaw dans quarante minutes, observa le copilote.

– Temps de se remettre au boulot, j'imagine. »

Le plan était simple. Le pilote allait passer sur la radio HF – un reliquat de la Seconde Guerre mondiale – pour contacter la tour de Moose Jaw, lui annoncer son approche et l'amorce de sa descente, en y ajoutant une estimation de son heure d'arrivée. Les contrôleurs du ciel de Moose Jaw répercuteraient ces informations pour les corréler avec les données des transpondeurs sur leurs radars.

Le Dassault commença à perdre de l'altitude en suivant une trajectoire d'approche parfaitement normale, laquelle fut notée par le centre de contrôle de Toronto. Il était 3 heures 04, heure locale – soit Zoulou-4, 7 heures 04 en temps universel.

« Nous y sommes », annonça le copilote. Les lumières d'approche de Moose Jaw se détachèrent dans les ténèbres du paysage. « Altitude douze mille, taux de descente mille par minute.

– Cale-toi sur le transpondeur, commanda le pilote.

– Compris », répondit le copilote.

Ledit transpondeur était un bidouillage maison, installé par l'équipage.

« Six mille pieds. Volets ?

– Laisse tomber, commanda le pilote.

– Compris. Piste en vue. »

Le ciel était dégagé et les phares d'approche de Moose Jaw clignotaient dans l'atmosphère sans nuages.

« Moose Jaw pour Mike Foxtrot, à vous.

– Mike Foxtrot pour Moose Jaw, à vous.

– Moose Jaw, notre train ne veut pas sortir. Restez à l'écoute. À vous. »

L'annonce réveilla pour de bon le personnel au sol.

« Bien compris. Déclarez-vous une alerte ? s'enquit aussitôt l'opérateur radio de la tour.

– Négatif, Moose Jaw. On vérifie les circuits électriques. Restez en ligne.

– Bien compris. On reste en ligne. »

Juste une trace d'inquiétude dans la voix.

S'adressant au copilote, le pilote indiqua : « OK, on va descendre sous leurs radars à mille pieds. » Ils avaient, bien entendu, déjà révisé la procédure. « Altitude trois mille, en descente. »

Le pilote vira légèrement sur la droite. C'était pour révéler au radar d'approche de Moose Jaw un changement de cap, minime, certes, mais notable. Couplé à la baisse d'altitude, ce pourrait apparaître comme un indice intéressant sur les bandes enregistrées si quelqu'un prenait la peine de les regarder, ce qui était douteux. Un spot de plus perdu dans l'éther.

« Deux mille », annonça le copilote. L'atmosphère était plus agitée à cette altitude inférieure mais ce n'était encore rien. « Quinze cents. On ferait peut-être bien d'ajuster le taux de descente.

– Pas faux. »

Le pilote tira légèrement le manche en arrière pour redresser le taux de descente afin qu'ils se stabilisent en palier à 270 mètres du sol. C'était assez bas pour se perdre dans le bruit de fond au sol des radars d'approche de Moose Jaw. Le Dassault était tout sauf furtif, mais la plupart des radars civils de contrôle aérien ne voyaient en fait que les balises et pas l'image radar réelle de la carlingue. Dans le domaine de l'aviation civile, un avion sur un radar n'était guère plus qu'un signal théorique dans le ciel.

« Mike Foxtrot, Moose Jaw, donnez votre altitude, à vous. »

Cela faisait un petit moment qu'ils répétaient ça. L'équipe de garde de nuit était étonnamment réveillée. Peut-être étaient-ils tombés par malchance sur une séance d'entraînement, songea le pilote. Pas de pot, mais ce n'était pas non plus un problème majeur.

« Pilote automatique coupé. Reprise pilotage manuel.

– Pilotage manuel, confirma le copilote.

– OK, boucle à droite. Transpondeur coupé », commanda le pilote.

Le copilote éteignit le transpondeur numéro un.

« Alimentation coupée. Sommes invisibles. »

Ce qui attira aussitôt l'attention de Moose Jaw.

« Mike Foxtrot, Moose Jaw, donnez votre altitude, à vous », ordonna de nouveau la voix, sur un ton plus crispé. Avant de renouveler son appel.

Le Falcon termina sa boucle vers le nord pour se caler sur le cap 225. Le sol était plat et le pilote fut tenté de réduire encore l'altitude à 500 pieds – 150 mètres – mais se ravisa finalement. Inutile. Comme prévu, l'appareil s'était volatilisé sur les radars de Moose Jaw.

– Mike Foxtrot, Moose Jaw. Donnez votre altitude, à vous !

– M'a l'air excité comme une puce, observa le copilote.

– On le serait à moins. »

Le transpondeur qu'ils venaient de couper était celui d'un tout autre appareil – sans doute en ce moment garé dans son hangar à Söderhamn en Suède. L'échange avait accru de soixante-dix mille euros le coût du contrat d'affrètement mais l'équipage suisse savait comment gagner de l'argent et, de toute façon, ils ne transportaient ni drogue ni marchandise illicite. Quel qu'en soit le prix, ce genre de cargaison n'en valait jamais la peine.

Moose Jaw était quarante milles nautiques derrière eux à présent et s'éloignait au rythme de sept milles par minute, d'après le radar Doppler embarqué. Le pilote ajusta le manche pour compenser le vent de travers. L'ordinateur, près de son genou droit, calculerait la dérive, et l'ordinateur savait avec précision leur destination.

En partie, du moins.

3

L'ASPECT ÉTAIT DIFFÉRENT de celui donné par l'imagerie – c'était toujours le cas – mais ils étaient bien au bon endroit, aucun doute là-dessus. Il sentit l'épuisement s'effacer et faire place à la concentration.

Deux mois et demi auparavant, un satellite de la CIA avait intercepté une transmission émanant de l'endroit où ils se trouvaient, tandis qu'un autre avait pris une photo – que Driscoll avait en ce moment même dans sa poche. C'était bien l'objectif, pas de doute. Il était aisément identifiable par une formation rocheuse triangulaire en son sommet. Malgré son apparence artificielle, ce n'était pas une construction humaine mais la marque du retrait d'un des glaciers qui avaient creusé cette vallée Dieu sait combien de milliers d'années auparavant. L'eau qui avait sculpté cette roche avait certainement contribué à creuser cette grotte, voire tout un réseau. Driscoll n'en savait rien et peu lui importait. Certaines étaient très profondes, cachettes parfaitement sûres s'enfonçant à plusieurs centaines de mètres. Mais c'était de celle-ci qu'était parvenu le signal radio. Et c'est ce qui en faisait la particularité. Bien spécifique. Il avait fallu plus d'une semaine à Washington et Langley pour localiser le site mais ils avaient redoublé de prudence dans leur suivi de l'affaire. Presque personne n'était au courant de cette mission. Moins de trente individus en tout dont la plupart étaient à Fort Benning. Où se trouvait le mess des sous-offs. Où ses hommes et lui allaient retourner dans moins de quarante-huit heures. À la grâce de Dieu – *Inch'Allah*, comme on disait par ici. Même s'il ne partageait pas leur foi, le sentiment était logique. Driscoll était méthodiste – ce qui ne l'empêchait pas de boire une bière de temps en temps. Mais il était avant tout soldat.

Bon, on procède comment ? s'interrogea-t-il. Vite fait bien fait, d'accord, mais comment en pratique ? Il avait sur lui une demi-douzaine de grenades. Trois normales et trois grenades assour-dissantes M84. Ces dernières étaient dans une coque de plas-tique au lieu d'acier et remplies d'un mélange de magnésium et d'ammonium, pour provoquer un éclair particulièrement sonore et éblouissant, le but étant d'aveugler et d'assourdir quiconque se trouvait aux alentours. Là encore, il se souciait peu des détails physiques et chimiques. L'essentiel était leur redoutable effica-cité.

Les Rangers n'étaient pas adeptes de la lutte à armes égales. Il s'agissait d'une opération de combat, pas des jeux Olympiques. Ils ne refuseraient pas de procurer les premiers soins à un éventuel survivant chez l'ennemi, mais il ne faudrait pas leur en demander plus et c'était principalement parce que les survivants tendaient à être plus loquaces que les morts. Driscoll contempla de nouveau l'accès de la grotte. Quelqu'un s'était tenu à cet emplacement précis pour passer son appel téléphonique satellite, et un satellite du réseau de détection électronique RHYTHM l'avait copié, tandis qu'un autre satellite – un KEYHOLE, celui-ci – avait localisé l'appel. Leur mission avait dès lors reçu l'aval direct du SOCOM, le Com-mandement des opérations spéciales.

Il se posta, immobile, tout près d'un gros rocher, pour que sa silhouette se fonde dans son ombre. Pas de mouvement notable à l'intérieur. Il n'était pas surpris. Même les terroristes devaient dormir. *Idem* pour lui. Excellent. Dix mètres. Il se rapprocha avec une gesticulation qui aurait pu paraître comique au non-initié, avec ces mouvements exagérés des pieds et des mollets pour éviter avec soin les cailloux épars. Puis il fut dans la place. Mit un genou en terre et scruta l'intérieur. Un coup d'œil par-dessus son épaule pour s'assurer que le reste de l'équipe demeurait silencieux derrière lui. Pas de souci de ce côté-là. N'empêche, Driscoll avait un peu les jambes en coton. Était-ce de l'appréhension ou de la peur ? Peur de se louper, peur que l'histoire se répète. Peur de voir ses hommes se faire tuer.

Un an plus tôt, en Irak, le prédécesseur du capitaine Wilson, un sous-lieutenant inexpérimenté, avait organisé une mission – une traque aux insurgés le long du rivage sud du lac Buhayrat, au nord de Mossoul, et Driscoll y avait participé. Le problème est que le jeune sous-officier cherchait plus à se faire mousser qu'à préserver la sécurité de ses hommes. Contre l'opinion de Driscoll, il avait décidé à la tombée de la nuit de diviser leurs forces pour contourner un ensemble de casemates, mais comme souvent avec les plans révisés à la dernière minute, celui-ci n'avait pas survécu au premier contact avec l'ennemi – en l'occurrence, l'équivalent d'une compagnie d'anciens fidèles de Saddam qui avaient encerclé et massacré le détachement du jeune lieutenant avant de se rabattre sur Driscoll et ses hommes. Leur retraite avait pris le reste de la nuit, pour que finalement seuls Driscoll et trois hommes parviennent à retraverser le Tigre et revenir sous le couvert de leurs forces.

Driscoll avait su d'emblée que le plan du lieutenant était catastrophique. Mais avait-il suffisamment argumenté pour l'en dissuader ? S'il avait vraiment insisté… enfin. C'était la question qui le hantait depuis un an. Et voilà que ça recommençait en Inde, mais cette fois-ci, quelles que soient les décisions – bonnes, mauvaises ou catastrophiques –, il ne pourrait s'en prendre qu'à lui-même.

Garde l'œil sur la bille, se morigéna-t-il. *Reconcentre-toi sur la partie.*

Il refit un pas. Toujours rien devant. Les Pachtounes étaient peut-être coriaces – et Driscoll était payé pour le savoir – mais leur formation était réduite à pointer un fusil et presser la détente. Il aurait dû y avoir quelqu'un à l'entrée de la grotte pour en surveiller l'accès. Il avisa des mégots de cigarettes par terre. Peut-être qu'une sentinelle avait été postée ici mais était tombée en panne sèche. *Mauvaise habitude, l'ami. Et mauvais entraînement.* À pas lents, redoublant de précautions, il se coula à l'intérieur. Ses lunettes de vision nocturne étaient une bénédiction. Le boyau était rectiligne sur une quinzaine de mètres, de section ovale, aux parois inégales. Aucun éclairage. Même pas une bougie, mais voyant arriver une courbe à droite, il se prépara à être éventuellement ébloui. Le sol de la grotte était dégagé. Pour le caporal-chef, c'était révélateur : l'endroit était habité. Les renseignements qu'on leur avait donnés étaient sérieux. *Jusqu'où les miracles continueront-ils ?* Bien trop souvent, ces traques se résumaient à une cachette vide et une bande de Rangers le bec dans l'eau.

Peut-être la bonne, ce coup-ci ? Il se risquait rarement à de tels souhaits. *Ce serait quand même un exploit*, songea-t-il durant une seconde. *Un sacré coup.* Il écarta l'idée. La récompense éventuelle ne changeait rien aux paramètres de la mission.

Les semelles de ses bottes étaient souples. Plus confortables, mais surtout plus silencieuses. Il cala sa M4 au creux de son épaule. Il avait laissé son paquetage à l'extérieur. Inutile de s'encombrer dans la grotte. Driscoll n'avait pas une carrure massive. Un peu moins d'un mètre quatre-vingts pour moins de quatre-vingts kilos, une silhouette robuste mais élancée. Ses yeux bleus scrutaient les ténèbres devant lui. Deux soldats le suivaient et s'ils l'entendaient respirer par le truchement de leur liaison radio, il n'ouvrait pas la bouche. Ils ne communiquaient que par gestes, suffisamment éloquents.

Du mouvement. Quelqu'un approchait dans leur direction.

Driscoll mit un genou en terre.

Les pas se rapprochaient. Driscoll leva le poing gauche, signalant aux autres de se baisser, tandis qu'il relevait sa carabine. Le pas était détendu. Son oreille exercée savait aisément distinguer une démarche crispée. Ce gars se sentait à l'aise, dans son élément. Eh bien, tant pis pour lui. Dans son dos, Driscoll entendit un bruit de caillasse ; il comprit aussitôt, en ayant été lui-même victime : une botte qui glissait. Derrière l'angle, les pas s'arrêtèrent. Dix secondes s'écoulèrent, puis vingt. Durant trente secondes au moins, rien ne se passa. Puis les pas reprirent. Toujours aussi détendus.

Driscoll épaula le M4 et tourna à l'angle. Le gars était là, devant lui. Un instant après, l'homme avait deux balles dans la poitrine et une dans le front, il s'effondra sans une plainte. Il était plus âgé que celui de dehors, dans les vingt-cinq ans, la barbe fournie. *Pas de veine pour toi.* Driscoll pressa le pas, contourna le cadavre et prit à droite, puis il attendit que ses compagnons l'aient rejoint. Il ne voyait pas à plus de six mètres. Toujours rien. *Dépêchons.* Jusqu'à quelle profondeur cette caverne s'enfonçait-t-elle ? Impossible à dire pour le moment. Il étreignit sa carabine.

Il avisa d'autres lumières vacillantes, droit devant. Des chandelles, sans doute. Peut-être qu'ils avaient peur du noir, comme les gamins de Driscoll. Pourtant, le sol était toujours aussi dégagé.

Quelqu'un avait soigneusement fait le ménage. Pourquoi ? se demanda Driscoll. Depuis combien de temps ?

Il avançait toujours.

Le virage suivant était sur la gauche, une légère inclinaison dans la roche calcaire et puis, au virage suivant, de la lumière, en quantité. Enfin, relativement. Sans son équipement amplificateur, cela n'eût été au mieux qu'une pâle lueur.

C'est à ce moment qu'il entendit du bruit. Des ronflements. Driscoll n'avançait déjà pas vite mais là, il ralentit encore. C'était le moment de faire attention. Il approcha de l'angle, l'arme pointée devant lui et tourna, lentement, très lentement.

Là. C'était ce qu'il cherchait. Des lattes de bois en cours de sciage. Et les lattes de cinq par dix ne poussaient pas toutes seules dans la nature. Quelqu'un avait bien dû les apporter ici, et ce quelqu'un s'était servi d'une scie pour les tailler aux bonnes dimensions.

Plus de doute, l'endroit était bien habité, et c'était plus qu'une planque temporaire. Un sacré bon signe.

Il se sentit soudain tout excité, il en avait des picotements dans le ventre. Et ça n'arrivait pas souvent au caporal-chef Sam Driscoll. De la main gauche, il fit signe à ses compagnons de se rapprocher. Ils réduisirent l'intervalle à peut-être trois mètres et suivirent leur chef.

Des lits superposés. Voilà à quoi étaient destinées les lattes. Il voyait déjà huit couchettes ; et toutes étaient occupées. Sur l'une d'elles, il nota même un matelas en plastique gonflable, de ceux qu'on trouve dans les boutiques de campeurs. Par terre, il y avait une pompe à pied. Qui que soit l'occupant, il appréciait son petit confort.

OK. Et maintenant ? Ça ne lui arrivait pas souvent de ne pas savoir quoi faire, et dans la plupart des cas, il se retournait vers le commandant de sa compagnie, mais voilà, le capitaine Wilson était bloqué sur une crête quinze kilomètres derrière eux, ce qui le laissait aux manettes, et soudain il se sentit bien seul aux commandes. Pour aggraver la situation, ce n'était pas la dernière salle. La grotte se prolongeait. Dieu sait jusqu'où. Merde.

Retour au turf.

Il se coula en avant. Ses ordres étaient tout simples, raison pour laquelle son pistolet était doté d'un silencieux. Pistolet qu'il sortit de son étui en toile. Il se glissa vers le premier homme endormi. Il approcha le Beretta de sa tempe et pressa la détente. Le silencieux fit parfaitement son office : le bruit de la rotation du barillet était bien supérieur au reliquat de la détonation. Il entendit même la douille de laiton cliqueter sur le sol rocheux, bruit de joujou anodin. Quels qu'aient été les rêves de cet homme, ils étaient désormais aussi vrais que l'enfer. Son voisin de la couchette du dessous suivit le même chemin.

Driscoll s'avisa fugitivement que dans la vie civile, de tels actes seraient considérés comme des assassinats purs et simples, mais ce n'était pas son problème. Ces types s'étaient acoquinés avec des individus en guerre contre son pays, et ils ne devaient s'en prendre qu'à eux-mêmes s'ils n'avaient pas assuré convenablement la sécurité de leur campement. La paresse avait des conséquences, la guerre ses règles, règles impitoyables pour ceux qui les enfreignaient. En moins de trois secondes, le reste de la troupe était éliminée. Peut-être retrouveraient-ils leurs vierges. Driscoll n'en savait rien. Du reste, c'était le cadet de ses soucis. Neuf méchants éliminés. Il avança. Derrière lui, deux autres Rangers le suivaient, pas trop près mais suffisamment, le premier brandissait son pistolet, le second sa carabine M4 en couverture, selon la consigne. Le boyau tournait à droite à quelques pas devant eux. Driscoll pressa le pas, le souffle court. Encore deux lits superposés devant eux.

Mais aucun n'était occupé. Le boyau se prolongeait. Il avait déjà parcouru des cavernes similaires. Certaines s'étendaient sur trois ou quatre cents mètres. Mais ce n'était pas le cas le plus fréquent. D'autres étaient tout au plus de simples réduits, pas celle-ci toutefois. Il avait entendu dire qu'en Afghanistan, certaines de ces grottes s'étendaient jusqu'à perpète, trop loin pour que les Russes puissent en venir à bout malgré des mesures extrêmes comme les remplir de gazole avant de craquer une allumette... peut-être que ça aurait mieux marché ici, songea Driscoll. Ou alors les explosifs. Les Afghans étaient coriaces et ils n'avaient pas peur de la mort. Driscoll n'avait jamais rencontré de gens semblables. Mais ils mouraient, comme tout le monde, et les problèmes qu'ils créaient disparaissaient avec eux.

Chaque chose en son temps. Onze corps derrière eux. Que des hommes, la vingtaine, trop jeunes *a priori* pour détenir des renseignements exploitables et il y avait déjà suffisamment de détenus inutiles à Guantanamo. S'ils avaient eu trente ans ou plus – alors il eût été sans doute mieux avisé de leur laisser la vie sauve pour les faire cuisiner par un spécialiste du renseignement. Mais voilà, ils étaient trop jeunes – et puis, à présent, ils étaient morts.

Retour au turf.

Rien de plus à voir dans le coin. Mais il y avait toujours une vague lueur droit devant. Peut-être une autre chandelle. Il n'arrêtait pas de baisser les yeux pour regarder ses pieds et éviter de faire rouler un caillou car le bruit était pour l'heure son pire ennemi. Le bruit réveillait les gens, surtout dans ce genre d'endroit. Avec l'écho. Raison pour laquelle ses bottes étaient dotées de semelles en caoutchouc. Le virage suivant était sur la gauche et il semblait plus accentué. Temps de ralentir à nouveau le pas. Un virage sec était synonyme de sentinelle. Doucement, tout doucement. Quatre mètres. Tout en douceur. Comme lorsqu'il entrait dans la chambre de sa gamine pour veiller sur son berceau. Mais là, il s'agissait d'un adulte, tapi dans un coin, armé d'un fusil et ne dormant que d'un œil. Driscoll tenait toujours son pistolet à silencieux à deux mains. Avec encore onze balles dans le chargeur. Il s'arrêta et se retourna. Les deux autres Rangers étaient toujours là, les yeux rivés sur lui. Pas effrayés, mais tendus et concentrés comme jamais. Tait et Young, deux caporaux de la compagnie Delta, 2e bataillon, 75e régiment de Rangers. De vrais pros, l'un comme l'autre décidés à faire carrière sous l'uniforme.

Les yeux sur la mission. Il était dur, parfois, de rester concentré. Encore deux pas jusqu'au coin. Presque un angle droit. Driscoll s'approcha doucement… et passa la tête. Il y avait bien quelqu'un dans les parages. Un Afghan, ou en tout cas un barbu du coin, assis sur… Une chaise ? Non, plutôt un rocher. Le type était plus âgé que prévu. La trentaine peut-être. Il était simplement assis, pas vraiment assoupi, mais pas vraiment réveillé non plus. Tout sauf attentif. Il avait une arme, un AK-47, posé contre un rocher, à un mètre peut-être de sa main. Trop loin pour être accessible en cas de réelle urgence, ce qui allait être le cas.

Driscoll s'approcha en silence, à gestes exagérément mesurés, et…

Il frappa l'homme à la tempe. Un coup peut-être suffisant pour tuer, ou pas. Driscoll plongea la main dans les poches de son gilet de campagne et en sortit une paire de menottes en plastique. Le type était sans doute assez âgé pour donner du grain à moudre aux gars du renseignement et il allait sans doute se retrouver à Guantanamo. Il chargerait Tait et Young de l'emballer pour le transport. Il fit signe à Tait, indiqua la forme inconsciente, ajoutant un mouvement tournant du doigt : *tu me l'emballes.* Tait acquiesça.

Encore un virage, cinq mètres encore, sur la droite, et toujours la lumière vacillante.

Deux mètres de plus, puis à droite.

Driscoll demeurait parfaitement concentré. Avançant à pas mesurés, prudents, les doigts étreignant son arme.

La salle suivante, d'environ dix mètres sur dix, s'avéra être la dernière. Il avait dû parcourir environ soixante-dix mètres depuis l'entrée. Assez profond, donc. Cette caverne avait sans doute été aménagée pour l'un des éléments importants. Peut-être celui-là même qu'ils recherchaient ? Il le saurait d'ici trois minutes. Il ne s'autorisait pas souvent ce genre de réflexion. Mais c'était la raison implicite de sa mission. Peut-être, peut-être, peut-être. C'était pourquoi Driscoll appartenait aux unités d'opérations spéciales. Avancer. Doucement. Il leva la main derrière son dos.

Il faisait à présent si noir que ses lunettes infrarouges PVS-17 recevaient autant de parasites que de signal exploitable, comme autant de petits bouts de pop-corn crépitant dans son champ visuel. Il s'approcha de l'angle et, redoublant de précautions, coula un regard. Il y avait quelqu'un, allongé par terre. Un AK-47 à proximité, accompagné d'un chargeur en plastique neuf, juste à portée de main. Le gars avait l'air assoupi mais de ce côté, c'étaient de bons petits soldats. Ils ne s'assoupissaient jamais complètement, comme les civils, et restaient toujours juste à la lisière de l'éveil. Et celui-là, Driscoll le voulait vivant. Bon d'accord, il avait tué une poignée de gens cette nuit, rien que ces dix dernières minutes, mais celui-ci, ils le voulaient vivant... si possible...

Très bien. Driscoll fit passer son pistolet dans la main droite, tandis que la gauche sortait de sa poche de poitrine une grenade assourdissante. Tait et Young le virent faire et se figèrent.

L'ambiance allait changer. Driscoll leva un doigt. Tait leva le pouce en direction de son supérieur. Il allait y avoir du grabuge. Réveil en fanfare pour le barbu ! Tait regarda autour de lui. Une petite chandelle éclairait la salle d'une lumière douce. Driscoll recula de deux pas, coupa ses lunettes amplificatrices et dégoupilla la grenade. Il laissa la cuiller remonter, attendit un instant, puis la lança avant de compter, *et d'un, et de deux, et de trois…*

On aurait cru la fin du monde. Les dix grammes de poudre de magnésium s'épanouirent avec encore plus d'intensité que le soleil en plein midi. Et le bruit. Là aussi, un bruit de fin du monde, un claquement qui mit fin pour le coup au sommeil du barbu. C'est là que Driscoll intervint. Il n'avait pas été assourdi par l'explosion. Il s'y était attendu, ses oreilles s'y étaient donc ajustées et il avait fermé les yeux pour atténuer la force de l'éclair. L'adversaire n'avait pas eu cet avantage. L'agression auditive avait affecté l'équilibre de l'oreille interne. Il ne chercha même pas à saisir son arme toute proche – du reste, Driscoll avait déjà bondi pour l'écarter et, une seconde après, il lui brandissait son pistolet sous le nez. L'homme n'avait aucune chance de résister et c'était bien ce qu'escomptait Driscoll.

C'est à cet instant qu'il s'avisa qu'il s'était trompé de cible. L'homme était barbu, mais il avait à peine la trentaine, sûrement pas la quarantaine. *Pas le bon gars, et merde.* Son visage exprimait surprise et confusion. Il hocha la tête, cherchant à réinitialiser son cerveau, mais il avait beau être jeune et endurci, il n'était pas assez rapide pour répondre aux nécessités du moment.

Près du fond de la salle, Driscoll avisa du mouvement, une forme tapie dans l'ombre, qui se coulait contre la paroi. Pas dans leur direction, mais dans celle opposée. Driscoll rengaina le pistolet, se retourna vers Tait, puis indiqua le barbu au sol – *passe-lui les menottes* – avant de rallumer ses lunettes amplificatrices et d'aligner l'ombre dans le viseur de sa M4. Un autre barbu. Son doigt se crispa sur la détente mais il se ravisa, désormais curieux. Trois mètres derrière lui, l'homme avait laissé son AK-47, toujours posé contre la paroi. Le type avait à coup sûr entendu la grenade et savait qu'il allait y avoir du grabuge, détalerait-il donc ? Driscoll était perplexe. Continuant de le cadrer dans le viseur de sa M4, Driscoll anticipa sa trajectoire pour essayer de localiser une issue… là : une alcôve d'un mètre cinquante dans la paroi. Il revint en arrière et découvrit alors que l'adversaire avait une grenade dans la main droite. La version 40mm d'une RGP-7 ; les autochtones adoraient convertir ces projectiles en grenades à main.

Pas si vite, l'ami, songea Driscoll en alignant son réticule sur l'oreille de l'homme. Dans le même temps, ce dernier ramenait le bras en arrière pour lancer sa grenade. La balle de 5.56 millimètres de Driscoll pénétra juste au-dessus de l'oreille, derrière l'œil. La tête fut projetée de côté, mais la grenade était déjà partie dans les airs et rebondissait vers l'alcôve.

« Grenade ! » hurla Driscoll avant de se jeter au sol.

Bang !

Driscoll releva la tête. « Revue d'effectifs ! »

– OK », répondit Tait, bien vite suivi par Young et les autres.

La grenade avait rebondi contre la paroi pour rouler jusqu'à l'entrée de l'alcôve, laissant derrière elle dans le sol un cratère de la taille d'un ballon de volley.

Driscoll ôta ses lunettes amplificatrices et s'empara de sa torche électrique. Il l'alluma et balaya les lieux avec son faisceau. C'était le poste de commandement de la caverne. De nombreux rayonnages, et même un tapis. La plupart des Afghans qu'ils avaient rencontrés jusqu'ici étaient à demi illettrés, mais là, il y avait des livres et des magazines bien en évidence, certains en anglais, du reste. Il avisa une étagère garnie d'un petit nombre d'ouvrages reliés de cuir. L'un en particulier... cuir vert, fers dorés. Driscoll le parcourut. Un manuscrit enluminé, rédigé jadis à l'encre multicolore par un scribe. Ce livre était réellement très ancien. Rédigé en arabe et décoré à la feuille d'or. Ce devait être un exemplaire du Coran et il était difficile d'en évaluer l'âge ou la valeur. Mais celle-ci était indiscutable. Driscoll s'en empara. Les gars du renseignement voudraient y jeter un œil. Là-bas à Kaboul, il y avait deux officiers saoudiens pour briefer les gars des opérations spéciales et les agents du renseignement.

« OK, Peterson, zone dégagée. Code le message et transmets, lança Driscoll à son spécialiste des transmissions. Cible sécurisée. Neuf tangos éliminés, deux prisonniers vivants. Zéro perte de notre côté.

– Mais rien au pied du sapin, Papa Noël, observa tranquillement le caporal Young. Putain, pourtant, je le sentais bien, cette fois-ci. »

Encore un coup d'épée dans l'eau pour les gars des opérations spéciales. Les échecs s'étaient déjà par trop multipliés, mais c'était dans la nature des opérations spéciales.

« *Idem* pour moi. » Puis, se tournant vers le prisonnier de Tait : « Ton nom ? »

Pas de réponse. La grenade avait sérieusement sonné le bonhomme. Il n'avait pas encore réalisé que ça aurait pu être pire. Bien pire. Mais là encore, une fois qu'on le cuisinerait...

« Très bien, les gars, grand nettoyage. Recherche d'ordinateurs et d'autres équipements électroniques. Retournez-moi tout ça de fond en comble. Si ça vous paraît intéressant, vous l'embarquez. Faites venir quelqu'un pour emmener notre ami. »

Ils avaient un Chinook en alerte immédiate pour cette mission, et peut-être Driscoll serait-il à bord dans moins d'une heure, avant de retrouver plus tard le mess de Fort Benning pour boire un verre de Sam Adams, mais ça, ce ne serait pas avant quarante-huit heures au mieux.

Pendant que le reste de son équipe installait un périmètre de surveillance à l'entrée de la grotte, Young et Tait fouillaient le tunnel d'accès pour y retrouver quelques bonus – cartes et autres – mais pas vraiment de jackpot. C'était toujours ainsi, malgré tout. Débutants ou pas, les gars du renseignement étaient capables de faire leur miel de clopinettes. Un petit bout de papier, un exemplaire manuscrit du Coran, un bonhomme grif-fonné au pastel – les gars du renseignement pouvaient réaliser des miracles avec ce genre de truc et c'est pourquoi Driscoll ne voulait courir aucun risque. Leur cible ne s'était pas trouvée sur les lieux, et c'était bigrement dommage, mais peut-être que ce que l'adversaire avait laissé derrière lui serait susceptible de four-nir de nouveaux éléments qui, à leur tour, pourraient se révéler intéressants. C'est en tout cas ainsi que ça marchait, même si Driscoll s'intéressait modérément à ces procédures. Qui dépas-saient son rang et ses attributions. Qu'on lui attribue sa mission, à lui et ses Rangers, à d'autres de se soucier du pourquoi et du comment.

Driscoll gagna le fond de la caverne, balayant la paroi du fais-ceau de sa torche jusqu'à ce qu'il parvienne à l'alcôve que l'homme avait apparemment tant voulu détruire. Il put alors constater qu'elle avait la taille d'une penderie assez vaste mais basse de pla-fond. Il s'accroupit pour y pénétrer.

« T'as trouvé quoi ? s'enquit Tait, arrivant derrière lui.

– Un plan-relief réalisé en sable collé, posé à côté d'une caisse de munitions. »

Une plaque de contreplaqué de dix-neuf millimètres, mesurant deux mètres sur deux, était recouverte d'un diorama fabriqué en papier mâché recouvert de sable collé représentant un relief montagneux sur lequel étaient réparties des maquettes de petites bâtisses en carton. On se serait cru dans un de ces vieux films sur la Seconde Guerre mondiale, ou devant une maquette d'écoliers. Du travail soigné, rien à voir avec certains bricolages qu'on avait déjà trouvé chez ces gars. Bien des fois, ils se contentaient de tracer un vague plan sur le sable, puis de dire une prière avant de passer à l'action.

À première vue, le terrain ne disait rien à Driscoll. Il aurait pu se situer n'importe où, mais ça rassemblait à coup sûr au relief escarpé des alentours, même si ça ne l'avançait guère. Pas de point de repère, pas d'édifices ou de monuments, pas de routes. Driscoll souleva le coin de la table. Elle était bougrement lourde, une bonne quarantaine de kilos, ce qui résolvait déjà un problème : pas question de la trimbaler au pied de la montagne. Avec ses dimensions, c'était un vrai cerf-volant en brique ; à ces altitudes, le vent pouvait être traître, et ils avaient toutes les chances de voir le bidule, emporté par une rafale, s'envoler et trahir leur présence. Et le casser pouvait détruire de précieux indices.

« OK, prends quelques mesures et deux, trois échantillons, puis va voir si Smith a fini de prendre en photo la tronche des barbus, qu'il se radine ici pour shooter en détail l'intégralité de ce truc, ordonna Driscoll. On a combien de cartes SD sur nous ?

– Six. De quatre gigas chacune. Largement de quoi faire.

– Bien. Qu'il double ou triple les clichés, à la résolution maximale. Ramenez aussi du rab d'éclairage et posez à côté quelque chose pour l'échelle.

– Reno a un mètre ruban.

– Parfait. Qu'il n'hésite pas à prendre des clichés sous tous les angles et avec des gros plans – plus il y en aura, mieux ce sera. » C'était l'avantage des appareils numériques. On pouvait prendre autant de photos qu'on voulait et faire le tri ensuite. En l'occurrence, ils en laisseraient la responsabilité aux gars du renseignement. « Et épluchez chaque centimètre à la recherche de marquages. »

Impossible de dire ce qui était ou non important. Il suspectait que tout dépendrait de l'exactitude de la maquette. Si elle était à l'échelle, ils pourraient procéder à des relevés, les entrer dans l'ordinateur, faire tourner la machine et, avec les bons algorithmes, les corréler avec un site réel quelque part. Et puis qui sait, peut-être que le papier mâché ayant servi à la construction provenait d'une arrière-boutique bien précise située du côté de Kandahar. On avait vu des découvertes plus étranges encore, et il ne voulait pas priver ses supérieurs de la moindre bribe d'indice. Ils seraient déjà suffisamment en rogne d'avoir vu leur proie leur échapper, mais ça, Driscoll n'y était pour rien. Le soldat sur le terrain n'était pas responsable des renseignements d'avant mission, qu'ils soient bons ou mauvais. N'empêche, comme disait le dicton, c'est toujours le lampiste qui trinque, et dans ce boulot, vous aviez toujours un plus haut gradé pour vous faire retomber la responsabilité sur la tronche.

« Bonne prise, chef, commenta Tait.

– Bousille-moi tout ça quand t'auras terminé. Autant finir le boulot qu'ils auraient fait. »

Tait s'éloigna au petit trot.

Driscoll reporta son attention sur la caisse de munitions en bois. Il la souleva et la ramena à l'entrée du tunnel. À l'intérieur, ils découvrirent une liasse de papiers épaisse de sept ou huit centimètres – des pages de carnet couvertes de lignes en arabe, de listes de chiffres aléatoires et de croquis – ainsi qu'une grande carte pliante recto verso. Un côté portait l'indication « Carte de navigation opérationnelle, feuillet G-6, Service cartographique de l'Armée, 1982 » et présentait la région frontalière pakistano-afghane, tandis que l'autre, maintenue par du ruban adhésif, était un plan de la ville de Peshawar extrait d'un guide touristique Baedeker.

4

« BIENVENUE dans l'espace aérien américain, messieurs », annonça le copilote.

Ils s'apprêtaient à survoler le Montana, le pays des élans, des vastes cieux et d'une tripotée de silos de missiles désaffectés.

Ils avaient consommé bien plus de carburant en volant à si basse altitude, mais l'ordinateur en avait tenu compte et leurs réserves étaient bien plus grandes que lors de leur étape précédente, au-dessus de l'Atlantique, quelques heures plus tôt – avec en prime de nombreux terrains pour ravitailler. Le pilote alluma l'affichage tête haute dont les caméras hypersensibles traduisirent aussitôt l'obscurité en image télé monochrome vert et blanc. Ils découvraient à présent les montagnes à l'ouest de leur trajectoire. L'appareil prendrait de l'altitude pour compenser – le pilote automatique ayant été programmé pour les maintenir à mille pieds au-dessus du sol – mais toujours avec des trajectoires adoucies pour ne pas perturber ses passagers fortunés et (espérait-il) pour pouvoir ainsi s'attacher leur clientèle.

L'appareil atteignit une altitude réelle de 6 100 pieds, 1 800 mètres, lorsqu'ils franchirent la crête en dos de lézard de la chaîne du Grand Teton dans le Wyoming. Quelque part là-dessous s'étendait le parc national de Yellowstone. De jour, il aurait pu l'apercevoir mais là, ils volaient par une nuit sans lune.

Le système de surveillance radar leur indiquait une « absence de conflit », signe qu'aucun autre appareil n'était proche de leur position ou de leur altitude. La base aérienne de Mountain Home était à quelques centaines de kilomètres derrière eux, avec son contingent de jeunes pilotes de chasse bourrés d'adrénaline.

« Dommage qu'on ne puisse pas décaler le pointage de l'affichage tête haute. Je suis sûr qu'on apercevrait les bisons aux infrarouges, observa-t-il. J'ai lu qu'ils font un véritable retour au Far-West.

– En même temps que les loups », rétorqua le copilote. La nature était toujours une question d'équilibre, comme ils disent sur Discovery Channel. Pas assez de bisons, et les loups meurent. Pas assez de loups, et les bisons se multiplient.

Le paysage de l'Utah, d'abord montagneux, se transforma graduellement en molles plaines. Ils dévièrent à nouveau vers l'est pour éviter Salt Lake City, ville dotée d'un aéroport international et sans doute d'un radar suffisamment puissant pour relever la signature de leur carlingue.

Tout cet exercice aurait encore été impossible trente ans plus tôt. Ils auraient dû traverser la ligne Pinetree, ancêtre de la ligne de défense avancée, en déclenchant l'alerte du commandement nord-américain de la défense aérienne, sous le mont Cheyenne. Enfin, vu les tensions actuelles entre la Russie et les États-Unis, il se pouvait bien qu'un de ces jours l'un et l'autre dispositifs fussent remis en service.

Le vol se révéla plus régulier que prévu. Survoler le désert l'été, en plein jour, peut s'avérer inconfortable à cause de l'instabilité des courants ascendants. Mais là, de nuit, mis à part les phares de quelques rares voitures, ils auraient pu aussi bien se croire au-dessus de la mer, tant le paysage était calme, vide et noir.

Encore trente minutes. Il leur restait un peu plus de quatre tonnes de carburant. Les réacteurs avaient une consommation horaire bien supérieure à basse altitude.

« On réveille nos passagers ? demanda le copilote.

– Bonne idée. (Le pilote saisit le micro.) Attention. Nous comptons nous poser dans trente minutes. Faites-nous savoir si vous avez besoin de quoi que ce soit. D'avance, merci. »

Merci surtout pour l'argent et le profil de vol intéressant, s'abs-tint-il d'ajouter.

Le pilote et le copilote se demandaient qui étaient leurs passa-gers mais ils ne posaient pas de questions. Préserver l'anonymat du client faisait partie du contrat et, même si ce qu'ils faisaient était sans doute illégal au regard de la loi américaine, ils n'étaient pas citoyens des États-Unis. Ils ne transportaient pas d'armes, de drogue ou d'autre substance illicite. Et de toute façon, ils ne connaissaient leurs passagers ni d'Ève, ni d'Adam, et de plus l'un d'eux avait le visage couvert de pansements.

« Cent mille, d'après l'ordinateur. J'espère que la piste est de longueur suffisante.

– La carte dit que oui. Deux mille six cents mètres. Mais on ne tardera pas à être fixés. »

Le terrain avait en fait été aménagé en 1943 mais il n'avait servi qu'épisodiquement depuis. C'était le travail d'un bataillon du génie qu'on avait transporté par camion dans le Nevada avec pour instruction de construire une base aérienne – à titre d'exercice, en fait. Tous les terrains se ressemblaient, aménagés selon le même plan, un triangle avec un côté plus long que les autres. Ils se diri-geaient vers la piste 27, ce qui impliquait une approche plein ouest face aux vents dominants. On avait installé des balises de bord de piste, même si le câblage électrique s'était depuis longtemps détérioré – tout comme le groupe électrogène. Mais comme il n'y avait pas trop de neige ou de glace dans la région pour dégrader le revêtement des pistes, elles étaient encore comme neuves, avec leurs trente centimètres d'épaisseur de béton armé.

« Là.

– Je les vois. »

On avait en fait dispersé des torches chimiques vertes le long des côtés de la piste ; sur l'affichage tête haute amplifié, elles étincelaient, plus encore que les phares d'un camion. Une autre paire de bâtons lumineux avait été disposée en entrée de piste afin de délimiter celle-ci pour l'appareil en approche. Pilote et copilote n'en savaient rien mais ils supposèrent que l'un de leurs passagers avait dû prévenir à l'avance quelqu'un au sol sur son mobile.

« OK, on attaque l'approche », ordonna le pilote. Il réduisit la poussée et baissa les volets, puis descendit le train. Encore une fois, l'altimètre descendit, toujours plus bas, et bientôt les roues caressaient le sol. À l'extrémité ouest de la piste, un camion fit des appels de phare et le pilote laissa glisser l'appareil jusqu'en bout de piste.

« Nous voici rendus à destination », annonça le pilote dans l'interphone tandis que l'avion s'immobilisait en douceur. Il ôta son casque et se leva pour gagner la cabine. Il ouvrit la porte du côté gauche et déploya l'escalier avant de se tourner vers ses passagers, dont la plupart s'étaient déjà levés pour gagner la sortie.

« Bienvenue sur le sol américain, leur dit-il.

– Le vol a été long mais agréable malgré tout, lui répondit le chef du groupe. Merci. Votre règlement a déjà été viré. »

Le pilote le remercia d'un signe de tête. « Si vous avez encore besoin de nous, prévenez-moi.

– Oui, sûrement. D'ici deux ou trois semaines, peut-être. »

La voix et les traits demeuraient impénétrables, mais il faut dire que son visage était en partie caché par des pansements. Peut-être venait-il simplement pour se rétablir après l'intervention chirurgicale qu'il avait subie. Le pilote songeait à un accident de voiture. Au moins le climat d'ici était-il sain.

« Je suppose que vous aurez remarqué le camion-citerne. Ils veilleront à faire un plein complet. Quand redécollez-vous pour Hawaï ?

– Sitôt le plein terminé », répondit le pilote.

Quatre ou cinq heures de vol. Une fois quittée la côte de Californie, il comptait faire l'essentiel du trajet en pilotage automatique.

Un autre passager s'avança, puis se retourna pour repartir vers l'arrière. « Un instant », dit-il en entrant dans les toilettes avant de refermer la porte derrière lui. Il y avait encore une porte au-delà, qui donnait sur la soute à bagages. C'est là qu'il avait laissé un sac en toile. Il en fit glisser la fermeture et ouvrit le rabat. Puis il activa une minuterie électronique. Il estima qu'un délai de deux heures et demie suffirait, puis referma la fermeture à glissière et regagna la sortie.

« Pardonnez-moi, dit-il simplement avant de descendre les dix marches de l'échelle de coupée. Et encore merci.

– À votre service, monsieur, dit le pilote. Et bon séjour. »

Le copilote était déjà descendu pour superviser les opérations de ravitaillement. Le dernier passager suivit son patron jusqu'à la limousine rallongée garée en bord de piste, y monta à son tour et la voiture démarra. Le ravitaillement prit cinq minutes. Le pilote se demanda comment ils étaient parvenus à dégoter un camion-citerne apparemment légal, mais ce dernier repartit bien vite et l'équipage rejoignit aussitôt le cockpit pour entamer la procédure de redémarrage.

Après une escale de trente-trois minutes en tout, le Falcon roula jusqu'à l'extrémité est de la piste, et les pilotes mirent les gaz pour s'élancer vers l'ouest pour la troisième et ultime étape de ce qui s'avérait déjà une bien longue journée. Cinquante minutes plus tard, et déjà allégés de deux tonnes de carburant, ils quittaient la côte de Californie au-dessus de Ventura et s'aventuraient au-dessus du Pacifique, à une vitesse de croisière de Mach 0,83 et une altitude de 41 000 pieds. Leur transpondeur d'origine était activé – celui qui émettait les informations « officielles » d'immatriculation de l'appareil. Le fait qu'il soit apparu tout soudain sur les écrans du centre de contrôle aérien principal de San Francisco n'était un problème pour personne, car les plans de vol n'étaient ni informatisés ni consignés de manière systématique. Aussi long-temps que l'appareil n'enfreignait pas la réglementation aérienne, il n'avait aucune raison d'attirer l'attention. Il avait mis le cap sur Honolulu, à trois mille cinq cents kilomètres de là, pour un temps de vol estimé entre quatre heures et quatre heures quarante-cinq. Retour au bercail.

Pilote et copilote se relaxèrent, l'avion était en pilotage automatique et tous les paramètres étaient au vert. Le pilote alluma une autre cigarette alors qu'ils s'éloignaient de la côte à 900 kilomètres-heure.

Il ignorait qu'à l'arrière, dans le compartiment à bagages, se trouvait une bombe composée de presque quatre kilos de plastic – un mélange de PETN et de RDX plus connu sous le nom de Semtex – couplé à une minuterie électronique. Ils avaient laissé leurs passagers et ceux qui les accueillaient se charger de vider les bagages sans plus s'en occuper. À l'instant où l'appareil se trouvait à six cents milles au large de la côte de Californie, la minute-rie atteignit zéro.

L'explosion fut immédiate et dévastatrice. Elle souffla la queue et les deux réacteurs qui se détachèrent de la carlingue. Les conduites de kérosène qui filaient juste sous le pont se retrou-vèrent à l'air libre, et le carburant chassé par les pompes créa dans le ciel un sillage météorique. Celui-ci aurait pu être aperçu par un appareil volant dans les parages mais il n'y en avait aucun à cette heure de la nuit, et les deux sillages de flammes jaunes vacillèrent avant de s'éteindre au bout de quelques secondes.

À l'avant, pilote et copilote n'auraient pu se douter de ce qui s'était passé, juste un bruit soudain, un véritable mur de témoins et de signaux d'alarme, et une machine qui ne répondait plus aux commandes. Les aviateurs sont entraînés à faire face aux situa-tions d'urgence. Et il leur fallut moins de dix secondes pour com-prendre qu'ils étaient perdus. Sans plan de queue, le Dassault était devenu incontrôlable. L'appareil se mit à dégringoler en spi-rale vers une mer d'un noir d'encre. Les deux pilotes essayèrent bien, contre tout espoir, d'actionner les gouvernes. Une vie entière d'entraînement et d'interminables heures de vol sur simu-lateur leur avaient inculqué ce qu'il convenait de faire quand leur appareil ne répondait plus aux commandes. Ils firent tout ce qu'ils purent mais le nez refusa de se redresser. Ils n'eurent pas vraiment le temps de se rendre compte que leurs tentatives pour moduler la puissance des réacteurs étaient vaines. Arrimés sur leur siège par leur harnais quatre points, ils ne pouvaient pas se retourner vers la cabine, et bien vite, le manque d'oxygène dû à la dépressurisation après la rupture de la porte arrière finit de leur brouiller l'esprit.

Cela ne prit en tout qu'un peu plus d'une minute. Le nez se releva, plongea, vira de gauche à droite, au gré des courants, jusqu'à ce qu'ils finissent par s'abîmer en mer à la vitesse de 450 kilomètres-heure, un impact fatal. Au même moment, leurs passagers avaient rallié leur destination et les deux malheureux leur étaient déjà quasiment sortis de l'esprit.

5

QUAND DIRAR AL-KARIIM ENTENDIT l'appel à la prière résonner au-dessus des toits de Tripoli et descendre jusqu'au
café où il buvait un thé, ce fut comme si Dieu s'adressait personnellement à lui. Ce n'était pas fortuit, il le savait. Il était resté à
tel point absorbé à réviser mentalement l'opération qu'il n'avait
pas vu le soleil plonger sous l'horizon. Qu'importe, Allah lui
pardonnerait sans doute sa distraction – surtout s'il remplissait sa
tâche – car, c'était bien la sienne, pour le meilleur comme pour le
pire. Que ses supérieurs n'aient pas su jauger la mission à sa juste
valeur était certes un malheureux gâchis, mais Dirar ne s'en for-
malisait plus. L'initiative, pour autant qu'elle se conformât à la
volonté de Dieu et aux lois de l'Islam, était une bénédiction et
ses supérieurs ne manqueraient sûrement pas de le voir, une fois
la mission parachevée. Qu'il soit encore ou non en vie pour
recevoir leurs compliments, c'était à Dieu d'en décider, mais sa
récompense était déjà assurée, en ce bas monde ou dans l'au-
delà. L'idée le réconforta et l'aida à calmer ses crampes d'esto-
mac.

Jusqu'à tout récemment, son rôle dans le djihad s'était résumé
à offrir un soutien actif, transporter du matériel et transmettre

des informations, accueillir sous son toit des militants de la cause et, parfois, contribuer aux opérations de reconnaissance ou de collecte de renseignements. Il avait manipulé des armes, bien sûr, mais à sa grande honte n'en avait jamais fait usage contre un ennemi. Cela allait changer d'ici peu – avant l'aube prochaine, en fait. Toutefois, comme on le lui avait enseigné au camp d'entraînement aux abords de Fuqha, l'efficacité dans le maniement des armes ne représentait qu'une part minime de la mission. Sur ce sujet au moins, les militaires américains avaient raison. La plupart des combats étaient gagnés ou perdus bien avant l'engagement des soldats sur le champ de bataille. Planifier, replanifier et planifier encore. Les erreurs naissent d'un défaut de préparation.

La cible qu'il s'était choisie s'était révélée irréaliste en pratique, non seulement à cause du nombre limité de soldats sous ses ordres, mais aussi à cause de sa situation géographique. L'hôtel était un des plus récents de Tripoli, avec un tel nombre d'étages, d'accès et d'issues non localisés qu'il aurait fallu au bas mot deux douzaines d'hommes pour les garder tous, et cela, sans tenir compte des vigiles en poste, tous anciens membres de la police ou de l'armée, dotés d'armes dernier cri et épaulés par un système de surveillance électronique sans faille. Avec du temps et des moyens matériels adéquats, Dirar ne doutait pas qu'il aurait mené à bien une telle mission, mais pour l'heure, il n'avait à sa disposition ni l'un ni l'autre. Du moins pas encore. La prochaine fois, peut-être.

Il s'était donc rabattu sur une cible secondaire, déjà proposée par une autre cellule – le groupe Benghazi, soupçonnait Dirar – mais celle-ci avait alors été rejetée par la direction. Rejet sans motif, et sans solution de remplacement. Or, comme tant d'autres de ses compatriotes, Dirar était las d'attendre, alors que l'Occident poursuivait sa croisade sans rencontrer d'opposition. Sans surprise, il n'avait pas eu de mal à trouver d'autres membres de la cellule à partager son opinion, même si le recrutement s'était avéré une entreprise risquée, Dirar ne pouvant jamais être sûr que son plan n'était pas parvenu à des oreilles inamicales, au sein comme à l'extérieur de l'organisation. Ces dernières années, le Haïat Amn Al Jamahiriya de Khadafi avait réussi à infiltrer un certain nombre de cellules dont l'une avait été dirigée par un ami d'enfance de Dirar. Ces neuf hommes, bons soldats et vrais croyants, avaient disparu dans la caserne de Bab al-Azizia et n'en étaient jamais ressortis – du moins vivants.

La cible secondaire était sans nul doute moins spectaculaire et n'avait qu'une responsabilité indirecte dans le crime pour lequel elle subirait bientôt le châtiment, mais si sa mission était couronnée de succès, Dirar était sûr que le message serait parfaitement clair : les soldats d'Allah avaient de la mémoire et surtout de longs couteaux. Tuez l'un des nôtres et nous en tuerons cent parmi vous. Même s'il doutait de parvenir à ce chiffre, qu'importe.

À l'instar d'autres clients du café, Dirar se leva pour gagner une alcôve enchâssée dans le mur de l'établissement pour en sortir un tapis plié. Comme de rigueur, le tapis de prière était propre, sans impuretés. Il regagna sa table et déroula le tapis sur le patio de brique, prenant soin de bien l'orienter vers la Qibla, en direction de la Mecque, puis, debout, les mains aux côtés, il entama la prière dans un murmure. Il sentit aussitôt une onde de paix envahir son esprit alors qu'il procédait aux diverses étapes préparatoires au Salât, la récitation de la prière :

Ô Dieu, bénis soient Mohammed et son peuple

Tu es le Glorieux, le Miséricordieux

Ô Dieu, couvre de Tes grâces Mohammed
Et le peuple de Mohammed

Comme Tu fus miséricordieux envers Abraham
Et le peuple d'Abraham.

Tu es l'Éternel, le Glorieux, le Miséricordieux...

Dirar termina par la salutation finale, assis, mains sur les genoux puis tournant la tête d'abord à droite puis à gauche – pour ainsi saluer les anges qui consignaient bonnes actions et péchés de chaque croyant – avant de mettre ses mains en coupe devant sa poitrine et enfin de poser les paumes sur son visage.

Il rouvrit les yeux et prit une profonde inspiration. Dans Sa grande sagesse, Dieu avait exigé de ses fidèles qu'ils accomplissent le Salât au moins cinq fois par jour, avant l'aube, à midi, en milieu d'après-midi, au couchant et le soir. Comme la plupart des musulmans, Dirar voyait dans la fréquence de ces rituels tout aussi bien une forme de recentrage personnel que le moyen de rendre grâce à Dieu. Il n'avait jamais ouvertement exprimé ses sentiments intérieurs, de peur qu'on les prît pour blasphématoires, mais, au tréfonds de son cœur, il doutait qu'Allah lui en tînt rigueur.

Il regarda sa montre. Il était temps d'y aller.

La seule question en suspens était de savoir s'il serait encore en vie pour accomplir la dernière prière du soir. Tout reposait désormais entre les mains de Dieu.

La simple randonnée en montagne dans l'Hindou Kouch n'était pas la seule préoccupation de Driscoll. Il ne pouvait s'empêcher de songer à ce vieux dicton des alpinistes de l'Everest : une fois rendu au sommet, on n'a escaladé que la moitié de la montagne. Traduction : maintes fois, redescendre en toute sécurité est loin d'être un cadeau. Et c'était d'autant plus vrai pour lui et ses hommes. En temps normal, les alpinistes empruntent la même voie à l'aller comme au retour. Hypothèse exclue pour ses Rangers et lui, les risques d'embuscade étaient trop grands. Pour compliquer la tâche, ils traînaient désormais deux prisonniers, qui certes s'étaient montrés jusqu'ici plutôt coopératifs mais ça pouvait changer très vite.

Driscoll atteignit un replat entre deux rochers et s'immobilisa, levant le poing en même temps. Derrière lui, le reste de l'équipe s'immobilisa presque à l'unisson avant de s'accroupir. Ils étaient à cent cinquante mètres du pied de la vallée. Quarante minutes de marche encore, estima Driscoll, puis encore deux kilomètres au fond de la vallée, avant de rallier la zone d'atterrissage. Il regarda sa montre : ils étaient dans les temps.

Tait se coula jusqu'à sa hauteur et lui offrit une portion de viande séchée.

« Les prisonniers commencent à traîner la patte.

– La vie n'est pas drôle.

– Et à la fin, on meurt », répondit Tait.

La gestion des prisonniers était toujours une question épineuse, et plus encore sur un terrain tel que celui-ci. Si l'un d'eux se foulait la cheville, ou décidait de s'asseoir et refusait de se relever, vous aviez trois options : le laisser sur place, le traîner ou l'abattre. Le truc était de convaincre les prisonniers que seul ce dernier sort les attendait. Ce qui était sans doute vrai en définitive. Ces deux-là, pas question de les remettre dans la circulation.

« On repart dans cinq minutes, avertit Driscoll. Faites passer le mot. »

Le terrain rocailleux s'aplanit progressivement pour laisser place à un sol jonché de caillasse et parsemé de gros rochers. À cent mètres du fond de la vallée, Driscoll décréta une nouvelle halte et vérifia leur itinéraire par le biais de ses lunettes de vision nocturne. Il suivit le tracé zigzaguant de la piste jusqu'au bas de la vallée, marquant un temps à chaque cachette potentielle jusqu'à ce qu'il ait la certitude que rien ne bougeait. La vallée était large de deux cents mètres et bordée par des parois escarpées. *L'endroit idéal pour une embuscade*, songea Driscoll, mais encore une fois, dans l'Hindou Kouch, ce genre de relief était plus la règle que l'exception, une leçon qui s'était transmise au long des millénaires, à commencer par Alexandre le Grand, en passant par les occupants soviétiques avant l'arrivée aujourd'hui de l'armée américaine. Driscoll et leur capitaine désormais handicapé avaient planifié cette mission de long en large, recherchant chaque fois le meilleur itinéraire d'exfiltration, mais ils n'avaient pas trouvé de solution de rechange, du moins dans un rayon de dix kilomètres, un détour qui aurait risqué de les amener aux petites heures de l'aube.

Driscoll se retourna et fit une rapide revue d'effectifs : quinze plus deux. Autant d'hommes qu'à l'aller, une victoire en soi. Il fit signe à Tait d'avancer, signal que ce dernier fit passer jusqu'au bout de la file. Driscoll se releva et entama de nouveau la descente. Dix minutes plus tard, ils étaient à un jet de pierre du fond de la vallée. Il marqua un temps pour s'assurer que son groupe progressait sans encombre, puis repartit avant cette fois encore de s'arrêter.

Il y a comme un problème.

Il fallut un moment à Driscoll pour en localiser la source : un de leurs prisonniers, celui placé en quatrième position avec Peterson, n'avait plus l'air aussi fatigué. Il se tenait raide, sa tête oscillait de gauche à droite. *Ce type est inquiet. Pourquoi ?* Driscoll ordonna une nouvelle halte, fit s'accroupir tous ses hommes. Tait l'avait rejoint peu après.

« Que se passe-t-il ?

– Un truc a l'air de rendre nerveux le prisonnier de Peterson. »

Driscoll scruta la vallée devant lui à l'aide de ses lunettes infrarouges sans rien remarquer d'anormal. À part quelques rochers épars, le fond de la vallée semblait dégagé. Pas un mouvement, pas un son, à part le chuintement du vent. Pourtant, Driscoll sentait instinctivement que quelque chose ne tournait pas rond.

« Tu vois quelque chose ? demanda Tait.

– Rien, mais un truc a rendu nerveux notre bonhomme. Prends avec toi Collins, Smith et Gomez, rebroussez chemin de cinquante mètres et longez le flanc de la colline. Dis à Peterson et Flaherty de coucher leurs prisonniers et de les faire taire.

– Compris. »

Tait tourna les talons et disparut pour remonter la file, marquant un temps pour murmurer ses instructions à chaque homme. Driscoll regarda sa progression lorsque, suivi des trois autres hommes, il escalada de nouveau la pente avant de quitter la piste, en avançant de rocher en rocher, sur un itinéraire parallèle à la vallée.

Zimmer était remonté d'un cran jusqu'à la position de Driscoll.

« Ton petit doigt te dit quelque chose, Papa Noël ?

– Ouais. »

Quinze minutes passèrent. À la lueur vert délavé de ses lunettes amplificatrices, Driscoll vit Tait s'immobiliser soudain. Puis dans la radio : « Chef, on a un espace dégagé devant nous – une entaille dans la paroi rocheuse. Et j'aperçois la pointe d'une tente. »

Ce qui explique la nervosité de notre prisonnier, songea aussitôt Driscoll. *Il sait que le camp se trouve ici.*

« Des signes de vie ?

– Des voix assourdies – cinq, six peut-être.

– Bien compris, gardez la posi… »

Sur la droite, cinquante mètres en amont, surgirent deux phares. Driscoll se retourna et vit une jeep UAZ-469 virer sur les chapeaux de roues et foncer dans leur direction. Reliquats de l'invasion soviétique de l'Afghanistan, les UAZ avaient la faveur des bandes armées locales. Sur ce modèle était monté un autre équipement soviétique, une mitrailleuse lourde NSV de 12,7 millimètres. *Treize coups par seconde, portée de 1500 mètres*, songea machinalement Driscoll. Au même moment, des éclairs jaillirent du canon. Les projectiles arrosèrent la rocaille et le sol, projetant des éclats de roche et des panaches de poussière. En contrebas, au sommet de la pente opposée à celle où se trouvaient Tait et ses hommes, d'autres canons se mirent à crépiter. Le prisonnier de Peterson se mit à crier en arabe – même si Driscoll avait du mal à comprendre à cause de la distance, le ton de voix était éloquent : il encourageait ses compatriotes. Peterson lui flanqua un coup de crosse derrière l'oreille et l'homme s'affala, muet.

Le groupe de Tait ouvrit le feu, on entendait leurs M4 crépiter et résonner dans la vallée. Le reste de la troupe de Driscoll s'était mis à couvert et concentrait son tir sur l'UAZ qui avait pilé en dérapant, à vingt mètres de distance, phares braqués droit sur les Rangers.

« Tait, balance des grenades dans ces tentes ! » ordonna Driscoll, avant de plonger sur la gauche et de lâcher deux brèves rafales sur la jeep.

« On s'en occupe ! » répondit Tait.

Plus haut sur la piste, après avoir trouvé une niche entre deux rochers, Barnes s'était empressé de monter la mitrailleuse M249

SAW sur son trépied. Le canon se mit à crépiter. Le pare-brise de l'UAZ s'étoila, et la jeep commença à reculer, tout en continuant d'arroser la colline avec ses balles de 12,7 millimètres. Venant de la direction de Tait, Driscoll entendit claquer une première grenade, puis une seconde, suivies encore de deux autres, en succession rapide. Les exclamations en arabe avaient cessé. Pour laisser place à des cris. Il lui fallut une demi-seconde pour se rendre compte que les hurlements venaient de derrière lui. Il virevolta, épaulant son M4. Quinze mètres plus haut sur la piste, le prisonnier de Gomez était debout et hurlait en direction de l'UAZ. Driscoll saisit un fragment de ce qu'il disait – *Tirez sur moi ! Tirez sur moi !* – et soudain la tête de l'homme explosa et il bascula en arrière.

« Barnes, arrête-moi cet engin ! » hurla Driscoll.

En réponse, les balles traçantes de la SAW descendirent du toit et de l'habitacle de l'UAZ pour se concentrer sur la calandre d'où bientôt jaillirent des étincelles. Les balles transpercèrent le bloc moteur, suivies quelques secondes plus tard par un geyser de vapeur. La porte côté conducteur s'ouvrit et une silhouette sortit en titubant. La mitrailleuse des Américains l'abattit. À l'arrière de la jeep russe, la mitrailleuse se tut à son tour et Driscoll vit une silhouette se démener. L'homme rechargeait. Driscoll se retourna et fit signe à Peterson et Deacons – *les grenades* – mais ils étaient déjà debout, le bras dressé. La première alla trop loin sur la droite, explosant sans dommage derrière l'UAZ, mais la seconde atterrit juste derrière le pneu arrière. L'explosion souleva le véhicule de plusieurs centimètres. Le mitrailleur, à l'arrière, bascula et resta immobile.

Driscoll se retourna vers la falaise opposée qu'il scruta avec ses lunettes infrarouges. Il put compter six adversaires accroupis en train de concentrer leur tir sur la position de Tait. « Allumez-moi ces salauds ! » ordonna Driscoll et onze fusils se tournèrent vers la falaise. Il ne fallut pas plus de trente secondes. « Halte au feu, halte au feu ! » ordonna Driscoll. La fusillade cessa. Il passa sur la radio : « Tait, effectifs.

– On est toujours quatre. On s'est pris quelques éclats de roche mais tout va bien.

– Allez inspecter les tentes, et faites le nettoyage.

– Compris. »

Driscoll remonta le chemin, examinant chacun de ses hommes pour ne trouver que quelques éraflures et autres égratignures dues à des éclats de rocher.

« Barnes, tu prends Deacons et vous allez inspecter…

– Papa Noël, t'es…

– Quoi ?

– Ton épaule. Assieds-toi, Sam, assieds-toi ! Infirmier ! »

À présent, Driscoll ressentait l'engourdissement, comme si son bras droit avait perdu toute sensibilité depuis l'épaule. Il laissa Barnes l'asseoir dans le chemin. Collins, le second infirmier de l'équipe, accourut. Il s'agenouilla et, avec l'aide de Barnes, dégagea l'épaule droite de Driscoll, puis la gauche. Collins alluma sa lampe torche pour examiner la blessure.

« Tu t'es pris un éclat de la taille du pouce, Papa Noël.

– Ah, merde. Barnes, tu files avec Deacons inspecter ce camion.

– Pigé, chef. »

Ils descendirent en trottinant puis rejoignirent le véhicule.

« Deux morts, annonça Deacons.

– Fouillez-les, cherchez des indices », fit Driscoll, les dents serrées.

L'engourdissement laissait place à une douleur cuisante.

« Tu saignes vachement », commenta Collins. Il sortit de son paquetage un pansement absorbant qu'il plaqua sur la blessure.

«Bande-moi ça du mieux que tu peux.»

Intervention de Tait à la radio : «Papa Noël, on a quatre tués au combat et deux blessés, l'un et l'autre en cours d'évacuation.

– Compris. Collectez des infos puis radinez-vous ici.»

Collins ajouta : «Je vais lancer un appel pour demander une évac…

– Conneries. D'ici un quart d'heure, on va être noyés sous l'ennemi. On se tire vite fait. Aide-moi à me lever.»

6

LA JOURNÉE S'ANNONÇAIT TRISTE, Clark le savait. Il avait déjà emballé ses affaires – comme d'habitude, c'était Sandy qui s'en occupait avec son efficacité habituelle. Pareil chez Ding – Patsy tenait de sa mère son don pour faire les bagages. L'unité Rainbow Six entrait dans sa deuxième génération, la plupart des membres initiaux étaient repartis rejoindre leur affectation d'origine dans le cas des Américains, principalement à Fort Bragg et l'école Delta ou bien à Coronado en Californie, où la Marine entraînait ses « Marsouins » du SEAL, pour aller échanger quelques souvenirs autour d'une bière avec une petite élite d'instructeurs de confiance. De temps en temps, ils faisaient un tour par Hereford au pays de Galles, pour boire quelques pintes de John Courage au bar confortable du *Green Dragon* et échanger de manière un peu plus détendue leurs souvenirs de guerre avec leurs collègues des Hommes en noir. Les gens du coin savaient qui ils étaient, mais ils étaient tout aussi conscients des impératifs de sécurité que les agents du « Cinq » – baptisés ainsi en hommage au MI-5 britannique – qui traînaient également dans les parages.

Rien n'était permanent dans le service, quel que soit le pays. C'était plus sain pour les organisations, cela permettait un renouvellement permanent des effectifs, et donc un apport d'idées neuves, et cela permettait aussi des rencontres dans les endroits parfois les plus incongrus – bien souvent des terminaux d'aéroports un peu partout sur la planète –, avec échange de moult chopes de bière et de poignées de main avant de reprendre chacun son avion. Mais l'incertitude et le provisoire finissaient par user. Un jour ou l'autre vous vous demandiez quand un collègue ou un ami proche allait être appelé en mission ou disparaître dans quelque compartiment du monde « obscur », quelqu'un dont vous vous souviendriez mais que vous reverriez rarement. Ainsi quantité d'amis de Clark étaient morts d'une balle mal placée lors de prétendues « missions d'entraînement ». Mais tel était le coût de l'appartenance à cette fraternité exclusive et l'on n'y pouvait rien changer. Comme se plaisaient à le répéter les SEAL : « On ne vous demande pas d'aimer le boulot mais de le faire. »

Eddie Price, par exemple, qui avait pris sa retraite du 22ᵉ régiment du Special Air Service avec les galons d'adjudant-chef, se retrouvait à présent geôlier de la garde royale à la Tour de Londres. John et Ding s'étaient l'un et l'autre demandé si le Premier Ministre britannique avait pris conscience de l'accroissement concomitant du niveau de sécurité de la vénérable forteresse de Sa Majesté, et si la hache de cérémonie qu'arborait désormais Price (ce titre de *geôlier de la garde royale* faisait de lui, en effet, le bourreau en titre des lieux) était convenablement affûtée. Car pour sûr, il continuait de pratiquer son entraînement quotidien, et malheur au membre de l'armée régulière placé sous ses ordres qui n'arborerait pas des bottes impeccablement cirées, une fourragère parfaitement en place et une arme encore plus étincelante que le jour où elle avait quitté la manufacture.

C'était bien dommage qu'il faille vieillir, se disait John Clark, qui voyait approcher suffisamment la soixantaine pour constater les prémices de l'âge, le pire étant que, dans le même temps, on pouvait encore avoir des souvenirs de jeunesse, même si, dans son cas, ils étaient plutôt de ceux qu'on aurait mieux aimé avoir oublié. La mémoire était une arme à double tranchant.

« Eh, monsieur C., dit une voix familière à la porte. Sacrée journée, pas vrai ?

– Ding, on en a déjà parlé, dit John sans se retourner.

– Désolé… John. »

Il avait fallu des années à John Clark pour convaincre Chavez, à la fois son collègue et son gendre, de le tutoyer, et même encore maintenant, Ding avait du mal à s'y faire.

« Paré si quelqu'un tente de détourner l'avion ?

– M. Beretta est à son poste habituel », répondit Ding.

Ils faisaient partie de la poignée de personnes résidant sur le sol britannique habilitées à porter une arme à feu, un privilège qu'ils ne prenaient pas à la légère.

« Comment vont Johnny et Patsy ?

– Le petit bonhomme est tout excité à l'idée de rentrer à la maison. On a un planning après notre retour au pays ?

– Pas vraiment. Demain matin, on rend une visite de courtoisie à Langley. Je pourrais en profiter pour faire un saut en voiture voir Jack, d'ici un jour ou deux.

– Voir s'il laisse des empreintes au plafond ? demanda Ding en étouffant un rire.

– Plutôt des marques de griffe, connaissant mon Jack.

– La retraite, ça n'a rien de drôle, j'imagine. »

Chavez n'en dit pas plus. C'était toujours un sujet délicat pour son beau-père. Le temps s'enfuyait, qu'on le veuille ou non.

« Comment se débrouille Price ?

– Eddie ? Il file au gré du courant, c'est bien comme ça que vous dites, dans la marine.

– Pas trop mal pour un pied-sec.

– Eh, mec, j'ai dit la marine, pas les marsouins.

– Bien noté, Domingo. Oups, veuillez m'excuser, mon colonel. »

Ce fut au tour de Chavez de rigoler.

« Ouais, ça aussi, ça va me manquer.

– Comment va Patsy ?

– Mieux que lors de la grossesse précédente. Elle a l'air en pleine forme. Et, à l'en croire, tout se passe à merveille. Elle n'a jamais été du genre à se plaindre, de toute façon. C'est une fille super, John, mais encore une fois, je ne t'apprends rien de neuf.

– Non, mais ça fait toujours plaisir à entendre.

– Ma foi, je n'ai pas à me plaindre. » S'il avait eu une plainte à émettre, il aurait dû aborder le sujet avec un luxe de diplomatie, mais il se contenta d'ajouter : « L'hélico nous attend, patron.

– Bigre. »

S'ensuivit un soupir attristé.

Le caporal-chef Ivor Rodgers s'était chargé des bagages, qu'il avait placés dans une camionnette aux couleurs vertes de l'armée britannique, pour les conduire jusqu'à l'aire d'atterrissage pour hélicoptères. Il attendait dehors son supérieur – le général de brigade Clark, puisque tel était le rang virtuel de John. Les Rosbifs étaient particulièrement sensibles au grade et au cérémonial, et il en vit encore d'autres témoignages en sortant. Il avait espéré un départ discret mais les autochtones ne voyaient pas les choses ainsi. Alors qu'ils roulaient en direction de l'aire d'atterrissage, tous les composants de la force Rainbow, tireurs d'élite, soutiens de renseignement et jusqu'aux armuriers de l'équipe – ils avaient disposé des meilleurs des îles Britanniques – étaient alignés comme à la parade, chacun en grand uniforme. Il y avait même une escouade des SAS. Le visage impassible, ils présentèrent les armes dans un bel ensemble, avec cet élégant mouvement décomposé en trois phases adopté par l'armée britannique plusieurs siècles auparavant. La tradition pouvait être une bien belle chose.

« Diantre », marmonna Clark en descendant de la camionnette. Il en avait fait du chemin depuis son rang de maître d'équipage dans la marine, et avec de sacrés détours. Ne sachant trop que faire, il estima qu'il devait passer en revue les troupes et serrer la main de tous ces hommes tout au long du parcours jusqu'à l'hélicoptère MH-60K.

Cela prit plus de temps que prévu. Pour presque chacun d'eux, un petit mot accompagnait la poignée de main. C'est qu'ils le méritaient tous. Il se remémora le 3e groupe des Opérations spéciales, une éternité auparavant. Aussi étonnant que cela pût paraître, ces types étaient aussi bons que ses anciens compagnons d'armes. À l'époque, il était jeune, fier, immortel. Et, détail remarquable, il n'en était pas mort, comme tant d'autres de ses anciens camarades. Pourquoi ? La veine, peut-être. Pas d'autre explication plausible. Il avait appris la prudence, principalement au Viêtnam. Appris en voyant des hommes moins chanceux que lui tomber pour avoir commis une erreur stupide, souvent aussi bête qu'un manque d'attention. Les risques, il fallait bien en prendre, mais on essayait de se les repasser mentalement et l'on tâchait de les limiter au maximum. Il y en avait bien assez.

Alice Foorgate et Helen Montgomery le prirent dans leurs bras. Elles avaient été des secrétaires superbes, qu'on ne trouvait pas tous les jours. Clark avait même été tenté d'essayer de leur trouver un emploi aux États-Unis, mais les Britanniques tenaient à elles sans doute autant que lui et il n'allait pas se battre pour les leur enlever.

Pour finir, Alistair Stanley, son successeur à la tête de l'unité, l'attendait au bout de la file.

« Je m'occuperai bien d'eux, John », promit-il. Ils échangèrent une poignée de main. Il n'y avait pas grand-chose à dire de plus. « Pas d'info sur la nouvelle affectation ?

– Je suppose qu'ils me le diront avant qu'on me vire ma solde. »

Le gouvernement se débrouillait en général pas trop mal, côté paperasse. Pas trop vraiment pour le reste, mais pour la paperasse, à coup sûr.

N'ayant plus rien à ajouter, Clark gagna l'hélicoptère. Ding, Patsy et JC étaient déjà harnachés, accompagnés de Sandy. JC aimait tout particulièrement prendre l'avion, et il allait en avoir son content dans les dix prochaines heures. Dès qu'ils eurent décollé, ils virèrent au sud-est pour se diriger vers le terminal numéro quatre d'Heathrow. Sitôt qu'ils furent posés, une camionnette vint les prendre pour les conduire directement à leur avion, ce qui leur épargna le passage sous les portiques de détection. L'appareil était un 777 de British Airways. Du même type que celui qu'ils avaient emprunté quatre ans plus tôt, avec les terroristes basques à leur bord. Ces derniers étaient désormais emprisonnés en Espagne, quoiqu'ils n'aient jamais cherché à savoir dans quel endroit ou dans quelles conditions. Sans doute pas dans un hôtel quatre étoiles.

« Alors, on est virés, John ? demanda Ding alors que l'appareil quittait la piste d'Heathrow.

– Sans doute pas. Et quand bien même, ils ne qualifieraient pas la chose ainsi. Peut-être qu'ils te nommeront officier instructeur à la Ferme. Moi… ? Ma foi, ils pourraient me garder encore un an ou deux dans leurs effectifs, peut-être que je pourrai rester derrière un bureau au centre opérationnel jusqu'à ce qu'on me retire mon autorisation de stationnement. On est trop vieux pour protester. Ça n'en vaut plus la peine. Ils ont trop peur qu'on se confie aux mauvais journalistes.

– Ouais, tu dois toujours un déjeuner à Bob Holtzman, pas vrai ? »

John faillit en renverser son verre de champagne. Il avait presque oublié. « Ma foi, j'ai dû lui donner ma parole, n'est-ce pas ? »

Ils restèrent silencieux quelques minutes encore, puis Ding reprit : « Alors comme ça, on va rendre une petite visite à Jack ?

– On ne peut guère y couper, Domingo.

– Bien d'accord. Merde, Jack Junior a fini ses études, pas vrai ?

– Ouais. Même si je ne suis pas trop sûr de ce qu'il fait maintenant.

– Un boulot de fils de riche, je parie. Actions et obligations, boursicotage.

– Ben, tu faisais quoi, toi, au même âge ?

– Je faisais mes classes sous tes ordres, à la Ferme, et le soir, je suivais les cours à l'université George Mason. Comme un somnambule.

– Mais t'as quand même décroché ta maîtrise. Bien mieux que ce que j'ai jamais pu obtenir comme diplôme.

– Ouais. J'ai reçu un bout de papier me confirmant que j'étais intelligent. Tandis que toi, t'as laissé derrière toi des cadavres dans le monde entier. »

Heureusement qu'il était virtuellement impossible de mettre sur écoute la cabine d'un avion de ligne.

« Appelle ça de l'expérimentation en politique étrangère », suggéra Clark, tout en inspectant le menu des premières classes. Au moins British Airways faisait-il mine de servir des repas corrects, même s'il n'arrivait toujours pas à comprendre pourquoi les compagnies aériennes ne s'en tenaient pas simplement aux Big Macs

frites. Ou à la rigueur aux pizzas Domino. Tout cet argent économisé – mais les McDo britanniques lui avaient toujours semblé ne
pas utiliser la viande de bœuf qu'il fallait. Et c'était encore pire en
Italie. Mais leur plat national était l'escalope de veau milanaise, ce
qui valait bien un Big Mac. « Ça te tracasse ?

– La recherche d'emploi ? Pas vraiment. Je peux toujours
gagner ma vie avec un poste de consultant. Tu sais, on pourrait
monter une boîte à nous deux, dans la sécurité privée, un truc
dans le genre, et faire du nettoyage. Je me chargerais de l'organisation et toi de la protection proprement dite. Tu sais, du genre, je
reste planté là et je reluque les gens avec cet air "faites pas le con
avec moi" que tu sais si bien prendre.

– On est trop vieux pour ça, Domingo.

– Les gens ne sont pas idiots, personne ne s'en prendra à un
vieux lion comme toi, John. Moi, je suis trop petit pour faire fuir
les méchants.

– Foutaises. Je ne me risquerais pas à me frotter à toi. »

Chavez avait rarement reçu un tel compliment. Il avait toujours
été complexé par sa petite taille – sa femme le dépassait de trois
centimètres – mais ce handicap relatif avait sa valeur tactique. Au
cours des années, bien des individus l'avaient sous-estimé et
s'étaient retrouvés à sa portée. Pas des pros, toutefois. Ces derniers savaient déchiffrer le danger dans son regard. Enfin, quand
il prenait la peine d'allumer la lumière. On en venait rarement
jusque-là même si un soir, dans l'est de Londres, un loubard
s'était montré impoli à la sortie d'un pub. On l'avait réveillé plus
tard avec une pinte de bière et il avait retrouvé une carte à jouer
fourrée dans sa poche. C'était la reine de trèfle, mais le dos de la
carte était noir brillant. Ces exemples étaient rares. L'Angleterre
était dans l'ensemble un pays civilisé et Chavez n'avait jamais
cherché les ennuis. Une leçon apprise au fil du temps. La carte à

dos noir était un souvenir officieux pour les Hommes en noir. La presse s'était emparée de l'affaire et Clark était tombé sur le dos des petits maîtres chanteurs au jeu de cartes. Mais sans trop insister. Il y avait la sécurité, mais il y avait aussi le panache. Les gars qu'il avait laissés derrière lui au pays de Galles connaissaient les deux, et c'était l'essentiel, tant que les hommes savaient où se trouvait la limite à ne pas franchir.

« Ç'a été quoi, notre meilleure mission, selon toi ?

— Ce doit être le parc d'attractions en Espagne. Malloy avait fait un sacré bon boulot pour déposer ton unité sur le château et ton intervention a frisé la perfection, surtout compte tenu du fait qu'on n'avait pas pu la répéter.

— Merde, c'est vrai qu'on avait des gars extra, reconnut Domingo avec un sourire. Même mes vieux Ninjas ne leur arrivaient pas à la cheville et pourtant je croyais que c'était la crème de la crème des soldats.

— Ils l'étaient, mais l'expérience compte aussi pour beaucoup. » Tous les membres de l'unité Rainbow avaient atteint le niveau E-6 ou son équivalent, ce qui exigeait pas mal d'années passées sous l'uniforme. « Une bonne partie de l'expérience vient avec le temps, ce ne sont pas des trucs qu'on apprend dans les manuels. Et puis, on les a bougrement entraînés.

— Tu parles. Si je dois de nouveau courir, il me faudra une nouvelle paire de jambes. »

Clark ricana. « Allons donc, t'es encore un gamin. Mais je vais te dire une chose. Je n'ai jamais vu une meilleure bande de tireurs et, pourtant, j'en ai connu mon lot. Bon Dieu, c'est comme s'ils étaient nés avec un flingue dans les mains. Qu'est-ce que tu dirais, Ding, d'un petit palmarès perso ?

— Il faudrait un compas et un pied à coulisse pour les départager. Je mettrais en tête Eddie Price pour la réflexion. Au fusil,

Weber ou Johnston, les deux se valent. Pour les armes de poing, ce petit Français, Loiselle… il aurait pu tenir tête à Doc Holliday. Mais tu sais, l'essentiel c'est de savoir placer une balle dans la cible. Un mort est un mort. Et ça, on en est tous capables, de près ou de loin, de jour comme de nuit, réveillé ou endormi, sobre ou bourré.

– Raison pour laquelle on nous paie si bien.

– Ouais, dommage qu'ils aient décidé de mettre la pédale douce.

– Dommage, ouais.

– Mais pourquoi, bon sang ? J'arrive pas à piger.

– Parce que les terroristes européens ont été terrassés. On les a éliminés, Ding, en conséquence de quoi, on s'est mis nous-mêmes au chômage partiel. Au moins, ils n'ont pas totalement démantelé le service. Compte tenu de la nature du monde politique, on peut déjà voir ça comme un succès et partir la tête haute.

– Ouais, avec une petite tape et sous les bravos.

– Tu t'attends à de la gratitude de la part de gouvernements démocratiques ? demanda John avec une petite grimace. Mon pauvre garçon, comme t'es naïf. »

Les bureaucrates de l'Union européenne étaient les principaux responsables. Tous les pays d'Europe avaient aboli la peine de mort et un député n'avait cessé de clamer haut et fort que l'unité Rainbow se montrait par trop impitoyable. On ne lui avait pas demandé s'il réclamait également un traitement médical approprié pour les chiens enragés. Les citoyens n'avaient jamais désapprouvé les actions de l'unité, quel que soit le pays concerné, mais les gentils bureaucrates avaient baissé leur froc et c'était eux qui détenaient le vrai pouvoir politique. Comme du reste dans tout autre endroit du monde civilisé.

« Tu sais qu'en Suède, il est illégal d'élever les veaux comme on le fait chez nous. Ils doivent bénéficier de contacts sociaux avec leurs congénères. D'ici qu'on ne puisse pas les châtrer avant qu'ils aient pu baiser au moins une fois, bougonna Chavez.

– Ça me paraît raisonnable. Comme ça, ils sauront au moins ce qu'ils ratent, rigola Clark. Une tâche de moins pour les cow-boys.

– Jésus a dit bienheureux les simples d'esprit, car ils hériteront de la terre, je n'y vois pas d'inconvénient, mais c'est quand même sympa d'avoir quelques flics dans les parages.

– Ce n'est pas moi qui discuterai ton point de vue. Tu peux abaisser ton dossier, boire un verre de vin et dormir sur tes deux oreilles, Domingo. »

Et si un de ces connards essaie de détourner cet avion, on s'occupera de lui, s'abstint-il d'ajouter.

On pouvait toujours rêver. Un dernier baroud d'honneur avant d'aller cultiver son jardin.

7

« A LORS, C'EST QUOI, LE MENU ? demanda Brian Caruso à son cousin.

– Même ragoût, comme tous les jours, j'imagine, répondit Jack Ryan Jr.

– "Ragoût" ? répondit Dominic, l'autre frère Caruso. Tu veux dire merde ?

– J'essaie d'être optimiste. »

Tous trois armés de leur première tasse de café de la journée, ils descendirent le couloir pour gagner le bureau de Jack. Il était 8 heures 10 du matin, l'heure de commencer une nouvelle journée au Campus.

« Des nouvelles de notre ami l'Émir ? demanda Brian en buvant une gorgée de café.

– Rien de concret. Il n'est pas idiot. Il fait même relayer ses courriers électroniques par des plates-formes intermédiaires, la plupart via des comptes qui ne sont actifs que quelques heures au plus, et même quand on cherche à localiser les commanditaires des fournisseurs d'accès utilisés, on tombe sur des culs-de-sac. On peut imaginer qu'il se trouve dans les zones tribales du Pakistan. Mais il pourrait tout aussi bien être à côté. N'importe où il se trouvera une planque sûre. Merde, je vais finir par regarder au fond de mon placard à balais. »

Pour Jack, c'était frustrant. Sa première aventure sur le terrain s'était traduite par un succès sur toute la ligne. Ou alors fallait-il parler de la veine du débutant ? Ou encore du destin ? Il avait accompagné les frangins à Rome pour leur servir uniquement de soutien logistique et, par le plus pur des hasards, il avait repéré Mohammed dans l'hôtel. À partir de là, les choses s'étaient précipitées, et il s'était retrouvé seul face à son adversaire dans la salle de bains…

Jack se dit qu'il ne serait plus aussi terrifié la prochaine fois – feignant une confiance qu'il était loin d'éprouver. Il se souvenait de la liquidation de MoHa aussi clairement que de sa première baise. Le plus net était le regard de l'homme quand la succinylcholine avait fait effet. Jack aurait pu éprouver des regrets s'ils n'avaient pas été balayés par le sursaut d'adrénaline, et surtout par le souvenir des actes commis par Mohammed. Il n'avait éprouvé aucune culpabilité. MoHa avait été un tueur lui aussi, un meurtrier qui n'avait pas hésité à assassiner des civils innocents et Jack n'en avait pas perdu le sommeil.

Mais ça l'avait aidé d'être entouré par la famille. Dominic, Brian et lui avaient un grand-père commun, Jack Muller, le père de sa mère. Son grand-père paternel, aujourd'hui âgé de quatre-vingt-trois ans, était un Italien de la première génération. Il avait quitté la Sicile pour Seattle où, ces soixante dernières années, il avait vécu et travaillé dans le restaurant familial.

Grandpa Muller, ancien combattant et vice-président de Merrill Lynch, avait des relations tendues avec Jack Ryan Senior, ayant jugé que la décision de son gendre de quitter Wall Street pour le service public était pure idiotie – une idiotie qui avait finalement abouti à un accident de voiture qui avait failli coûter la vie à sa fille et sa petite-fille, Sally. Si son gendre n'avait pas eu la mauvaise idée de retourner à la CIA, l'incident ne serait jamais arrivé. Bien entendu, Grandpa Muller était le seul à y croire – pas même maman et Sally ne prêtaient foi à cette fable.

Jack Junior tirait également parti du fait que les deux frères étaient relativement nouveaux dans le métier. Certes, le danger, ils connaissaient – Brian était un marine et Dominic un agent du FBI – mais pas le « Jeu de miroirs » des agents doubles. Ils s'étaient adaptés plutôt vite et bien, en éliminant coup sur coup plusieurs militants du CRO – quatre lors d'une fusillade au centre commercial de Charlottesville et trois autres en Europe. Pour autant, Hendley ne les avait pas engagés parce qu'ils étaient de fines gâchettes. « Des tireurs avec de la cervelle », telle était la phrase souvent utilisée par Mike Brennan, le chef des services de protection américains, et elle était parfaitement appropriée pour les cousins.

Brian reprit :

« Et toi, tu n'as pas une petite idée ?

– Le Pakistan, mais assez près pour que ses hommes puissent rapidement traverser la frontière. Un endroit avec quantité d'itinéraires de fuite. Un endroit avec de l'électricité, bien sûr, mais avec les groupes électrogènes, ça n'est plus un critère décisif. Peut-être une ligne téléphonique également. Ils ont renoncé au téléphone par satellite. Ça leur a servi de leçon…

– Ouais, quand ils ont pu lire leurs communications dans le *Times* », bougonna Brian.

Les journalistes croient pouvoir imprimer tout ce qu'ils veulent mais il n'est pas toujours aisé de deviner les conséquences de ce qu'on écrit confortablement assis devant son clavier.

« En vérité, nous ne savons pas où se trouve à l'heure actuelle Son Altesse. Même mes meilleures estimations ne restent que ce qu'elles sont, des estimations, mais il faut bien reconnaître que c'est souvent le cas en matière de renseignement – des estimations fondées sur les informations disponibles. Parfois, elles sont solides comme le roc, parfois fragiles comme une bulle de savon. La bonne nouvelle est que nous parvenons à lire une bonne proportion de mails.

– Combien ? s'enquit Dominic.

– Entre quinze et vingt pour cent. »

Il n'empêche qu'en volume, c'était une quantité impressionnante, mais cela leur procurait autant d'occasions de pêcher le bon tuyau. *Un peu comme Ryan Howard sur un terrain de base-ball,* songea Jack. *Lancer et frapper sans débander, et finir par marquer quantité de points. Avec un peu de chance.*

« Bon, alors, filons secouer quelques cocotiers et voir ce qu'il en tombe. » Marine jusqu'au bout des ongles, Brian était toujours prêt à lancer une tête de pont. « On intercepte un type et on lui tire les vers du nez.

– N'allons pas brûler nos cartouches, avertit Jack. Garde ça pour une opération qui en vaille le coup. »

S'il y avait une chose que l'un et l'autre savaient avec certitude, c'était combien la communauté du renseignement se montrait méfiante quand il s'agissait de partager des données. La plupart demeuraient « dans la maison », n'étant même pas transmises aux supérieurs hiérarchiques qui tendaient à être des personnalités politiques, plus enclines à la loyauté envers leurs appartenances qu'envers le serment prêté lors de leur prise de fonctions. Le président – le NCA, l'Autorité nationale de commandement, comme on l'appelait dans le métier – était certes entouré d'une équipe en qui il avait toute confiance, mais celle-ci se résumait parfois à organiser les fuites, et seulement auprès des journalistes dûment accrédités pour les répandre. En conséquence de quoi, la communauté du renseignement dissimulait quantité de choses au président – un délit passible de mise à pied immédiate si l'on se faisait prendre. Ils cachaient également pas mal de données à leurs agents sur le terrain, là aussi pour des raisons dictées par l'histoire, et qui expliquaient aussi la défiance réciproque des informateurs envers les espions. Cela revenait toujours à la quantité optimale d'informations. Vous pouviez jouir du degré d'habilitation le plus élevé possible, si vous n'étiez pas obligé de savoir, vous restiez en dehors du coup. Il en allait de même pour le Campus, qui était officiellement en dehors de toute implication officielle, ce qui était précisément tout son intérêt. Et malgré tout, ils avaient toujours plutôt bien réussi à se tenir au courant de tout. Leur hacker en chef, un fou fondu d'ordinateurs du nom de Gavin Biery, qui dirigeait la section renseignement informatique, n'avait pas encore rencontré de système d'encryptage qui lui résiste.

Ancien d'IBM, il avait perdu deux frères au Viêt-nam et avait décidé peu après de travailler pour le gouvernement fédéral, où on l'avait repéré et sélectionné pour le siège de l'Agence nationale de sécurité, à Fort Meade, le service gouvernemental qui chapeautait toutes les opérations de surveillance des transmissions et de sécurité électronique. Il avait depuis belle lurette atteint le sommet de la grille hiérarchique des traitements de fonctionnaires et touchait déjà, de fait, une retraite fort confortable. Mais il adorait l'action et avait bondi sur l'occasion quand on lui avait proposé d'intégrer le Campus à la seconde même où le projet avait été lancé. Mathématicien de profession, titulaire d'un doctorat de Harvard, où il avait eu pour professeur Benoît Mandelbrot[1] en personne, il lui

---

1. Mathématicien français, d'origine polonaise, émigré aux États-Unis, spécialiste des théories de l'information et à l'origine de la théorie des fractales (1924-2010).

arrivait encore de donner des conférences au MIT et au Caltech sur son domaine d'expertise.

Biery était un geek jusqu'au bout des ongles – y compris les lunettes à grosse monture noire et le teint terreux – mais, grâce à lui, l'électronique et toutes les machines du Campus tournaient comme des horloges.

« On compartimente un max, c'est ça ? railla Brian. Arrête, c'est du mauvais roman d'espionnage. »

Jack leva les mains en l'air et haussa les épaules. « Désolé. » Comme son paternel, Jack Ryan Jr. n'était pas homme à enfreindre les règles du système. Cousin ou pas, Brian n'avait pas à savoir, point final.

« Tu ne t'es jamais interrogé sur le nom de leur organisation ? demanda Dominic. Le CRO ? Tu sais la prédilection de ces types pour les mots à double sens et les références historiques. »

Une idée intéressante, songea Jack.

Le Conseil révolutionnaire des Omeyyades était l'invention personnelle de l'Émir, c'est du moins ce qu'ils avaient toujours supposé. Le nom faisait-il uniquement référence au plus grand califat de l'histoire du monde musulman et donc indirectement à la figure symbolique du djihad, Saladin ?

De son vrai nom Al-Malik an-Nâsir Salâh al-Dîn Yûsuf, Saladin était né à Tikrit – dans l'actuel Irak – en 1138 ; il s'était bien vite fait connaître comme adversaire des croisés, d'abord en défendant Baalbek, puis en reprenant Jérusalem aux Francs avant de devenir sultan d'Égypte et de Syrie. Le fait que le récit des exploits militaires de Saladin soit par certains côtés pour le moins lacunaire n'a eu guère d'importance dans l'histoire du monde musulman car, comme en Occident, pour des personnages de cette envergure, c'est avant tout leur valeur symbolique qui compte. Pour les musulmans, Saladin a toujours représenté le bras vengeur d'Allah dressé pour résister à l'envahissement des croisés infidèles.

S'il fallait trouver un indice signifiant à ce nom de CRO, c'était plutôt dans sa référence directe au nom de la mosquée de Damas qui abritait le tombeau du héros, un mausolée contenant à la fois un sarcophage de marbre, don de l'empereur Guillaume II en 1898 pour accompagner le simple cercueil de bois où reposent toujours les restes du calife. Le fait donc que l'Émir eût choisi ce terme d'*Omeyyade* pour qualifier son organisation suggérait à Jack que leur adversaire voyait dans son djihad personnel une sorte de point de transition, tout comme la mort de Saladin l'avait été pour l'histoire du monde musulman.

« J'y réfléchirai, dit Jack. Mais c'est une idée à creuser.

– Y a pas que de la bouillie là-dedans », cousin, sourit Brian en se tapotant la tempe. Avant d'ajouter : « Mais dis-moi, que fait ton vieux de tout son temps libre, à présent ?

– J'en sais rien. »

Jack ne passait pas beaucoup de temps à la maison. C'eût été synonyme de discussions avec ses parents, et plus il parlait de son « boulot », plus son père risquait d'être curieux, et si jamais il découvrait son activité réelle, il risquait de péter un plomb. Quant à sa mère, mieux valait ne pas songer à sa réaction. L'idée le mettait mal à l'aise. Même si Jack n'était pas un fils à sa maman, loin de là, n'avait-on pas toujours envie d'impressionner ses parents et de quêter leur approbation ? Comme disait la maxime, un homme ne devient vraiment homme que lorsqu'il a tué son père – métaphoriquement, bien sûr. Il était un adulte, indépendant, il bossait pour de bon au Campus. *Temps de sortir de sous l'ombre paternelle*, se répéta-t-il pour la centième fois. Mais que cette ombre était vaste !

Brian reprit :

« Je te parie qu'il finira par se lasser et...

77

– Reprendre le collier ?

– Pas toi, à sa place ?

– J'ai vécu à la Maison Blanche, n'oublie pas. J'en ai eu ma dose. Je préfère de loin rester ici dans mon petit cagibi à traquer les méchants. »

Surtout par ordinateur, se dit Jack, mais peut-être qu'en s'y prenant bien, sur le terrain aussi. Il répétait déjà le laïus qu'il comptait servir à Gerry Hendley, le patron du Campus. L'opération MoHa ne devait pas compter pour du beurre. Ses cousins étaient des « tireurs avec de la cervelle ». Le terme pouvait-il également s'appliquer à lui ? En comparaison, il avait plutôt vécu dans un cocon, fils ultraprotégé du président John Patrick Ryan, mais cela avait eu ses avantages, non ? Il avait appris à tirer grâce aux hommes de sa garde de protection personnelle, il avait joué aux échecs avec le secrétaire d'État, avait vécu, respiré, ne fût-ce qu'indirectement, l'atmosphère intime de l'armée et du renseignement. Aurait-il acquis, par osmose, certains des traits pour lesquels ses cousins avaient dû s'entraîner si dur ? Peut-être. Ou peut-être prenait-il ses désirs pour des réalités. Quoi qu'il en soit, il devait d'abord passer le barrage d'Hendley.

« Mais t'es pas ton père, lui rappela Dominic.

– Pas faux. »

Jack fit pivoter son siège et alluma son PC pour collecter sa dose matinale d'informations, publiques et confidentielles. Trop souvent, ces dernières n'avaient que trois jours d'avance sur les premières. Le premier site sur lequel il se connecta fut celui du résumé des interceptions effectuées par la NSA – Executive Intercept Transcript Summary, alias EITS ou XITS, et plus connues sous le sobriquet malheureux de « Zits[1] » – ces dépêches n'étaient adres-

---

1. « Boutons ».

sées qu'aux agents des grades les plus élevés de la NSA et de la CIA, ainsi qu'au Conseil national de sécurité à la Maison Blanche.

Quand on parle du loup… voilà que l'Émir était de retour sur XITS. Une interception. Un message à caractère exclusivement administratif. Il désirait savoir ce que quelqu'un – désigné par un simple nom de code anonyme – était en train de faire, s'il avait ou non pris contact avec un ressortissant étranger inconnu et pour une raison tout aussi mystérieuse. C'était la routine avec la plupart de ces interceptions – un tas d'inconnues, du genre cases vides à remplir, ce qui était en somme l'essence du travail d'analyse du renseignement : compléter le plus grand puzzle du monde – et le plus complexe. Cette pièce-ci avait déjà suscité une réunion de réflexion à la CIA.

Au programme : l'étude d'un rapport complet simple interligne (et pour l'essentiel de pure spéculation) rédigé par un quelconque analyste d'échelon intermédiaire qui voulait sans doute un bureau plus grand et n'hésitait pas à balancer ses théories avec l'espoir qu'un beau jour l'une d'elles attirerait l'attention et lui vaudrait une substantielle augmentation de salaire. Et peut-être bien que cela se produirait un de ces quatre, mais sans le rendre plus malin pour autant, hormis aux yeux d'un supérieur qui avait grimpé naguère les échelons d'une manière analogue et qui aimait bien se faire passer la brosse à reluire.

Un truc toutefois titillait la curiosité de Jack, un truc au sujet de cette requête spécifique… il fit glisser le pointeur de sa souris vers le dossier XITS de son disque dur, double-cliqua et fit apparaître le document qu'il avait déjà mis de côté sans le transmettre à l'XITS. Et, oui, tout concordait : le même numéro de référence, mais à cette interception-ci était joint un trio de mails vieux d'une semaine, le premier émanant d'un membre du personnel du Conseil national de sécurité et adressé à la NSA. Il semblait bien que quelqu'un à la Maison Blanche désirait savoir au juste comment l'information avait été obtenue. La requête avait alors été transmise à la DNSA – Digital National Security Archive[1] – accompagnée d'un mot pour un professionnel du renseignement militaire, un général de corps d'armée du nom de Sam Ferren, lequel avait répondu sèchement : DIRECTION « SAC À DOS ». NE PAS RÉPONDRE. ON VA GÉRER ÇA ADMINISTRATIVEMENT.

Jack ne put s'empêcher de sourire. « Sac à dos » était le nom de code maison (mais il changeait à intervalles réguliers) pour Échelon, le programme de surveillance omniscient et tout-puissant de l'Agence. La réaction de Ferren était compréhensible. Le fonctionnaire du Conseil national de sécurité ne réclamait rien moins que des « sources » et des « méthodes », les rouages essentiels grâce auxquels la NSA exécutait ses tours de magie. Il n'était tout simplement pas question de partager de tels secrets avec les « consommateurs » de renseignements comme la Maison Blanche, et venant d'un fonctionnaire du Conseil national de sécurité, la requête était tout simplement idiote.

Comme il était prévisible, le commentaire de Ferren pour l'XITS à destination du Conseil de sécurité classait donc simplement la source de l'interception comme un « renseignement électronique émanant d'une coopération à l'étranger », soit en clair, que la NSA avait obtenu l'info d'un service de renseignement allié. En bref, un gros mensonge.

Pareille attitude ne pouvait avoir qu'une seule raison : Ferren suspectait la Maison Blanche de vouloir se faire de la publicité sur le dos de l'XITS. *Seigneur*, songea Jack, *ce doit être une épreuve pour un général de devoir surveiller ce qu'il dit au président en exercice.* Si les espions commençaient à se défier du président, qui

---

1. Ressource en ligne regroupant tous les documents officiels déclassifiés.

pouvait veiller aux intérêts du pays ? Et si le système s'effondrait, à qui s'adresser dès lors ? C'était une question pour un philosophe. Ou pour un prêtre.

Des pensées bien profondes pour commencer la journée, se dit Jack, mais s'il lisait les XITS – censés être le saint du saint des documents gouvernementaux confidentiels – que ne lisait-il pas ? Qu'est-ce qui restait non divulgué ? Et qui diable mettait la main sur ce genre d'info ? Y avait-il encore un échelon de communication isolé, n'existant qu'au niveau de la direction ?

OK, donc l'Émir parlait à nouveau. La NSA n'avait pas la clé de son système de cryptage personnel mais le Campus, si, – repêchée par Jack en personne, lorsqu'il avait récupéré les données de l'ordinateur personnel de MoHa pour les transmettre à Biery et ses informaticiens qui avaient collecté l'ensemble des données sur un disque dur. En l'affaire d'une journée, ils avaient mis en pièces tous ses secrets – y compris les mots de passe –, ce qui avait permis de déchiffrer toutes sortes de communications et de messages cryptés, dont une partie avait été interceptée et décortiquée au Campus durant cinq mois d'affilée, avant que l'adversaire ne se décide à changer ses protocoles. L'opposition s'était certes montrée prudente, preuve qu'elle avait reçu une bonne formation aux techniques du contre-espionnage, mais pas assez poussée. Les mots de passe n'étaient pas changés tous les jours – même pas toutes les semaines. L'Émir et ses hommes semblaient se fier aveuglément à leurs mesures de sécurité, un excès de confiance qui avait déjà causé la perte d'États-nations entiers. On trouvait toujours sur le marché du travail des spécialistes en cryptographie, la plupart parlaient le russe et étaient assez peu fortunés pour se contenter de la première offre venue. La CIA en avait même adressé quelques-uns comme consultants pour l'Émir. L'un d'eux au moins avait été retrouvé sous un tas d'immondices à Islamabad, la gorge tranchée d'une oreille à l'autre. Ce n'était pas une partie de plaisir qui se jouait là-bas, même pour des professionnels. Jack espérait qu'au moins Langley s'occupait de leur famille. Ce n'était pas toujours le cas avec les agents. Les officiers de la CIA jouissaient de quantité d'avantages en matière d'assurance-vie, le service ne laissait jamais tomber leurs proches, mais il en allait tout autrement des agents sur le terrain, rarement appréciés à leur juste valeur et souvent bien vite oubliés quand se présentait un meilleur élément.

Il semblait que l'Émir s'interrogeait toujours sur les hommes qu'il avait perdus dans les rues de l'Europe – tous par la faute des frères Caruso et de Jack, même s'il n'en savait rien. Trois infarctus d'affilée, supposait-il, ça faisait quand même un peu beaucoup pour des hommes jeunes et en pleine santé. Il avait fait étudier par ses agents les rapports d'autopsie, ceux-ci ayant été soigneusement « nettoyés », ouvertement ou en sous-main – dans le premier cas par les notaires chargés de la succession des défunts et dans le second en soudoyant de modestes bureaucrates pour leur soutirer les documents originaux avant de chercher d'autres indices d'un autre complot caché qui aurait pu être classifié ailleurs, mais tout cela en vain. L'Émir s'adressait de toute évidence à un agent opérant à Vienne, dépêché sur place pour enquêter sur une affaire louche, celle de l'homme qui s'était fait apparemment écraser par un tram parce que, n'avait pu s'empêcher de remarquer l'Émir, ledit homme s'était toujours montré un cavalier si émérite lorsqu'il était gamin qu'il le voyait difficilement trébucher devant un véhicule. Mais, avait rétorqué son agent à Vienne, neuf personnes au moins avaient été témoins de la scène et tous les témoignages convergeaient : il avait bel et bien glissé sous les roues du tram, un accident qui pouvait finalement arriver à n'importe qui, si agile eût-il été dans sa jeunesse. Les médecins autrichiens avaient été minutieux et le rapport d'autopsie ne laissait aucun doute : Fa'ad Rahman Yassine avait été découpé en une demi-douzaine de morceaux sous les roues du véhicule. On avait fait un relevé d'alcoolémie, mais pour ne trouver que quelques traces résiduelles de la nuit précédente, certainement pas suffisantes pour altérer son jugement. Il n'y avait pas non plus trace de stupéfiants. La conclusion était claire : l'homme avait dérapé, était passé sous les roues et avait trouvé la mort par suite du choc et de la perte de sang.

Ça n'aurait pas pu mieux tomber, décida Jack.

8

UNE LEÇON que Driscoll et ses hommes avaient apprise depuis bien longtemps, c'était que les distances sur une carte de l'Hindou Kouch n'avaient pas grand-chose à voir avec la réalité sur le terrain. En toute justice, même les cartographes à l'ère du numérique n'avaient aucun moyen de jauger l'impact spatial de chaque déclivité, de chaque lacet sur le terrain. Lorsqu'ils avaient planifié la mission, le capitaine Wilson et lui avaient multiplié par deux toutes leurs estimations, un coefficient qui semblait en général marcher, et même si Driscoll gardait toujours en tête ces ajustements arithmétiques, il n'empêche que lorsqu'il se rendit compte que le franchissement de la bosse pour rallier la zone d'atterrissage représentait plutôt six kilomètres que trois, il faillit bien lâcher une bordée d'injures. Il se retint. Ça ne leur ferait aucun bien, tout au contraire, de dévoiler une faille devant l'équipe. Même si ses hommes ne guettaient pas constamment ses réactions, ils prenaient exemple sur lui. Là aussi, comme les problèmes, les chutes de moral suivaient la voie hiérarchique.

Tait qui marchait en tête s'immobilisa, le poing levé et fermé, et toute la colonne s'arrêta en titubant. Driscoll s'accroupit, les autres firent de même comme un seul homme. Tout au long de leur file, les

M4 apparurent, chaque Ranger s'appropriant un secteur, l'œil et l'oreille aux aguets. Ils se trouvaient dans un canyon étroit – si l'on pouvait même appeler canyon une ravine large d'à peine trois mètres – mais ils n'avaient guère le choix. C'était soit emprunter ce raccourci de trois cents mètres, soit rallonger leur itinéraire de deux kilomètres et risquer une récupération en plein jour. Ils n'avaient rien vu ou entendu depuis l'embuscade, mais ça ne signifiait pas grand-chose. Le CRO connaissait ce terrain mieux que personne et ses membres savaient d'expérience combien de temps pour le couvrir il fallait à des hommes lestés de leur paquetage. Pis encore, ils savaient qu'il n'y avait qu'un nombre limité de zones d'atterrissage pour la récupération de leurs ennemis. À partir de là, dresser une embuscade consistait simplement à se déplacer plus vite que votre proie.

Sans se retourner, Tait fit signe à Driscoll de se porter à sa hauteur.

« Que se passe-t-il ? murmura ce dernier.

– On approche du bout. Plus qu'une trentaine de mètres. »

Driscoll se retourna, désigna Barnes, puis leva deux doigts pour lui faire signe d'approcher. Barnes, Young et Gomez furent là en moins de dix secondes. « Fin du ravin, expliqua Driscoll, partez en éclaireurs.

– Bien, chef. »

Ils s'éloignèrent. Driscoll entendit dans son dos la voix de Collins : « Comment va l'épaule ?

– Bien. »

Les six comprimés d'Ibuprofène que lui avait donnés l'infirmier avaient atténué le plus gros de la douleur mais chaque secousse lui envoyait des décharges électriques dans l'épaule, le dos et le cou.

« File-moi ton barda. » Collins n'attendit pas que Driscoll proteste et s'empara de la bride de son sac. « L'hémorragie a ralenti. Tu sens tes doigts ?

– Ouais.

– Bouge-les. »

Driscoll les agita et sourit. « Qu'est-ce que t'en dis ?

– Touche chaque doigt avec le pouce.

– Bon sang, Collins…

– Fais ce que je te dis. » Driscoll s'exécuta, mais ses doigts étaient gourds, comme rouillés aux articulations. « Ôte ton paquetage. Je vais le répartir. » Driscoll ouvrit encore une fois la bouche pour protester mais le toubib l'interrompit. « Écoute, si tu continues à porter cette charge, tu peux être sûr de perdre ton bras un peu plus tard. Tu risques déjà d'avoir eu des dégâts au niveau des nerfs et ce n'est sûrement pas une charge de trente kilos qui va améliorer ton état.

– D'accord, d'accord… »

Barnes, Young et Gomez revinrent. Collins confia le paquetage de Driscoll à Barnes qui redescendit la file pour en répartir le contenu. Young fit son rapport à Driscoll : « On n'a rien vu mais il y a du mouvement par là-bas. On a entendu un bruit de moteur, cinq cents mètres à l'ouest d'ici.

– OK, remettez-vous en file indienne. Collins, toi aussi. »

Driscoll sortit la carte et alluma sa torche masquée de rouge. C'était pas vraiment la procédure du manuel mais ses lunettes infrarouges avaient beau être efficaces pour tout le reste, c'était une chierie quand il s'agissait de déchiffrer une carte. Il y a de vieilles habitudes dont on a du mal à se défaire ; ce qui souvent vaudrait mieux.

Tait se rapprocha. Driscoll dessina du bout du doigt la ravine qu'ils venaient d'emprunter. À son extrémité, se déployait un nouveau canyon enserré entre deux plateaux. Driscoll s'avisa que le terrain n'était pas si différent d'un environnement urbain : les canyons représentaient les avenues, les plateaux figuraient les maisons et les ravines les ruelles. En gros, ils traversaient les rues principales et se faufilaient par les ruelles pour gagner l'aéroport. Ou dans leur cas, l'héliport. *Encore deux canyons, puis une ravine, et enfin, on remonte le flanc du plateau pour atteindre la ZA.*

« La dernière ligne droite », observa Tait.

C'est là que la plupart des chevaux de course craquent, songea Driscoll mais il s'abstint de le dire à haute voix.

Ils restèrent un quart d'heure au débouché du ravin, tandis que Tait et Driscoll scrutaient le canyon sur toute sa longueur avec leurs jumelles infrarouges, jusqu'à ce qu'ils aient la certitude qu'il n'y avait aucune sentinelle dans les parages. Deux par deux, les hommes traversèrent alors le canyon pour rallier la ravine opposée, tandis que les autres assuraient la couverture et que Driscoll et Tait jouaient les agents de la circulation. Young et son prisonnier traversèrent les derniers et ils venaient à peine de se couler à l'abri de la ravine quand une paire de phares apparut à l'est. Driscoll reconnut aussitôt un autre UAZ. Mais celui-ci roulait tranquillement.

« Stop, ordonna Driscoll. Véhicule arrivant par l'est. »

Comme celui qu'ils avaient rencontré plus tôt, l'UAZ était armé à l'arrière de la même mitrailleuse NSV, mais Driscoll ne repéra qu'un seul homme derrière l'affût. Pareil pour la cabine : le chauffeur était seul. Ils avaient divisé leurs forces dans l'espoir d'intercepter leur gibier. Le recours tactique aux unités réduites tenait autant de l'instinct que des règles, mais celui qui avait envoyé cette jeep avait commis une erreur. L'UAZ avançait toujours, les pneus crissant sur le sol inégal, les phares cahotant sur les parois du canyon.

Driscoll attira l'attention de Tait et articula le mot *chauffeur*. Tait acquiesça. Par la radio, Driscoll annonça, « ne tirez pas » ; lui répondit un double-clic.

L'UAZ était à vingt mètres maintenant, assez près pour que Driscoll pût discerner distinctement les traits du mitrailleur à l'arrière dans l'éclat blanc-vert de ses lunettes de vision nocturne. Juste un gamin, de dix-huit ou dix-neuf ans, pas plus, avec une barbe clairsemée. Le canon de la mitrailleuse visait droit dans l'axe du canyon et non pas transversalement comme il aurait dû. *T'es paresseux, t'es mort*, songea Driscoll.

L'UAZ parvint au niveau de la ravine et s'immobilisa. Dans la cabine, le chauffeur se pencha, cherchant quelque chose à tâtons, puis brandit une torche électrique. Il la pointa par la vitre de droite. Driscoll ajusta le réticule de son M4 juste au-dessus de l'oreille gauche du mitrailleur. Il pressa la détente, doucement, tout doucement, et l'arme eut un recul. Dans les lunettes amplificatrices, une brume se dessina autour de la tête du jeune mitrailleur. Qui tomba raide mort derrière la ridelle de la jeep. Le chauffeur fut abattu une fraction de seconde plus tard, sa torche prise d'une danse endiablée avant de finir sur le siège.

Driscoll et Tait sortirent de l'ombre, s'approchèrent de la jeep et prirent vingt secondes pour éteindre la torche et s'assurer que les deux hommes étaient bien morts avant de poursuivre leur route. Côté ouest, un moteur s'emballa. Des phares apparurent. Driscoll ne perdit pas de temps à regarder et aboya : « Fonce, fonce ! » en filant sur les talons de Tait. L'autre NSV se mit à son tour à cracher en rafales rapides, arrosant le sol et les parois rocheuses autour d'eux, mais Driscoll et Tait avaient déjà trouvé refuge dans la faille. Gomez s'y enfonçait aussi. Driscoll fit signe à Tait de continuer, puis il indiqua à Barnes de revenir en lui montrant son fusil-mitrailleur. Barnes s'accroupit aussitôt derrière un rocher, déploya le trépied de l'arme et en cala la crosse contre son épaule. Au débouché de la ravine, ils voyaient les phares approcher. Driscoll fit glisser une grenade hors de son harnais et la dégoupilla. Un crissement de pneus provint du canyon ; un panache de poussière envahit la ravine. Driscoll relâcha la goupille, compta un mille, deux mille, puis balança la grenade. L'UAZ s'immobilisa en dérapant. La grenade explosa trois mètres au-dessus de la cabine. Barnes ouvrit le feu au fusil-mitrailleur, arrosant la portière et le flanc. À l'arrière, le canon de la NSV cracha quelques projectiles puis se tut bien vite quand le servant fut fauché par le tir de Barnes. On entendit grincer la boîte de vitesses de l'UAZ qui repartit fissa pour disparaître hors de vue.

« On file », ordonna Driscoll et il attendit que Barnes ait pris un peu d'avance pour lui emboîter le pas.

Lorsqu'ils eurent rejoint la colonne, Gomez l'avait divisée en deux, une moitié de l'autre côté du canyon, à l'abri et en couverture, l'autre attendant à l'entrée de la ravine. Driscoll remonta la file pour rejoindre Gomez. « De l'activité ?

– Des bruits de moteur, mais aucun mouvement. »

De l'autre côté du canyon, trente mètres à l'ouest des guetteurs, une rampe naturelle sinuait à flanc de plateau jusqu'au sommet de celui-ci. On l'eût vraiment dite construite par l'homme, estima Driscoll, mais le temps et l'érosion jouaient parfois de curieux tours au terrain. Et ils n'avaient pas le temps de s'attarder sur cette bizarrerie de la nature ; l'essentiel était qu'elle leur facilite l'ultime phase de leur trajet.

« Peterson, contacte Pales et dis-leur que nous sommes prêts. Dis-leur que ça urge. »

Leur Chinook devait attendre leur signal en tournant en rond. Comme la plupart du temps au combat, et à coup sûr en

Afghanistan, leur zone d'atterrissage était loin d'être optimale, en partie à cause du relief, en partie à cause de la conception même de leur hélico : s'il était doté d'un plafond opérationnel élevé, il lui fallait, en revanche, beaucoup de place au sol. Le 47 pouvait sans peine déposer des troupes en altitude mais il lui fallait ses aises pour les embarquer. En l'occurrence, la ZA était enfermée à l'ouest et au sud par des crêtes assez proches pour les placer à portée de tirs d'armes de petit calibre.

« Pales pour Faucille, à vous.

– Allez-y, Faucille.

– Parés pour la récup. Vent de trois à six soufflant nord-sud. Possibilité Zoulou Alpha sous le feu ; composition et direction indéterminées.

– Bien compris, possibilité Zoulou Alpha sous le feu. Arrivée dans trois minutes. » Puis trois minutes plus tard : « Faucille pour Pales. Sur zone, marquez votre position.

– Compris, un instant », répondit Driscoll avant de lancer par radio : « Torches chimiques, Barnes.

– Compris, chef. Bleue, jaune, rouge. »

En travers du canyon, les fusées s'illuminèrent puis dérivèrent pour se poser au sommet du plateau. Driscoll aurait préféré une balise infrarouge mais il n'y en avait plus de dispo en stock lors de leur départ en mission.

« Pales pour Faucille, on a balancé le bleu, le jaune et le rouge, annonça Driscoll.

– Bien reçu, je les vois. »

Ils discernaient à présent le claquement des rotors de l'hélico. Puis : « Faucille pour Pales, j'ai des véhicules en approche à trois cents mètres à l'ouest de votre position. Je compte deux UAZ. À vous. »

Merde. « Dégagez, dégagez. Repérez la ZA et restez à cercler. »

La seule autre option était de demander aux mitrailleurs du Chinook d'ouvrir le feu sur les UAZ mais, ce faisant, ils donneraient leur position à toutes les unités ennemies postées dans les environs. Le pilote de l'hélico avait ses propres règles d'engagement à respecter, mais puisque Driscoll et ses Rangers étaient sur zone et sous le feu direct de l'ennemi, c'était Driscoll qui avait le dernier mot. Le fait que les UAZ progressaient apparemment sans se presser indiquait que son unité n'avait pas encore été repérée. Jusqu'ici, ils avaient eu de la chance ; inutile de pousser le bouchon.

« Compris, on dégage », répondit le pilote du Chinook.

Driscoll s'adressa de nouveau à Barnes : « On a de la compagnie à l'ouest. Éteins ces torches. Tout le monde à terre. » Derrière lui, toute la colonne se mit à plat ventre.

Il reçut pour réponse un double clic puis, quelques instants plus tard, vit deux silhouettes se hâter, voûtées, sur le plateau. Peu après, les torches s'éteignirent.

En contrebas, les phares des UAZ s'étaient arrêtés. Driscoll entendit vaguement le bruit de leurs moteurs au ralenti. Trente interminables secondes s'écoulèrent, puis les moteurs accélérèrent et les engins reprirent leur progression au creux du canyon, mais séparés cette fois en deux lignes décalées. *Mauvais signe*, estima Driscoll. En déplacement, les UAZ privilégiaient la formation en file indienne. Ce n'était que lorsqu'ils s'attendaient à du grabuge qu'ils se décalaient ainsi.

« À couvert, ordonna par radio Driscoll. Les barbus sont en chasse. » Puis, s'adressant au Chinook : « Pales pour Faucille, restez à proximité. On pourrait avoir besoin de vous.

– Compris. »

Précédé par le faisceau des phares qui tressautaient sur le sol inégal, le crissement des pneus des UAZ résonnait toujours sur les parois du canyon jusqu'à ce que le premier véhicule s'immobilise à la hauteur de la faille où Driscoll et sa colonne s'étaient tapis. Les freins couinèrent. L'UAZ s'immobilisa ; le second, dix mètres en retrait, fit de même. Un projecteur apparut à la vitre côté passager et son faisceau parcourut la paroi, pour s'arrêter juste à l'entrée de la faille. *Allez, avance, barbu, y a rien à voir par ici*, pensa Driscoll. Le projecteur était à présent passé côté conducteur et scrutait la paroi opposée. Au bout de soixante secondes de ce manège, le projo s'éteignit. La transmission de l'UAZ grinça et grogna, puis le véhicule s'ébranla et sortit bientôt du champ visuel de Driscoll.

« Qui l'a en ligne de mire ? demanda-t-il par radio.

– Je l'ai, répondit Barnes. À cinquante mètres, il poursuit vers l'est. (Puis :) Cent mètres… ils s'arrêtent. »

Driscoll se releva doucement et, voûté, s'avança vers le débouché de la faille, prenant soin de rester collé à la paroi, jusqu'à ce qu'il aperçoive de nouveau l'UAZ immobilisé. Il se mit alors à plat ventre et l'examina à travers ses lunettes infrarouges. Chacun des véhicules avait en fait pris position au débouché du canyon, le long des flancs nord et sud. Moteurs et phares coupés. En position d'embuscade.

« Silence complet, on ne bouge plus, ordonna Driscoll avant de recontacter le Chinook. Pales pour Faucille.

– Allez-y.

– Nos UAZ ont pris position au débouché est du canyon.

– Compris, on les voit. Attention, Faucille, on n'est plus qu'à huit minutes du point de non-retour. »

Huit minutes au bout desquelles le Chinook n'aurait plus assez de carburant pour regagner sa base. Pour des Rangers, agir sur le fil du rasoir faisait certes partie de la routine, mais il y avait des trucs avec lesquels il convenait de ne pas plaisanter, et le retour au bercail était du nombre.

« Compris. Attaquez les UAZ. Tout ce qui roule est pour vous.

– Entendu. On les prend en charge. »

Le Chinook apparut au-dessus du sommet du plateau, exhibant ses feux clignotants, au moment de virer vers l'ouest pour enfiler le canyon. Par la porte latérale ouverte, Driscoll vit le mitrailleur faire pivoter la tourelle de son arme. Il transmit alors par radio : « Gomez, prends tes hommes avec toi et montez la rampe.

– Compris, chef.

– Cible en vue, annonça entretemps le pilote du Chinook. On engage. »

Le mini-canon M134 ouvrit le feu, illuminant le flanc de l'hélico d'une lueur orangée. Le tir de barrage dura moins de deux secondes puis fut suivi d'un second, d'un troisième, avant que le pilote ne reprenne le micro : « Cibles détruites. » Avec une cadence de tir de trois mille projectiles par minute, le canon avait, en l'espace de cinq à six secondes, arrosé les deux véhicules de quelque deux cent cinquante balles de 7,62 mm. Le Chinook réapparut, glissa de côté au-dessus de la ZA et se posa. La rampe descendit.

Un message de Gomez : « En couverture, Papa Noël.

– Compris. On monte vous rejoindre. »

Driscoll donna l'ordre et, une fois encore, deux par deux, le reste de l'équipe traversa le bas du canyon, sautant de l'abri d'une roche à l'autre, jusqu'à ce que Driscoll et Tait, fermant la marche, se fussent à leur tour engagés sur la rampe menant au sommet du plateau.

« Cible ! » entendit Driscoll dans son casque. Ça ne venait pas d'un de ses hommes mais de l'hélico. « Derrière vous, à sept heures ! » À l'ouest, de l'autre bout du plateau, leur parvint un cliquetis d'armes automatiques – des AK47 – très vite suivi du claquement de fusils M4.

Driscoll et Tait atteignirent le sommet de la rampe, se jetèrent à plat ventre et terminèrent l'ascension en rampant. Cinquante mètres devant, en provenance d'une ravine en lisière de la crête, ils virent les éclairs sortant de la bouche de canons d'armes automatiques. Driscoll en compta bien trois douzaines. En contrebas, dans le canyon, quatre paires de phares surgirent de la nuit. D'autres UAZ.

Voix de Peterson : « RPG ! RPG ! »

Sur leur droite, une lueur fila comme l'éclair. Le sol près du Chinook se souleva.

« Dégagez, dégagez », avertit le pilote avant de faire un truc que Driscoll n'avait jamais vu : comme à la manœuvre, le pilote redécolla, se mit en vol stationnaire à deux mètres de haut, puis il tourna sur place, pour remettre dans la ligne de tir le mitrailleur latéral. « On baisse la tête ! » Le Dillon ouvrit le feu, arrosant la ravine et la crête. « Un fuyard ! entendit faiblement Driscoll dans ses écouteurs. Vers l'ouest ! »

Éclairé de côté par les balles traçantes du Dillon, leur prisonnier, toujours menotté, s'éloignait en titubant du Chinook pour rejoindre la faille. Driscoll entendit Tait marmonner : « Je l'ai, Papa Noël.

– Descends-le. »

Le M4 de Tait parla et leur prisonnier s'effondra. Le tir des AK s'espaça, puis mourut. Driscoll appela l'hélico : « Pales, on a des UAZ dans le canyon. À deux cents mètres en approche. À trois heures pour vous.

– Compris », répondit le pilote qui fit de nouveau pivoter sur place sa machine.

Une fois encore, le mini-canon ouvrit le feu. Il ne fallut pas plus de dix secondes. La poussière retomba, révélant les épaves de quatre UAZ.

« Revue d'effectifs, ordonna Driscoll. Revue d'effectifs. »

Ce fut Collins qui répondit : « Deux tués, Papa Noël, et deux blessés.

– Bordel de merde. »

Puis ce fut la voix du pilote, bien calme, estima Driscoll : *« Eh les gars, qu'est-ce que vous diriez de grimper à bord pour rentrer au bercail avant que notre chance ne tourne ? »*

9

DEPUIS LE TEMPS QU'IL VIVAIT à Saint-Pétersbourg, Youri Beketov en avait sillonné les rues des centaines de fois, mais là, ce n'était plus pareil, et il ne lui fallut pas longtemps pour comprendre. La fortune – ou du moins la fortune potentielle – tendait à vous faire changer de perspective. Et celle-ci était d'un genre différent. Il n'était pas fier de l'argent en tant que tel mais plutôt des possibilités qu'il avait de l'employer. Ce dont il était moins certain, c'était de savoir si cette différence était concrète ou bien une simple vue de l'esprit. Quelle qu'en fût la raison, même excellente, quand on dînait avec le diable, mieux valait toujours se munir d'une longue cuillère.

De toutes les villes de sa terre natale, Saint-Pétersbourg demeurait la préférée de Youri. Son histoire était comme un condensé presque parfait de celle du pays.

En 1703, Pierre le Grand l'avait fondée lors de la Grande Guerre du Nord contre les Suédois ; durant la Première Guerre mondiale, le nom de la ville, jugé un peu trop teutonique par les autorités, avait été changé pour celui de Petrograd ; en 1924, sept ans après la révolution bolchevique et quelques jours après la disparition de Vladimir Lénine, on l'avait rebaptisée Léningrad ; et finalement, en 1991, avec l'effondrement de l'Union soviétique, elle devait, à la suite d'un référendum, retrouver son nom originel.

Saint-Pétersbourg, résumé de l'histoire de la Russie. Ça pourrait faire un bon titre de livre. Dommage qu'il n'ait aucune ambition littéraire. Les tsars, les bolcheviks, la chute de l'Empire, puis enfin la démocratie – un brin teintée de totalitarisme.

La soirée était particulièrement fraîche avec une brise qui souf-flait en rafale de la Neva et sifflait dans les branches des arbres. Invisibles dans la pénombre, des immondices balayés par le vent bruissaient sur l'asphalte et les pavés. Du fond d'une venelle proche, parvint le cliquetis d'une bouteille sur la brique, suivi d'un juron émis d'une voix pâteuse. Encore un clodo à court de vodka, à moins qu'il n'ait répandu le peu qui lui restait. Youri avait beau aimer Saint-Pétersbourg, il demeurait lucide : la ville était depuis longtemps tombée de son piédestal. Et il en allait de même du reste du pays.

L'effondrement de l'Union soviétique avait été un coup dur pour tout le monde, mais le bouleversement avait été particulière-ment notable pour son ancien employeur, le KGB, désormais éclaté en deux structures, le FSB, Service fédéral de sécurité, et le SVR, Service du renseignement extérieur. Ce n'étaient jamais que les derniers dans la longue liste de sigles sous le couvert desquels l'espionnage soviétique avait opéré, à commencer par la redoutée Tcheka. On pouvait toutefois estimer que, dans le nombre, le KGB – Comité pour la Sécurité de l'État – avait été le plus efficace et le plus craint – de ses prédécesseurs comme de ses descendants.

Avant de prendre une retraite anticipée en 1993, Youri avait travaillé pour la crème du service, la Direction S, les véritables espions. Pour ceux-là, pas de couverture diplomatique, pas d'ambassade où se réfugier, pas d'expulsion si l'on était pris, mais la prison ou la mort. Il avait connu plusieurs succès, mais aucun propre à le propulser vers les hautes sphères des échelons supérieurs du service, si bien qu'à quarante-cinq ans il s'était retrouvé au chômage dans les rues de Moscou, avec un ensemble d'aptitudes qui lui laissait des perspectives de carrière limitées : le renseignement privé, la sécurité ou la pègre. Il avait opté pour le premier choix en ouvrant un cabinet de consultants destiné aux hordes d'investisseurs occidentaux qui avaient inondé la Russie dans les premières années de l'ère post-soviétique. Youri devait – indirectement du moins – une partie de sa réussite initiale à la Krasnaya Mafiya – la Mafia rouge qui – avec ses groupes les plus importants, la Solntsevskaya Bratva, la Dolgoprudnenskaya et l'Izmailovskaya – s'était empressée, bien avant les investisseurs étrangers, de mettre à sac l'économie chaotique du pays. Bien entendu, la Krasnaya Mafiya n'avait cure des subtilités des bonnes pratiques commerciales, et les investisseurs européens et américains en étaient parfaitement conscients, une situation avantageuse dont Youri n'était que trop heureux de profiter. Il se retrouvait *de facto* dans le bain de l'espionnage – *exploiter la situation* – et la seule différence entre lui, la Mafia et le vulgaire petit truand résidait dans les méthodes employées par chacun pour parvenir à ses fins. Pour Youri, c'était simple : la protection. Garder en vie les hommes d'affaires en visite et leur éviter de se faire enlever. Certains gangs de moindre envergure, trop modestes pour avoir leur propre réseau de protection et d'extorsion, s'étaient lancés dans l'enlèvement de ces Européens et Américains bien mis qui avaient l'habitude de descendre dans les grands hôtels moscovites, avant d'envoyer une demande de rançon accompagnée d'une oreille sectionnée, d'un doigt, ou bien pire. La milice locale, sous-payée et guère efficace, n'en pouvait mais et, dans la plupart des cas, la victime était tuée, que la rançon eût été payée ou non. Nulle notion d'honneur dans cette activité. Mais le simple pragmatisme dans toute sa brutalité.

Youri avait engagé d'anciens collègues du KGB et des éléments paramilitaires – en général des ex-membres des commandos spéciaux, tout comme lui laissés sur la touche – pour escorter ses clients lors de leurs réunions d'affaires et s'assurer qu'ils repartent du pays en vie, et surtout entiers. Ça rapportait bien mais comme l'économie moscovite (officielle et souterraine) était devenue florissante, le coût de la vie avait suivi la même pente ascendante et, tandis que nombre d'entrepreneurs comme Youri voyaient passer entre leurs mains plus d'argent qu'ils n'auraient cru possible, ils voyaient également celui-ci s'évaporer sur un marché volatil où le coût de la vie était devenu proprement exorbitant. Triste ironie que de voir le prix du pain grimper aussi vite que vos revenus.

À la fin des années quatre-vingt-dix, Youri avait économisé assez pour pouvoir envoyer ses trois petits-enfants à l'université et les voir acquérir leur indépendance financière, mais il pouvait dire adieu à son projet de retraite dans une datcha idyllique sur les bords de la mer Noire, son rêve depuis près de vingt ans.

Les occasions s'étaient présentées, lentement au début, puis avec plus de régularité, juste avant et immédiatement après les événements du 11-Septembre. Ce matin-là, l'Amérique avait découvert à son réveil un fait que le KGB, comme bien d'autres services de renseignement non occidentaux, connaissait depuis longtemps : les fondamentalistes islamiques avaient déclaré la guerre à l'Amérique et à ses alliés. Hélas pour les États-Unis, lesdits fondamentalistes avaient, en l'espace de cinq ans, évolué pour passer du stade de bandes désorganisées d'illuminés si souvent décrites dans la presse occidentale, à celui de soldats bien entraînés et parfaitement organisés, dotés d'un but précis. Pis encore, ils avaient compris l'importance de la maîtrise des réseaux de renseignement, du recrutement des agents et des protocoles de communication, toutes techniques qui étaient restées jusqu'ici l'apanage exclusif des services de contre-espionnage.

Malgré ses réussites et ses ressources, l'Amérique demeurait l'archétype du géant qui ignorait souverainement les pierres et les traits pour ne se concentrer que sur la menace d'un hypothétique canon à l'horizon, ces mini 11-Septembre qui demeuraient rares et espacés, quoique impossibles à reporter sous la forme d'entrefilets dans les pages intérieures du *New York Times*, ou à réduire à des brèves dans les flashes réguliers sur MSNBC ou CNN. Les historiens discuteraient à l'infini pour savoir si le renseignement américain aurait pu ou dû entendre les prémices du 11-Septembre mais le début de l'escalade aurait sûrement pu être repéré dès le premier attentat contre le World Trade Center en 1993, puis celui contre l'ambassade des États-Unis au Kenya en 1998 et l'attaque contre l'*USS Cole* en l'an 2000. Seule la CIA y avait vu des incidents isolés ; pour les cellules terroristes qui avaient mené ces actions, il s'agissait bel et bien de batailles d'une même guerre. Ce n'est que lorsque ladite guerre avait été déclarée en fanfare contre les États-Unis – en paroles comme dans les actes – que la communauté du renseignement américain avait commencé à se rendre compte qu'on ne pouvait plus ignorer ces traits et ces jets de pierre.

Pis encore, le gouvernement américain et la CIA ne s'étaient que depuis quelques années seulement écartés de l'attitude que Youri avait qualifiée de « syndrome du golem » – à savoir la polarisation obsessionnelle sur la tête géante de l'ennemi en oubliant délibérément ses doigts et ses orteils. Bien entendu, ça ne changerait jamais pour ce qui concernait l'ennemi public numéro un, l'Émir, qui était devenu, par dessein autant que par défaut, estimait Youri, le golem de l'Amérique. Les nations avaient besoin d'ennemis identifiables, de quelqu'un qu'on pouvait désigner en s'écriant : *attention, danger !*

Bien sûr, Youri n'avait pas trop à se plaindre. Comme tant d'autres de ses compatriotes, il avait bénéficié de cette nouvelle guerre – quoique depuis peu seulement, et avec beaucoup de réticences et pas mal de regrets. Dès le milieu des années quatre-vingt-dix, des groupes fondamentalistes islamiques blindés d'argent s'étaient mis à toquer à la porte de la Russie, cherchant à engager des espions russes en déshérence, des scientifiques nucléaires, et des agents de Forces spéciales. Comme tant d'autres de ses compatriotes, Youri avait répondu mais il était âgé et fatigué, et il n'avait plus besoin que d'un peu d'argent supplémentaire pour sa datcha sur la Mer noire. Avec un brin de chance, la réunion de ce soir résoudrait ce problème.

Youri se secoua de sa rêverie, s'écarta de la balustrade et poursuivit son chemin sur le pont, puis il traversa encore deux rues pour gagner un restaurant illuminé par des néons affichant le nom de Tchiaka, écrit en arabe et en cyrillique. Il traversa la rue et trouva un banc dans un coin d'ombre entre deux réverbères, s'y assit et observa. Il releva son col pour se protéger du vent et enfouit un peu plus les mains dans les poches de son pardessus.

Le Tchiaka était un restaurant tchétchène, détenu et tenu par une famille musulmane qui prospérait sous l'égide de l'Obshina, la Mafia tchétchène. De la même façon, l'homme qu'il devait rencontrer – et qu'il ne connaissait que sous le surnom de Nima – s'était sans aucun doute introduit en Russie grâce à l'Obshina. *Peu importe*, se redit Youri. Il avait déjà traité par deux fois avec le bonhomme, la première pour le consulter sur l'expatriation d'un individu qualifié d'« associé », la seconde, plus récemment, à titre d'intermédiaire pour un recrutement. Cette dernière affaire s'était révélée intéressante. Ce que ces hommes avaient voulu à une femme de ce calibre, il n'en avait nulle idée et peu lui importait en fait. Il avait depuis belle lurette appris à retenir sa curiosité.

Il poursuivit son observation vingt minutes encore avant de s'estimer rassuré. Pas de guetteur, pas de milicien ou de policier. Il se leva, traversa la rue et pénétra dans le restaurant qui était brillamment éclairé mais meublé de façon spartiate, carrelage synthétique noir et blanc, tables rondes en Formica et chaises en bois non rembourrées. C'était l'heure de pointe du dîner et presque toutes les tables étaient occupées. Au plafond, des haut-parleurs diffusaient le son grêle des notes du pondur, un instrument à cordes analogue à la balalaïka.

Youri scruta le restaurant. Quelques clients avaient levé les yeux à son entrée avant de retourner presque aussitôt à leur repas ou à leur conversation. Même si les Russes n'étaient pas des clients réguliers des restaurants tchétchènes, ils n'y étaient pas rares. Malgré leur réputation, Youri n'avait jamais eu de problème avec les Tchétchènes. La plupart du temps, c'étaient des gens plutôt décontractés, mais malheur à celui qu'ils avaient décidé de liquider. Peu d'organisations étaient aussi brutales que l'Obshina. C'est qu'ils aimaient leurs couteaux, ces gens-là, et ils savaient s'en servir.

Au fond de la salle, au bout d'un petit couloir, il avisa Nima, installé dans la dernière stalle tout contre le mur, à proximité de la porte des cuisines et des toilettes. Youri gagna le fond, leva un doigt pour lui faire signe de patienter et s'engouffra dans les lavabos pour se laver les mains. Il avait les mains parfaitement propres, bien entendu ; mais il voulait avant tout avoir la confirmation que les toilettes étaient vides et qu'elles n'offraient pas une entrée de service. Redoubler de précautions que d'aucuns auraient trouvé excessives, voilà ce qui l'avait maintenu en vie durant toutes ces années de clandestinité, et il ne voyait aucune raison de changer de pratique. Il se sécha les mains, prit le temps de s'assurer que le pistolet Makarov 9mm était toujours dans l'étui placé derrière sa ceinture, puis il ressortit et s'installa dans l'alcôve, face à l'entrée du restaurant. La porte battante des cuisines se trouvait sur sa gauche. Nima avait ôté son blouson de sport et l'avait posé sur la cloison fermant l'alcôve. Le message était clair : *je ne suis pas armé.*

L'Arabe écarta les mains et sourit à Youri.

« Je sais que tu es un homme prudent, mon ami. »

En retour, Youri entrouvrit son blouson de sport. « Tout comme toi. »

Un garçon apparut, prit leur commande, puis s'éclipsa.

« Merci d'être venu », reprit Nima.

Son russe était bon, avec juste une pointe d'accent arabe, et son teint suffisamment clair pour le faire aisément passer pour un autochtone avec un peu de sang tartare. Youri se demanda distraitement si l'homme avait fait ses études en Occident.

« Bien sûr, de rien.

– Je ne savais pas si tu serais disponible.

– Pour toi, mon ami, toujours. Mais dis-moi : ton collègue est-il bien parvenu à destination ?

– En effet. La femme également. À ce que j'ai cru comprendre, elle correspond en tout point à la présentation que tu m'en avais faite. Mes supérieurs sont absolument ravis de l'aide que tu leur as déjà procurée. J'imagine que la compensation était satisfaisante. Pas de problème ?

– Aucun. »

De fait, l'argent était déjà déposé en lieu sûr au Liechtenstein, le compte ne rapportait guère d'intérêts, mais au moins était-il à l'abri de la curiosité numérique des services de police et de renseignement. Il n'avait pas encore décidé du moyen de transférer les fonds le jour où il en aurait besoin, mais on pouvait toujours se débrouiller, surtout si l'on était prudent et prêt à payer pour ce genre de service. « Tu transmettras, je te prie, mes remerciements à tes supérieurs. »

Nima hocha la tête. « Bien sûr. » Leurs boissons arrivèrent – une vodka pour Youri et de l'eau gazeuse pour Nima qui en but une gorgée avant de reprendre : « Nous avons une autre proposition pour vous, Youri, pour laquelle nous vous jugeons idéalement qualifié.

– Je suis à votre disposition.

– Comme pour nos deux arrangements précédents, il s'agit d'une affaire délicate et qui ne sera pas sans risque personnel. »

Youri écarta les mains et sourit. « Comme tout ce qui vaut le coup dans l'existence, n'est-ce pas ?

– Absolument. Et vous le savez… »

De l'entrée du restaurant, vint un cri accompagné d'un bruit de verre brisé. Youri leva les yeux juste à temps pour voir un homme, manifestement ivre, repousser sa chaise, tenant dans sa main une assiette presque pleine. Les autres clients le dévisagèrent. L'homme émit un chapelet d'injures en tchétchène pour décrire sans aucun doute la médiocre qualité de son repas, avant de se diriger en titubant vers un serveur en tablier blanc.

Youri étouffa un rire. « Un client insatisfait, on dirait… » Il n'acheva pas sa phrase quand il se rendit compte que Nima n'avait même pas tourné la tête pour observer l'incident mais qu'au contraire il le regardait droit dans les yeux, avec comme une sorte de regret. Des signaux d'alarme se mirent à retentir dans la tête de l'ancien agent du KGB. *Une diversion, Youri ; un coup monté.*

Le temps parut ralentir.

Youri se pencha vers l'avant pour glisser la main vers le Makarov placé au creux de ses reins. Ses doigts venaient de se poser sur la crosse croisillonnée quand il s'aperçut que la porte battante de la cuisine sur sa gauche était grande ouverte, et qu'un homme se tenait sur le seuil.

Il entendit Nina dire, comme de très loin :

« Je suis désolé, mon ami. C'est pour la bonne cause… »

Derrière l'épaule de l'Arabe, Youri vit un autre serveur se diriger vers lui, l'homme tenait ostensiblement une nappe, comme s'il s'apprêtait à la plier. Un rideau pour masquer le forfait… Du coin de l'œil, Youri nota un mouvement. Il tourna la tête vers la gauche, juste à temps pour voir la silhouette sur le seuil – un autre garçon en tablier blanc – lever le bras avec dans la main un objet sombre et tubulaire.

Quelque part dans la partie toujours calme, analytique, de son cerveau, Youri commenta : *un silencieux artisanal…* Il savait qu'il n'entendrait aucun bruit, ne verrait aucun flash. Qu'il n'y aurait pas non plus de douleur.

Il avait raison. La balle à fragmentation Parabellum de 9 mm pénétra juste au-dessus de son sourcil gauche avant d'exploser en une masse de plomb qui aussitôt réduisit en bouillie une bonne partie de la cervelle.

10

« BON SANG ! » s'exclama l'ancien président John Patrick Ryan tout en buvant son café matinal.

« Allons bon, quoi encore, Jack ? » demanda Cathy, même si elle savait parfaitement de quoi il retournait. Elle aimait tendrement son mari mais quand un sujet attirait son attention, il s'y accrochait comme un chien à son os, une qualité qui avait fait de lui un bon espion et un encore meilleur président des États-Unis, mais pas toujours le compagnon idéal avec qui s'entendre.

« Cet idiot de Kealty ne sait pas ce qu'il fait. Mais le pire, c'est qu'il s'en fout. Il a fait tuer douze marines hier à Bagdad. Et tu sais pourquoi ? » Cathy Ryan ne répondit pas. Elle savait que la question était de pure forme. « Parce que quelqu'un dans son équipe a décidé que des marines dotés d'armes chargées pourraient envoyer un message négatif. Bordel de merde, on n'envoie pas de messages à des gens qui pointent une arme sur vous. Et écoute ça : le commandant de la compagnie s'est lancé aux trousses de l'ennemi et a réussi à en descendre six avant qu'on lui demande de battre en retraite.

– Qui ça, "on" ?

– Son chef de bataillon, qui avait probablement reçu des ordres du général de brigade, lequel avait dû recevoir ses instructions de quelque juriste que les hommes de Kealty auront introduit dans la chaîne de commandement. Le pire est qu'il s'en balance. Après tout, le vote du budget est en cours et le débat sur la protection de ces putains d'arbres dans l'Oregon accapare toute son attention.

– Ma foi, pour le meilleur comme pour le pire, il y a des tas de gens qui prennent fait et cause pour l'environnement, Jack », observa Madame le professeur Ryan.

Kealty, Jack était furibond. Il l'avait senti venir depuis le début. Robby aurait fait un grand président sans cette vieille crapule du Ku Klux Klan qui l'avait assassiné, ce salaud qui attendait toujours dans un couloir de la mort de l'État du Mississippi. Jack se trouvait au Bureau ovale ce jour là – quand était-ce, déjà ? Six jours avant l'élection, et Robby avait toujours une confortable avance dans les sondages. Mais le temps avait manqué pour remettre la machine en route, avec le chaos du scrutin, Kealty restant le seul candidat en course, et Robby éliminé par un tueur. Résultat, nombre d'électeurs, perdus, étaient restés chez eux et s'étaient abstenus de voter. Kealty, président par défaut ; élu par forfait.

La période de transition avait été encore pire, si possible. Les obsèques de Robby, qui s'étaient déroulées dans l'église baptiste du père de Jackson, dans le Mississippi, avaient été l'un des pires souvenirs dans la vie de Jack. Les médias s'étaient gaussés de son émotion. Les présidents étaient censés être des robots, après tout, mais Ryan n'en avait jamais été un.

Et à juste titre, merde, se répéta-t-il.

Ici même, exactement dans cette pièce, Robby avait sauvé sa vie, celle de sa femme, de sa fille, et de son fils à naître. Jack avait rarement connu des épisodes de rage, mais cette fois-là, il était entré en éruption comme le Vésuve un très mauvais jour. Même le père de Robby avait prêché le pardon, preuve manifeste que le révérend Hosiah Jackson serait à jamais un bien meilleur homme que lui. Alors, quel sort convenait le mieux à l'assassin de Robby ? Une balle dans le foie, peut-être… que le salopard mette cinq ou dix minutes à se vider de son sang, hurlant à la mort jusqu'aux portes de l'enfer…

Pis encore, le bruit courait que le président en exercice envisageait une commutation générale de toutes les condamnations à mort en Amérique. Ses alliés politiques le pressaient déjà à travers les médias, envisageant une grande manifestation de clémence et de miséricorde sur le Mall de Washington. La miséricorde pour les victimes des tueurs et kidnappeurs n'était certes jamais envisagée, mais il s'agissait malgré tout d'un principe fondamental auquel ils étaient sincèrement attachés, et Ryan le respectait tout à fait.

L'ancien président inspira pour retrouver son calme. Il avait du travail. Cela faisait deux ans qu'il rédigeait ses mémoires et il atteignait la dernière ligne droite. L'ouvrage avait avancé plus vite qu'il ne l'avait cru, à tel point qu'il s'était fendu d'une annexe confidentielle à cette autobiographie, destinée à la publication seulement vingt ans après sa mort.

« Où en es-tu ? » demanda Cathy en songeant à son emploi du temps de la journée. Elle avait quatre interventions au laser déjà programmées. Ses agents du service de protection présidentielle avaient déjà inspecté ses patients, au cas où l'un d'eux s'aviserait d'entrer en salle d'op muni d'un pistolet ou d'une arme blanche, une éventualité si improbable que Cathy avait cessé d'y songer depuis belle lurette. Ou peut-être avait-elle cessé d'y songer justement parce qu'elle savait que d'autres s'en préoccupaient à sa place.

« Où j'en suis ?

– Dans ton manuscrit, crut bon d'expliciter son épouse.

– Aux tout derniers mois. »

Lorsque sa politique fiscale avait effectivement commencé à porter des fruits, avant que Kealty ne la dézingue au lance-flammes.

Et dorénavant, les États-Unis pataugeaient sous la présidence – ou plutôt le règne – d'Edward John Kealty, un membre fortuné de l'aristocratie. Le moment venu, il y aurait un retour de balancier, le peuple y veillerait. Mais la différence entre une clique et un troupeau était que la première avait un chef. Le peuple n'en avait pas vraiment besoin. Il pouvait s'en passer – parce qu'un dirigeant finissait par apparaître d'une façon ou de l'autre. Mais qui le choisissait ? Le peuple, justement. Sauf que le peuple choisissait celui-ci parmi une liste de candidats, et que ces derniers devaient être présélectionnés.

Le téléphone sonna. Jack décrocha.

« Allô ?

– Hé, Jack. »

La voix était familière. Les yeux de Ryan s'illuminèrent.

« Salut Arnie. Comment ça va à l'Académie ?

– La routine. T'as vu les infos ce matin ?

– Les marines ?

– Qu'est-ce que t'en penses ? demanda Arnie Van Damm.

– M'a pas l'air fameux.

– Je crois que c'est encore pire que les apparences. Les journalistes ne disent pas tout.

– Le disent-ils jamais ? commenta Jack, amer.

– Non, pas quand ça ne leur plaît pas, mais beaucoup sont intègres. Bob Holtzmann, au *Post* a eu une crise de conscience. Il m'a appelé. Il voudrait te parler, avoir ton opinion – en privé, bien entendu. »

Robert Holtzmann du *Washington Post* était l'un des rares journalistes à qui Ryan faisait presque confiance, en partie parce qu'il avait toujours été réglo avec lui, et en partie parce que c'était un ancien officier de marine – un « 1630 », code utilisé dans la Navy pour désigner les agents du renseignement. Bien que le plus souvent en désaccord avec Ryan sur les questions politiques, c'était un homme intègre. Holtzmann savait sur le passé de Ryan des choses qu'il n'avait jamais révélées, alors même qu'elles auraient pu faire des scoops juteux, voire être de ces révélations qui font une carrière. Mais d'un autre côté, peut-être aussi les gardait-il sous le coude pour un livre à venir. Holtzmann en avait déjà rédigé plusieurs, dont un best-seller, et cela lui avait rapporté gros.

« Que lui as-tu dit ? s'enquit Jack.

– Je lui ai dit que je demanderais, répondit Arnie, mais que tu répondrais, non seulement non, mais trois fois non.

– Arnie, j'aime bien ce mec, mais un ancien président ne peut pas débiner son successeur...

– Même si ce n'est qu'une sombre merde ?

– Même, confirma Jack, amer. Et peut-être même surtout. Mais attends. Je croyais qu'il te plaisait bien. Que s'est-il passé ?

– Peut-être que j'ai traîné trop longtemps avec toi. J'ai désormais acquis cette idée insensée que le caractère compte aussi. Que tout ne se réduit pas à des manœuvres politiques.

– Ah, pour ça, il s'y entend à merveille, Arnie. Même moi, je dois bien l'admettre. Tu veux passer bavarder un peu ? » ajouta Ryan.

Pour quelle autre raison l'appellerait-il un vendredi matin ?

« Ouais, bon, d'accord, je ne fais pas particulièrement dans la finesse.

– Allez, fais un saut. Tu sais très bien que ma porte t'est toujours ouverte. »

Cathy ajouta *sotto voce* : « Que dirait-il de mardi ? Pour dîner ?

– Que dirais-tu de mardi ? Pour dîner ? répéta Jack. Tu pourras rester coucher. Je préviendrai Andrea de ton arrivée.

– Volontiers. Je redoute toujours qu'elle me descende, et vu ses qualités, je doute que j'en réchappe. Donc, on se voit vers dix heures.

– Super, Arnie, à plus. »

Jack reposa le combiné et se leva pour accompagner Cathy jusqu'au garage. Elle conduisait à présent un coupé Mercedes même si elle avait reconnu récemment qu'elle regrettait l'hélico pour rejoindre l'hôpital John Hopkins. Côté positif, elle pouvait jouer à présent les pilotes de course, avec Roy Altman, son agent du Service de protection, un ancien capitaine de la 82e aéroportée, assis à côté d'elle et serrant les fesses. Un type sérieux. Il se tenait près de la voiture, veste déboutonnée, l'étui de son arme bien visible.

« Bonjour, Dr Ryan.

– Salut, Roy. Comment vont les enfants ?

– Très bien, merci, m'dame. »

Il ouvrit la portière.

« Tâche d'avoir une journée productive, Jack. »

Puis le baiser habituel.

Cathy s'installa, boucla sa ceinture et réveilla la bête à douze cylindres qui dormait sous le capot. Elle fit un signe de main puis recula. Jack la regarda disparaître au bout de l'allée et s'intercaler entre les deux autres voitures qui allaient l'accompagner, puis il retourna vers la porte de la cuisine.

« Bonjour, Mme O'Day.

– Bonjour, monsieur le Président », répondit Andrea Price O'Day, chef de la sécurité de Jack. Elle-même avait un garçon de deux ans, du nom de Conor, et Jack savait qu'il n'était pas une sinécure. Le père de Conor était Patrick O'Day, subordonné direct de Dan Murray, le directeur du FBI, un autre de ces fonctionnaires gouvernementaux nommés par Jack auquel Kealty ne pouvait pas toucher parce que le FBI devait – du moins en théorie – demeurer à l'écart des querelles politiques.

« Comment va le petit bonhomme ?

– Bien. Mais ce n'est pas encore ça, côté propreté. Il hurle dès qu'il voit le pot. »

Jack éclata de rire. « Jack était pareil. Ah, au fait, Arnie passe mardi, vers dix heures du matin. Il restera dîner puis passera la nuit.

– Enfin, on n'aura pas besoin de lui faire subir une fouille au corps », soupira Andrea.

Mais elle n'en passerait pas moins son numéro de Sécurité sociale au crible de l'ordinateur de centralisation des affaires criminelles, au cas où. Le Service de protection présidentiel ne se fiait pas à grand monde – même dans ses propres rangs, depuis qu'Aref Raman avait pété les plombs. Ce qui avait causé une sérieuse migraine dans le service. Mais son mari en personne avait contribué à régler l'affaire et Raman coulait désormais de longs, longs jours dans la prison fédérale de Florence, Colorado. Florence était le plus sinistre des pénitenciers fédéraux, un établissement de haute sécurité, creusé dans le roc et entièrement souterrain. Le seul rai de lumière qu'entrevoyaient ses pensionnaires l'était par le truchement d'une télé en noir et blanc.

Ryan réintégra la cuisine. Il aurait pu demander plus. Le Service conservait des tas de secrets. Il était en droit d'avoir une réponse, même : après tout, lui aussi avait été un président en exercice, mais c'était une chose à laquelle il se refusait.

Et il avait encore du pain sur la planche. Alors il se versa une nouvelle tasse de café et gagna sa bibliothèque pour travailler sur son chapitre 48, paragraphe 2, George Winston et la fiscalité. Tout s'était parfaitement passé jusqu'à ce que Kealty décide que certains ne payaient pas une « quote-part équitable ». Kealty étant bien sûr le seul et unique à décider où placer le curseur de ce qui était ou non « équitable ».

11

LES XITS DE LA MATINÉE contenaient une interception cryptée dont le Campus détenait la clé. Le contenu n'aurait pu être plus banal, ce qui ne justifiait guère le cryptage. Le cousin de quelqu'un avait accouché d'une petite fille. Ce devait être une phrase codée. «La chaise est contre le mur», avait été, par exemple, le genre de phrase employée durant la Seconde Guerre mondiale pour donner telle ou telle instruction à la Résistance française contre l'occupant nazi. «Jean a de longues moustaches» leur avait indiqué l'imminence du Débarquement, tout comme : «Les sanglots longs des violons de l'automne blessent mon cœur d'une langueur monotone. »

Alors, qu'est-ce que ça peut bien vouloir dire ? se demanda Jack. Peut-être que quelqu'un venait effectivement d'avoir un bébé, une fille, ce qui n'était pas un grand moment pour la culture arabe. Ou peut-être, y avait-il eu un gros (ou petit) transfert d'argent, ce qui était l'un des moyens utilisés par le Campus pour pister les activités de l'adversaire. Le Campus avait éliminé un de ceux qui effectuaient ce type de transfert. L'un d'eux s'appelait Ouda Ben Sali et il était mort à Londres, tué par le même stylo utilisé par Jack à

114

Rome pour éliminer MoHa qui, avait-il appris par la suite, était un très méchant client.

Un détail attira l'œil de Jack. *Euh ?* La liste de diffusion du courrier contenait un nombre inhabituel d'adresses mail en France. *Quelque chose se tramerait là-bas ?*

« Encore à te raccrocher à tout ce qui passe ? » demanda Rick Bell à Jack dix minutes plus tard. L'analyste en chef du Campus trouvait le message annonçant une naissance décidément trop anodin pour s'exciter dessus.

« À quoi d'autre, sinon ? répondit Jack. En dehors du marmot, il y a des transferts bancaires, mais les gars du dessous s'en occupent déjà.

– Importants, les transferts ? »

Ryan hocha la tête. « Non, au total, ça ne fait même pas un demi-million d'euros. L'argent du ménage, pour ainsi dire. Ils ont lancé une nouvelle série de cartes de crédit. Donc, pour l'instant, plus possible de pister les billets d'avion. Le Bureau bosse déjà dessus, de toute façon, du moins pour tout ce qui n'exige pas notre collection de codes de cryptage.

– Et ça ne durera pas, opina Bell. Ils ne vont pas tarder à en changer de nouveau et on n'aura plus qu'à tout recommencer. Espérons simplement que ça n'arrive pas avant qu'on ait enfin découvert quelque chose d'intéressant. Rien d'autre ?

– Juste des questions, comme où se cache notre gros gibier ? De ce côté, que dalle.

– La NSA a sur écoute tous les réseaux téléphoniques de la planète. Au point de mettre à genoux leurs ordinateurs. Ils veulent acheter deux grosses unités centrales à Sun Microsystems. Les crédits ont été débloqués cette semaine. Et les petits gars de Californie sont déjà en train d'assembler les boîtiers.

– On leur passe vraiment tout. La NSA n'a donc jamais été à court de subventions ? s'étonna Ryan.

– Pas que je sache, répondit Bell. Il leur suffit de remplir les formulaires adéquats et de râler assez fort devant les commissions parlementaires. »

Jack savait que la NSA obtenait toujours tout ce qu'elle voulait. Pas la CIA. Mais on faisait plus confiance à la NSA qui savait, en outre, se faire plus discrète. Sauf pour le projet Trailblazer. Peu après le 11-Septembre, l'agence se rendit compte que sa technologie d'interception des signaux électroniques était déplorablement inadaptée au volume de trafic qu'elle allait devoir non seulement digérer mais répandre, aussi fit-on appel à une société de San Diego, SAIC (Science Applications International Corporation) pour mettre à niveau les systèmes informatiques de Fort Meade. Le projet, baptisé Trailblazer, d'une durée de vingt-six mois et d'un coût de 280 millions de dollars, avorta. La SAIC se vit alors accorder un nouveau contrat, cette fois, de 360 millions, pour son successeur. Tout ce gâchis de temps et d'argent fit rouler quelques têtes à la NSA et ternit l'image jusqu'ici immaculée du service auprès du Congrès. Le projet Execute Locus, bien que toujours sur les rails, en était néanmoins toujours en phase de test, aussi la NSA devait-elle compléter son réseau avec des systèmes SUN, qui, bien que relativement puissants, ne valaient guère mieux qu'un barrage de sacs de sable pour contenir un tsunami. Pis encore, lorsque le système Executive Locus serait enfin pleinement opérationnel, il serait déjà en voie d'obsolescence, comparé au nouvel hyper-ordinateur Sequoia d'IBM.

Jack avait beau se targuer d'être calé en informatique, les capacités de Sequoia le laissaient bouche bée. Plus rapide que les cinq cents plus gros super ordinateurs combinés, Sequoia était capable d'accomplir vingt quadrillons d'opérations mathématiques par seconde, un chiffre qu'on ne pouvait appréhender que par une comparaison : si chacun des six milliards sept cents millions d'habitants de la planète était muni d'une calculatrice et planchait vingt-quatre heures sur vingt-quatre, tous les jours de l'année, sur le même calcul, il leur faudrait trois siècles pour accomplir ce que Sequoia réalisait en une heure. Inconvénient majeur de Sequoia, il manquait de discrétion : la machine était logée dans quatre-vingt-seize armoires réfrigérées qui couvraient près de trois cents mètres carrés.

La surface d'un joli pavillon, songea Jack. Puis : *Je me demande s'ils organisent des visites.*

Mais Bell avait repris : « Alors, qu'est-ce qui te suggère que ce puisse être important ?

— Pourquoi crypter un faire-part de naissance ? Et on l'a craqué en utilisant leur clé perso. OK, peut-être que des méchants voient s'agrandir leur famille, mais, d'un autre côté, nulle mention du nom du père, de la mère ou de l'enfant. C'est trop impersonnel.

— Certes, admit Bell.

— Une chose, encore : il y a de nouvelles adresses sur leur liste de diffusion, et ils ont recours à un nouveau fournisseur d'accès. Ça vaudrait le coup d'y jeter un œil. Peut-être que l'auteur du message ne prend pas autant de précautions que les autres pour assurer ses arrières en matière de sécurité comme de finances. »

Jusqu'ici tous leurs mails transmis via la « French Connection » s'étaient révélés transiter en fait par des adresses relais destinées à masquer les adresses IP et n'aboutir qu'à des adresses fantômes, et comme les messages provenaient de fournisseurs d'accès situés outre-mer, le Campus n'avait guère de moyens d'intervenir. Si les Français étaient mis dans le coup, au moins pourraient-ils enquêter sur le FAI situé sur leur territoire et récupérer des informations sur le compte incriminé. Cela leur permettrait au moins d'obtenir le numéro de carte de crédit et, à partir de là, d'obtenir l'adresse de facturation mensuelle, à moins qu'il s'agisse bien sûr d'une carte falsifiée, mais, même dans ce cas, ils pourraient toujours lancer une opération de recherche et remonter en partie la filière pour collecter quelques éléments. On en revenait à la théorie du puzzle : une collection de pièces minuscules qui finissaient par reconstituer l'image dans son ensemble. La chance aidant.

« Ça va sans doute réclamer un zeste de piratage mais, en fouinant un peu, on devrait avoir de quoi ouvrir un dossier sur ce gars.

– Ça vaut toujours le coup d'essayer, admit Bell. Fonce. »

Pour Ibrahim, le faire-part de naissance était apparu comme une heureuse surprise. Cachées dans ce message apparemment anodin, se trouvaient trois informations d'importance : son rôle dans l'opération Lotus entrait dans la phase suivante, les protocoles de communication changeaient, et un messager était en route.

C'était la fin de l'après-midi à Paris, l'heure de pointe de la circulation. Le temps était agréable. Les touristes étaient revenus d'Amérique – pour le plus grand plaisir des commerçants et le mécontentement râleur et philosophe de l'homme de la rue – pour goûter le vin et la bonne chère, et visiter les nombreux sites et monuments. Nombre de ces visiteurs venaient en fait de Londres par le train, mais il était difficile de les distinguer de ceux venus d'outre-Atlantique. Les chauffeurs de taxis exploitaient leurs clients, les gratifiant quand même au passage de leçons de prononciation gratuites, avant de pester devant la modestie du pourboire – au moins les Américains n'avaient-ils pas un oursin dans leur poche, contrairement à la plupart des Européens.

Ibrahim Salih al-Adel s'était parfaitement acclimaté. Son français était excellent au point que les Parisiens avaient du mal à situer son accent, et il se baladait dans les rues comme s'il était chez lui, sans prendre cet air ébahi qu'ont les touristes. C'était, assez bizarrement, les femmes qui le choquaient le plus. Cette façon orgueilleuse de s'exhiber dans leurs toilettes à la mode, avec souvent à la main un sac en cuir ultra-chic, mais chaussées en revanche de confortables escarpins à talon plat, car ici, on marchait plus souvent qu'on ne prenait sa voiture. Sans doute pour mieux encore s'exhiber, songea-t-il.

Il avait achevé sa journée de travail habituelle, qui consistait pour l'essentiel à vendre des DVD, principalement des films américains doublés ou sous-titrés – ce qui permettait à ses clients de tester leur anglais scolaire (malgré leur dédain pour les Américains, les Français étaient cinéphiles avant tout, et ça, ça passait avant les préférences nationales, quelles qu'elles soient).

C'est donc demain qu'il commencerait à rassembler son équipe pour planifier la mission proprement dite, une étape toujours plus facile à discuter autour d'une table qu'à mettre en œuvre en pratique. Mais il avait déjà envisagé la question, même si c'était dans l'intimité de son appartement et pas vraiment sur le terrain. Une partie du travail pouvait être accomplie ici, via Internet, mais seulement dans les grandes lignes. Les particularités de leur cible ne pourraient être évaluées que sur le terrain, mais tout ce travail préparatoire leur ferait gagner un temps précieux à l'avenir. Une partie de la logistique était déjà en place, et jusqu'ici, leur informateur sur zone s'était révélé constant et fiable.

Que lui fallait-il pour la mission ? Seulement quelques hommes. Tous des fidèles. Ils étaient quatre. Pas plus. Experts en explosifs. Possédant des voitures discrètes – pas un problème ici, bien sûr. Doués en langues. Ils devaient se fondre dans leur personnage, ce qui ne serait pas bien sorcier, vu la situation géographique de la cible ; peu de gens étaient capables de discerner les subtilités de couleurs de peau, et il parlait anglais presque sans accent, donc là non plus, ce ne serait pas un problème.

Mais l'essentiel demeurait que chaque membre de l'équipe fût habité de la vraie foi. Prêt à mourir. Prêt à tuer. Les observateurs extérieurs avaient tendance à penser que le premier choix était plus important que le second ; or, si nombreux que fussent les candidats au sacrifice ultime, il n'était utile de s'y résoudre que si cela permettait de faire avancer la cause. Ces hommes se voyaient certes comme des guerriers saints, et certes ils attendaient leurs soixante-douze vierges, mais il s'agissait en fait de jeunes gens sans grandes perspectives d'avenir, pour qui la religion était la voie vers une grandeur pour eux sinon inaccessible. Il était remarquable qu'ils fussent trop stupides pour ne même pas s'en rendre compte. Mais c'était pour ça qu'il était le chef et eux, les disciples.

12

MÊME SI C'ÉTAIT LA PREMIÈRE FOIS, elle n'eut aucun mal à trouver le motel, installé le long de ce que la ville de Beatty qualifiait avec optimisme de «Rue principale» et qui n'était jamais qu'un tronçon de route limitée à cinquante à l'heure entre les nationales 95 et 374.

L'hôtel proprement dit – le Motel 6 de la Vallée de la Mort – disposait, malgré son aspect extérieur défraîchi, de chambres relativement propres qui sentaient le savon désinfectant. Non seulement elle avait vu pire, mais elle avait exercé ses... talents très spéciaux dans des endroits moins salubres. Et avec des types moins ragoûtants, et pour une somme moindre. Non, la seule chose qui la dérangeait vraiment, c'était le nom du motel.

D'origine tatare Keräşen[1], Allison – de son vrai nom Aysilu, ce qu'on pouvait traduire par «belle comme la lune» – avait hérité de ses parents et de ses ancêtres un profond respect des présages, subtils ou manifestes, or ce nom de Motel 6 de la Vallée de la Mort entrait manifestement pour elle dans la seconde catégorie.

---

1. Tatars de religion orthodoxe.

Peu importait. Les présages étaient aléatoires et toujours ouverts à l'interprétation. En l'occurrence, il était improbable que le nom du motel s'appliquât à elle ; son sujet était trop sous son charme pour présenter la moindre menace, directe ou indirecte. Et ce qu'elle était venue faire ici n'exigeait qu'un minimum de réflexion de sa part, tant elle s'était bien entraînée. Et ça aidait aussi que les hommes fussent des créatures simples et prévisibles, conduits par les pulsions les plus élémentaires. « Les hommes sont en pâte à modeler », lui avait dit un jour sa première instructrice, une femme du nom d'Olga et, même à l'âge tendre de onze ans, elle avait déjà pressenti la vérité de cet adage, après avoir vu s'attarder sur elle les regards des garçons du village, et même encore maintenant l'œil toujours aux aguets de certains hommes.

Avant même que son corps ait commencé à changer et s'épanouir, elle avait su d'instinct reconnaître la douceur mais aussi la force du sexe. Les hommes avaient la force physique, cela avait ses avantages et ses plaisirs, mais Allison exerçait une autre sorte de force qui lui rendait bien service, la maintenait en vie dans les situations dangereuses et à l'aise dans les moments difficiles. Et aujourd'hui, à l'âge de vingt-deux ans, son village bien loin derrière elle, sa force lui apportait l'opulence. Mieux encore, à l'encontre de ses employeurs précédents, celui-ci n'avait pas exigé de bout d'essai au préalable. Que ce soit une conséquence de leur stricte observance religieuse ou simplement une preuve de professionnalisme, elle n'aurait su dire, mais ils avaient pris ses références pour argent comptant, en même temps qu'une recommandation – même si elle n'aurait su dire de qui cette dernière émanait au juste. Manifestement d'un personnage influent. Le programme aujourd'hui interrompu dont elle avait suivi la formation était toujours demeuré un secret bien gardé.

Elle passa devant le parking du motel, puis fit le tour du pâté de maisons et revint par la direction opposée, guettant un détail

incongru, susceptible d'exciter son intuition. Elle avisa son véhicule, un pick-up Dodge 1990 bleu, garé avec une demi-douzaine
d'autres voitures, toutes immatriculées dans l'État, à l'exception
d'une venant de Californie et d'une autre de l'Arizona. Satisfaite de
son examen, elle entra dans une station-service, fit prestement
demi-tour et retourna vers le motel pour s'engager dans le parking,
à deux emplacements du Dodge. Elle prit le temps de vérifier son
maquillage dans le rétro et de récupérer dans la boîte à gants une
paire de capotes. Elle les glissa dans son sac à main qu'elle referma
d'un déclic avec un sourire. Il avait commencé à se plaindre des
capotes, disant qu'il ne voulait rien entre eux, mais elle avait rechi-
gné, arguant qu'elle voulait attendre qu'ils se connaissent mieux,
subissent peut-être un test de dépistage des maladies sexuellement
transmissibles, avant de passer au niveau supérieur. À la vérité,
l'intimité ou la prudence n'avaient rien à voir avec son hésitation.
Son employeur avait été minutieux et lui avait fourni un dossier
détaillé sur l'homme, depuis son emploi du temps quotidien jusqu'à ses habitudes alimentaires en passant par son histoire intime.
Il avait eu deux aventures avant elle, une avec une copine de lycée
qui l'avait plaqué avant la terminale, et une autre peu après la fin
de ses études universitaires. Là aussi, la relation n'avait pas duré.
Le risque qu'il ait chopé une maladie était quasiment inexistant.
Non, le recours au préservatif n'était qu'un autre outil dans son
arsenal. L'intimité qu'il recherchait tant était une nécessité, et ce
genre de besoin impérieux vous offrait simplement un moyen
d'influence. Quand elle se déciderait enfin à « céder » en le laissant
la posséder sans protection, cela ne ferait que renforcer son
emprise sur lui.

De la pâte à modeler, songea-t-elle.

Elle ne pouvait pas différer plus longtemps, toutefois, car son
employeur lui demandait des informations qu'elle n'avait pas

encore extorquées. Pourquoi ils étaient aussi impatients, et ce qu'ils allaient faire des renseignements qu'elle leur transmettrait, c'était leur affaire, mais il était clair que les secrets de cet homme revêtaient une importance cruciale. Malgré tout, il ne fallait pas presser les choses. Pas quand on voulait de bons résultats.

Elle descendit, verrouilla la portière et gagna la chambre. Comme à son habitude, il avait laissé une rose rouge accrochée entre le bouton et le chambranle – « leur » code pour lui indiquer où il se trouvait. C'était un type gentil, à n'en pas douter, mais si faible et si indigent qu'il lui était quasiment impossible d'éprouver pour lui plus que du dédain.

Elle frappa à la porte. Elle entendit des pas pressés sur la moquette, puis la chaîne de sûreté cliqueta. La porte s'ouvrit tout grand et il apparut, avec son pantalon de velours côtelé et l'un de ses cinq ou six t-shirts élimés, tous décorés d'images de films ou de séries de science-fiction.

« Coucou, mon chou », roucoula-t-elle, en balançant les hanches comme un mannequin en goguette. Des années d'entraînement lui avaient permis d'effacer tout accent. « Content de me voir ? »

Sa robe d'été – de la teinte pêche qu'il affectionnait tant – collait là où il fallait, était bouffante ailleurs, le parfait équilibre entre piment et chasteté. La plupart des hommes, même s'ils n'en étaient pas conscients, voulaient que leurs femmes soient des femmes du monde le jour et des putains la nuit.

Ses yeux avides achevèrent de détailler ses jambes et ses seins, avant de s'attarder sur son visage. « Euh, ouais… bon Dieu, ouais, marmonna-t-il. Viens, entre, reste pas là. »

Ils firent l'amour deux fois au cours des deux heures suivantes, la première fois, ça ne dura que quelques minutes, la seconde, dix, et uniquement parce qu'elle sut le retenir. *Des muscles d'un autre genre*, songea-t-elle. Mais pas moins puissants. Quand ils eurent fini, il resta étendu sur le dos, le souffle court, le torse et le visage couverts de sueur. Elle roula pour se lover contre son épaule et poussa un gros soupir.

« Waouh, murmura-t-elle, c'était… waouh…

– Ouais, tu l'as dit », répondit-il.

Steve n'était pas moche, avec des cheveux blond-roux bouclés et des yeux bleus pâle, mais il était trop maigre à son goût et sa barbe lui irritait le visage et les cuisses. Il était propre, toutefois, il ne fumait pas, et il avait des dents saines, donc, l'un dans l'autre, elle savait que ça aurait pu être pire.

Quant à ses talents au lit… ils étaient presque inexistants. Il se montrait un amant par trop délicat et sûrement bien trop doux, il avait toujours peur de faire quelque chose de mal ou de se montrer trop entreprenant. Elle avait beau le rassurer, lui disant les mots qu'il fallait, émettant les cris qui convenaient aux moments opportuns, elle le soupçonnait d'avoir constamment à l'esprit la crainte de la perdre – quand bien même il ne la « possédait » pas vraiment.

C'était l'archétype du syndrome de la Belle et la Bête. Il n'allait pas la perdre, bien sûr, tout du moins tant qu'elle n'aurait pas obtenu les réponses demandées par ses employeurs. Allison éprouva un léger serrement de cœur en s'imaginant sa réaction lorsqu'elle disparaîtrait. Elle était à peu près certaine qu'il était tombé amoureux d'elle, ce qui était le but du jeu, somme toute, mais il était tellement… inoffensif qu'il était parfois difficile de ne pas le plaindre. Difficile mais pas impossible. Elle écarta la pensée de son esprit.

« Alors, comment va le boulot ? demanda-t-il.

– Bien, mais toujours la même rengaine : faire mes tournées, balancer mon laïus, distribuer mes numéros de téléphone et montrer mon décolleté aux toubibs...

– Eh... !

– Relax, je plaisante. Beaucoup de médecins s'inquiètent à propos des rappels de médicaments.

– Ce dont ils ont parlé à la télé, les antidouleur ?

– Tout juste. Le labo exerce une grosse pression pour qu'on continue de les fourguer. »

Pour ce qu'il en savait, elle travaillait comme représentante médicale à Reno. Ils s'étaient « rencontrés » dans une librairie Barnes & Noble, puis, alors qu'ils faisaient la queue au Starbucks de l'établissement, elle s'était trouvée à court de monnaie pour régler son moka. Steve se trouvait juste derrière elle et, nerveusement, s'était bien entendu proposé pour faire l'appoint. Ayant eu en main son dossier – du moins le peu d'éléments qu'ils avaient jugé nécessaire de lui fournir – et déjà bien au fait de ses habitudes, elle n'avait pas eu grand mal à lier connaissance et plus encore à exploiter leur rencontre quand elle avait manifesté de l'intérêt pour le livre qu'il lisait, un ouvrage de génie mécanique dont, pour dire vrai, elle se contrefichait éperdument. Il n'en avait rien remarqué, tant il était émoustillé de voir une jolie fille lui prêter attention.

Elle reprit : « Tous ces trucs d'ingénierie, je ne sais pas comment tu t'en sors. J'ai bien essayé de me plonger dans un de ces manuels que tu m'as refilé mais ça m'est passé au-dessus de la tête.

– Ma foi, t'es sûrement une fille intelligente, mais ça reste une matière plutôt aride. N'oublie pas, j'avais quatre années de fac derrière moi, et, malgré tout, je n'ai vraiment commencé à apprendre la pratique que sur le terrain, après avoir décroché un boulot. Le MIT m'a enseigné tout un tas de choses, mais ce n'est rien comparé à ce que j'ai appris depuis que j'en suis sorti.

– Par exemple ?

– Ah, ben tu vois, juste des trucs…

– Comme ? »

Il ne répondit pas.

« OK, OK, pigé. Monsieur secret d'État.

– Ce n'est pas ça, Ali, répondit-il d'un ton légèrement plaintif. C'est juste qu'ils te font signer toute cette paperasse – déclaration de confidentialité et tout le tremblement.

– Waouh, ce doit être vachement important. »

Il hocha la tête. « Nân. Mais tu sais comment ils sont, au gouvernement… paranos jusqu'à la moelle. Merde, je suis même un peu surpris qu'ils ne nous aient pas fait passer au détecteur de mensonges, mais qui sait ?

– Alors, c'est quoi, ton truc, en fin de compte ? Des armes, des bombes, des machins comme ça ? Attends voir… la recherche de pointe ? »

Il gloussa. « Non, non, pas vraiment. Ingénieur mécanicien – et plus mécano qu'ingénieur, à vrai dire.

– Un espion ? » Elle se releva sur un coude, laissant le drap tomber pour dévoiler un sein pâle. « C'est ça, hein ? T'es un espion.

– Non. Pas non plus un espion. Je veux dire, enfin, regarde-moi, je suis un vulgaire nerd.

– La couverture idéale.

– Bon sang, on ne peut pas dire que tu manques d'imagination, toi.

– Tu esquives ma question. C'est révélateur : technique d'espion !

– Pas du tout. Désolé de te décevoir.

« – Alors quoi ? Dis-moi…

– Je travaille pour le ministère de l'Énergie.

– Comme le nucléaire et tout ça ?

– Exact. »

À vrai dire, elle savait pertinemment comment il gagnait sa vie, où il travaillait et quelle activité se déroulait dans sa boîte. Ce qu'elle cherchait – ce que cherchaient ses commanditaires – était bien plus précis. Et ils étaient quasiment sûrs qu'il détenait cette information. Et même s'il ne l'avait pas déjà, il y avait très certainement accès. Elle se demanda distraitement pourquoi ils avaient choisi de passer par son truchement plutôt que de l'enlever tout bêtement en pleine rue et lui extorquer le renseignement par la force. Elle suspectait que la réponse tenait aussi bien à son lieu de travail qu'au manque de fiabilité avéré de la torture. Si Steve disparaissait ou qu'il était retrouvé mort, même dans les circonstances les moins suspectes, il y aurait une enquête diligentée, non seulement par la police locale mais aussi par le FBI, et c'était bien là le genre de curiosité que son employeur voulait sans doute éviter à tout prix. Malgré tout, le fait qu'ils n'aient pas choisi la méthode la plus directe était révélateur : l'information dont ils avaient besoin était à la fois cruciale et extraordinaire. Steve était peut-être leur unique source viable pour l'obtenir, ce qui signifiait, soit que celle-ci était placée ailleurs, sous haute protection, soit qu'il en avait une maîtrise singulière.

Peu importait en définitive. Elle ferait son boulot, ramasserait l'argent et puis… eh bien, qui sait ?

La rétribution était considérable, suffisante sans doute pour lui permettre de repartir de zéro, refaire sa vie ailleurs, changer d'activité. Un métier banal, comme bibliothécaire ou libraire. L'idée la fit sourire. La banalité, ça pouvait être sympa. Il lui faudrait néanmoins redoubler de prudence avec ces gens-là. Quoi qu'ils aient décidé de faire des renseignements qu'elle allait leur fournir, ils semblaient d'une importance capitale. Assez en tout cas pour justifier un meurtre, suspectait-elle.

Retour au boulot.

Elle caressa lentement le torse de Steve du bout de l'ongle.

« Tu n'es pas, je ne sais pas, moi, en danger, ou quoi ? Je veux parler des risques de cancer, ce genre de choses…

– Ma foi, non, répondit-il. J'imagine qu'il y a des risques, mais il y a toute une série de protocoles, de règles et de règlements – au point qu'il faudrait vraiment déconner un max pour courir le moindre danger.

– Donc, ça n'est encore jamais arrivé… à personne ?

– Bien sûr que si, mais en général, c'est des conneries sans conséquence, comme un gars qui se fait rouler sur le pied par un chariot à fourche, ou qui s'étrangle avec ses nachos à la cafétéria. On a eu deux ou trois alertes… ailleurs, mais c'était la plupart du temps parce que quelqu'un avait décidé de prendre un raccourci, mais même dans ce cas, il y a des systèmes et des procédures de secours. Non, crois-moi, chérie, je ne risque pas grand-chose.

– Bien ; ça me rassure. Je n'aimerais pas te savoir blessé ou malade.

– Ça ne risque pas d'arriver, Ali. Je fais très attention. »

C'est ce qu'on verra, songea-t-elle.

13

JACK JUNIOR SE PLAQUA contre le mur avant de se couler le long des planches mal dégrossies dont il sentit les échardes s'accrocher à sa chemise. Il atteignit l'angle et s'arrêta, son pistolet tenu à deux mains, canon braqué vers le sol, selon la position dite « Weaver ». Pas du tout comme dans les films ou les séries télé où les personnages se baladent toujours, le flingue à hauteur du visage, canon braqué vers le haut. OK, ça faisait un plan cool – rien de mieux pour souligner la mâchoire volontaire et le regard bleu acier du héros que le canon imposant d'un Glock – mais l'idée n'était pas d'être cool mais de rester en vie et d'abattre les nuisibles. Avoir grandi à la Maison Blanche, entouré de pros du service de sécurité qui connaissaient les armes mieux que leurs enfants, ça avait à coup sûr quelques avantages.

Le problème avec la méthode Hollywood du maniement d'armes était double : cadrage de la cible et effet de surprise. En matière de combat réel à l'arme à feu, il s'agissait de viser juste en état de stress et, là encore, c'était une question de préparation mentale et de cadrage. Le premier point relevait du conditionnement, le second, de la mécanique. Il était bien plus facile et bien plus efficace de relever une arme, bien viser la cible et tirer que de l'abaisser. L'autre facteur – l'effet de surprise – tenait à ce qui se produit quand on tourne un coin pour se retrouver face à face avec le méchant. Vaut-il mieux avoir son flingue déjà levé, au niveau de son propre visage, ou plutôt abaissé avec la chance éventuelle de tirer une balle dans les jambes du mec, avant qu'il vous tacle et que la situation dégénère en duel ? Ça n'arrivait pas souvent, certes, mais pour ce qui concernait Jack – et tous les tireurs sérieux – mieux valait se battre contre un adversaire qui s'était déjà pris un ou deux pruneaux dans les guiboles.

De la théorie, Jack, se ravisa-t-il avant de retourner au moment présent. La théorie, c'était pour la salle de cours, pas pour le monde réel.

Où diable se trouvait Dominic ? Ils s'étaient séparés devant la porte, son cousin était passé par la droite pour couvrir les pièces à l'arrière – censées être les plus « sensibles » – tandis que Jack se chargeait de la cuisine et du séjour. *T'inquiète pas pour Dominic, pense d'abord à toi.* Son cousin était membre du FBI – officiellement du moins ; il n'avait sûrement pas besoin qu'on lui donne de leçons.

Jack fit passer son arme dans la main gauche, se sécha la paume droite sur sa jambe de pantalon, puis reprit l'arme. Il inspira, recula d'un pas, puis avança la tête pour jeter un regard furtif derrière l'angle. Une cuisine. Un frigo sur la droite ; une paillasse vert avocat, un évier en inox, un micro-ondes sur la gauche ; une table et des chaises sur le côté, au bout du plan de travail, près de la porte du fond.

Jack guetta un mouvement mais ne vit rien, aussi avança-t-il à découvert, l'arme cette fois relevée presque à hauteur d'épaule, l'œil aux aguets, le canon du revolver suivant le regard, et il se faufila dans la cuisine. Devant lui, sur la droite, il avisa une arcade ouvrant sans doute sur la salle de séjour – il se remémorait mentalement la disposition des lieux. Dominic devrait déboucher de l'autre pièce sur la droite pour le rejoindre...

« Jack, la fenêtre de la chambre du fond ! » s'écria Dominic de quelque part dans les tréfonds de l'habitation. « J'ai repéré un fuyard ! Il sort par la fenêtre latérale ! Un homme, blanc, blouson rouge, armé... je le file ! »

Jack résista à l'impulsion de foncer tête baissée et, tout au contraire, avança d'un pas lent et régulier, finit de traverser la cuisine, puis lorgna dans le séjour. Vide. Il franchit le seuil du patio, le corps plaqué contre le chambranle gauche, heureusement protégé par une poutre assez épaisse pour ralentir ou arrêter – en théorie – une balle le visant, puis il se pencha pour regarder par l'œil-de-bœuf qui donnait sur l'arrière. Sur sa droite, il vit une silhouette qui descendait l'allée : anorak bleu orné des lettres FBI en jaune. Dominic. Jack ouvrit la porte, regarda de nouveau, puis poussa la porte grillagée. Juste en face de lui, un passage sombre dans le mur de brique ; sur sa gauche, une poubelle verte. Il se dirigea de ce côté, l'arme levée, guettant une cible. Il entrevit une ombre dans le passage et pivota juste à temps pour voir une silhouette apparaître sur le seuil.

« Halte ! On ne bouge plus ! On ne bouge plus ! » s'écria-t-il, mais le personnage continua d'avancer, son bras gauche entra dans la lumière, la main tenait un revolver. « Lâchez cette arme ! » ordonna Jack ; il attendit une fraction de seconde, puis tira à deux reprises, visant le centre de masse. Le personnage s'affala au seuil de la porte. Jack se retourna de nouveau, revenant vers la poubelle, pour regarder derrière...

Et c'est alors que quelque chose le frappa dans le dos, entre les épaules. Il tituba. Il sentit le sang lui monter à la tête et songea : *Ah, merde, putain...* Il s'effondra contre la poubelle, l'épaule gauche prenant le plus gros de l'impact, chercha à pivoter vers l'origine du coup de feu… il sentit un autre projectile pénétrer son flanc, juste sous l'aisselle et sut qu'il était trop tard.

« Stop ! » claironna un porte-voix, suivi de trois coups de sifflets brefs qui résonnèrent dans l'allée. « Arrêt de l'exercice ! Arrêt de l'exercice ! »

« Ah, putain… », marmonna Jack avant de s'adosser à la poubelle pour expirer bruyamment.

L'homme qui venait de le descendre – l'inspecteur Walt Brandeis – sortit de l'ombre du seuil et hocha tristement la tête. « Mon Dieu. Mourir comme ça, fils, avec une grosse tache de peinture verte au beau milieu du dos… » Jack voyait bien le demi-sourire jouer sur les lèvres de l'agent, tandis qu'il détaillait Jack de pied en cap, avant de faire claquer sa langue. « C'est vraiment la honte, point-barre. »

Dominic déboula au petit trot de l'autre bout du passage et s'immobilisa net : « Encore ! »

« Voilà le problème, Jack : tu étais…

– Trop pressé, je sais.

– Non, pas ce coup-ci. C'est plus que ça. La hâte n'est pas ton vrai problème – ça y a contribué mais ce n'est pas vraiment cela qui t'a tué. T'essaies de deviner ? »

Jack Junior réfléchit quelques instants. « J'ai présumé…

– Et pas qu'un peu. T'as présumé que la cible aperçue au seuil de la porte était la seule présente sur place. Présumé que tu venais de l'abattre et aussitôt cessé de t'en préoccuper. C'est ce qu'on appelle le syndrome de sortie d'embuscade. Tu ne le trouveras pas dans les manuels mais ça se passe ainsi : tu viens de survivre à une embuscade, de justesse, et tu te sens invincible. Dans ta tête, ton subconscient a fait passer cette porte et la pièce derrière de

« suspecte » à « RAS ». À présent, si ça s'était passé dans la réalité et qu'il y avait eu deux agresseurs, ton banal petit criminel aurait sans doute ouvert le feu en même temps que son complice, mais enfin, il peut toujours y avoir des exceptions – comme cette créature rare, un méchant vraiment futé – et ce sont les exceptions qui te coûtent la vie.

– Tu as raison, marmonna Jack, en buvant une gorgée de Coca. Bigre. »

En compagnie de Brian qui avait séché l'exercice précédent, Dominic et lui s'étaient retrouvés dans la salle de détente après avoir été débriefés par Brandeis, qui n'avait pas mâché ses mots – il n'y avait pas de fils d'ex-président qui tienne. Il avait dit en gros à Jack la même chose que Dominic, simplement d'une manière un peu plus amusante. Natif du Mississippi, Brandeis avait une allure passablement décontractée qui aidait à faire passer la pilule même quand il vous critiquait. Plus ou moins. *Et qu'est-ce que t'imaginais, Jack, qu'il te suffirait d'entrer ici pour en sortir avec des galons d'expert ?*

Comme la plupart des installations du centre de formation du FBI à Quantico, connu familièrement sous le nom de Hogan's Alley, la salle de détente était très spartiate, murs en frisette, plancher de contreplaqué et tables en Formica en piteux état. Le parcours d'exercice proprement dit était également réalisé à la va-vite, avec banque, bureau de poste, coiffeur et salle de billard. *Et porches obscurs*, songea Jack. Pourtant, ça faisait réaliste, tout comme le projectile de paint-ball qu'il s'était pris entre les omoplates. Ça le démangeait encore et il s'attendait à découvrir une jolie marque dans le dos sous la douche. Mais paint-ball ou pas, il était mort et bien mort. Il les suspectait d'avoir recouru au paint-ball exprès pour lui. En fonction du scénario joué et des agents qui y participaient, Hogan's Alley pouvait être un lieu autrement plus bruyant et risqué. Jack avait même entendu des rumeurs suggérant que le HRT – Hostage Rescue Team – c'est-à-dire l'unité de récupération des otages, recourait parfois à des tirs à balles réelles. Mais encore une fois, ces gars étaient la crème de la crème.

« Et toi ? Pas envie de mettre le paquet ? » s'enquit Jack en s'adressant à Brian qui se balançait, avachi sur sa chaise. « Toi aussi, tu aurais pu te faire sonner les cloches. »

Brian hocha la tête et sourit, avant d'adresser un signe de tête à son frère. « Ça, c'est ton turf, cousin, pas le mien. Fais un passage par Twenty-Nine Palms et on en reparlera. » Les marines avaient eux aussi leur centre de formation au combat urbain, une installation d'un réalisme effrayant nommée MOUT – Military Operations on Urbanized Terrain. « D'ici là, je préfère ne rien dire, merci beaucoup. »

Dominic pianota sur la table pour attirer l'attention de Jack. « Parce que, c'est pas pour dire, merde, c'est quand même toi qui nous as demandé de t'amener ici, non ? »

Le ton de Dominic était sans appel et Jack fut momentanément pris en défaut. *Que se passe-t-il ?* Puis il admit : « C'est vrai.

– Tu voulais savoir à quoi ça ressemblait pour de bon, pas vrai ?

– Ouais.

– Eh bien dans ce cas, cesse de jouer au petit garçon surpris à tricher à l'épreuve de dictée. On n'est pas dans un amphithéâtre. Tout le monde se fout de qui tu es, ou du fait que tu as enchaîné coup sur coup trois gaffes de débutant. Merde, les dix premières fois que j'ai suivi cette formation, je me suis pris une balle. Le porche qui t'a piégé ? Putain, ils ont bien failli le rebaptiser de mon nom, tant je m'y suis pris de pruneaux. »

Jack le croyait volontiers. Hogan formait les agents du FBI depuis plus de vingt ans, et les seuls qui s'en tiraient à la perfection étaient ceux qui avaient accompli si souvent le parcours qu'ils le voyaient même en rêve. C'était la clé de tout, Jack le savait. La perfection venait de la pratique, ce n'était pas un cliché, mais un axiome, surtout dans l'armée et la police. La pratique traçait en vous de nouvelles connexions neuronales tandis que le corps développait sa mémoire musculaire – répéter la même action encore et encore jusqu'à ce que muscles et synapses collaborent à l'unisson et que toute réflexion consciente soit éliminée de l'équation. *Combien de temps faut-il pour y arriver ?* Telle était la question qu'il se posait.

« Allons, t'exagères…, dit Jack.

– Pas du tout. Demande à Brandeis. Il sera trop content de te le raconter. Je me suis pris quantité de balles. Merde, les deux premières fois, j'ai foncé droit dedans et me suis illico retrouvé raide mort. Écoute, c'est pas pour te passer de la pommade mais, pour dire la vérité, tu t'en es plutôt rudement bien sorti la toute première fois. Bon sang, qui l'aurait cru… mon intello de cousin, un vrai porte-flingue.

– Allez, tu te fous de moi.

– Non, non, pas du tout. C'est vrai, mec. Tiens, Brian, dis-lui.

– Il a raison, Jack. Même si t'es encore mal dégrossi – t'as croisé Dom à deux reprises dans la buanderie.

– Croisé ?

– Quand on se positionne à l'extérieur d'une pièce, tu sais, juste avant d'y pénétrer, puis de se diviser une fois à l'intérieur, un groupe de chaque côté…

– Ouais, je me souviens.

– Eh bien, dans la buanderie, tu t'es un peu écarté de ta trajectoire et t'as visé en dehors de ta zone. Ton canon m'a croisé – juste derrière la nuque en fait. C'était vraiment limite.

– OK, donc, leçon numéro un : ne pas pointer son flingue vers ses amis. »

Brian éclata de rire. « C'est une façon de présenter les choses, oui. Comme je disais, t'es encore mal dégrossi, mais t'as un instinct sacrément affûté. Comment ça se fait que tu nous l'aies caché ? Tu t'es entraîné avec le Service de protection quand t'étais môme ? Peut-être deux ou trois séances avec Clark et Chavez ? »

Jack secoua la tête. « Non, rien de tout ça. Enfin, je veux dire, d'accord, j'ai un peu pratiqué le tir, mais rien de comparable à ça. Je ne sais pas... c'est comme si ça se déroulait d'avance dans ma tête avant que ça arrive... » Jack haussa les épaules puis sourit. « Peut-être que j'ai hérité de papa un petit bout de son ADN de marine. Ou qui sait, peut-être que j'ai regardé trop souvent en boucle *Piège de cristal*.

– Quelque part, j'ai pas l'impression, observa Brian. Enfin, quoi qu'il en soit, je n'aimerais pas me retrouver dans ton viseur.

– Pareil pour moi. »

Ils levèrent leur cannettes de Coca et trinquèrent.

« À propos, tiens..., hasarda Jack. Vous vous rappelez cette histoire, l'an dernier... en Italie ? »

Les deux frangins échangèrent un regard. « Sûr, dit Dom. Une sacrée opération.

– Eh bien, enfin... je me disais que ça ne me déplairait pas de remettre le couvert – enfin, pas exactement dans les mêmes conditions, bien sûr, mais enfin, quelque chose dans le genre. »

Brian intervint : « Bon Dieu, cousin, tu veux dire que t'envisagerais de te débrancher de ton clavier pour aller vivre dans le monde réel ? Je vois déjà le diable préparer sa fourche au moment même où nous parlons.

– Très drôle. Non, j'aime mon boulot, je sais qu'il a son utilité, mais c'est tellement abstrait. Alors que ce que vous faites, les mecs – ce qu'on a fait tous les trois en Italie – c'est pour de vrai.

Mettre la main à la pâte, vous voyez ? Et constater les résultats de ses propres yeux.

– Maintenant que tu as soulevé le sujet, intervint Dominic, j'ai toujours voulu te demander : est-ce que toute cette affaire ne t'a pas fait gamberger par la suite – d'accord, pas forcément, mais soyons francs : t'avais quand même réussi à te fourrer dans un sacré merdier, si tu me permets l'expression. »

Jack réfléchit. « Que veux-tu que je te dise ? Que ça m'a embêté ? Ma foi, non. Pas vraiment. D'accord, j'étais nerveux, et pendant un quart de seconde, je me suis dit *mais qu'est-ce que je suis en train de faire ?* Mais ça n'a duré qu'un instant, et dès lors, c'était simplement lui ou moi, et je n'ai plus hésité. Alors, pour répondre à ta question, si je crois bien l'avoir devinée – non, je n'en ai pas perdu le sommeil par la suite. Tu crois que j'aurais dû ?

– Merde, non. » Brian jeta un regard circulaire pour s'assurer qu'ils étaient seuls, puis il se pencha, les avant-bras posés sur la table. « La question n'est pas de savoir si tu aurais dû ou pas, Jack. Tout dépend des gens. Ça ne t'a pas empêché de dormir, c'est OK. L'autre connard a eu ce qu'il méritait. La première fois que j'ai descendu un mec, Jack, il m'avait dans le collimateur. C'était lui ou moi. Je l'ai abattu, et je savais que j'avais fait ce qu'il fallait. N'empêche, j'ai eu quelques cauchemars ensuite. À tort ou à raison, que le gars l'ait mérité ou non, tuer un homme, ce n'est jamais plaisant. Quiconque pense le contraire a une case en moins. Toutes ces histoires de motivation va-t-en-guerre, ça n'a pas pour but de dézinguer les gens ; l'idée est de t'amener à accomplir correctement le boulot pour lequel tu t'es cassé le cul, à savoir protéger les mecs à ta gauche et à ta droite et ressortir de l'autre côté, entier.

– Sans compter, Jack, ajouta Dominic, que ce gars, en Italie, il ne s'en serait pas tiré comme une fleur en laissant tout tomber du jour au lendemain. Il aurait continué à dessouder tout un tas de zigues avant que quelqu'un l'envoie *ad patres*. Pour moi, c'est ça, l'essentiel. D'accord, un méchant n'a que ce qu'il mérite, mais ce qu'on accomplit – le cœur de notre boulot – n'a rien à voir avec la vengeance. Sinon, c'est comme fermer la porte de l'écurie après que les chevaux ont pris la fuite. Moi, je préfère d'abord arrêter le gars qui a décidé d'ouvrir la porte. »

Brian dévisagea longuement son jumeau avant de hocher la tête avec un grand sourire. « Ça alors. Ça me la coupe. Maman disait toujours que t'étais le philosophe de la famille. Jusqu'ici, je ne l'avais jamais crue.

– Ouais, ouais…, bougonna Dominic. C'est moins une question de philo que de maths. T'en tues un, et t'en sauves des centaines ou des milliers. Si on parlait là de gens honnêtes et respectueux des lois, l'équation serait dure à avaler, mais ce n'est pas leur cas.

– Là, je suis d'accord avec lui, Jack, reprit Brian. On a une chance de faire réellement du bon boulot ici. Mais si tu convoites ce job parce que tu penses que la vengeance est la réponse, ou que c'est une aventure à la James Bond…

– Ce n'est pas ce que je…

– Bien, parce que ça n'a vraiment, mais alors, vraiment aucun rapport. C'est un boulot merdique, point-barre. Et la vengeance est la plus nulle des motivations. Elle te rend négligent, et la négligence, c'est la mort.

– Je sais.

– Alors, qu'est-ce que tu comptes faire ?

– En parler à Gerry, j'imagine, et voir ce qu'il en dit.

– T'as intérêt à avoir des arguments solides, avertit Dominic. Merde, il se trouve que c'est Gerry qui a pris le risque de t'engager. Ton père ferait une attaque si…

– Laisse-moi me débrouiller avec mon père, Dom.

– Parfait, mais si tu crois que Gerry va simplement te confier un flingue et te dire "fonce et sauve le monde au nom de la démocratie", tu risques très vite de déchanter. Si t'étais le sauveur attendu, c'est lui qui viendrait te chercher.

– Je sais.

– Bien.

– Donc, reprit Jack. Si je vais lui parler, vous me soutiendrez, les gars ?

– Pour ce qu'on a à y perdre, ouais, répondit Brian. Mais ici, on n'est pas en démocratie, Jack. À supposer qu'il ne repousse pas ton idée sur-le-champ, il la soumettra sans doute à Sam. » Sam Granger était le chef des opérations du Campus. « Et je doute qu'il nous demande notre avis. »

Jack hocha la tête. « T'as sans doute raison. Bon, eh bien, comme t'as dit, j'ai intérêt à peaufiner mon laïus. »

14

L'AUTOMNE ÉTAIT LÀ. On le devinait au vent et aux poches de glace qui avaient commencé à se retirer de la côte pour révéler les eaux noires de l'océan Arctique. Que la température fraîchisse encore et elles gèleraient, comme la banquise à l'horizon, rappel qu'à cette latitude l'été n'était au mieux qu'un moment fugace. La nature restait toujours aussi lugubre et impitoyable, même sous un ciel bleu cristal parcouru de petits nuages blancs.

Cet endroit lui rappelait un peu son premier poste dans la marine, à Poliarny, douze ans plus tôt, juste avant le début du démantèlement de la marine soviétique. Oh, bien sûr, il leur restait encore quelques bâtiments, pour la plupart amarrés dans les ports du fjord de Kola, et dont les équipages ne restaient que parce qu'ils n'avaient pas le choix ou n'avaient nul endroit où aller. Il y avait quelques navires dont l'équipage était presque entièrement composé d'officiers qui ne touchaient leur solde que quelques fois dans l'année. Vitaly avait été parmi les derniers enrôlés dans l'ex-marine soviétique et, à sa grande surprise, il s'était pris à aimer son boulot.

Après les mois de classes abrutissants, il s'était retrouvé *Starchina*, maître, puis maître d'équipage. Un boulot dur, astreignant,

141

mais satisfaisant et qui lui avait en fin de compte procuré une solide formation. Il avait alors tiré profit de sa démobilisation pour s'acheter au rabais un navire de débarquement amphibie T-4, un vieux rafiot mais bien entretenu, qu'il avait sommairement converti en petit bâtiment de croisière. La plupart du temps, il embarquait des groupes de scientifiques venus explorer la région pour des raisons qui dépassaient son entendement, tandis que d'autres étaient formés de chasseurs désireux de convertir en riche tapis un ours polaire.

Ses passagers pour la semaine l'attendaient un peu plus loin sur la côte dans un petit village de pêcheurs. L'avant-veille, il avait déjà chargé leur matériel – un camion 4x4 GAZ, pneus neufs, fraîchement repeint, et équipé d'un habitacle renforcé, livré par un chauffeur anonyme qui, comme lui, avait sans doute été payé en euros. Comme tout bon capitaine, Vitaly avait inspecté la cargaison et découvert avec surprise que le véhicule avait été privé de toute marque d'identification, jusqu'au numéro du bloc moteur. Même si une telle tâche n'avait rien de bien sorcier et ne requérait pas de recourir à un mécanicien, son petit doigt lui dit que ses clients n'avaient pas dû s'en charger eux-mêmes. Donc, ils étaient montés jusqu'ici, avaient acheté un GAZ en bon état, avaient grassement payé quelqu'un pour le maquiller, avant de chercher un loueur privé pour le transporter. Ça faisait un tas d'argent à dilapider rien que pour conserver l'anonymat. Qu'est-ce que cela voulait dire ?

Mais il ne servait à rien d'être trop curieux. Les gens malins savaient que c'était toujours dangereux, et il se plaisait à se considérer comme un type malin. Les euros contribueraient également à effacer ses souvenirs, ses clients semblaient en être absolument convaincus ; le chef du groupe, manifestement d'origine méditerranéenne, lui avait dit de l'appeler Fred. Il s'agissait bien sûr d'un nom d'emprunt, aucun d'eux n'était dupe, preuve en était le petit sourire en coin dudit Fred lors des présentations.

Il regarda ses clients monter à bord et leur adressa un signe de main, avant de se retourner vers Vanya, son matelot et mécanicien, qui largua les amarres après que Vitaly eut fait démarrer les moteurs diesel. Le bateau s'écarta du quai.

Bientôt, ils étaient dans la passe et mettaient le cap vers le large. Les eaux noires n'étaient pas forcément accueillantes, mais c'était là que le navire était dans son élément et ça faisait du bien de prendre la mer. Tout ce qu'il lui fallait, c'était un petit calmant, que Vitaly trouva en s'allumant une Marlboro Light. Dès lors, la matinée devint parfaite. La flotte de pêche locale avait déjà regagné le port – ils travaillaient à des heures impossibles – et les eaux étaient libres pour la navigation, avec juste quelques clapots pour agiter les bouées.

Après avoir dépassé la digue, il vira sur tribord et mit le cap à l'est.

Suivant ses propres instructions, Adnan s'était entouré d'une équipe réduite, lui-même et trois hommes de confiance, un effectif juste suffisant pour assurer la manutention lourde mais pas assez pour présenter un problème lorsque surviendrait l'inévitable conclusion de la mission. Cette dernière partie ne l'inquiétait pas, à vrai dire. Il ne ferait après tout qu'endurer le même sort que ses compatriotes. Une triste nécessité. Non, son plus gros souci était d'échouer. Un échec aurait à coup sûr des répercussions sur l'ensemble de l'opération, quelle qu'elle fût, et Adnan comptait bien faire tout son possible pour éviter une telle issue.

Sa vie. L'idée le fit sourire. Les infidèles voyaient tout cela – les arbres, les eaux, les biens matériels – comme la vie. Mais la vie n'était pas plus définie par ce qu'on buvait ou mangeait, qu'elle n'était profanée par la luxure. Le temps passé sur terre n'était qu'une phase de préparatifs pour ce qui adviendrait par la suite, et si l'on se montrait fidèle et obéissant au seul vrai Dieu, alors on se verrait récompensé au-delà de toute espérance. Ce dont Adnan était moins certain, se rendit-il compte soudain, c'était de son sort personnel s'il réussissait cette mission. S'en verrait-il confier de plus importantes, ou bien son silence serait-il plus précieux pour le djihad ? Il aurait préféré la première éventualité, ne fût-ce que pour continuer à servir Allah, mais si le destin voulait que ce fût la seconde, alors qu'il en soit ainsi. Il accueillerait l'un et l'autre destin avec la même sérénité, certain d'avoir vécu son séjour terrestre du mieux possible.

Toutefois, quel que soit son sort, il restait encore à venir et se réglerait en son temps. Pour l'heure, il avait une tâche à accomplir. Une tâche importante, même s'il ne savait pas au juste où la situer dans le plan d'ensemble. Cela, c'était réservé aux grosses têtes.

Ils étaient arrivés la veille au village de pêcheurs, après avoir quitté le chauffeur chargé de livrer leur camion sur les quais du port, avant de le confier directement aux mains du capitaine dont ils avaient loué les services. Le village était presque abandonné, la plupart de ses habitants ayant émigré après que les eaux furent devenues stériles à la suite d'années de pêche excessive. Les quelques villageois restants demeuraient repliés sur eux-mêmes et vivotaient en attendant la venue de l'hiver. Engoncés dans leurs parkas et le visage masqué par des écharpes pour se protéger du froid, Adnan et ses hommes n'avaient guère attiré la curiosité, et le gérant de l'auberge, trop heureux – et pas peu surpris – d'avoir des clients, s'abstint de leur poser des questions, que ce soit sur leurs origines ou leurs projets de déplacement. Du reste, Adnan aurait été bien en peine de lui répondre. L'avenir était entre les mains de Dieu, que le reste du monde le sût ou non.

Il faisait nuit à Paris et la fraîcheur de l'air affectait les deux Arabes plus que les Parisiens. Mais c'était une bonne excuse pour redemander du vin, ce qui était bien agréable. Et comme les tables voisines à la terrasse s'étaient vidées, ils étaient d'autant plus à l'aise pour discuter ouvertement. Si quelqu'un les observait, ils redoubleraient bien sûr de prudence. Mais on ne pouvait pas non plus rester constamment sur le qui-vive, même dans ce métier.

« Tu attends une autre communication ? » demanda Fahd.

Ibrahim acquiesça. « Elle est censée être déjà en route. Par un bon porteur de messages. Très fiable.

– Tu t'attends à quoi ?

– J'ai appris à ne pas spéculer, répondit Ibrahim. Je prends mes ordres comme ils viennent. L'Émir sait ce qu'il doit faire, pas vrai ?

– Jusqu'ici, il s'est montré efficace mais, par moments, j'ai l'impression que c'est une vieille femme, bougonna Fahd. Si tu planifies ton opération de manière intelligente, alors elle marchera. Nous sommes les yeux et les mains de l'Émir sur le terrain. Il nous a choisis. Il devrait nous faire plus confiance.

– Certes, mais lui voit des choses que nous ne voyons pas. Ne l'oublie jamais, lui rappela Ibrahim. Voilà pourquoi c'est lui qui décide de toutes les opérations.

– Oui, il est très sage », concéda Fahd, même s'il n'y croyait pas vraiment, mais il n'avait pas trop le choix.

Il avait juré fidélité à l'Émir et c'était là l'essentiel, même si cela remontait à cinq ans déjà, quand il était encore un ado débordant d'enthousiasme. À cet âge-là, on est plus crédule, on a facilement tendance à s'engager. Et il fallait des années pour se libérer d'un tel serment, si tant est que ce fût jamais possible.

Mais cela n'effaçait pas entièrement ses doutes. Il n'avait rencontré l'Émir qu'une seule fois, quand Ibrahim se targuait de bien le connaître. Telle était la nature de leur travail. Aucun des deux hommes ne savait où vivait leur chef. Ils ne connaissaient qu'une extrémité de l'interminable fil d'Ariane électronique. Une mesure de sécurité logique : la police américaine était sans doute aussi efficace que sa consœur européenne, or les policiers européens étaient redoutables. Malgré tout, il y avait un net côté vieille femme chez l'Émir. Il ne se fiait même plus à ceux qui avaient fait serment de mourir pour lui. À qui se fiait-il donc, alors ? Pourquoi eux et pas… lui ? en vint à se demander Fahd. Il était foncièrement trop intelligent pour accepter des raisons du genre « parce que je l'ai dit », comme le font toutes les mamans du monde à l'égard de leur bambin de cinq ans. Encore plus frustrant, il ne pouvait même pas poser certaines questions, car elles auraient impliqué d'être déloyal à l'endroit de certains de ses compagnons. Et dans leur organisation, être déloyal, cela confinait au suicide. Mais Fahd reconnaissait cependant la logique de la chose, du point de vue de l'Émir comme de celui de l'organisation dans son ensemble.

Il n'était jamais facile d'accomplir la volonté divine, mais cela, Fahd l'avait su d'emblée. C'est ce qu'il se disait. Au moins à Paris on pouvait se distraire en reluquant les femmes, presque toutes vêtues comme des putains, exhibant leur corps comme si c'était leur outil de travail. Une veine, se dit-il, qu'Ibrahim ait choisi de travailler dans ce pays. Au moins jouissait-on du spectacle.

« Tiens, en voilà une jolie », observa Ibrahim comme pour acquiescer à son observation muette. « C'est la femme d'un médecin, mais hélas, elle est fidèle, d'après mon expérience.

– Tu lis dans les pensées, rit Fahd. Les Françaises sont ouvertes aux avances ?

– Certaines, oui. Le plus dur est de deviner leurs intentions. Bien peu d'hommes en sont capables, même ici. » Sur quoi, il partit d'un rire bon enfant. « En ce sens, leurs femmes ne sont pas différentes des nôtres. Il y a des constantes universelles. »

Fahd but une gorgée de café et se rapprocha de son compagnon. « Crois-tu que ça marchera ? » Il faisait bien sûr allusion à l'opération en cours.

« Je ne vois pas de raison que ça rate, et les effets seront notables. Le seul inconvénient est que cela va nous créer de nouveaux ennemis, mais pour nous, quelle différence ? Nous n'avons pas d'amis parmi les infidèles. Pour nous, il s'agit simplement de mettre en place les instruments nécessaires à notre frappe.

– *Inch'Allah* », répondit Fahd.

Et tous deux de sceller leur accord en trinquant, à la française.

Il n'y avait rien de mieux que de jouer à domicile, songea l'ancien président Ryan. Il avait décroché son doctorat d'histoire à l'université de Georgetown, aussi connaissait-il le campus comme sa poche. Dans l'ensemble, il s'était plutôt bien habitué à son circuit de conférences. La tâche était facile, payée des sommes indécentes pour parler d'un sujet qu'il connaissait par cœur : son séjour à la Maison Blanche. Jusqu'ici, il n'avait eu droit qu'à quelques perturbateurs, huit sur dix des adeptes de la théorie du complot, rapidement hués par le reste de l'assistance. Les vingt pour cent restants étaient des gauchistes tenants de l'opinion qu'Edward Kealty avait tiré le pays des abysses où Ryan l'avait plongé. C'était absurde, bien sûr, mais leur sincérité n'était pas à mettre en doute, ce que Ryan avait toujours à cœur de garder à l'esprit : il y avait la réalité, et la perception qu'on en avait, et les deux ne se superposaient pas toujours. C'était une leçon qu'Arnie Van Damm avait tenté – le plus souvent en vain – de fourrer dans la tête de Ryan durant son mandat, mais que son orgueil tenace lui avait empêché d'avaler aisément. Certaines choses étaient simplement vraies, et tant pis pour la perception qu'on en avait. Le fait qu'une majorité de l'électorat américain parût l'avoir oublié en élisant Kealty dépassait toujours l'entendement de Ryan mais, encore une fois, il n'était pas un observateur objectif. C'eût été plutôt à Robbie, au bureau Ovale, d'en juger. L'essentiel était de ne pas laisser sa déception transparaître dans son laïus. Malgré qu'il en ait, critiquer un président en exercice – même si c'était un sombre imbécile –, ce n'était pas des manières.

La porte du salon vert attenant à l'auditorium McNeir s'ouvrit et Andrea Price-O'Day, sa chef de la sécurité personnelle, passa devant les agents postés sur le seuil.

« Cinq minutes, monsieur.

– Comment est l'assistance ?

– Salle comble. Et ni torches ni fourches. »

La remarque fit rire Ryan. « Toujours un bon signe. Comment est ma cravate ? »

Il avait appris très tôt qu'Andrea savait bien mieux que lui maîtriser le nœud Windsor – elle était presque aussi adroite que son épouse, mais Cathy avait dû partir très tôt à l'hôpital ce matin et il avait dû se débrouiller tout seul. Grave erreur.

Andrea inclina la tête de côté et jaugea son effort. « Pas mal, monsieur. » Elle procéda toutefois à un léger ajustement avant d'acquiescer. « Je sens que je m'écarte là de mes fonctions de sécurité.

– Aucun risque, Andrea. »

Price-O'Day côtoyait depuis longtemps la famille Ryan, si longtemps en fait que la plupart de ses membres avait tendance à oublier qu'elle était armée et prête à tuer et sacrifier sa vie pour leur sécurité.

On toqua à la porte et l'un des agents passa la tête par l'embrasure. « SHORTSTOP », annonça-t-il avant d'ouvrir en grand le battant pour admettre Jack Junior.

« Jack ! dit le père en s'avançant.

– Eh, Andrea ! fit Jack Junior.

– Monsieur Ryan.

– Chouette surprise, dit l'ancien président.

– Ouais, ben, ma copine m'a posé un lapin, alors… »

Rire de Ryan. « Il faut savoir sérier ses priorités.

– Bigre, c'est pas ce que je voulais dire…

– Laisse tomber. Je suis content que tu sois venu. Tu veux une place ? »

Jack Junior acquiesça. « Au premier rang.

– Bien. Si jamais j'ai des problèmes, tu pourras toujours me renvoyer la balle. »

Jack laissa son père, reprit le couloir, descendit d'un étage, puis se dirigea vers l'auditorium. Devant lui, le hall était quasiment plongé dans l'obscurité, presque tous les tubes fluo du plafond étant éteints. Comme la plupart des institutions universitaires, Georgetown essayait d'être plus « verte ». En passant devant la salle de conférences, il entendit un raclement métallique, comme le bruit d'une chaise qu'on traîne au sol. Il recula d'un pas et jeta un œil par la mince fente du carreau de la porte. À l'intérieur, un gardien en bleu de travail était agenouillé près d'une cireuse électrique et bricolait sur le tampon de polissage à l'aide d'un tournevis. Cédant à une impulsion, Jack poussa le battant et passa la tête à l'intérieur. Le gardien leva la tête.

« Salut, fit Jack.

– Bonjour. » L'homme paraissait d'origine hispanique et s'exprimait avec un fort accent. « Je changer tampon, bredouilla-t-il.

– Désolé de vous avoir dérangé », dit Jack avant de refermer la porte derrière lui. Il sortit son téléphone mobile et composa le numéro d'Andrea. Elle décrocha à la première sonnerie. Jack lui expliqua : « Eh, j'étais en route vers l'auditorium… il y a un membre du personnel de service, juste ici, à l'étage du dessous…

– Salle de conférences 2B ?

– Ouais.

– On l'a déjà fouillé mais on va refaire un passage. De toute façon, on passe par le sous-sol.

– OK, c'était juste pour vérifier.

– Vous cherchez un petit boulot ? » demanda Price-O'Day.

Jack étouffa un rire. « Ça paie bien ?

– Bien moins que ce que vous touchez. Et je ne vous parle pas des horaires. À plus. »

Andrea coupa la communication. Jack se dirigea vers l'auditorium.

« En piste ! » lança Price-O'Day à l'adresse de l'ancien président Ryan qui se leva aussitôt et rajusta ses boutons de manchettes, un geste typique de son père mais la chef de la sécurité avait remarqué également combien le fils tenait de lui, et son coup de fil au sujet du gardien lui avait donné un indice supplémentaire : le fils n'était pas lui non plus qu'un pur intellectuel détaché des réalités. Y aurait-il un gène de l'espion ? Si oui, Junior le possédait sans aucun doute. Comme son père, il était d'une curiosité insatiable et ne prenait pas tout pour argent comptant. Bien sûr que le service de protection présidentielle avait inspecté le bâtiment et bien sûr que Jack le savait. Malgré tout, il avait repéré le gardien et aussitôt pensé : *anomalie*. En l'occurrence, il s'agissait d'une fausse alerte, mais l'interrogation avait été parfaitement justifiée – le genre d'attitude que les membres du service de sécurité apprenaient à adopter à force d'entraînement et d'expérience.

Andrea consulta sa montre et récapitula mentalement le trajet, minutant les changements de direction et les distances. Satisfaite, elle frappa deux coups à la porte pour signaler à ses agents que SWORDMAN était prêt à s'ébranler. Elle attendit que le cordon se déploie puis ouvrit la porte, inspecta le hall et sortit, en faisant signe à Ryan de la suivre.

Assis dans l'auditorium, Jack Junior feuilletait distraitement le programme de la soirée ; ses yeux parcouraient les lignes mais son cerveau n'était pas là. Quelque chose lui triturait le subconscient, comme le sentiment vague d'une tâche laissée inachevée... un truc qu'il aurait oublié de faire avant de quitter le Campus, peut-être ?

Le recteur de l'université apparut sur scène et se dirigea vers le podium, accompagné d'applaudissements polis.

« Bonsoir mesdames et messieurs. Comme nous n'avons qu'un seul sujet au programme de ce soir, mon introduction sera brève. L'ancien président John Patrick Ryan a un long passé au service du gouvernement... »

Le gardien. Le mot surgit soudain, à l'improviste, à l'esprit de Jack. Il avait été fouillé, lui avait dit Andrea. N'empêche... il saisit son téléphone mobile puis s'interrompit. Que dire ? Qu'il avait un pressentiment ? De son siège au premier rang, il entrevoyait les coulisses. Côté jardin, deux agents du service de sécurité apparurent ; derrière eux, Andrea et son père.

Avant même d'être pleinement conscient de ce qu'il faisait, Jack Junior s'était levé pour se diriger vers la sortie latérale. Il gravit les marches au petit trot, prit à gauche et enfila le couloir, comptant les salles de conférences au passage.

Le tournevis. Et soudain, le détail qui avait titillé son subconscient quelques instants plus tôt lui revint avec netteté. L'homme s'était servi d'un tournevis pour démonter un tampon fixé à la cireuse par un boulon axial.

Le cœur battant maintenant à tout rompre, Jack repéra la bonne salle de conférences et s'immobilisa à quelques pas de la porte. Il avisa de la lumière filtrant par la fente vitrée mais n'entendit rien à l'intérieur. Il se décida, s'approcha de la porte, fit jouer le bouton. Verrouillée. Il regarda au carreau. La cireuse électrique était toujours là. Le gardien était parti. Le tournevis à lame plate était toujours par terre.

Jack fit demi-tour et regagna au trot l'auditorium. Il s'immobilisa devant la porte, se ressaisit, puis ouvrit doucement le battant avant de le refermer derrière lui. Quelques spectateurs levèrent la tête à son entrée, tout comme un des agents d'Andrea, posté dans l'allée centrale. L'homme lui adressa un petit signe de tête avant de se remettre à scruter l'auditoire.

Jack l'imita de son côté, cherchant d'abord à repérer un bleu de travail, mais il renonça bien vite ; l'ouvrier ne serait pas entré dans la salle se mêler au public. Les coulisses étaient également protégées, gardées par l'équipe d'Andrea. *Alors, où ?* se demanda-t-il en scrutant les visages. Spectateurs, agents, vigiles du campus…

Le long du mur est, le visage en partie dans l'ombre, les mains croisées devant lui, il avisa un vigile privé. À l'instar des agents, il scrutait du regard la foule… Jack poursuivit lui aussi son inspection, cette fois en comptant les membres de la sécurité du campus. Cinq en tout. Et aucun ne surveillait spécialement l'auditoire. N'étant pas formés à la protection des personnes, ils ne scrutaient pas la salle, zone de menace la plus probable, mais regardaient plutôt vers la scène. Excepté le vigile posté contre le mur est. L'homme tourna la tête et son visage fut momentanément dans la lumière.

Jack sortit aussitôt son mobile et envoya à Andrea ce texto :

VIGILE, MUR EST = GARDIEN.

Sur la scène, Andrea se tenait à trois mètres en retrait du podium, sur la gauche. Jack la vit sortir son mobile, regarder l'écran, puis le remettre dans sa poche. Sa réaction alors fut immédiate. Elle porta brièvement son micro-lavallière à sa bouche. L'agent posté dans l'allée centrale recula, mine de rien, pour remonter les marches, puis il tourna à droite dans l'allée du fond pour rejoindre le côté de la salle. Jack vit dans le même temps Andrea faire un pas de côté pour se poster derrière son père, afin apparemment de se placer sur une trajectoire d'intersection entre le vigile et Ryan.

L'agent qui avait quitté l'allée centrale était à présent contre le mur. À dix mètres de là, le vigile tourna la tête dans sa direction, mais une fraction de seconde seulement, avant de reporter son attention sur la scène, où Andrea s'était déjà positionnée pour bloquer sa ligne de mire. Le père de Jack l'avait remarqué et lui avait adressé un bref regard, mais il poursuivit son exposé. Il devait bien entendu savoir ce que faisait Andrea, mais sans doute pas se douter de la menace immédiate.

Contre le mur, le vigile remarqua lui aussi le déplacement d'Andrea. L'air de rien, il fit deux pas vers la scène et se pencha pour glisser un mot à l'oreille d'une des spectatrices assises au bout de la rangée. La femme leva les yeux vers lui, surprise, puis quitta son siège. Tout sourire à présent, le vigile la saisit par le coude et, la contournant par la droite, la guida vers le bas de l'allée en direction de la sortie au pied de la scène sur la droite. Ils dépassaient le quatrième rang quand Andrea fit encore un pas, toujours en position de blocage.

Elle déboutonna sa veste.

La main gauche du vigile lâcha soudain le coude de la femme pour la prendre par le cou, puis il fit un écart, se coulant de côté juste devant le premier rang. La femme laissa échapper un petit cri. Des têtes se tournèrent. La main droite du vigile glissa vers sa ceinture. Il attira à lui la femme, l'utilisant comme un bouclier. Andrea dégaina son arme.

« Halte, service de sécurité ! »

Derrière elle, d'autres agents avaient surgi soudain, entourant l'ancien président, le forçant à se baisser avant de l'évacuer vers le côté opposé de la scène.

La main du vigile émergea, armée d'un 9 mm semi-automatique. Voyant sa cible filer hors d'atteinte, il commit l'erreur qu'Andrea attendait. Le canon levé au niveau de la scène, il avança d'un pas, se dégageant de la sorte d'une trentaine de centimètres de son bouclier humain.

Andrea ne tira qu'un coup de feu. À cinq mètres de distance, la balle à fragmentation perfora le crâne de l'homme entre l'œil et l'oreille gauche. Conçu pour des engagements à faible distance en milieu confiné, le projectile fit son boulot, éclatant en un millième de seconde pour s'arrêter, comme devait le montrer l'autopsie, sept centimètres avant l'autre extrémité de la boîte crânienne.

Le vigile s'effondra, raide mort.

« Andrea m'a dit que tu m'as sauvé la mise », observa l'ancien président Ryan, vingt minutes plus tard dans la limousine.

« J'ai juste tiré la sonnette d'alarme », répondit son fils.

L'expérience avait été quasiment irréelle, songea Jack, mais quelque part, pas autant que ses retombées. Même si l'enchaînement des événements avait été bref – cinq secondes entre le moment où le vigile avait pris la femme en otage et celui où Andrea l'avait tué d'une balle en pleine tête –, Jack ne pouvait s'empêcher – et c'était sans doute normal – de se rejouer toute la scène au ralenti. L'auditoire avait été tellement abasourdi par la fusillade qu'il n'y avait eu que quelques cris, tous venus des spectateurs situés près de l'endroit où l'assassin avait trouvé la mort.

Pour sa part, Jack s'était bien gardé de bouger : il était resté adossé au mur opposé, pendant que les vigiles du campus et les agents d'Andrea faisaient évacuer la salle. Son père, noyé dans la mêlée des agents du service de protection, avait quitté la scène avant même qu'Andrea eut tiré le coup mortel.

« Il n'empêche, reprit Ryan, merci. »

C'était un moment un brin inconfortable qui se mua bientôt en silence un peu gêné. Ce fut Jack Junior qui le rompit :

« Ça fout les boules, non ? »

L'ex-président Ryan acquiesça. « Qu'est-ce qui t'a fait remonter là-haut – je veux dire, aller voir ce que fabriquait le gardien ?

– Quand je l'ai vu, il essayait de démonter le tampon à l'aide d'un tournevis. Alors qu'il lui aurait fallu une clé plate.

– Impressionnant, Jack.

– À cause du tournevis ?

– En partie. En partie aussi parce que tu n'as pas cédé à la panique. Et que tu as laissé les pros faire leur boulot. Huit personnes sur dix auraient remarqué l'histoire de la cireuse. La plupart auraient paniqué, interdites. D'autres auraient tenté d'intervenir elles-mêmes. Toi, tu as fait ce qu'il fallait, de bout en bout.

– Merci. »

Ryan senior sourit. « À présent, voyons comment annoncer la nouvelle à ta mère… »

15

ILS N'ALLÈRENT PAS LOIN, déjà l'appareil regagnait la passerelle d'embarquement – le train avant n'avait même pas eu le temps de s'engager sur la piste d'envol. Nulle explication à cette manœuvre, juste un sourire figé et un laconique : « Voulez-vous bien nous suivre, je vous prie ? » adressé à lui-même et Chavez, suivi de ce rictus fixe et ferme que seul un steward professionnel est capable de maîtriser – et qui révélait à Clark qu'il n'était pas question de discuter cet ordre.

« T'as oublié de régler un P-V de stationnement, Ding ? demanda Clark.

– Pas moi, répondit son gendre. Je suis toujours réglo. »

Chacun donna un bref baiser à son épouse assorti d'un « Ne t'inquiète pas », puis ils suivirent le steward et remontèrent la travée centrale jusqu'à la porte déjà ouverte. Les attendait, au seuil de la passerelle télescopique, un agent de la police londonienne. Le motif à carreaux noir et blanc sur la casquette de l'homme révéla à Clark qu'il ne s'agissait pas d'un banal bobby et l'insigne sur son chandail lui indiqua qu'il appartenait au SCD11, la section renseignement de la brigade criminelle.

« Désolé d'interrompre ainsi votre retour au bercail, messieurs, dit le flic, mais votre présence a été requise. Si vous voulez bien me suivre, je vous prie. »

Les manières britanniques – avec la conduite du mauvais côté de la route et cette manie de baptiser « chips » les frites – faisaient partie de ces trucs auxquels Clark n'avait jamais réussi à s'habituer – en particulier dans les échelons supérieurs de l'armée. Qu'on ne se méprenne pas, il était toujours plus agréable d'être poli que grossier, mais il y avait quelque chose de déroutant à se voir interpellé avec une telle civilité par un gars qui avait sans doute descendu plus de nuisibles que le citoyen moyen n'en croiserait dans une vie entière. Clark avait rencontré dans ce pays des types capables de lui expliquer en détail comment ils escomptaient vous transpercer à la fourche et boire votre sang avant de vous écorcher, tout cela sur le même ton qu'ils auraient pris pour vous inviter à boire le thé.

Clark et Chavez suivirent le flic, franchirent plusieurs points de contrôle, puis une porte fermée par un lecteur de carte, pour gagner le poste de sécurité de Heathrow. On les mena dans une petite salle de conférences où ils retrouvèrent Alistair Stanley, toujours officiellement commandant adjoint de l'unité Rainbow Six. L'homme se tenait debout derrière une table en forme de losange, sous l'éclat froid de tubes fluorescents. Stanley était membre du SAS – le Special Air Service – la première unité spéciale de combat des forces britanniques.

Clark aurait été réticent à l'admettre en public, mais selon lui, pour ce qui était de l'efficacité et de la longévité, le SAS restait inégalé. Il y avait sans aucun doute des unités aussi bonnes – son *alma mater*, les SEAL de la marine américaine lui venaient immédiatement à l'esprit – mais il y avait belle lurette que les Rosbifs avaient établi l'étalon-or des unités d'opérations spéciales de l'époque moderne, et cela remontait à 1941, quand un officier des

Scots Guards du nom de Sterling – connu plus tard pour la mitrailleuse portant son nom – et son détachement L formé de soixante-cinq hommes avaient traqué et harcelé la Wehrmacht d'un bout à l'autre de l'Afrique du Nord. De ces toutes premières missions de sabotage derrière les lignes à la traque aux Scud dans le désert irakien, le SAS avait été de tous les coups, avait tout vu, et écrit au passage la légende dorée des opérations commando. Et comme tous ses frères d'armes avant lui, Alistair Stanley était un soldat d'élite. En fait, pas une seconde Clark ne l'avait considéré comme son second, mais plutôt comme son égal au poste de commandant, tant était grand son respect pour le bonhomme.

En dehors de la circulation à gauche et des frites, l'organisation du SAS avait là aussi nécessité pour Clark un temps d'adaptation. Selon une mode typiquement britannique, la répartition hiérarchique du service était bien particulière, se divisant en régiments – du 21e au 23e – et en escadrons – de A à G, avec quelques lettres manquantes pour faire bonne mesure. Malgré tout, Clark dut l'admettre bien volontiers, les Rosbifs faisaient tout cela avec classe.

« Alistair », dit-il en le saluant d'une inclinaison de tête très solennelle. Les traits d'Alistair lui révélaient qu'il s'était déjà produit – ou qu'il allait incessamment se produire – quelque chose de grave.

« On te manque déjà, Stan ? lança Ding en lui serrant la main.

– J'aimerais bien, vieux. C'est vraiment ennuyeux de devoir interrompre ainsi votre voyage. Mais je me suis dit que vous aimeriez bien un dernier baroud d'honneur avant de vous ramollir. J'ai un truc intéressant dans les tuyaux.

– Venant… ? demanda Clark.

– Des Suédois, par des voies détournées. Il semblerait qu'ils aient perdu leur consulat à Tripoli. Bougrement embarrassant.

– Par "perdu", intervint Chavez, je suppose que tu ne veux pas dire qu'ils l'ont égaré ?

– Exact, désolé. Encore une litote typiquement britannique. Charmant mais pas toujours pratique. Les renseignements sont encore fragmentaires mais, compte tenu de l'endroit, il ne faut pas être grand clerc pour deviner l'origine des coupables. »

Clark et Chavez prirent des chaises et s'assirent autour de la table. Stanley les imita. Il ouvrit une chemise en cuir qui contenait un calepin rempli de notes manuscrites.

« Écoutons voir », dit Clark, les rouages mentaux embrayant illico en mode professionnel.

Dix minutes plus tôt, il était encore en mode civil – enfin, dans la mesure où il se le permettait –, assis avec sa famille et prêt à rentrer au bercail, mais ça, c'était avant, et on était maintenant. Et maintenant, il était redevenu le commandant de Rainbow Six. Une impression pas désagréable, dut-il bien admettre.

« Autant que l'on sache, il y a huit hommes en tout, reprit Stanley. Ils ont court-circuité la police locale, les doigts dans le nez, quasiment sans bobo. Les images satellite montrent quatre Suédois – sans doute des Fallskarmsjagares – gisant à terre sur le terrain de l'ambassade. »

Les Fallskarmsjagares étaient en gros la version suédoise des paras commandos, sélectionnés parmi l'élite de l'armée. Sans doute membres du Särskilda Skyddsgruppen – le Groupe de protection spéciale – appuyé par le SÄPO, le Service suédois de sécurité, pour garder l'ambassade.

« Ces gars sont des durs, observa Chavez. Quelqu'un leur a mâché le travail – et en visant juste. Autre chose en provenance de l'intérieur du consulat ? »

Stanley secoua la tête. « Silence radio. »

Ce qui était logique, décida Clarke. Quiconque d'assez doué

pour pénétrer dans les lieux et neutraliser quatre Fallskarmsjagares aurait sans aucun doute la bonne idée de filer illico vers la
salle des transmissions.

« Pas encore revendiqué ? demanda Chavez.

– Rien jusqu'ici, mais j'imagine que ça ne devrait pas tarder.
Pour l'heure, les Libyens contrôlent la presse, mais ce n'est qu'une
question de temps, j'en ai peur. »

Avec la multiplicité des groupes terroristes au Moyen-Orient,
chacun tendait à vouloir revendiquer tout acte de violence signifi-
catif et ce n'était pas non plus toujours pour une question de
prestige, mais bien plutôt une tentative délibérée de brouiller les
cartes du renseignement. C'était un peu comme lorsque la brigade
criminelle devait enquêter sur une importante affaire de meurtre.
Les confessions hâtives et les suspects fantaisistes se pressaient au
portillon et il fallait pourtant examiner chaque cas, de peur de
rater une vraie piste. Il en allait de même avec le terrorisme.

« Et pas encore de demandes, je suppose ? ajouta Clark.

– Non plus. »

Comme souvent, aucune demande n'était formulée. Au Moyen-
Orient, la plupart des preneurs d'otages voulaient simplement
acquérir une audience internationale avant de se mettre à exécuter
leurs prisonniers, en ne justifiant leur crime qu'*a posteriori*. Non
pas que cela fît la moindre différence pour Clark et ses hommes,
mais jusqu'à ce qu'un fonctionnaire gouvernemental quelconque
leur ait donné le feu vert, Rainbow était, comme toutes les autres
unités spéciales, à la merci des politiques. Ce n'est qu'à ce moment
que l'unité pouvait enfin exercer ses talents.

« Et voilà la partie délicate, dit Stanley.

– La politique…

– Tout juste, là aussi. Comme vous l'imaginez, notre ami le
Colonel veut envoyer sa Jamahiriyyah – il les avait déjà mis en

alerte, en fait – mais le consul général de Suède n'était pas trop chaud, surtout vu les méthodes d'intervention des forces libyennes. »

La garde de la Jamahiriyyah était en fait la garde prétorienne du colonel Mouammar Kadhafi, composée d'environ deux mille hommes issus de sa région natale de Syrte. C'étaient des soldats de valeur, Clark le savait, bien soutenus par le renseignement et la logistique, mais ils n'étaient pas connus pour leur discrétion, ni pour leur souci des dégâts collatéraux, humains ou matériels. Si la garde menait l'assaut, les Suédois risquaient de perdre une bonne partie de leur personnel.

Un salopard intéressant, ce Kadhafi, songea Clark. Comme beaucoup dans le renseignement américain, Clark restait dubitatif à l'égard de son récent revirement du statut de grand méchant loup d'Afrique du Nord à celui de défenseur des droits de l'homme et de pourfendeur du terrorisme. Le vieil adage « chassez le naturel, il revient au galop » était peut-être un cliché, mais pour Clark le colonel Mouammar Abou Minyar Al-Kadhafi, « Chef fraternel et Guide de la révolution », retrouverait tôt ou tard ses penchants initiaux et il vaudrait mieux se méfier de lui, jusqu'à sa mort, pour des raisons naturelles ou pas si naturelles que ça.

En 2003, sous les ordres du Colonel, le gouvernement libyen avait officiellement informé les Nations unies qu'il était prêt à accepter la responsabilité de l'attentat du vol Pan Am 103 au-dessus de Lockerbie, survenu quinze ans auparavant, et il s'affirmait, en outre, prêt à dédommager les familles des victimes jusqu'à hauteur de près de trois milliards de dollars. Le geste fut aussitôt accompagné non seulement des louanges de l'Occident, mais aussi de la levée des sanctions économiques et quasiment des félicitations d'une bonne partie de la diplomatie européenne. Et l'homme n'en était pas resté là, puisqu'il avait ensuite ouvert ses programmes d'armement à l'inspection internationale, puis dénoncé les attentats du 11-Septembre.

Clark avait une hypothèse sur le revirement de Kadhafi qui n'avait rien à avoir avec un ramollissement dû à la vieillesse mais tenait à de banales raisons économiques. En d'autres termes, les prix du pétrole, qui s'étaient effondrés depuis les années quatre-vingt-dix, avaient ramené la Libye au niveau de pauvreté de l'époque des caravanes, alors que la fortune tirée de l'or noir en avait fait la reine des nations du désert et avait permis au Colonel de financer ses chers projets terroristes. Bien entendu, se rappela Clark, la politique de gentil toutou de Kadhafi avait sans doute été aidée par l'invasion américaine de l'Irak, en laquelle il avait peut-être entrevu un avant-goût de ce qui pourrait arriver à son petit fief. Pour dire vrai, Clark admettait que le fauve semblait, sinon assoupi, du moins ne plus avoir les crocs aussi aiguisés. La question était de savoir si, en cas de remontée des prix du pétrole, le Colonel n'allait pas se retrouver jeune et fringant. N'allait-il pas justement profiter de cet incident pour se réveiller ?

« Bien entendu, le commandement suprême à Stockholm souhaite faire intervenir ses propres forces, mais Kadhafi ne veut rien entendre, poursuivit Stanley. Aux dernières nouvelles, la rue Rosenbad était en discussion avec Downing Street. Toujours est-il qu'on nous a placés en alerte. Herefordshire est en train de battre le rappel du reste de l'unité. Deux de nos hommes sont indisponibles – l'un pour raison médicale, l'autre est en permission – mais l'essentiel des forces devrait pouvoir être réuni et équipé dans l'heure et prêt à embarquer peu après. » Stanley consulta sa montre. « Disons, soixante-dix minutes pour décoller.

– Tu as dit un peu plus tôt qu'ils étaient postés, intervint Chavez, mais postés où ? »

Le facteur temps était un élément critique et, même avec le mode de transport le plus rapide, Tripoli, ce n'était pas la porte à côté – et le trajet depuis Londres risquait d'être plus long que la durée de survie éventuelle des otages à l'intérieur du consulat.

« Tarente. La Marina Militare s'est aimablement proposée pour nous accueillir en attendant que les politiques se décident. S'ils nous donnent le feu vert, on n'aura qu'à traverser le bras de mer pour rallier Tripoli. »

16

L E LIEUTENANT *Operativnik* – inspecteur – Pavel Rosikhina rabattit le drap – en fait, une nappe – qu'une âme charitable avait tendu sur le corps et contempla le visage aux yeux écarquillés de celui qu'il estimait être encore une victime de la Mafia. Ou peut-être pas. Malgré sa pâleur cadavérique, il était clair que l'homme n'était ni tchétchène ni russe d'au-delà de l'Oural, ce qui le surprit, compte tenu des lieux. Un Russe occidental. *Intéressant.*

La balle – unique – était entrée juste au-dessus de l'oreille gauche, deux centimètres plus haut, pour ressortir... Rosikhina se pencha au-dessus de la table, prenant soin de ne rien toucher d'autre que la nappe, pour regarder du côté droit de la tête qui reposait sur le dossier capitonné de l'alcôve. *Là.* Un orifice de la taille d'un œuf, derrière l'oreille droite. Le sang et les fragments de matière grise qui éclaboussaient le mur derrière correspondaient à la trajectoire du projectile, ce qui signifiait que le tueur avait dû se tenir debout... à cet endroit. Juste devant la porte de la cuisine. À quelle distance précise, ce serait à la médecine scientifique d'en décider, mais, à en juger par la blessure d'entrée, Rosikhina pouvait déjà déduire que le coup n'avait pas été tiré à bout portant. Il n'y avait aucune trace de poudre sur la peau autour de la blessure, pas de brûlure superficielle non plus. En outre, l'orifice d'entrée était parfaitement circulaire, quand un coup à bout portant laissait une déchirure caractéristique en forme d'étoile. Rosikhina se boucha le nez à cause de la puanteur fécale. Comme souvent en cas de mort soudaine, les sphincters de la victime s'étaient relâchés. Il ôta précautionneusement le blouson de sport du cadavre, d'abord par la gauche, puis par la droite, tâtant l'étoffe à la recherche d'un portefeuille. Mais il ne trouva qu'un stylo-bille argenté, un mouchoir blanc et un bouton de rechange pour son veston.

« Quelle distance, à ton avis ? » entendit-il dans son dos. Il se retourna.

Guennady Olekseï, son partenaire intermittent, se tenait à un mètre cinquante derrière lui, avec un demi-sourire, la clope au bec et les mains fourrées dans les poches de son manteau de cuir.

Par-dessus l'épaule d'Oleksei, Rosikhina vit que les agents en uniforme de la milice avaient terminé de conduire les clients vers la porte d'entrée, où ils s'entassaient, attendant qu'on les interroge. Les membres du personnel du restaurant – quatre serveurs, une caissière et trois cuistots – étaient installés aux tables désormais vides et déclinaient leur identité à un autre agent.

Olekseï et Rosikhina travaillaient au bureau central de lutte contre la criminalité financière, une subdivision de la brigade criminelle de la milice de Saint-Pétersbourg. Contrairement à la plupart des services de police occidentaux, les Operativniks russes ne travaillaient pas en équipes stables. Pour quelle raison, nul ne l'avait expliqué à Rosikhina mais il suspectait que ce devait être une question de crédits. Tout en fait était une question de crédits, qu'il s'agît de garder ou non sa voiture d'une semaine sur l'autre, ou bien de travailler en solo ou avec des collègues.

« On t'a mis sur le coup ? s'enquit Rosikhina.

– Ils m'ont appelé chez moi. Quelle distance ? redemanda Olekseï.

– Entre soixante centimètres et un mètre quatre-vingts. Une
cible facile. » Il remarqua un objet posé sur le siège, derrière les
fesses de la victime. Il se pencha pour l'examiner de plus près.
« Trouvé un flingue, dit-il à son collègue. Un semi-automatique.
On dirait un Makarov. Il aura au moins essayé… une seconde de
plus pour dégainer et peut-être…

– Là, c'est une question pour toi, observa Olekseï. À sa place,
réagirais-tu comme notre ami ici présent, sachant ce qui va arriver, ou bien laisserais-tu simplement faire… pouf, basta. Rideau.

– Dieu tout-puissant, Guennady…

– Allons, sois sincère. »

Soupir de Rosikhina : « J'imagine que j'aimerais mieux partir
dans mon sommeil – à cent ans, et couché à côté de Natalia.

– Pavel, Pavel… tu réponds toujours à côté.

– Désolé. Mais j'aime pas ça. Ce truc, je le sens pas. Ça a toutes
les apparences d'un règlement de comptes classique de la Mafia,
mais la victime n'a sûrement rien de classique – en tout cas, certainement pas dans un endroit pareil.

– Ce type était soit très courageux, soit très con, nota Olekseï.

– Ou désespéré. »

Pour venir dans un tel lieu, leur victime d'origine russe devait
chercher autre chose que déguster une bonne assiette de *Djepel-
gesh* ou écouter cette horreur de pondur – un instrument qui lui
avait toujours fait penser à des cris de chatte en chaleur.

– Ou vraiment affamé, ajouta Olekseï. Un autre boss, peut-
être ? Sa tête ne me dit rien, mais il pourrait être fiché.

– J'en doute. Ces types-là ne se déplacent jamais sans leur petite
armée personnelle. Même si quelqu'un était parvenu à l'aborder

ici et l'approcher d'aussi près pour lui loger une balle dans la tête, nul doute que ses gardes du corps auraient aussitôt déclenché une terrible fusillade. Il y aurait des impacts de balles partout, et bien plus de cadavres. Or, nous n'avons qu'une seule balle et qu'un seul corps. Il s'agit d'une embuscade parfaitement montée, du vrai travail de pro. La question reste : de qui s'agit-il et pourquoi était-il aussi important de le tuer ?

– Eh bien, ce n'est pas de ces gens-là qu'on va tirer une réponse. »

Son collègue avait raison, Rosikhina le savait. La peur de la Mafia tchétchène – ou la fidélité à celle-ci – tendait à faire taire même les plus loquaces. Les témoignages se rangeaient invariablement en trois catégories : Je n'ai rien vu ; un homme masqué est entré, a abattu le type puis est ressorti en courant, tout s'est passé si vite ; et le préféré de Roskhina : *Ya nié gavariou pa Russki* – je ne parle pas russe.

Et de toutes ces déclarations, la seule réellement vraie était sans doute celle-ci : *tout s'est passé trop vite*. Et Rosikhina ne leur jetait pas la pierre. La Krasnaya Mafiya, ou la Bratva – « Fraternité » – ou l'Obshina, quel que soit le nom qu'on lui donnait – se montrait absolument implacable. Les témoins et leur famille entière étaient souvent condamnés à mort pour la seule raison qu'un parrain, quelque part au fond de sa tanière, avait décidé que l'individu était susceptible de détenir des informations qu'il pourrait révéler aux autorités. Et il ne s'agissait pas seulement de tuer, se remémora Rosikhina. La Mafia savait prendre son temps et ne manquait pas d'idées quand il s'agissait d'exécuter quelqu'un. Il se demanda ce que lui-même ferait en pareilles circonstances. Même si, de manière générale, la Mafia évitait de tuer des agents de la milice – c'était mauvais pour les affaires –, cela s'était déjà vu. Armés et entraînés comme ils l'étaient, au moins les flics pouvaient-ils se défendre mais l'homme de la rue, qu'il soit instituteur, ouvrier ou comptable, quelle chance avait-il ? Aucune, en fait. La milice n'avait ni le budget ni les effectifs pour protéger chaque témoin, et l'homme de la rue le savait, aussi restait-il muet comme une carpe et regardait-il ailleurs. Encore maintenant, certains des clients du restaurant devaient être terrorisés et craindre pour leur vie, rien que pour avoir commis l'erreur de se trouver au mauvais endroit au mauvais moment. C'était un miracle que des lieux pareils réussissent encore à demeurer ouverts.

C'était ce genre de terreur, Rosikhin le savait, qui amenait les gens à regretter le bon vieux temps, à souhaiter le retour d'un contrôle stalinien du pays et, par bien des côtés, c'est précisément ce qu'avait fait Poutine avec ses « programmes de réforme ». Il n'y avait pas de juste milieu, hélas. Tant que régneraient en Russie liberté politique, droits individuels et libre marché, il y aurait de la criminalité – à plus ou moins grande échelle – et du reste, celle-ci existait déjà du temps de Staline, même si ce n'était pas, et de loin, dans les mêmes proportions. Mais l'argument restait quelque peu bancal. Prétexte facile auquel recouraient, tant les communistes purs et durs que les ultranationalistes, pour décrier la démocratie et le capitalisme, en oubliant (ou en ignorant) que le contrôle de l'Union soviétique par une main de fer avait eu son prix. Comment disait-on déjà ? La mémoire était sélective ? Le père de Rosikhina, un pêcheur iakoute, avait sa vue personnelle sur le concept : « Quand tu as épousé une mégère, même la plus moche de tes ex te paraît séduisante *a posteriori*. » Et c'était très exactement ce qu'était la Russie soviétique, il le savait : une ex-petite amie particulièrement moche. Elle avait eu certes ses bons points, mais pas de quoi revenir en arrière pour autant. Hélas, ce n'était pas l'opinion de la majorité de ses concitoyens – ils n'étaient que quelque quarante pour cent, si l'on pouvait se fier aux derniers sondages. Ou peut-être était-ce parce qu'il était ce qu'Olekseï lui avait un jour reproché d'être, un optimiste au regard biaisé pour ne pas dire « carrément aveugle ».

Maintenant qu'il regardait la devanture du restaurant et observait les clients regroupés dehors, l'air sinistre, dans la nuit glacée, il se demandait, en effet, si un tel optimisme n'était pas quelque peu déplacé. Un restaurant avec une trentaine de clients qui, à peine vingt minutes plus tôt, avaient vu un homme se faire exploser la cervelle, et pourtant, pas un sans doute n'aurait levé le petit doigt pour aider à capturer le tueur.

« Certes, répondit Rosikhina mais on ne sait jamais. Mieux vaut poser la question et avoir une heureuse surprise que l'inverse, ne crois-tu pas ? »

Olekseï haussa les épaules et sourit, de ce sourire fataliste si typiquement russe. Qu'y pouvait-on ? Il semblait que plus grand-chose ne pût le surprendre. Son calme était aussi indéfectible que la cigarette éternellement pendue à ses lèvres.

Mais encore une fois, en de rares occasions, des bribes de détails utiles filtraient par inadvertance, leur offrant quelques miettes à butiner. Le plus souvent, néanmoins, les déclarations restaient vagues ou contradictoires, voire les deux, ne laissant aux enquêteurs que ce qu'ils pouvaient glaner à partir du ou des corps laissés sur les lieux du crime.

« En outre, poursuivit Rosikhina, sans tous ces témoignages inutiles à traiter, nous n'aurions pas quatre heures devant nous pour nous délecter à remplir de la paperasse en buvant un café infâme.

– Quatre heures ? Avec de la chance !

– Bon sang, mais où est le médecin légiste ? »

Jusqu'à ce que le décès de la victime soit officiellement constaté, le corps allait rester sur place, raide mort et fixant le plafond d'un regard vitreux.

« Il arrive, indiqua Olekseï, j'ai vérifié en partant. J'imagine qu'il a une nuit chargée. »

Rosikhina se pencha et récupéra le flingue en glissant l'index sous le pontet. « Un neuf millimètres. » Il éjecta le chargeur et ramena la culasse. Une balle sortit de la chambre et rebondit par terre.

« Eh bien, il était apparemment prêt à réagir. Pas de balle manquante ? »

Rosikhina hocha la tête, renifla le canon. « Ça a dû se passer trop vite, je suppose. L'arme venait d'être nettoyée. Merde, regarde-moi ça, Guennady… le numéro de série a été effacé.

– C'est vraiment notre jour de veine ! »

Les truands effaçaient souvent à l'acide le numéro des armes utilisées pour les exécutions, mais ils prenaient rarement la peine d'en réinscrire un nouveau. Eût-ce été le cas en l'occurrence, le numéro de série du Makarov aurait pu leur fournir une piste. Là encore, les œillères de l'optimisme, se morigéna Rosikhina.

Comme souvent dans les affaires de meurtre, en Occident comme à Moscou, les deux policiers en charge de l'enquête n'apprendraient pas grand-chose, voire rien du tout, des témoins présents dans le restaurant au moment des faits, ou aux abords immédiats de celui-ci. La communauté tchétchène était très soudée, elle se méfiait de la police et était terrorisée par l'Obshina. À juste titre, d'ailleurs. La brutalité de cette mafia ne connaissait guère de bornes. Un témoin risquait de payer ses révélations, non seulement de sa vie, mais du massacre de toute sa famille, un spectacle dont on le forcerait sans doute à être le témoin avant de le liquider à son tour. La perspective de voir ses propres enfants découpés à la scie à métaux tendait à vous sceller les lèvres. Malgré tout, Rosikhina n'avait guère d'autre choix que de se coltiner la corvée de recueillir les dépositions, si improductives soient-elles, et de pister les indices, si ténus soient-ils.

Ils procéderaient à leur enquête avec zèle mais, au bout du compte, les quelques maigres indices recueillis s'évaporeraient et ils se verraient contraints de classer l'affaire. À cette pensée, Rosikhina considéra la victime d'un regard attristé : « Désolé, l'ami. »

17

C'ÉTAIT QUAND MÊME CURIEUX, estima Jack Ryan Jr. cette absence de félicitations en réponse au faire-part de naissance. Pas la moindre réaction. Il avait vérifié et re-vérifié avec son ordinateur, en épluchant les téraoctets de mémoire du monstrueux serveur du Campus, il avait collationné tous les documents les plus récents, consignant toujours au passage l'expéditeur et le destinataire, mais il ne s'agissait chaque fois que de codes alphanumériques qui pouvaient ou non avoir une relation avec des noms réels. Jack étendit sa recherche aux courriels remontant aux six derniers mois, et les collationna sur un graphique. Il en apparut que le trafic était demeuré stable, ne variant de guère plus de cinq pour cent d'un mois sur l'autre. Or, quelques jours après ce faire-part, chute spectaculaire. En fait, à l'exception de quelques messages de routine sans doute envoyés peu auparavant et restés à divaguer dans le cyberespace, il n'y avait *plus un seul* courrier électronique. L'Émir et le CRO étaient pour ainsi dire passés en silence radio et cette seule idée donnait à Jack le frisson. Car il y avait alors trois options : soit, ils avaient modifié leurs protocoles de communications dans le cadre d'une mesure générale de sécurité, soit ils avaient réussi à s'apercevoir, d'une manière ou de l'autre, qu'on interceptait leurs courriers électroniques, soit enfin il s'agissait d'une tactique délibérée, d'un changement opérationnel qui se traduisait par un motus et bouche cousue général préalable au lancement d'une opération d'envergure. Les deux premières options étaient possibles mais improbables. Le CRO avait rarement changé ses procédures au cours des neuf derniers mois et le Campus avait toujours pris grand soin de ne pas se trahir. Restait donc l'option trois. Juste avant le 11-Septembre, le trafic électronique d'Al-Qaida était tombé en flèche ; *idem* avec les Japonais juste avant Pearl Harbor. D'un côté, Jack aurait voulu que son hypothèse soit vérifiée, de l'autre, il implorait le ciel de s'être trompé.

Mais comment dans ce cas l'Émir transmettait-il ses messages ? Les porteurs restaient la méthode la plus sûre, sinon la plus rapide. Écrire le message, graver le disque, et le confier à quelqu'un pour qu'il le passe en main propre. Avec les moyens de transport aérien modernes, un homme pouvait rallier Chicago à Calcutta en moins d'une journée, pourvu qu'il soit capable de digérer la nourriture servie à bord. Après tout, c'était la raison d'être des lignes aériennes internationales. Leur rapidité n'était pas exclusivement réservée aux cadres et aux voyageurs de commerce.

De Chicago à Calcutta. Et si l'Émir se trouvait à Chicago, voire New York ou Miami ? Qu'est-ce qui l'empêcherait de vivre sur le sol américain ? Rien. La CIA et tout le monde étaient convaincus qu'il se trouvait quelque part dans les zones tribales de quelque « Machinistan », tout simplement parce que c'était là qu'on l'avait repéré pour la dernière fois. Mais aucune preuve concrète n'étayait cette hypothèse. Et une bonne moitié des Forces spéciales américaines postées en Afghanistan ou au Pakistan battait la campagne en visitant la moindre anfractuosité dans la roche, interrogeait tout le monde, distribuait libéralement les bakchichs, à la recherche de l'homme – ou de la femme – susceptible de leur révéler sa cache. Encore et toujours sans le moindre succès. Statistiquement, c'était quand même étrange, observa Jack.

Un homme comme l'Émir ne pouvait jamais se sentir trop en sécurité, pas quand tous les services de renseignement de la planète étaient lancés à ses trousses – même les plus patriotes et les plus dévoués des agents de son camp pouvaient lorgner avec avidité sur la récompense mise pour avoir sa tête en songeant à une jolie résidence sur la Côte d'Azur et une retraite dorée – il suffisait d'un coup de fil et d'une bribe d'information…

L'Émir devait en être conscient. Aussi avait-il dû réduire le nombre des individus au fait de son lieu de résidence. Le limiter à ceux en qui il avait une absolue confiance, et ceux-là, il devait particulièrement les choyer. Argent, confort, et tous les petits luxes que lui permettaient les conditions. Histoire de conforter leur désir d'acquérir sa confiance. Il confortait également ainsi leur foi en Dieu et en lui-même, en se montrant pour cela plein d'égards. Mais il n'en conservait pas moins son aura de respect, car, comme pour toutes les choses importantes de la vie, l'autorité se ramenait toujours à une relation d'homme à homme, une communion des esprits.

En résumé, que faudrait-il à l'Émir pour déménager hors de l'Afghanistan ou du Pakistan ? Comment s'arrange-t-on pour faire voyager l'homme le plus recherché du monde ?

Le dossier principal de la CIA sur l'Émir ne disposait que de photos médiocres du personnage, certaines brutes, d'autres retouchées numériquement. Tous ces clichés avaient été distribués à quasiment tous les services de police et de renseignement sur la planète. On les avait par ailleurs diffusés largement dans le grand public. Si Brad Pitt et Angelina Jolie ne peuvent guère sortir déjeuner sans se voir aussitôt assaillis, l'Émir aurait certainement du mal à voyager hors de ses quartiers habituels.

Il ne pouvait pas changer de taille, même si c'était techniquement possible, mais au prix d'opérations lourdes et douloureuses, suivies d'une longue période de rétablissement, exigeant en outre une immobilisation de plusieurs semaines – pas terrible pour un type en cavale. Il pouvait modifier ses traits, la couleur de sa peau, la teinte de ses cheveux. Il pouvait porter des lentilles de contact colorées pour changer la couleur de ses yeux et améliorer sa vue au passage, vue qui était déjà, selon sa fiche, au-dessus de la moyenne. Il marchait en se tenant parfaitement droit, et les rumeurs disant qu'il souffrait du syndrome de Marfan avaient été définitivement démenties par un professeur de Johns Hopkins, expert en la matière, à la grande surprise de Langley, car l'existence de cette affection était quasiment devenue parole d'évangile dans la communauté du renseignement. Ainsi donc, il n'avait aucunement besoin d'un appareil à dialyse dans les parages immédiats.

Attends une seconde, Jack. La communauté du renseignement a émis quantité de suppositions au sujet de l'Émir. Ils n'avaient obtenu, après tout, qu'une seule opinion sur la réalité ou non de ce syndrome. Cela suffisait-il à écarter l'hypothèse ? Autant qu'il sache, personne encore n'avait mis la main sur un individu assez proche de l'Émir pour lever le doute. Un point à garder à l'esprit.

« Eh, Jack », dit une voix familière. Il se tourna et découvrit les deux frères Caruso au seuil de son bureau.

« Eh, les gars, entrez donc. Que se passe-t-il ? »

Les frangins s'assirent. Dominic prit la parole : « Une matinée entière collé devant un écran d'ordinateur, ça me flanque la migraine, alors je suis venu t'embêter. Qu'est-ce que tu potasses, en ce moment ? Un formulaire d'engagement au ministère des Finances ? »

Il fallut un moment à Jack pour saisir. Les Finances chapeautaient le Service de protection présidentielle. Ce genre de plaisanterie avait fait florès depuis l'affaire de Georgetown. Alors que la presse avait abondamment couvert celle-ci, son nom était resté jusqu'ici en dehors de tout ça, ce qui lui convenait à merveille. Hendley connaissait toute l'histoire bien entendu, ce qui ne gênait pas le moins du monde Jack. Autant de biscuits pour quand il lui faudrait aborder son patron.

« Petit malin, rétorqua Jack.

– Ils ont appris quelque chose sur le mec ? demanda Brian.

– Pas que je sache. La presse dit qu'il n'avait aucun complice mais, dans ce genre d'affaires, ils n'ont que ce que le Service de sécurité veut bien leur balancer. » Dans une ville où les fuites étaient plus la règle que l'exception, le Service de sécurité savait comment naviguer en eaux troubles. Jack changea de sujet. « Vous avez entendu parler de la théorie du syndrome de Marfan, n'est-ce pas ? Au sujet de l'Émir ?

– Ouais, je crois bien, répondit Dominic. Elle ne fait pas l'unanimité, c'est ça ? »

Jack haussa les épaules. « J'essaie de réfléchir hors des sentiers battus. Sa localisation, par exemple : mon petit doigt me dit qu'il n'est pas en Afghanistan, mais on n'a jamais tenté de le chercher ailleurs que là-bas ou au Pakistan. Et pourquoi pas ? Après tout, il a des masses d'argent, et l'argent vous ouvre des masses de possibilités. »

Au tour de Brian de hausser les épaules. « N'empêche, pas évident d'imaginer qu'un type comme lui puisse s'écarter de cinquante bornes de son antre sans se faire repérer.

– Suppositions et analyses font un dangereux tandem, observa Jack.

– Vrai. S'il a déménagé, je parie que ce connard doit bien se marrer en regardant tout le monde continuer à ratisser ces montagnes à sa recherche. Mais comment aurait-il fait son compte ? Il

ne s'est sûrement pas pointé comme une fleur à l'aéroport d'Islamabad pour demander un billet.

– Avec de l'argent, nota Dominic, on peut s'acheter pas mal
d'informations.

– Que veux-tu dire ? s'enquit Jack.

– Il y a un expert pour chaque problème, Jack. Le truc est de
savoir où chercher. »

La journée passa rapidement. À dix-sept heures, Jack se glissa
dans le bureau de Dominic. Brian était assis en face du bureau de
son frère. « Salut les gars.

– Yo, répondit Brian. Comment va l'expert en informatique ?

– Il commence à être miné.

– On dîne où ? se demanda Dominic.

– Je suis ouvert à toutes les propositions.

– Sa vie sentimentale doit ressembler à la mienne, ronchonna
Brian.

– J'ai trouvé un nouveau resto à Baltimore. Ça vous dit
d'essayer ?

– Sûr. »

Pourquoi pas ? se dit Jack. Ce n'était jamais rigolo de dîner seul.

Le convoi de trois véhicules prit vers le nord l'US 29 puis tourna
vers l'est pour emprunter l'US 40 afin de rejoindre le quartier de
la Petite Italie de Baltimore – il y en avait un dans presque toutes
les villes américaines –, situé au bout d'Eastern Avenue. Le trajet
était presque identique à celui emprunté normalement par Jack
pour rentrer chez lui, à quelques pâtés de maisons du stade de

baseball de Camden Yards. Mais la saison était achevée, une fois encore sans qualification pour la phase finale.

La Petite Italie de Baltimore était un dédale de rues étroites avec bien peu de places de parkings et, pour Jack, garer son Hummer pouvait s'assimiler à l'accostage d'un paquebot. Mais, à la longue, il réussit à trouver une place et termina le trajet à pied pour rejoindre le restaurant, situé deux rues plus loin, sur High Street. L'établissement était spécialisé dans la cuisine d'Italie du Nord. En entrant, il vit ses deux cousins déjà installés dans un box d'angle, isolés du reste des clients.

« On mange comment, ici ? demanda-t-il en s'asseyant.

– Le chef est aussi bon que notre grand-père, et crois-moi, Jack, ce n'est pas un mince compliment. Leur veau est réellement d'une qualité extra. Le patron dit qu'il l'achète lui-même, tous les jours, au marché de Lexington Street.

– Ça doit pas être drôle, d'être une vache, observa Jack en parcourant le menu.

– Jamais demandé, nota Brian. Jamais entendu personne se plaindre non plus.

– Parles-en à ma frangine. Elle est en train de tourner végétalienne – hormis pour les chaussures, ricana Jack. Et la carte des vins ?

– Régulière, répondit le marine. Du Lacrima Christi del Vesuvio. Je l'ai découvert à Naples lors d'une croisière en Méditerranée. "Les larmes du Christ du Vésuve." J'ai visité Pompéï et le guide nous a dit qu'on y cultivait la vigne depuis plus de deux millénaires, alors j'imagine que, depuis le temps, ils ont dû prendre le coup de main. Si t'aimes pas, je finirai volontiers la bouteille, t'inquiète, promit Brian.

– Brian est un œnologue avisé, Jack, observa Dominic.

– Tu dis ça comme si c'était une surprise, rétorqua son frère. Je ne suis pas un abruti complet, tu sais.

– Loin de moi pareille idée. »

La bouteille arriva une minute plus tard. Le sommelier l'ouvrit avec emphase.

« Où mangez-vous, à Naples ?

– Mon garçon, il faut vraiment se casser le cul pour trouver un mauvais restaurant en Italie, intervint Dominic. Même ce que tu achètes aux vendeurs ambulants est meilleur que ce que tu pourras trouver dans les plus huppés des restaurants par ici. Mais celui-ci est vraiment bon. Le patron est un *paisano*. »

Brian prit le relais : « À Naples, il y a un établissement sur le front de mer, la Bersagliera, à quinze cents mètres environ de la forteresse. Je sais que je vais me faire allumer, mais je n'hésite pas à dire que c'est le meilleur restaurant au monde.

– Non, rétorqua Dominic, le meilleur est à Rome, chez Alfonso Ricci, à huit cents mètres à l'est du Vatican.

– J'imagine que je dois vous faire confiance. »

Les plats arrivèrent, accompagnés d'une autre bouteille de vin, et la conversation passa aux femmes. Les trois hommes sortaient, mais sans relation régulière. Les Caruso plaisantaient, disant qu'ils cherchaient toujours l'Italienne parfaite. Quant à Jack, il cherchait une fille « présentable pour sa mère ».

« Comment ça, cousin ? demanda Brian. Ça veut dire que tu n'aimes pas qu'elles soient un brin salopes ?

– Au lit, certainement, rit Jack. Mais en public... je ne suis pas trop fan des nombrils à l'air et des tatouages géants au creux des reins. »

Dominic éclata de rire. « Eh Brian, comment s'appelait-elle, déjà, cette strip-teaseuse, tu sais, celle avec ce tatouage... ?

– Ah, bon sang... »

Dominic en riait encore. Il se tourna vers son cousin et lui glissa, avec des airs de conspirateur : « Elle avait un tatouage juste en dessous du nombril : une flèche orientée vers le bas, avec la légende, *terrain glissant en cas d'humidité*. Le problème, c'est que *terrain* était écrit avec un seul *r*. »

Jack éclata de rire. « Comment s'appelait-elle ? »

Brian fit un signe de dénégation. « Pas question.

– Dis-lui, insista son frère.

– Allons, renchérit Jack.

– Candy. »

Les rires redoublèrent. « -*Y* ou -*ie* ? » s'enquit Jack.

« Ni l'un ni l'autre. Avec deux *e*. OK, OK, ce n'était pas vraiment une lumière. On n'était pas sur la voie du mariage. Et toi, Jack ? C'est quoi, tes goûts ? Jessica Alba, peut-être ? Scarlett Johansson ?

– Charlize Theron.

– Un bon choix », observa Dominic.

Leur parvint la voix d'une cliente installée au comptoir : « Moi, je pencherais pour Holly Madison. De super-nibards. »

Tous trois se retournèrent pour découvrir une femme qui leur souriait. Une grande rousse aux yeux verts, tout sourire. « C'était ma contribution...

– Madame a un argument, observa Dominic. Cela dit, si l'on parle d'intellect...

– D'intellect ? coupa la femme. Je pensais qu'on parlait de sexe. S'il faut faire intervenir les cellules grises, alors j'aurais un penchant pour... Paris Hilton. »

Il y eut un moment de silence avant que l'expression pince-sans-rire de la femme ne se mue en un demi-sourire. Jack et les frères Caruso éclatèrent de rire aussitôt. Le marine demanda : « Je suppose qu'il est grand temps de vous demander de vous joindre à nous.

– Volontiers. »

Elle prit le verre de vin qu'on venait de lui emplir à nouveau et s'approcha de leur table pour s'asseoir à côté de Dominic. « Wendy, se présenta-t-elle. Avec un *y*, crut-elle bon d'ajouter. Désolée d'avoir paru indiscrète. » Puis, s'adressant à Dominic : « Donc, nous savons maintenant que Jack aime bien Charlize et que Brian a un faible pour les strip-teaseuses dyslexiques…

– Ouille, fit Brian.

– … et vous ?

– Vous voulez une réponse sincère ?

– Bien sûr.

– Ça va vous paraître un appel du pied.

– Tentez le coup.

– Je préfère les rousses. »

Jack grogna. « Waouh, le plan séduction ! »

Wendy scruta un moment le visage de Dominic. « Je crois bien qu'il dit vrai.

– Absolument, renchérit Brian. Même qu'il a encore dans sa chambre un poster de Lucille Ball. »

Éclat de rire général.

« Arrête, frangin, tu déconnes. » Puis, s'adressant à Wendy : « Vous sortez avec quelqu'un ?

– Normalement, oui. J'avais rendez-vous avec une copine. Mais elle m'a envoyé un texto pour se décommander. »

Ils dînèrent tous les quatre. Burent encore du vin jusqu'à près d'onze heures du soir, quand Jack annonça à la compagnie qu'il rentrait se coucher. Ayant noté les mêmes signes que son cousin,

Brian l'imita et prit congé à son tour, laissant Dominic et Wendy en tête à tête. Ils restèrent bavarder quelques minutes encore avant que la jeune femme lance : « Bon, eh bien… »

L'ouverture était là, Dominic s'y engouffra. « Tu veux qu'on aille ailleurs ? »

Wendy lui sourit. « J'habite à deux rues d'ici. »

Ils s'embrassaient avant que les portes de l'ascenseur ne se referment, se séparèrent momentanément quand la cabine parvint à l'étage et qu'ils gagnèrent son appartement. À peine entrés, ils commençaient déjà à se dévêtir. Une fois dans la chambre, Wendy se tortilla pour finir de se défaire de sa robe, révélant un soutien-gorge de dentelle noire avec le slip assorti. Elle s'assit sur le lit devant Dominic, saisit l'extrémité de sa ceinture, l'ôta d'un coup sec, puis s'allongea. « À ton tour. » Une mèche de cheveux roux était retombée sur ses yeux.

« Waouh, haleta Dominic.

— Je prends ça pour un compliment », gloussa-t-elle.

Dominic ôta son pantalon et se coucha sur le lit. Ils s'embrassèrent durant trente secondes avant que Wendy ne s'écarte. Elle roula sur le ventre pour ouvrir le tiroir de la table de nuit. « Un petit quelque chose pour l'ambiance », dit-elle en se retournant pour le regarder. Puis elle roula de nouveau sur le dos, munie d'un minuscule miroir rectangulaire et d'un tout petit flacon de verre.

« C'est quoi, ça ? demanda Dominic.

— C'est pour nous donner un petit plus », expliqua Wendy.

Et merde, songea Dominic. Elle vit son expression changer : « Quoi ?

— Ça ne va pas marcher.

– Pourquoi ? C'est quoi, le problème ? C'est juste un peu de coke. »

Dominic se leva, récupéra son pantalon, le renfila.

« Tu t'en vas ? demanda Wendy en s'asseyant.

– Ouaip.

– Tu plaisantes ? Juste à cause...

– Ouaip !

– Bon Dieu, c'est quoi, ton problème ? »

Dominic s'abstint de répondre. Il ramassa par terre sa chemise, la remit. Il se dirigea vers la porte.

« T'es qu'un connard », commenta Wendy.

Dominic s'arrêta et fit demi-tour. Il sortit son portefeuille et l'ouvrit pour exhiber sa carte du FBI.

« Oh, merde, souffla Wendy. Je ne... Est-ce que tu vas...

– Non. C'est ton jour de chance. »

Il sortit.

Tariq Himsi méditait sur le pouvoir de l'argent. Et les caprices du choix. Trouver une compagne à l'Émir, même pour une relation temporaire, n'était pas une sinécure. L'homme avait des goûts particuliers ; sa sécurité était d'une importance capitale. Heureusement, les putes ne manquaient pas dans le coin, on en trouvait à tous les coins de rue, et de fait, habituées aux demandes les plus inhabituelles, comme de se voir conduire dans un endroit secret à bord d'un véhicule aux vitres teintées. Son enquête préalable lui avait prouvé que, si elles étaient moralement corrompues, ces femmes étaient loin d'être stupides. Elles sillonnaient leur bout de trottoir par groupes de deux ou trois, et chaque fois que l'une d'elles montait dans une voiture, une des autres en relevait le numéro. Un rapide passage sur l'un des parkings adjacents à l'aéroport local avait résolu le problème. Une plaque d'immatriculation c'était facile à installer et plus encore de s'en débarrasser. Presque autant que changer son apparence avec des lunettes noires et une casquette de baseball.

Tariq avait envisagé à l'origine de recourir à un service d'hôtesses, mais cela engendrait là aussi des complications – certes pas insurmontables, mais quand même. Via son réseau sur place, il avait obtenu les coordonnées d'un service connu pour son zèle à protéger l'intimité de sa clientèle, au point qu'y avaient recours nombre de célébrités et d'hommes politiques, dont plusieurs sénateurs américains. L'ironie de recourir à un tel organisme était tentante, Tariq devait bien l'admettre.

Pour l'heure, néanmoins, il se contenterait d'engager une des péripatéticiennes qu'il observait depuis maintenant une semaine. Même si sa tenue n'était pas différente de celle de ses collègues – exhibant outrageusement ses appas –, elle semblait avoir des goûts un peu moins navrants, des manières un peu moins effrontées. Pour faire court, elle conviendrait comme réceptacle.

Il attendit que le soleil soit couché puis patienta au bout de la rue, attendant une accalmie dans le trafic avant de s'engager et d'arrêter sa voiture à la hauteur de la femme et de ses deux compagnes. Il descendit la vitre côté passager. L'une des filles, une rouquine à la poitrine improbable, se pencha vers la portière.

« Pas toi, dit Tariq. L'autre. La grande blonde.

– Comme tu voudras, mon chou. Eh, Trixie, c'est toi qu'il veut. »

Trixie s'approcha en roulant des hanches. « Alors, on cherche de la compagnie ?

– C'est pour un ami.

– Et où se trouve-t-il ?

– Dans son appartement.

– Je ne fais pas de service à domicile.

– Deux mille dollars, répondit Tariq et il vit aussitôt le regard de la fille changer. Tes copines peuvent relever mon numéro, si elles veulent. Mon ami est... très connu. Il cherche simplement un peu de compagnie... dans l'anonymat.

– Rien de spécial ?

– Pardon ?

– Je ne fais pas dans les trucs vicieux. Perversions et tout ça.

– Non, non, bien entendu.

– OK, attends deux secondes, mon chou. »

Trixie retourna voir ses amies, échangea quelques mots avec elles, puis revint voir Tariq : « Vous pouvez monter à l'arrière », lui indiqua ce dernier en déverrouillant la portière.

« Eh, la classe ! » s'exclama Trixie en montant.

« Assieds-toi, je t'en prie », lui dit l'Émir une demi-heure plus tard, après que Tariq l'eut introduite dans le séjour et procédé aux présentations. « Veux-tu un peu de vin ?

– Euh, bien sûr, enfin, je suppose, hésita Trixie. J'ai un faible pour le Zinfandel[1]. C'est bien comme ça qu'on l'appelle ?

– Oui. »

L'Émir fit signe à Tariq qui disparut pour revenir une minute plus tard avec deux verres de vin. Trixie prit le sien, regarda autour d'elle, un peu inquiète, puis fourra la main dans son sac pour y piocher un mouchoir en papier dans lequel elle déposa son chewing-gum. Elle but une gorgée du breuvage. « Humm, fameux.

– Sans aucun doute. Trixie, c'est ton vrai prénom ?

– En fait, oui. Et le vôtre ?

– Tu le croiras ou pas, mais c'est John. »

---

1. Cépage noir de Calilfornie, assez analogue au vin des Pouilles.

186

Trixie partit d'un grand rire. «Si tu le dis. Alors, quoi, t'es arabe, quelque chose comme ça ? »

Au seuil de la porte derrière Trixie, Tariq fronça les sourcils. L'Émir leva discrètement l'index droit. Tariq acquiesça et recula de quelques pas.

«Je suis originaire d'Italie, dit l'Émir. De Sicile.

— Eh, comme *Le Parrain*, c'est ça ?

— Je te demande pardon ?

— Tu sais bien, le film. C'et de là-bas que venaient les Corleone. De Sicile.

— Je suppose que tu as raison.

— T'as un drôle d'accent, quand même. Tu vis ici ou t'es juste venu en vacances ?

— En vacances.

— C'est une chouette maison. Tu dois être blindé, non ?

— La maison appartient à un ami. »

Sourire de Trixie. «Un ami, hein ? Peut-être que ton ami aimerait bien avoir de la compagnie, lui aussi.

— Je ne manquerai pas de le lui demander, répondit sèchement l'Émir.

— C'est juste pour que tu saches : je ne fais que des trucs réguliers, OK ? Rien de tordu.

— Bien sûr, Trixie.

— Et pas de baiser sur la bouche. Ton gars parlait de deux mille.

— Veux-tu ton remboursement tout de suite ? »

Trixie but une autre gorgée de vin. « Mon quoi ?

— Ton argent.

— Bien sûr, après on pourra s'y mettre. » Sur un signal de l'Émir, Tariq s'avança et tendit à la fille une liasse de billets de cent dollars. «Si tu permets, commença-t-elle, avant de compter les billets. Tu veux qu'on fasse ça ici ou ailleurs ? »

Une heure plus tard, l'Émir ressortit de la chambre. Derrière lui, Trixie remettait son slip en fredonnant toute seule. À la table du dîner, Tariq se leva dès l'entrée de son patron. L'Émir se contenta d'observer : « Trop de questions. »

Quelques minutes plus tard, au garage, Tariq fit le tour de la voiture pour ouvrir à la jeune femme la portière arrière. « C'était sympa, dit-elle. Si ton copain veut remettre ça, tu sais où me trouver.

– Je l'en informerai. »

Alors que Trixie se penchait pour pénétrer dans l'habitacle, Tariq lui expédia la pointe du pied derrière le genou et elle s'effondra. « Eh, qu'est-ce… » furent les derniers mots qu'elle parvint à prononcer avant que le garrot de Tariq, une corde en nylon large d'un centimètre et longue de soixante, se noue autour de son cou et se plaque contre la trachée.

Comme il l'avait prévu, les deux nœuds placés au milieu de la corde et espacés d'une douzaine de centimètres, comprimèrent aussitôt les deux artères carotides de part et d'autre. Trixie commença à se débattre, agrippant la corde, le dos arqué, jusqu'à ce que Tariq puisse voir ses yeux – d'abord écarquillés, exorbités, et puis lentement, à mesure que le sang cessait d'alimenter le cerveau, se voilant pour finalement se révulser. Encore dix secondes et Trixie devint inerte. Tariq prolongea sa pression trois minutes encore, parfaitement immobile, tandis que la vie quittait lentement le corps de la jeune femme. La strangulation n'avait rien de la méthode expéditive qu'on voyait dans les films d'Hollywood.

Il recula de deux pas, la traînant avec lui pour l'étendre sur le sol en béton du garage. Avec précaution, il retira la corde, puis examina la peau en dessous. Il y avait une légère ecchymose mais pas d'hématome. Malgré tout, la corde finirait brûlée dans un seau en acier. Il tâta le pouls sur le cou, n'en décela aucun. Elle était morte, cela, il en était certain, mais compte tenu des circonstances, une mesure supplémentaire s'imposait.

Plaquant une main derrière ses épaules et l'autre sous les fesses, Tariq fit rouler le corps sur le ventre, puis il l'enfourcha. Il plaça alors la main gauche sous le menton, ramena la tête vers lui, puis posa la paume droite contre la tempe et exerça une pression dans des directions opposées. Le cou se rompit. Il changea de main et répéta la manœuvre dans l'autre sens, générant un autre claquement assourdi. Les ultimes influx nerveux firent tressaillir les jambes. Alors, il reposa délicatement la tête sur le sol et se releva.

Ne restait plus qu'à décider jusqu'où dans le désert il allait la conduire.

18

L'ACCUEIL QU'ILS REÇURENT dès leur atterrissage à Tripoli aurait dû révéler à Clark et Chavez dans quelle estime les tenaient le colonel Kadhafi et ses généraux et, par conséquent, les informer du degré de soutien qu'ils pouvaient espérer. Le lieutenant de la milice populaire qui les attendait au pied de la passerelle était certes poli, mais malgré la chaleur, on voyait d'emblée que c'était un bleu et, du reste, le tic de sa paupière inférieure gauche était révélateur : Clark comprit que l'homme était trop conscient de l'identité de ses hôtes pour ne pas se sentir nerveux. *Un bon point pour toi, petit.* De toute évidence, Kadhafi était plus que modérément réjoui de voir des militaires occidentaux sur son sol, en particulier des membres des Forces spéciales. Que son mécontentement ait pour origine l'orgueil ou quelque autre raison politique plus profonde, Clark n'en savait rien et s'en fichait éperdument. Tant qu'on les laissait faire leur boulot et que personne à l'ambassade n'était tué, Mouammar pouvait ronchonner autant qu'il voulait.

Le lieutenant adressa à Clark un bref salut, puis dit : « Massoudi », sans doute son nom, estima Clark, avant de s'effacer pour leur indiquer un camion militaire bâché, très années cinquante, qui attendait, moteur au ralenti, à quinze mètres de là. Clark adressa un signe de tête à Stanley qui ordonna au commando de rassembler l'équipement et de se diriger vers le véhicule.

Le soleil était si chaud qu'il lui brûlait presque la peau, et pour Clark respirer l'air surchauffé devenait même douloureux. Une légère brise agitait les drapeaux sur le toit du hangar mais pas assez pour rafraîchir l'atmosphère.

« Enfin bon, ils nous ont au moins envoyé quelqu'un, pas vrai ? bougonna Chavez comme ils s'ébranlaient.

– Toujours ton indéfectible optimisme, hein, Ding ?

– Toujours, *mano.* »

Moins d'une heure après avoir été extraits de leur avion à Heathrow pour se taper le laïus d'Alistair Stanley, Clark, Chavez et le reste des tireurs d'élite du commando R6 étaient à bord d'un jet de British Airways à destination de l'Italie.

Comme dans toutes les unités militaires, Rainbow connaissait une rotation régulière des effectifs, avec le retour des hommes à leur unité d'origine, retour la plupart du temps assorti d'une promotion bien méritée pour leur travail avec Rainbow. Des huit que Stanley avait sélectionnés pour cette mission, quatre avaient été là dès le début : le capitaine Miguel Chin, des commandos de la marine américaine ; Homer Johnston ; Louis Loiselle et Dieter Weber. Deux Américains, un Français, un Allemand. Johnston et Loiselle étaient leurs tireurs d'élite, l'un et l'autre de première bourre, leurs balles sortant rarement du rond central de la cible.

En fait, tous étaient bons tireurs. Il ne se faisait pas le moindre souci pour eux ; on n'intégrait pas Rainbow sans, primo, plusieurs années de service, et secundo, appartenir à la crème de la crème. Et on ne se maintenait certainement pas dans l'unité sans avoir reçu l'aval d'Alistair Stanley qui restait, malgré sa courtoisie foncière, un emmerdeur de première. *Mieux vaut suer à l'entraî-nement que saigner lors d'une opération*, se remémora Clark. C'était un vieil adage hérité des SEAL, que n'importe quelle force spéciale digne de ce nom admettait comme parole d'évangile.

Après une brève escale à Rome, on les transféra à bord d'un Piaggo P180 Avanti, bi-turbopropulseur aimablement fourni par le 28e escadron d'aviation « Tucano », pour effectuer leur dernier saut de puce jusqu'à Tarente, où ils eurent le temps de boire un Chinotto, l'équivalent italien du Sprite américain, tandis que l'agent de relations publiques de la base leur servait un historique de la ville, de la marine italienne et de son ancêtre la Regia Marina. Au bout de quatre heures de ce régime, le téléphone satellite de Stanley retentit. Les hommes politiques avaient pris leur décision. Comment ils avaient réussi à dissuader Kadhafi d'envoyer ses troupes de choc, Clark n'en savait rien et il s'en fichait. L'important était que Rainbow avait désormais le feu vert.

Une heure plus tard, ils remontaient à bord de l'Avanti pour les huit cents kilomètres de traversée de la Méditerranée jusqu'à Tripoli.

Dans les pas de Chavez, Clark monta à bord du camion. Assis en face de lui sur la banquette en bois, il découvrit un homme en civil.

« Tad Richards, se présenta l'individu. Ambassade des États-Unis. »

Clark ne chercha pas à connaître son poste. La réponse inclurait des termes comme *attaché culturel, adjoint*, et *Affaires étrangères*, alors qu'il s'agissait en fait d'un membre de la CIA en poste en Libye, et qu'il opérait hors des murs de l'ambassade depuis l'Hôtel Corinthia Bab Africa. Tout comme le lieutenant de la milice populaire qui les avait accueillis, Richards avait l'air d'un vrai bleu. Sans doute son premier poste outremer, jugea Clark. Peu importait, en fait, tant que l'homme avait un stock d'infos à leur fournir.

Après un crissement de boîte de vitesses et dans la fumée de gazole échappée du pot d'échappement, le camion s'ébranla.

« Désolé pour le retard », dit Richards.

Clark haussa les épaules. Il nota que le diplomate ne leur avait pas demandé leurs noms. *Peut-être un peu plus futé que je ne l'imaginais.* « J'imagine que le colonel n'est pas franchement ravi de nous accueillir.

– Vous imaginez correctement. Je ne sais trop comment, mais ces huit dernières heures, le téléphone s'est emballé partout. L'armée a multiplié le dispositif de sécurité tout autour de l'hôtel. »

Logique. Que la menace fût réelle ou non, la « protection » renforcée de l'ambassade par le gouvernement libyen était à coup sûr un signal : le peuple libyen désapprouvait à tel point la présence de soldats occidentaux sur son sol qu'il pourrait bien se livrer à des attaques contre des intérêts américains. C'étaient des craques, bien entendu, mais Mouammar devait jongler entre sa position de nouvel allié de l'Amérique en Afrique du Nord et l'opinion de son pays, toujours majoritairement en faveur de la cause des Palestiniens et, par conséquent, opposée à leurs oppresseurs, les États-Unis et Israël.

« Ah, les joies de la politique internationale, observa Clark.

– Je ne vous le fais pas dire.

– Vous parlez arabe ?

– Moyennement. Mais je fais des progrès. Je suis des cours.

– Bien. J'aurai besoin de vous pour nous servir d'interprète.

– Entendu.

– Vous avez des infos pour nous ? »

Richards acquiesça, tout en s'épongeant le front avec un mouchoir. « Ils ont installé un PC au dernier étage d'un immeuble, à une rue de l'ambassade. Je vous montrerai quand on passera devant.

— C'est de bonne guerre, répondit Clark. Des contacts depuis l'intérieur de l'ambassade ?

— Aucun.

— Combien d'otages ?

— D'après le ministère suédois des Affaires étrangères, seize.

— Qu'ont-ils fait pour l'instant ? Je parle des forces locales.

— Rien, pour autant que je sache, à part établir un périmètre de sécurité et repousser les badauds et la presse.

— La nouvelle a été rendue publique ? » s'enquit Chavez.

Richards opina. « Il y a deux heures, vous étiez encore dans l'avion. Désolé, j'ai oublié de vous en prévenir.

— Où en sont les commodités ? demanda Clark.

— La résidence est toujours alimentée en eau et en électricité. »

Couper ces deux approvisionnements venait en tête de liste lors de toute prise d'otages. C'était important pour deux raisons. Et d'un, si coriaces que fussent les preneurs d'otages, toute absence de ces éléments de confort finissait par leur porter sur le moral. Et de deux, le rétablissement de l'eau et de l'électricité pouvait servir de levier lors de négociations. Rendez-nous cinq otages et l'on vous remet la clim.

Là encore, le gouvernement libyen avait décidé de se laver les mains de la situation. Cela pouvait toutefois jouer en leur faveur. À moins que les preneurs d'otages soient des idiots finis, ils avaient dû relever que les approvisionnements de base étaient toujours fournis et en déduire, en partie, ce qui se tramait dehors, à savoir que les forces de sécurité n'étaient pas préparées ou qu'elles attendaient encore le feu vert pour couper l'alimentation avant de donner l'assaut.

Peut-être... et si..., songea Clark. Pas facile de se mettre dans la tête des autres, encore moins quand il s'agissait de salopards prêts à prendre en otages un groupe de civils innocents. Il était tout aussi probable que les méchants ne soient pas de grands stratèges et n'aient pas réfléchi un seul instant à cette question d'approvisionnement en eau et en électricité. D'un autre côté, ils avaient été assez bons pour se débarrasser des forces de sécurité suédoises, ce qui à tout le moins pouvait suggérer à Rainbow qu'ils allaient avoir affaire à forte partie. Peu importait en définitive. L'unité Rainbow demeurait la meilleure, Clark en était convaincu. Quelle que soit la situation à l'intérieur de l'ambassade, ils la dénoueraient – et plus que probablement au détriment des méchants.

Le trajet prit vingt minutes. Clark en consacra l'essentiel à se jouer mentalement divers scénarios tout en regardant défiler derrière la ridelle arrière les routes poussiéreuses couleur ocre de la capitale libyenne. Enfin, le véhicule s'immobilisa en geignant dans une allée dont chaque extrémité était ombragée de palmiers-dattiers. Le lieutenant Massoudi apparut à l'arrière et rabattit la ridelle. Richards descendit et précéda Clark et Stanley tandis que Chavez et les autres débarquaient le matériel avant de les suivre. Richards leur fit gravir les deux volées d'un escalier de pierre adossé au mur extérieur, avant de les faire pénétrer dans un appartement en cours de finition. Des piles de carreaux de plâtre s'entassaient contre un mur à côté de seaux de mortier. Sur les quatre murs, deux seulement étaient terminés et peints d'une couleur vert écume tout droit sortie d'un épisode de *Deux flics à Miami*. La pièce sentait la peinture fraîche. Une grande baie vitrée encadrée par des palmiers-dattiers donnait sur un bâtiment à deux cents mètres en contrebas, sans doute l'ambassade de Suède, estima Clark. Cette dernière était une villa de style espagnol, à deux niveaux, cernée de murs de stuc blanc hauts de trois mètres et surmontés de pointes en fer forgé. Le rez-de-chaussée exhibait quantité de portes-fenêtres mais toutes avaient leurs volets fermés ou barricadés.

Entre cinq et six cents mètres carrés, estima Clark, avec une grimace. *Une sacrée superficie. Plus sans doute un sous-sol.*

Il s'était plus ou moins attendu à être accueilli par un ou deux colonels, voire deux généraux, de la milice populaire mais il n'y avait personne. De toute évidence, Massoudi allait être leur unique contact avec le gouvernement libyen, ce qui convenait parfaitement à Clark, aussi longtemps que l'homme disposait des moyens nécessaires pour leur procurer ce qu'ils demandaient.

Dans les rues, au pied de l'immeuble, on aurait dit un défilé militaire. Dans les deux artères visibles qui jouxtaient l'ambassade, Clark ne compta pas moins de six véhicules de l'armée, deux jeeps et quatre camions, chacun entouré d'un petit groupe de soldats qui fumaient et déambulaient, le fusil en bandoulière. S'il ne l'avait pas déjà su, cette façon décontractée de porter leur arme aurait été révélatrice pour Clark de l'attitude réelle de Kadhafi face à la crise. S'étant retrouvé mis sur la touche dans son propre pays, le colonel avait retiré du périmètre ses troupes d'élite pour les remplacer par les derniers des troufions.

Comme un enfant gâté qui ramasse ses billes et s'en retourne chez lui.

Pendant que Chavez et les autres entreprenaient de déballer leur équipement et de le trier dans le coin repas non encore aménagé, Clark et Stanley scrutaient l'ambassade aux jumelles. Richards et le lieutenant Massoudi se tenaient un peu à l'écart. Après deux minutes de silence, Stanley remarqua, sans quitter des yeux l'objectif : « Pas évident.

– Ouaip, confirma Clark. Tu vois du mouvement ?

– Négatif. Les persiennes sont épaisses. Opaques et solides.

– Une caméra de surveillance fixe à chaque angle du bâtiment, juste sous l'avant-toit, plus deux en façade.

– Autant supposer une disposition identique sur l'arrière, répondit Stanley. La question est de savoir si les personnels de sécurité ont eu le temps d'appuyer sur le bouton. »

La plupart des ambassades avaient une liste de contrôle que tout bon détachement de sécurité digne de ce nom se devait de connaître par cœur. En tête de la liste intitulée : « En cas d'intrusion armée et de prise de l'ambassade », venait l'instruction de mettre définitivement hors service le système de surveillance extérieure des locaux. Rendus aveugles, les méchants sont toujours plus faciles à neutraliser. Il était impossible de savoir si les Suédois avaient eu ou non le temps de le faire, Rainbow devait donc supposer que, non seulement les caméras étaient fonctionnelles, mais qu'il y avait également quelqu'un derrière les écrans. Point positif, il s'agissait de caméras fixes, ce qui permettait plus aisément de localiser les zones d'ombre, non ou mal couvertes.

« Richards, quand le soleil se couche-t-il ? demanda Clark.

– Dans trois heures, environ. La météo prévoit un ciel dégagé. »

Merde, songea Clark. Opérer en climat désertique pouvait s'avérer une vraie chierie. Tripoli connaissait un certain degré de pollution, mais rien de comparable aux grandes métropoles occidentales, de sorte qu'il serait délicat de se déplacer sous l'éclat de la lune et des étoiles. Tout allait dépendre du nombre de types à l'intérieur et de leur position. S'ils disposaient d'effectifs suffisants, ils auraient sans aucun doute posté des hommes en surveillance, mais ça, c'était un problème que Johnston et Loiselle pouvaient toujours traiter. Cela n'empêchait pas de planifier avec soin toute manœuvre d'approche.

« Johnston…, lança Clark.

– Ouais, patron.

– Va faire un tour dehors en repérage. Et reviens nous faire un croquis de la disposition des lieux, des angles de couverture, des lignes de tir. Richards, dites à notre escorte de transmettre le message : qu'on laisse nos hommes travailler tranquilles.

– D'accord. »

Richards prit Massoudi par le coude, s'éloigna avec lui de deux ou trois pas, puis lui adressa quelques mots. Au bout d'une trentaine de secondes, le Libyen acquiesça et sortit.

« On a des plans ? » demanda Stanley, s'adressant à Richards.

Le membre de l'ambassade consulta sa montre. « Ils devraient arriver d'ici une heure.

– De Stockholm ? »

Signe de dénégation de Richards. « Non, d'ici. Du ministère de l'Intérieur.

– Nom de Dieu. »

D'un autre côté, il serait tout aussi vain de les leur faire transmettre en pièces détachées sous forme de fichiers JPG. Rien ne garantissait que le résultat serait meilleur – à moins de demander aux Libyens de les confier à un imprimeur professionnel pour qu'il effectue le montage. Clark n'allait pas patienter jusqu'à la saint-glinglin.

« Eh, Ding ?

– Ouais, patron ? »

Clark lui tendit ses jumelles. « Jette un œil. » Avec Dieter Weber, Chavez devait diriger l'un des deux groupes d'assaut.

Chavez scruta le bâtiment durant soixante secondes puis rendit à son chef les jumelles. « Il y a un sous-sol ?

– On n'en sait encore rien.

– Les méchants aiment bien se planquer, donc je dirais *a priori* qu'ils se sont regroupés au rez-de-chaussée ou au sous-sol s'il existe, quoique ce dernier choix soit risqué – à moins qu'ils soient vraiment idiots. »

Pas d'issue quand on est en sous-sol, songea Clark.

« Si on peut au passage repérer où sont détenus les otages et savoir s'ils sont regroupés ou dispersés… mais si je devais faire une intervention expéditive, j'entrerais de préférence par le premier, côtés sud et est, et nettoierais cet étage avant de descendre. La tactique du commando réduit, en fait. Prendre les points élevés et, automatiquement, l'adversaire est à son désavantage.

– Continue, dit Clark.

– On élimine les fenêtres du rez-de-chaussée. On pourrait s'occuper des barreaux, mais ça prendra du temps, et ça ferait un boucan épouvantable. En revanche, ces balcons… le garde-corps a l'air solide. Il ne devrait pas être trop compliqué de grimper làhaut. Tout va dépendre surtout de la disposition des lieux. Si l'espace est relativement dégagé, sans une multiplicité de pièces, je pencherais pour entrer par le haut. Sinon, on ébranle leurs cages avec quelques grenades assourdissantes, on fait quelques brèches dans les murs avec des charges légères, puis on les prend en force. »

Clark jeta un coup d'œil vers Stanley qui acquiesça d'un signe de tête. « Ce garçon apprend vite.

– C'est ça, fous-toi de moi », répondit Chavez sans se départir de son sourire.

Clark regarda de nouveau sa montre. Le moment était venu.

Les preneurs d'otages n'avaient pas établi le contact et cela le tracassait. Il n'y avait que deux raisons pour justifier un tel silence : soit ils attendaient d'avoir attiré l'attention internationale pour exprimer leurs exigences, soit ils attendaient d'avoir attiré l'attention internationale pour commencer à balancer dehors des cadavres.

19

SANS SURPRENDRE PERSONNE, les plans n'arrivèrent qu'au bout de presque deux heures, de sorte qu'on n'était plus qu'à quatre-vingt-dix minutes du crépuscule quand Clark, Stanley et Chavez les déployèrent pour avoir une première idée de ce qui les attendait.

« Bon Dieu de merde », grogna Stanley.

Les plans en question n'étaient pas les originaux de l'architecte, mais plutôt un ensemble de photocopies d'une photocopie scotchées à la va-vite. Une bonne partie des annotations étaient indéchiffrables.

« Ah, seigneur... », fit Richards, en regardant par-dessus leur épaule. « Je suis désolé, ils avaient dit...

– Pas votre faute, répondit Clark sur un ton égal. Un défi de plus. Ça marchera. »

C'était un autre domaine où Rainbow excellait : l'adaptation et l'improvisation. Des plans médiocres n'étaient jamais qu'une forme de renseignement lacunaire, et ça, Rainbow connaissait. Pour compliquer la situation, le service de renseignement du bon colonel avait refusé de donner aux Suédois les plans de leur propre bâtiment, de sorte qu'eux aussi étaient dans le brouillard.

La bonne nouvelle était que l'ambassade n'avait pas de sous-sol et que le rez-de-chaussée paraissait relativement ouvert. Pas de couloirs tortueux ou d'espaces exigus qui rendaient le nettoyage lent et pénible. Et il y avait un balcon courant tout autour de l'étage qui ouvrait sur un vaste espace adossé à un mur derrière lequel s'alignait une série de pièces plus petites, côté ouest.

« Douze mètres sur quinze, observa Chavez. Qu'est-ce que vous en pensez ? L'espace de travail principal ? »

Clark opina. « Et ces pièces le long du mur ouest doivent être les bureaux des cadres. »

Du côté opposé, au bout d'un petit couloir qui tournait à droite au pied de l'escalier, on notait ce qui ressemblait à un coin cuisine-repas, une salle de bains, et quatre pièces, non désignées spécifiquement sur le plan. Peut-être des espaces de rangement, à en juger par leur taille. L'une était sans doute occupée par le bureau de la sécurité. Au bout du couloir, une porte donnait sur l'extérieur.

« Il n'y a aucune indication des réseaux d'eau ou d'électricité sur ces plans, observa Chavez.

– Si vous pensiez accéder par les égouts, répondit Richards, laissez tomber. Ce quartier est un des plus anciens de Tripoli. Le réseau d'égouts, c'est de la merde…

– Très drôle.

– Non, je veux dire que les canalisations sont de diamètre réduit et qu'elles s'effondrent pour un oui ou pour un non. Rien que cette semaine, j'ai dû prendre à deux reprises une déviation pour venir travailler à cause d'un cratère dans la chaussée.

– OK, fit Clark, pour couper court aux digressions. Richards, vous allez voir Massoudi et vous vous assurez qu'ils nous couperont le courant quand on donnera le signal de l'assaut. »

Ils avaient décidé d'ici là de leur laisser l'eau et l'électricité pour ne pas les énerver alors que Chavez et ses hommes étaient sur le point d'intervenir.

« Entendu.

– Ding, l'armement est vérifié ?

– Plutôt deux fois qu'une. »

Comme toujours, les troupes d'assaut seraient armées de Heckler & Koch MP5SD3. Dotés de silencieux et alésés au calibre 9 mm, avec une cadence de tir de 700 coups par minute.

En plus de la dotation classique de grenades à fragmentation et de grenades assourdissantes, chaque homme serait également armé d'un MK23 calibre 45, avec silencieux KAC modifié, et système de visée au laser à quatre modes : laser visible seul, laser plus torche, laser infrarouge, laser infrarouge plus illuminateur. Privilégié par les unités commando des marines américaine et britannique, le MK23 était une merveille de solidité, ayant subi l'épreuve des SEAL et des SBS en conditions de température extrême, de submersion dans l'eau de mer, de tir à sec, d'impact et – le pire ennemi des armes à feu – de contact avec la poussière. Chaque fois, le MK23 avait continué de tourner comme une horloge – ou plutôt dans ce cas, de tirer.

Johnston et Loiselle avaient quant à eux des joujoux tout neufs pour s'amuser, Rainbow ayant récemment troqué le fusil de précision M24 contre le M110 de Knights Armament, équipé d'une lunette Leupold pour la visée de jour et du viseur nocturne éprouvé AN/PVS-14. Contrairement au M24 à culasse mobile, le M110 était un semi-automatique. Pour les groupes d'assaut, cela signifiait que Johnston et Loiselle, placés en couverture, pourraient loger plus de balles dans la cible en bien moins de temps.

À l'initiative de Clark, chaque tireur d'élite avait déjà effectué une reconnaissance de la zone, faisant le tour du pâté de maisons pour repérer positions et angles de tir. Pour les endroits choisis par Chavez et Weber comme point d'entrée, les deux tireurs d'élite seraient en mesure de leur assurer une couverture totale – en tout cas, jusqu'à ce qu'ils aient pénétré dans le bâtiment proprement dit. Une fois à l'intérieur, les troupes d'assaut seraient livrées à elles-mêmes.

Cinquante minutes après le coucher du soleil, le groupe était réuni dans son PC improvisé, tous feux éteints, dans l'attente. Aux jumelles, Clark entrevoyait un faible rai de lumière qui filtrait derrière les persiennes fermées de l'ambassade. L'éclairage extérieur était également allumé, quatre mâts de quinze mètres, disposés à chaque angle de la parcelle et doté d'une lampe à vapeur de sodium braquée sur le bâtiment.

Une heure plus tôt, l'appel du muezzin avait résonné au-dessus de Tripoli, mais à présent les rues étaient désertes et silencieuses, mis à part l'aboiement d'un chien au loin, un klaxon de voiture, et les voix assourdies des gardes de la milice populaire encore de service autour de l'ambassade. La température n'avait chuté que de quelques degrés et restait encore supérieure à vingt-cinq. D'ici l'aube, à mesure que la chaleur se dissiperait dans l'air sec du désert, la température descendrait encore d'une dizaine de degrés voire plus, mais Clark était sûr que d'ici là, ils auraient repris le contrôle de l'ambassade et que Rainbow remballerait. Il espérait n'avoir aucune perte de son côté et seulement un nombre réduit d'assaillants à remettre… à qui, au fait ? On devait sûrement encore débattre en haut lieu de qui nettoierait le chantier après la mission avant de se charger ultérieurement de l'enquête.

Quelque part dans le noir, un téléphone mobile vibra doucement et, peu après, Richards apparut à proximité de Clark pour lui souffler à l'oreille : « Les Suédois se sont posés à l'aéroport. »

Le Service suédois de sécurité – la Säkerhetspolisen – supervisait la division antiterroriste tandis que la Rikskriminalpolisen – Police criminelle – était l'équivalent du FBI. Une fois que Rainbow aurait repris l'ambassade, ce serait à leur tour de prendre la relève.

« Bien. Merci. Je suppose que ça répond à la question. Dites-leur de rester en stand-by. Dès qu'on aura terminé, ils pourront intervenir. Mais motus sur le déroulement de l'opération. Je ne veux pas que ça s'ébruite.

– Vous pensez que les Suédois…

– Non, pas de propos délibéré, mais qui sait avec qui ils sont en contact. »

Même si Clark jugeait la chose improbable, il ne pouvait exclure que les Libyens leur mettent des bâtons dans les roues. Voyez : les Américains ont débarqué ici, ils ont foiré leur mission, et on se retrouve avec des victimes. Un joli coup de pub pour le colonel.

Cela faisait maintenant près de vingt-quatre heures que l'ambassade avait été prise d'assaut, et toujours pas le moindre signe de vie. Clark avait choisi d'intervenir à deux heures quinze, tablant sur le fait que les terroristes s'imaginaient sans doute que s'il devait y avoir assaut, celui-ci aurait lieu au crépuscule. Clark espérait que ce délai les amènerait à baisser leur garde, même imperceptiblement. En plus, d'un point de vue statistique, c'était entre deux et quatre heures du matin que l'esprit humain commençait à perdre ses repères – surtout un esprit accaparé par les deux démons du stress et de l'incertitude au cours des dernières vingt-quatre heures.

À une heure trente, Clark dit à Johnston et Loiselle de se tenir prêts, puis il fit un signe de tête à Richards qui le répercuta au lieutenant Massoudi. Cinq minutes plus tard, et après une discussion prolongée au talkie-walkie, le Libyen était au rapport : les gardes autour du périmètre étaient prêts. Clark n'avait pas envie qu'un troufion trop nerveux fasse un carton sur un de ses tireurs d'élite au moment où il se mettait en position. De même, il continuait de surveiller de près Stanley et Chavez aux jumelles. Quoique improbable, demeurait toujours l'éventualité que quelqu'un – sympathisant ou simple connard qui détestait les Américains – tentât d'avertir les terroristes que les choses sérieuses allaient commencer. Si c'était le cas, Clark n'aurait guère d'autre choix que de rappeler Johnston et Loiselle et faire une autre tentative un peu plus tard.

Une fois Johnston et Loiselle équipés, le M110 à l'épaule, Clark attendit cinq minutes avant de murmurer à Stanley et Chavez : « Comment ça se passe ?

– Pas de changement, signala Ding. Quelques dialogues au talkie-walkie, mais c'est sans doute l'ordre qui se propage. »

À une heure quarante, Clark se tourna vers Johnston et Loiselle pour leur adresser un signe de tête. Les deux tireurs d'élite se glissèrent dehors pour disparaître dans l'obscurité. Clark alluma son micro-casque.

Cinq minutes passèrent. Dix.

Enfin, la radio transmit la voix de Loiselle : « Omega Un, en position. » Suivie, dix secondes plus tard, de celle de Johnston : « Omega Deux, en position.

– Compris, répondit Clark avec un coup d'œil à sa montre. Attendez. Les unités d'assaut s'ébranlent à dix. »

Il entendit les deux autres accuser réception en chœur.

« Alistair ? Ding ?

– RAS. Silence complet.

– Pareil ici, patron.

– OK, tenez-vous prêts. »

Sur quoi, Chavez confia ses jumelles à Clark pour rejoindre son équipe à la porte. Weber et ses hommes, qui s'étaient vu assigner la tâche de faire une brèche à l'angle ouest de la façade au rez-de-chaussée, devaient marcher un peu plus pour gagner leur position, aussi partiraient-ils les premiers, suivis quatre minutes plus tard par Chavez et ses tireurs.

Clark scruta une dernière fois l'ambassade, guettant un mouvement, des changements – toute anomalie dans ce qu'il appelait son contrôle-K, le contrôle kinesthésique. Il avait appris qu'après un certain temps de pratique, on développe un peu l'équivalent d'un sixième sens. Tout semble-t-il normal ? Pas de petite voix insistante au fond de la tête ? Pas de case laissée vide ou de détail négligé ? Clark avait vu trop d'agents, par ailleurs de valeur, négliger le contrôle-K – le plus souvent, hélas, à leur détriment.

Clark baissa ses jumelles et se tourna vers ses hommes, en attente sur le seuil. « Allez-y », leur murmura-t-il.

20

CHAVEZ PATIENTA les quatre minutes requises, puis, devançant son équipe, il descendit les marches et s'engagea dans la ruelle. Comme l'avait demandé Clark, les Libyens avaient éteint l'éclairage public dans les rues tout autour de l'ambassade, un élément qu'ils espéraient voir passer inaperçu des occupants, éblouis qu'ils devaient être par les mâts d'éclairage du complexe pointés vers l'intérieur. À sa demande également, trois camions militaires avaient été garés à la queue-le-leu au milieu de la rue, à mi-chemin de l'appartement qui leur tenait lieu de PC et du flanc est de l'ambassade.

Avec des signes de la main, il envoya chaque homme au bout de la rue, profitant des ombres et des camions pour se couvrir jusqu'à ce qu'ils soient parvenus à la ruelle suivante, où l'immeuble était bordé en façade d'une haie. Il s'agissait d'un cabinet médical, avait appris Ding, vidé de ses occupants un peu plus tôt dans la journée.

Une fois l'équipe bien à l'abri derrière la haie, elle poursuivit son chemin au pas, le dos voûté, le MP5 paré, canon vers le bas, scrutant des yeux le sommet du mur de l'ambassade sur la droite. Aucun mouvement. *Bien. RAS.*

Chavez atteignit lui aussi la haie et s'arrêta, accroupi derrière. Dans son casque, il entendit la voix de Weber : « Commandement, Rouge Actuel, à vous.

– Allez-y, Rouge Actuel.

– En position. On installe le Gatecrasher. »

Chavez aurait presque voulu échanger son poste avec celui de Weber. Même s'il avait utilisé le nouveau joujou de Rainbow à l'entraînement, il ne l'avait pas encore vu en action sur le terrain.

Mis au point par Alford Technologies en Grande-Bretagne, le Gatecrasher – littéralement « Resquilleur » – évoquait pour Ding ces grands boucliers rectangulaires demi-cylindriques utilisés par les Spartiates en l'an 300, mais une analogie plus exacte aurait été avec un modèle quart d'échelle d'un radeau pneumatique. Excepté qu'au lieu d'être remplie d'air, la coque extérieure était remplie d'eau, tandis que du côté opposé, la partie creuse était garnie d'un cordon détonateur de PETN. Avec le bouclier liquide, le cordon agissait comme une dameuse, renforçant la puissance explosive en la concentrant à la manière d'une charge creuse qui pouvait ainsi découper un trou circulaire dans un mur de brique de quarante-cinq centimètres d'épaisseur.

Le Gatecrasher réglait un certain nombre de problèmes jusqu'ici restés insolubles pour les opérations spéciales ou les récupérations d'otages : en premier lieu, les points d'accès piégés, et ensuite l'« entonnoir fatal ». Les terroristes, sachant que les commandos allaient devoir pénétrer par les portes ou les fenêtres, les piégeaient souvent avec des explosifs – c'est ce qui s'était passé lors du massacre de l'école de Beslan en Russie – et/ou concentraient leur attention et leur puissance de feu sur les points d'accès probables.

Grâce au Gatecrasher, Weber et son équipe auraient franchi le mur de façade ouest trois secondes environ après la détonation.

« Compris, répondit Clark à l'adresse de Weber. Bleu Actuel ?

– À trois minutes du mur », indiqua Chavez.

Il balaya une dernière fois les lieux avec ses lunettes de vision nocturne et, n'ayant rien remarqué de spécial, sortit de son abri.

Pour passer par-dessus le mur, ils avaient choisi une méthode résolument primitive : un escabeau d'un mètre vingt et un blouson d'aviateur en Kevlar. Parmi les nombreux axiomes en forme d'acronyme qu'affectionnaient les agents des opérations spéciales, « KISS » était l'un des plus importants : KISS, signifiait « *Keep It Simple, Stupid* » – qu'on pouvait traduire par « simplifie, idiot ». Ne pas en faire des tonnes pour un problème simple ou, comme disait souvent Clark : « On n'écrase pas un cafard avec un canon. » En ce cas précis, l'escabeau télescopique leur permettrait d'atteindre le sommet du mur ; le blouson d'aviateur, déployé par-dessus les éclats de verre et tessons de bouteille coulés dans le béton au sommet, permettrait à Chavez et ses hommes de ne pas se blesser au passage.

Chavez se coula hors de l'abri de la clôture, fila vers le mur, s'accroupit. Il pressa la touche micro : « Commandement. Bleu Actuel. Au pied du mur.

– Compris. » (C'était la voix de Stanley.)

Quelques secondes plus tard, un pointeur laser rouge apparut sur le mur, un mètre sur la droite de Chavez. Ayant déjà cerné les angles morts des caméras de surveillance, Alistair se servait du viseur de son MK23 pour montrer le chemin à Ding.

Chavez fit quelques pas de côté jusqu'à ce que le point rouge se retrouve sur son torse. Le point s'éteignit. Vif et silencieux, il déploya l'escabeau, puis, du pouce, donna au reste de son équipe le signal de monter.

Showalter passa le premier. Chavez lui tendit le blouson et il gravit les marches. Dix secondes plus tard, il était monté, passé de l'autre côté et avait disparu. L'un après l'autre, tous les membres du commando lui emboîtèrent le pas jusqu'à ce que vienne le tour de Ding.

Une fois de l'autre côté, il se retrouva sur une pelouse verdoyante bordée par des bosquets d'hibiscus. *Ils doivent avoir une sacrée facture d'eau pour l'arrosage*, songea-t-il, distraitement. Sur sa droite, se déployait la façade et, droit devant, à sept mètres de là, le mur oriental. Showalter et Bianco avaient pris position à chaque angle du bâtiment. Ybarra s'accroupit sous le balcon. Ding s'apprêta à le rejoindre.

« Attends. (La voix de Loiselle.) Du mouvement, côté sud. »

Ding se figea.

Dix secondes. « RAS. Rien, juste un chat. »

Chavez traversa la pelouse et rejoignit Ybarra, passa son MP5 en bandoulière, puis grimpa sur les robustes épaules de l'Espagnol. La barre inférieure du garde-corps du balcon était presque à portée de main. Chavez s'étira, Ybarra se redressa un peu. Chavez saisit la barre, d'abord de la main droite, puis de la gauche, avant de se hisser d'une traction. Cinq secondes plus tard, il était accroupi sur le balcon. Il déclipsa la corde à nœuds fixée à son harnais, en déploya un tronçon, fixa le mousqueton à la balustrade et fit basculer l'autre extrémité de la corde dans le vide.

Il se tourna vers la porte. Comme les fenêtres, elle était verrouillée et protégée par des volets. Derrière lui, il entendit un faible craquement, lorsque Yvarra enjamba la balustrade, puis sentit un tapotement sur son épaule, signifiant : « Je suis là. »

Chavez appuya sur son micro. « Commandement. Bleu Actuel, à la porte.

– Compris. »

Chavez sortit la caméra sur flexible de sa poche de cuisse droite, la connecta à ses lunettes, puis il fit glisser l'objectif sous la porte, lentement, doucement, en se guidant autant à la vue qu'au toucher. Comme pour toutes leurs activités, les membres de Rainbow s'étaient entraînés encore et encore, avec tous les instruments de leur arsenal, et la caméra sur flexible en faisait partie. Si la porte était piégée, Chavez le sentirait sans doute tout autant qu'il le verrait.

Il scruta tout d'abord le seuil, puis, n'ayant rien trouvé, il monta vers les paumelles avant de terminer par la poignée et la plaque de propreté. Libre. Il n'y avait rien. Il retira la caméra. Derrière lui, Showalter et Bianco avaient à leur tour enjambé la balustrade. Ding fit signe à Bianco, puis désigna le bouton de porte. L'Italien acquiesça et se mit à l'ouvrage avec son matériel de crocheteur. Trente secondes plus tard, le verrou céda.

Toujours en leur adressant des signes, Ding leur donna ses ultimes instructions : Bianco et lui allaient se charger des pièces sur la droite pour dégager celles-ci ; Showalter et Ybarra du côté gauche.

Ding tourna doucement le bouton, entrouvrit la porte. Il attendit dix secondes, puis entrouvrit un peu plus le battant pour passer la tête dans le hall : RAS. Trois portes, deux sur la droite, une à gauche. Au loin, il entendit des murmures, puis le silence. Un éternuement. Il recula la tête puis ouvrit tout grand la porte. Showalter la maintint ouverte.

Le MP5 pointé vers le sol, Ding s'engagea dans le hall. Bianco le suivit à deux pas en retrait sur la gauche, dans l'axe du couloir. Côté mur sud, Showalter s'arrêta au seuil du côté gauche. La porte était en partie fermée. « Arrivé à la porte sud du hall, transmit-il par radio.

– Je regarde, répondit Loiselle. RAS. »

Showalter se positionna devant la porte, l'ouvrit d'un coup, entra. Il émergea vingt secondes plus tard et leva le pouce. Chavez longea le mur nord.

Voix de Johnston : « Attendez »

Ding leva un poing fermé et les trois autres s'immobilisèrent, s'accroupirent.

« Du mouvement, signala Johnston. Mur nord, deuxième fenêtre à partir de l'angle est. »

La prochaine pièce, déduisit Chavez. Vingt secondes passèrent. Même s'il brûlait d'en savoir plus, il s'abstint de recontacter Johnston. Le tireur d'élite se manifesterait quand il aurait quelque chose.

« La fenêtre est masquée par des persiennes à bascule, signala Johnston. Entrouvertes. Je vois un individu qui se déplace.

– Armé ?

– Peux pas dire. Attends. Il se dirige vers la porte. Trois secondes. »

Chavez remit son MP5 en bandoulière, dégaina son MK23, se redressa et se coula le long du mur jusqu'à ce qu'il se retrouve à portée de bras de la porte.

« À la porte », signala Johnston.

Elle s'ouvrit tout grand et un individu en sortit. Chavez mit une demi-seconde pour identifier l'AK-47 en travers de son torse et aussitôt il lui logea une balle au-dessus de l'oreille droite. Ding pivota, étendit le bras gauche et intercepta le corps avant sa chute. Bianco l'avait déjà dépassé pour franchir la porte à la recherche d'autres cibles. Chavez déposa l'homme en douceur sur le sol.

« RAS », signala Bianco par radio, cinq secondes plus tard, puis il ressortit et aida Chavez à traîner le corps à l'intérieur. Ils refermèrent la porte sur eux, rechargèrent leurs armes et s'accroupirent pour attendre. Si son coup de feu avait attiré l'attention, ils n'allaient pas tarder à le savoir. Rien ne bougea. « À la deuxième porte, mur nord, transmit-il par radio.

– Je ne vois aucun mouvement », répondit Johnston.

Ding et Bianco dégagèrent pour regagner le couloir.

« Commandement. Bleu Actuel. Étage RAS, signala Ding. On se dirige vers le rez-de-chaussée.

– Compris », répondit Stanley.

Sept mètres plus loin, il y avait une arcade et juste derrière, à angle droit, s'ouvrait sur la droite l'escalier menant au niveau inférieur. Les marches s'appuyaient en console au mur ; ainsi dégagées sur la gauche, elles surmontaient ce qui devait être la zone de travail principale de l'ambassade – et l'emplacement le plus probable pour garder les otages.

Cela avait des avantages et des inconvénients, s'avisa Ding. Si les prisonniers étaient regroupés, il y avait de bonnes chances que les preneurs d'otages le fussent aussi. Cette concentration des cibles faciliterait la tâche de Rainbow, mais cela voudrait dire aussi que les otages entassés se retrouveraient également dans la ligne de mire et risquaient d'être pris pour cibles si jamais les terroristes ouvraient le feu.

Donc, pas question de leur donner cette chance.

Il s'avança avec précaution, le pied léger, jusqu'à ce qu'il fût parvenu à l'arcade. Un bref coup d'œil au coin lui révéla le rez-de-chaussée. En bas des marches et sur la droite se trouvait le mur de façade, avec ses fenêtres aux volets toujours fermés. Au bas de l'escalier, de l'autre côté, devait s'ouvrir l'autre couloir desservant les quatre pièces non identifiées.

Chavez reporta son regard sur l'angle nord-ouest, puis mesura mentalement un mètre vingt le long du mur. À trente centimètres près, c'est là que Weber allait pénétrer. Un peu plus à gauche, tout juste visibles au-dessus de la balustrade de l'étage, il entrevit deux silhouettes proches. Chacune était dotée d'une mitraillette compacte mais l'arme pendait négligemment à leur côté. *Pas de pro-*

blème pour moi, songea-t-il. À quelques pas de là, sur un bureau, une lampe à abat-jour vert éclairait le mur voisin.

Chavez recula pour rejoindre le reste de ses hommes. Par signes, il leur indiqua : *Disposition confirmée ; agissez comme prévu.* Chavez et Bianco, rejoints par Weber et son équipe une fois qu'ils auraient défoncé le mur, devraient s'emparer de la pièce principale. Showalter et Ybarra prendraient à droite au bas des marches pour maîtriser le couloir. Chacun des hommes acquiesça.

« Commandement, Bleu Actuel, à vous.

– Allez-y, Bleu.

– En position.

– Compris. »

Venant de Weber : « Rouge Actuel, compris.

– On passe à l'action dans quatre-vingt-dix secondes, dit Chavez.

– Sommes parés », répondit Weber.

« Entamez le compte à rebours, transmit Ding.

– On décompte à cinq », annonça Weber.

Cinq secondes avant l'explosion.

Chacun des hommes de Chavez avait en main une grenade assourdissante dégoupillée.

Quatre… trois… deux…

À l'unisson, Ding et Bianco balancèrent leurs grenades par-dessus la balustrade et s'engagèrent dans l'escalier, l'arme levée, cherchant leur cible. Ding entendit la première grenade rouler sur le sol du rez-de-chaussée, suivie un quart de seconde plus tard par la détonation du Gatecrasher. Un nuage de poussière, de fumée et de débris envahit la pièce. Chavez et Bianco continuèrent d'avancer, Ybarra et Showalter les dépassèrent sur la droite, se dépêchant pour rejoindre le couloir à droite qui débouchait sur le flanc est du bâtiment.

La seconde grenade explosa. Une lumière éblouissante écla-boussa les murs et le plafond. Ding l'ignora.

Cible.

De l'autre côté de la main courante, une silhouette se dirigeait vers eux. Ding visa la torse de l'homme avec son MP5 et fit feu à deux reprises. L'homme s'effondra et Ding continua d'avancer. Sur sa gauche, il avisa une autre silhouette mais il savait que Bianco la couvrait et de fait, comme au signal, il en tendit aussitôt un *pop-pop*. Sur sa droite, il vit le premier des hommes de Weber enjamber le trou d'un mètre vingt percé dans le mur par le Gate-crasher, suivi bientôt par trois autres gars.

Ding obliqua sur la gauche, vers le centre de la pièce. Des cris maintenant. Une masse de corps blottis par terre. *Cible.* Il tira deux fois et continua d'avancer, le canon du MP5 pointé. Derrière lui, il entendit Showalter s'écrier : « Cible sur la gauche », suivi d'une série de détonations assourdies.

Weber et son équipe avaient établi la jonction avec Chavez et Bianco avant de se déployer maintenant, chaque homme couvrant un secteur.

« À terre, à terre, à terre ! Tout le monde à terre ! » s'écria Ding.

Sur la droite : *pop, pop, pop.*

Chavez continua d'avancer vers le milieu de la pièce, Bianco faisait de même sur sa gauche, aux aguets…

« RAS », entendit-il dire Weber, confirmé par deux autres voix.

« RAS sur la gauche ! répondit Bianco.

– Hall, RAS ! » Cette fois, c'était Showalter. « On inspecte les pièces.

– J'y vais », déclara Ybarra.

Du côté du couloir couvert par Showalter leur parvint le cri d'une femme. Chavez pivota aussitôt. Ybarra, qui avait atteint l'entrée du couloir, s'écarta sur la droite pour se plaquer contre le mur. «Cible.» Chavez fila au sprint prendre position du côté opposé d'Ybarra. Au bout du couloir, une silhouette avait émergé de la dernière pièce, traînant une femme. L'homme avait un pistolet plaqué sur son cou. Ding jeta un œil. Le type le repéra et fit légèrement pivoter son otage, s'en servant comme d'un bouclier. Il cria quelque chose en arabe, d'une voix paniquée. Ding recula. «Showalter, donne ta position, murmura-t-il.

– Deuxième pièce.

– Cible juste devant la troisième porte. Trois ou quatre mètres. Avec une otage.

– Je l'ai entendue. Comment est mon angle?

– Tir à la tête en partie dégagé.

– Compris, dis-moi quand.»

Nouveau bref coup d'œil de Chavez. L'homme avait pivoté imperceptiblement, pour faire face à Chavez. Showalter, épaulant son MP5, s'avança au seuil de sa porte et tira. La balle pénétra dans l'œil droit. L'homme se tassa sur lui-même et la femme se mit à hurler. Showalter sortit et s'avança vers elle.

Chavez poussa un soupir puis, remettant à l'épaule son MP5, il pivota pour inspecter la pièce principale. *Réglé et bien réglé.* Vingt secondes, pas plus. *Pas mal.* Il enclencha sa radio : «Commandement pour Bleu Actuel, à vous.

– Allez-y.

– Site sécurisé.»

Une fois que Chavez eut terminé son ultime inspection pour s'assurer que l'ambassade était entièrement bouclée, il transmit à Clark et Stanley un : «OK, RAS.» Dès lors, les événements se précipitèrent, alors que le rapport était transmis par Tad Richards à son officier de liaison auprès de la milice populaire, le lieutenant

Massoudi, pour remonter la chaîne de commandement libyenne jusqu'à un commandant qui insista pour que Chavez et ses hommes ressortent par la porte principale en escortant les otages jusqu'à la grille d'entrée de l'ambassade. Au PC temporaire de Rainbow, Clark et Stanley, se méprenant sur cette exigence, firent traîner les choses jusqu'à ce que Massoudi leur explique dans un anglais hésitant qu'il n'y aurait pas de caméras de télévision. Le peuple libyen voulait simplement exprimer sa gratitude. Clark considéra la demande et finit par donner son accord d'un hausse-ment d'épaules.

« Signe d'amitié internationale », marmonna-t-il à l'adresse de Stanley.

Dix minutes plus tard, Chavez, ses hommes, puis les otages émer-geaient de l'entrée principale de l'ambassade au milieu des projec-teurs et des applaudissements. Ils furent accueillis à la grille par un contingent d'agents de la Sécurité suédoise et de la police crimi-nelle, qui aussitôt se chargèrent des otages. Après deux bonnes minutes d'étreintes et de poignées de main, Chavez et ses hommes gagnèrent la rue où un petit groupe de soldats et de gradés de la milice populaire les gratifièrent eux aussi de claques dans le dos.

Richards apparut aux côtés de Chavez alors qu'ils se frayaient un chemin dans la foule pour rejoindre le poste de commande-ment. « Bon sang, mais qu'est-ce qui se passe ? s'écria Chavez.

— Pas évident de saisir ce qu'ils disent, expliqua Richards, mais ils sont tout simplement impressionnés. *Bluffés*, même, serait une expression plus juste. »

Derrière Chavez, Showalter s'écria : « Mais de quoi, pour l'amour du ciel ? Merde, ils s'attendaient à quoi ?

— À des pertes ! Des blessés, un tas de morts ! Ils ne s'atten-daient pas à ce qu'un des otages en réchappe, et certainement pas tous sans exception. Alors, ils fêtent ça !

– Sans blague ? fit Bianco. Ils nous prennent pour qui, des amateurs ? »

Richards répondit sans se retourner : « Ils n'ont pas un palmarès trop brillant en matière de récupération d'otages. »

La remarque fit sourire Chavez. « Ouais, mais nous, on est Rainbow. »

21

S'IL AVAIT ÉTÉ DANS UN ÉTAT D'ESPRIT OBJECTIF, Nigel Embling aurait pu jauger son humeur présente comme une vulgaire tendance à l'auto-apitoiement, mais pour l'heure, il lui semblait absolument manifeste que le monde courait irrémédiablement – et très rapidement – à sa perte. Sans doute que plus tard il réviserait son jugement, mais pour l'heure, alors qu'assis à la table de sa cuisine avec une tasse de thé, il parcourait son *Daily Mashriq* matinal, l'un des cinq ou six quotidiens de Peshawar, au Pakistan, rien de ce qu'il lisait n'était susceptible d'améliorer son humeur.

« Quelle bande d'idiots », grommela-t-il.

Mahmoud, son boy, apparut comme par magie au seuil de la cuisine. « Un problème, monsieur Nigel ? » Mahmoud, onze ans, débordait d'enthousiasme et de sollicitude – surtout à cette heure de la journée – mais Embling savait que, sans lui, ce serait la pagaille dans ses pénates.

« Non, non, Mahmoud, je parlais tout seul.

– Oh, ça ce n'est pas bon, monsieur, pas bon du tout. Il est atteint, voilà ce que vont se dire les gens. Je vous en prie, vraiment, essayez de parler seulement quand vous êtes tout seul à la maison, d'accord ?

– Oui, c'est parfait. Maintenant, retourne étudier.

– Oui, monsieur Nigel. »

Mahmoud était un orphelin, ses père, mère et ses deux sœurs étant morts victimes des violences entre sunnites et chiites qui avaient déchiré le Pakistan après l'assassinat de Benazir Bhutto. Embling avait quasiment adopté le garçon, lui offrant le vivre et le couvert, l'éducation, un petit pécule et, à l'insu de son protégé, il lui avait ouvert un plan d'épargne qu'il toucherait à sa majorité.

Encore une mosquée incendiée, encore un chef de faction retrouvé assassiné, encore une rumeur d'élections truquées, encore un agent de l'ISI arrêté pour avoir dérobé des secrets d'État, encore un appel au calme de Peshawar. Tout cela était proprement navrant. Certes, le Pakistan n'avait jamais été un havre de paix, mais il avait connu des périodes de calme, même si c'était un calme trompeur, juste une mince pellicule recouvrant le chaudron de violence qui bouillonnait constamment sous la surface. Envers et contre tout, Embling savait qu'il n'avait nul autre endroit pour lui sur cette terre, même s'il n'avait jamais vraiment su pourquoi. Une affaire de réincarnation, peut-être, mais quoi qu'il en soit, le Pakistan était à coup sûr entré dans sa vie pour s'y imposer et aujourd'hui, à l'âge de soixante-huit ans, il se sentait fermement ancré dans sa patrie d'adoption.

Embling savait que la plupart des hommes dans sa situation seraient – voire devraient être – inquiets – lui, un chrétien d'Angleterre, le pays d'origine du « Raj » britannique – la « domination » en hindi. Durant près d'un siècle, du milieu des années 1850 à la fin de la Seconde Guerre mondiale, la Grande-Bretagne avait dominé ce qu'on appelait alors le « sous-continent indien » qui, au gré des périodes, avait inclus l'Inde, le Pakistan, le Bangladesh, la Somalie, Singapour et la Birmanie, aujourd'hui connue sous le nom de Myanmar, même si Embling persistait à utiliser la dénomination ancienne, et tant pis pour le politiquement correct. Si les souvenirs de la domination britannique au Pakistan avaient fini par s'effacer avec le temps, son impact n'avait pas entièrement disparu, et Embling pouvait encore le voir et le sentir chaque fois qu'il mettait le nez dehors ; dans le regard des anciens au marché, ou les murmures échangés par les agents de police qui avaient entendu les histoires narrées par leurs parents et leurs grands-parents. Embling ne faisait rien pour masquer ses antécédents, et du reste, il aurait eu bien du mal, même avec sa maîtrise presque parfaite, quoique avec toujours une pointe d'accent, des langues locales, l'urdu et le pashtoune. Sans parler de sa peau blanche et de sa grande carcasse d'un mètre quatre-vingt-dix. Pas vraiment couleur locale.

Malgré tout, en général on lui témoignait toujours du respect, et cela tenait moins à un reliquat de déférence vis-à-vis des anciens colonisateurs qu'à son histoire personnelle. Il vivait, après tout, au Pakistan depuis plus longtemps que la plupart des gens qu'on pouvait croiser au bazar de Khyber. *Combien d'années au juste ?* S'il enlevait les périodes de congé et quelques brèves incursions dans les pays voisins... plus de quarante ans. Assez longtemps pour que ses anciens (et parfois actuels) compatriotes, l'aient depuis longtemps considéré comme « assimilé ». Peu lui importait du reste. Malgré tous ses défauts, les presque échecs et les endroits louches qu'il avait pu connaître, il n'avait pas d'autre point de chute que le Pakistan, et au fond de son cœur, il mettait un point d'honneur à se dire si bien intégré qu'il était devenu « plus Paki que Rosbif ».

À l'âge tendre de vingt-deux ans, Embling avait été l'une des recrues d'après-guerre du MI6 auprès des étudiants d'Oxford. Il avait alors été contacté par le père d'un camarade qu'il avait pris pour un fonctionnaire au ministère de la Défense alors qu'il était en réalité agent recruteur pour le MI6 – et l'un des rares, du reste, à avoir informé ses supérieurs que le tristement célèbre Kim Philby n'était pas la prise magnifique qu'on imaginait et qu'il finirait par coûter des vies ou qu'il se laisserait tenter et changerait de bord ; ce qui fut bel et bien le cas, Philby ayant durant des années travaillé comme taupe pour les Soviétiques.

Après avoir survécu aux rigueurs de l'entraînement à Fort Monckton sur la côte du Hampshire, Embling fut affecté à la Province pakistanaise de la Frontière du Nord-Ouest (également baptisée Pakhtunkhwa ou Sarhad, ça dépendait de votre interlocuteur), qui jouxtait un Afghanistan déjà en train de devenir la chasse gardée du KGB. Embling avait alors passé près de six années à vivre dans les montagnes le long de la frontière et avait participé aux incursions des seigneurs de la guerre pachtounes qui régnaient sur cette zone floue à cheval sur les deux pays. Si les Soviétiques voulaient tâter le terrain côté pakistanais, il leur faudrait nécessairement traverser le territoire pachtoune.

À l'exception de rares retours au pays, Embling avait donc vécu toute sa carrière dans les États d'Asie centrale – Turkestan, Kazakhstan, Turkménistan, Ouzbékistan, Kirghizistan et Tadjikistan – qui tous, à des degrés divers et à diverses périodes, étaient tombés dans l'escarcelle de l'Union soviétique ou avaient du moins vécu sous son influence. Pendant que les Américains de la CIA et ses compatriotes du MI6 – dont la dénomination officielle était le SIS, Secret Intelligent Service, un acronyme auquel il n'avait jamais pu se faire – se livraient à la guerre froide dans les rues embrumées de Berlin, Budapest et Prague, Embling sillonnait les montagnes avec les Pachtounes, vivant de *quabli pulaw dampukht* – du riz agrémenté de carottes et de raisins secs – et de thé noir amer. En 1977, à l'insu de ses supérieurs à Londres, il avait même convolé au sein d'une tribu pachtoune, prenant pour épouse la fille cadette d'un seigneur de la guerre local, pour la perdre à peine deux ans plus tard dans un raid aérien lors de l'invasion de l'Afghanistan par les Soviétiques. On n'avait jamais retrouvé son corps. Il se demandait souvent si ce n'était pas là la raison qui l'avait conduit à rester au Pakistan bien après l'âge de la retraite. Quelque part au fond de son cœur brisé, n'entretenait-il pas l'espoir insensé que Farishta était encore en vie ? Après tout, son prénom signifiait « ange ».

Un rêve insensé, songeait-il à présent.

Tout comme celui de voir un Pakistan stable.

À douze mille kilomètres de là, à Silver Spring, Maryland, Mary Pat Foley pensait à peu près la même chose tandis qu'elle buvait un breuvage similaire – le mélange café-déca réchauffé et salé qu'elle s'autorisait le soir – mais l'objet de sa réflexion était bien différent : l'Émir et les deux problèmes qui avaient pourri la vie du renseignement américain depuis près d'une décennie ; à savoir où se trouvait le bonhomme et comment l'en déloger. Questions demeurées pendantes, à de bien rares et trop brèves exceptions, et bien que l'individu fût l'ennemi public numéro un de la Maison Blanche, un statut que, du reste, Mary Pat rechignait à lui accorder. L'homme méritait sans aucun doute d'être capturé ou mieux encore neutralisé une bonne fois pour toutes et de voir ses cendres dispersées aux quatre vents, mais tuer l'Émir n'allait pas *ipso facto* résoudre le problème du terrorisme. On débattait même encore du niveau – et de la qualité – des renseignements opérationnels éventuellement détenus par le personnage, quand bien même il en détiendrait. Sur ce point, tant Mary Pat que son mari Ed, aujourd'hui retraité, restaient dubitatifs. L'homme se savait traqué et, même s'il était un fieffé salopard, même s'il avait commis des massacres, il n'était certainement pas assez idiot pour se permettre de détenir lui-même des données sensibles, surtout de nos jours, quand les terroristes avaient enfin compris tout l'intérêt de compartimenter les tâches. Si l'Émir avait été un chef d'État reconnu, installé dans un palais quelque part, il aurait été tenu régulièrement informé, mais voilà, il n'était pas chef d'État – du moins, pas au sens où on l'entend. Pour autant que le sache la CIA, il devait se terrer quelque part dans les montagnes désertes du Pakistan, à la frontière afghane. Mais cela revenait bien sûr à chercher une aiguille dans une botte de foin. Qui sait, toutefois, peut-être auraient-ils un jour de la veine et finiraient-ils par tomber sur lui. Pour sa part, elle en était certaine. La question restait de savoir s'ils le captureraient vivant ou non. Elle s'en moquait un peu, même si l'idée de pouvoir se confronter à ce salopard pour le regarder droit dans les yeux n'était pas dénuée d'attrait.

« Eh, chou… je suis rentré… », lança gaiement Ed Foley, descendant l'escalier pour entrer dans la cuisine, en tee-shirt et pantalon de survêtement.

Depuis sa retraite, les trajets domicile-travail d'Ed se réduisaient à une dizaine de mètres et aux six marches menant au bureau où il rédigeait une histoire du renseignement américain, depuis la Révolution jusqu'à l'Afghanistan. Le chapitre sur lequel il travaillait en ce moment – sacrément bon, aux dires de Mary Pat – évoquait John Honeyman, un tisserand d'origine irlandaise et peut-être l'espion le plus méconnu de son époque. Chargé par George Washington en personne d'infiltrer les redoutables mercenaires de Hesse de Howe, stationnés aux environs de Trenton, Honeyman, jouant les marchands de bestiaux, s'était glissé dans les rangs de l'ennemi, avait repéré l'ordre de bataille et les positions des soldats hessois, avant de revenir en catimini, donnant ainsi à Washington l'avantage nécessaire pour les mettre en déroute. Pour Ed, c'était le chapitre rêvé, ce petit fragment d'histoire méconnue. Écrire sur Wild Bill Donovan, la baie des Cochons ou le Rideau de fer était certes bel et bon, mais il n'y avait pas tant de façons différentes de retailler de vieux marronniers cent fois rebattus.

Ed avait certainement mérité sa retraite à plus d'un titre, tout comme Mary Pat, mais seuls quelques initiés à Langley – au nombre desquels Jack Ryan Senior – sauraient jamais à quel point le couple avait servi son pays et s'était sacrifié pour lui. Irlandais de naissance, Ed avait fait ses études à Fordham, commencé sa carrière dans le journalisme, reporter besogneux mais assez anonyme au *New York Times*, avant d'entrer dans le monde de l'espionnage. Quant à Mary Pat, s'il était une femme qui était née pour travailler dans le renseignement, c'était bien elle, petite-fille du maître d'équitation du tsar Nicolas II et fille du colonel Vanya Borissovitch Kaminsky qui, en 1917, avait senti le vent et s'était enfui de Russie avec les siens juste avant que la révolution ne renverse la dynastie des Romanov et n'assassine le tsar et sa famille.

« Dure journée au bureau, chéri ? s'enquit Mary Pat.

– Épuisante, absolument épuisante. Tant de grands mots, et si peu d'entrées dans le dictionnaire. » Il se pencha pour lui faire une bise sur la joue. « Et de ton côté ?

– Très bien, très bien.

– Encore à te triturer les méninges, pas vrai ? Au sujet de qui tu sais ? »

Mary Pat acquiesça. « Faut que j'aille y voir de plus près ce soir, de toute façon. Il se pourrait bien qu'il y ait du nouveau. Enfin, je ne le croirai que quand je l'aurai vu. »

Ed fronça les sourcils mais Mary Pat n'aurait su dire si c'était parce qu'il regrettait l'action sur le terrain ou parce qu'il était devenu aussi sceptique qu'elle. Les groupes terroristes étaient de plus en plus doués en matière de renseignement, surtout depuis le 11-Septembre.

Mary Pat et Ed Foley avaient l'un comme l'autre bien gagné le droit de se montrer un brin cyniques si ça leur chantait. Après tout, ils avaient été aux premières loges pour connaître les rouages internes et témoigner de l'histoire tortueuse de la CIA ces trente dernières années. Le couple avait été en poste à Moscou pour l'Agence, du temps où la Russie dirigeait encore l'Union soviétique et où le KGB et ses satellites étaient leur seul véritable croquemitaine.

Tous deux avaient gravi les échelons de la direction des opérations à Langley, Ed pour terminer sa carrière au poste de directeur central du renseignement tandis que Mary Pat, naguère directrice adjointe des opérations, avait demandé son transfert au NCTC, le Centre national antiterroriste, au poste équivalent d'adjointe à la direction. Comme prévu, la boîte à rumeurs s'était emballée et le bruit avait couru qu'on l'avait limogée de la direction des Opérations et que son poste actuel n'était qu'une transition avant la retraite. Rien ne pouvait être plus éloigné de la réalité, bien entendu. Le NCTC était en réalité à la pointe du combat et c'était là que Mary Pat désirait se trouver.

Bien entendu, sa décision avait été facilitée par le fait que la direction des Opérations avait perdu son lustre d'antan. Sa nouvelle dénomination de « Service clandestin » qui les irritait tous les deux (même s'ils étaient conscients que le titre précédent ne trompait personne mais Service clandestin, ça faisait quand même un peu trop tape-à-l'œil à leur goût), n'était somme toute qu'un changement de nom. Hélas, celui-ci s'était produit à peu près au moment où ils s'étaient rendu compte de la réorientation du service, désormais moins concerné par les opérations secrètes et la collecte de renseignement que par les manœuvres politiques. Et si Mary Pat et Ed avaient bien souvent des opinions tranchées et souvent divergentes en la matière, l'un et l'autre s'accordaient à penser que la politique et le renseignement ne faisaient guère bon ménage. Bien trop de cadres dirigeants de la CIA étaient d'abord des politiciens qui y voyaient surtout un tremplin vers de plus hautes et plus nobles fonctions, un plan de carrière qui n'avait jamais effleuré les Foley. Pour eux, il n'y avait pas de plus noble vocation que de servir la défense de son pays, que ce soit sous l'uniforme sur le champ de bataille ou derrière le rideau feutré de ce que James Jesus Angleton, le maître espion de la guerre froide avait baptisé « le Jeu de miroirs ». Rien d'étonnant à ce qu'Angleton se soit mué en dangereux paranoïaque dont la frénésie de chasse aux sorcières contre d'hypothétiques taupes soviétiques avait fini par miner Langley de l'intérieur, comme un véritable cancer. Aux yeux de Mary Pat, quand il s'agissait d'évoquer l'univers de l'espionnage, Angleton était trop bardé de certitudes.

Quand bien même elle appréciait l'univers dans lequel elle évoluait, elle savait que ce « Jeu » avait un prix. Ces derniers mois, elle avait évoqué avec Ed l'éventualité de prendre sa retraite, et tandis que son mari s'était comme toujours montré plein de tact (sinon de subtilité), il était clair que sa religion était faite, et elle n'hésitait pas à laisser négligemment traîner sur la table de la cuisine un exemplaire du *National Geographic* ouvert sur une photo des îles Fidji ou bien un article sur l'histoire de la Nouvelle-Zélande – deux lieux qu'ils avaient placé sur leur « liste d'attente ».

En ces rares moments où elle s'autorisait un instant d'introspection sur un autre sujet que le travail, Mary Pat s'était surprise à caresser la question critique : *pourquoi est-ce que je reste ?* sans vraiment oser l'aborder de front. Ce n'est pas l'argent qui manquait, et ils ne risquaient pas non plus de s'ennuyer. Donc, si ce n'était pas une question financière, alors quoi ? À vrai dire, c'était simple : le renseignement avait toujours été sa vocation, elle le savait – elle l'avait su du jour où elle était entrée à la CIA. Elle y avait fait du bon boulot en son temps, mais il était indéniable que l'Agence n'était plus ce qu'elle était autrefois. Les personnels avaient changé, l'ambition brouillait leurs motivations. Plus personne ne semblait se demander ce qu'il pouvait faire pour son pays[1]. Pis encore, les tentacules de la politique de Washington s'étaient profondément introduits dans le milieu du renseignement et Mary Pat redoutait que ce changement fût irréversible.

« T'en auras jusqu'à quand ? demanda Ed.

– Difficile à dire. Peut-être minuit. Si ça prolonge un peu trop, je te passerai un coup de fil. Ne m'attends pas.

– Des détails croustillants sur l'affaire de Georgetown ?

– Rien de plus que ce qu'ont raconté les journaux. Un tireur isolé, la victime a été tuée d'une seule balle en pleine tête…

– J'ai entendu le téléphone sonner tout à l'heure…

– Deux fois. Ed Junior. Juste pour nous donner le bonjour ; il a dit qu'il te rappellerait demain. Et Jack Ryan. Il voulait savoir comment le bouquin avançait. Il a demandé que tu le rappelles à l'occasion. Peut-être que tu pourrais lui soutirer quelques détails.

– Je n'y compte pas trop. »

Les deux hommes écrivaient plus ou moins leurs mémoires : Ed, une histoire, l'ancien président Ryan, une chronique. Ils compatissaient et croisaient leurs souvenirs réciproques au moins une fois par semaine.

La carrière de Jack Ryan, depuis ses premiers pas à la CIA jusqu'à la magistrature suprême, où il avait été propulsé à la suite d'une tragédie, était intimement liée à celles du couple Foley. Une

---

1. Allusion à la phrase célèbre de John Kennedy : « Ne vous demandez pas ce que votre pays peut faire pour vous mais ce que vous pouvez faire pour votre pays. »

alternance de moments merveilleux et de périodes réellement effroyables.

Elle soupçonnait les entretiens téléphoniques hebdomadaires des deux hommes d'être composés à quatre-vingt-dix pour cent d'histoires de guerre et à dix pour cent seulement de sujets concernant leurs bouquins. Elle ne le leur reprochait pas. L'un et l'autre le méritaient amplement. La carrière d'Ed, elle la connaissait par cœur, mais elle était convaincue que certaines phases de celle de Jack Ryan n'étaient connues que de deux ou trois personnes à part lui, ce qui était révélateur, compte tenu de sa propre habilitation. *Enfin* bon, consolait-elle, *que serait la vie sans un brin de mystère ?*

Mary Pat consulta sa montre, termina sa tasse de café, grimaça, le trouvant amer, puis se leva. Elle embrassa son mari sur la joue.

« Faut que j'y aille. N'oublie pas de nourrir le chat, hein ?

– Évidemment, chou. Sois prudente. »

22

MARY PAT REPASSA EN FEUX DE CROISEMENT et s'immobilisa à la hauteur de la guérite, puis elle descendit sa vitre. Un homme au visage sévère, vêtu d'un anorak bleu, sortit. Même si lui seul était visible, elle savait qu'une demi-douzaine d'yeux étaient braqués sur elle, et autant de caméras de surveillance. Comme le reste des forces de protection de l'établissement, les gardes en poste à la grille provenaient de la division sécurité interne de la CIA. Et Mary Pat n'était pas dupe du malheureux pistolet Glock 9 mm isolé à la ceinture du garde. Sous l'anorak, à portée de ses mains bien entraînées, elle savait qu'il y avait un étui spécialement conçu pour cacher une mitraillette compacte.

Le Centre national antiterroriste – baptisé jusqu'en 2004 Centre d'intégration de la menace terroriste et désormais rebaptisé par ses employés « Liberty Crossing » – est niché dans la paisible banlieue de McLean, au nord du comté de Fairfax, en Virginie. Composé d'un ensemble de bâtiments de verre et de béton gris, il fait plus James Bond que CIA, un aspect auquel Mary Pat avait mis du temps à s'habituer. Cela n'empêchait pas les murs d'être à l'épreuve des explosions et les vitres des balles, jusqu'au calibre 50. Bien entendu, si la situation devait dégénérer au point que les méchants tirent sur le bâtiment au calibre 50, ce serait sans doute l'indice de problèmes autrement plus sérieux à traiter. Mais dans l'ensemble, et malgré l'aspect un rien tape-à-l'œil de cet immeuble de cinq étages, Mary Pat devait bien convenir que l'endroit était un lieu de travail quotidien plutôt agréable. La cantine était par ailleurs remarquable, ce qui amenait Ed à déjeuner à Liberty Crossing tous les mercredis avec elle.

Elle présenta son badge au vigile qui l'étudia avec soin, vérifiant que le nom et le visage concordaient avec ceux consignés sur sa feuille de présence. La nuit était complètement tombée et l'on entendait les grenouilles coasser dans les buissons.

Au bout de dix interminables secondes, le vigile lui adressa un signe de tête, éteignit sa torche électrique et lui fit signe de passer. Elle attendit que la barrière se lève, puis s'engagea sur le site et rejoignit le parking. La procédure de sécurité qu'elle venait de subir était identique, à toute heure du jour ou de la nuit, tous les jours, pour tous les employés du NCTC, de l'analyste stagiaire au directeur en personne. Le fait qu'elle soit le numéro deux du service n'avait aucune incidence pour les gardes de la sécurité qui semblaient frappés d'amnésie pour les noms, les visages et les véhicules, sitôt qu'ils avaient franchi le point de contrôle. Ce n'était pas une bonne idée de se montrer aimables avec eux. On les payait pour être méfiants et ils prenaient leur tâche au sérieux. Ils n'étaient pas non plus réputés pour leur sens de l'humour. Tout ce manège évoquait vaguement à Mary Pat « Le Cuistot nazi », cet épisode de la série *Seinfeld* : un pas en avant, commandez, un pas à droite, payez, prenez bol de soupe, rompez. En l'occurrence, c'était avancez, présentez badge, ne parlez que si l'on vous adresse la parole, attendez signe de tête, puis dégagez. Toute dérive étant à vos risques et périls.

C'était parfois pénible, surtout les jours où elle était en retard et n'avait pas eu le temps de faire sa pause habituelle au Starbucks, mais Mary Pat n'était pas femme à se plaindre. Ce que ces hommes faisaient était important, et malheur au ballot qui serait d'une autre opinion. En fait, au cours des ans, quelques idiots avaient commis l'erreur de ne pas prendre au sérieux la procédure d'accès – en général, des frimeurs qui tentaient de passer presque sans s'arrêter juste en brandissant négligemment leur badge – et qui s'étaient retrouvés immobilisés, ambiance barrage de police, armes braquées droit sur eux. Quelques-uns avaient même ajouté l'erreur supplémentaire de se plaindre d'un tel traitement. Ils n'étaient plus nombreux à être encore en poste à Liberty Crossing.

Elle se gara à son emplacement réservé, simplement isolé des autres par des zébrures particulières peintes sur le trottoir. Encore un dispositif de sécurité : les noms étaient des détails personnels, et les détails personnels étaient une arme potentielle pour l'adversaire. Là encore, scénario bien improbable, mais il s'agissait moins ici de se livrer aux statistiques que d'essayer d'embrasser tous les cas de figure. Contrôler le plus de choses possibles, puisqu'il en reste tant qu'on ne peut pas contrôler.

Elle traversa le hall et se dirigea vers le cœur du NCTC et donc son « bureau », le centre des opérations. Alors que le reste du bâtiment était tout en mobilier de bois chaleureux et douce moquette aux tons chauds, le centre des opérations semblait tout droit sorti de la série télévisée *24 heures chrono* – c'était du reste ici un fréquent sujet de plaisanterie.

Sur un peu plus de neuf cents mètres carrés de superficie, le centre était dominé par une poignée d'écrans muraux sur lesquels étaient projetés menaces en cours, incidents ou données brutes, d'heure en heure, voire de minute en minute ; compte tenu de la mission de tri et de répartition des informations du service, c'était plutôt cette dernière option qui prévalait.

L'espace central était occupé par des dizaines de stations de travail informatiques dotées de claviers ergonomiques et d'écrans plats multiples devant lesquels s'affairaient des analystes de la CIA, du FBI et de la NSA, tandis qu'à chaque bout de la salle, un poste de surveillance vitré surélevé était affecté d'un côté à la division antiterroriste du FBI, de l'autre à son équivalent pour la CIA. Chaque jour, le centre pouvait voir transiter jusqu'à dix mille messages et chacun pouvait être la pièce d'un puzzle qui, laissé en vrac, pourrait coûter la vie à des citoyens américains. La plupart des pièces se révélaient sans intérêt, mais toutes étaient analysées avec le même soin méticuleux.

Une partie du problème venait des traducteurs, ou plutôt de leur absence. Une grande proportion des données examinées quotidiennement leur arrivait à l'état brut, en arabe, en farsi, en pachtoune, ou en l'un de leurs cinq ou six autres dialectes qui différaient suffisamment de la langue source pour requérir un traducteur spécialisé, déjà difficile à trouver, sans parler de son aptitude à franchir l'obstacle de l'enquête de sécurité imposée pour travailler au NCTC. Qu'on y ajoute simplement le volume des informations qui transitaient ici et l'on avait la recette de la surcharge de données. Ils avaient donc développé un programme spécifique pour classer les interceptions et traiter en premier celles qui étaient prioritaires, mais cela relevait plus de l'art que de la science ; bien souvent, on ne récupérait de précieuses pépites qu'après qu'elles eurent passé à travers tous les cribles pour se retrouver tout en bas, ayant perdu en chemin tout contexte et toute pertinence.

Le problème de la traduction n'était qu'un autre aspect de la même question, estimait Mary Pat. Issue de la branche collecte de données de la CIA, elle savait que c'était essentiellement les ressources humaines qui faisaient en réalité tourner la machine de l'espionnage, or implanter des sources dans les pays de culture musulmane s'était révélé une tâche presque insurmontable. La triste vérité était que, durant la décennie précédent le 11-Septembre, la CIA avait laissé le recrutement des agents passer bien après d'autres priorités. L'aspect technique – satellite, interceptions radio, collecte de données informatiques –, tout cela était accrocheur et facile, et cela pouvait, dans certaines conditions, produire des résultats intéressants, mais les vieux de la vieille comme Mary Pat savaient depuis longtemps que la plupart des batailles de l'espionnage se gagnaient ou se perdaient grâce au travail des hommes sur le terrain, grâce à la collecte du renseignement par les agents et les officiers qui les dirigeaient.

Les effectifs de Langley en ce domaine avaient cru par paliers au cours des sept années écoulées mais il restait encore beaucoup de chemin à couvrir, surtout dans des pays comme l'Afghanistan et le Pakistan, où la religion, les rivalités ancestrales et la dureté des conflits politiques transformaient le recrutement d'agents fiables en épreuve insurmontable.

Le centre des opérations avait beau en mettre plein la vue – même pour un vétéran comme Mary Pat –, elle savait que le véritable triomphe du service restait un élément intangible invisible au commun des mortels : l'esprit de coopération. Pendant des dizaines d'années, le plus gros problème du renseignement américain avait été, au mieux, un manque flagrant d'échange de données et, au pire, carrément une guerre ouverte entre les services, principalement les deux chargés de protéger le pays des attaques terroristes. Mais comme l'avaient répété *ad nauseam* commentateurs politiques et politiciens de Washington, les événements du 11-Septembre avaient tout changé, y compris la façon dont le renseignement américain avait décidé d'assurer la sécurité du pays. Pour Mary Pat et nombre de ses collègues, le 11-

Septembre avait été moins une surprise que l'attristante confirmation de ce qu'ils redoutaient depuis longtemps : le gouvernement des États-Unis n'avait pas pris suffisamment au sérieux la menace terroriste, et pas seulement au cours des dernières années menant à l'attentat du World Trade Center mais peut-être en remontant aussi loin qu'à l'invasion de l'Afghanistan en 1979 par les troupes soviétiques, quand les talibans et les moudjahidin, alors alliés de circonstance, bien qu'idéologiquement incompatibles, avaient montré ce dont étaient capables des combattants, même en état manifeste d'infériorité matérielle et numérique, contre l'une des deux super-puissances de l'époque. Pour beaucoup – parmi lesquels les Foley et Jack Ryan – la guerre d'Afghanistan avait constitué une manière de répétition générale, la bande-annonce d'un film dont ils redoutaient qu'il soit rejoué contre l'Occident, une fois que les moudjahidin auraient fini d'en découdre avec les Soviétiques. Aussi efficace qu'eût été l'alliance entre la CIA et les moudjahidin, les relations avaient été, au mieux, ténues, et toujours dominées par la division radicale entre culture occidentale et loi islamique, christianisme et fondamentalisme radical. La question, dérivée du proverbe oriental « l'ennemi de mon ennemi est mon ami » était devenue : « Dans combien de temps l'amitié vat-elle cesser ? » Pour Mary Pat, la réponse avait été simple : le jour où le dernier soldat soviétique aurait quitté le sol afghan. Et selon la personne qui écrivait l'histoire, elle avait eu pile poil raison, ou presque. Toujours est-il qu'entre le milieu et la fin des années quatre-vingt, les talibans, les moudjahidin et finalement les partisans de l'Émir avaient retourné contre les Occidentaux leur regard haineux et désormais endurci au combat.

Ce qui est fait est fait, songea Mary Pat, en contemplant depuis la balustrade la salle en contrebas. Si lourd que fût le poids de la tragédie qui les avait menés jusqu'ici, au moins la communauté américaine du renseignement s'était-elle ressaisie comme jamais auparavant, sinon depuis les tout premiers jours de la guerre froide, et le NCTC se taillait la part du lion dans cette résurrection. Composé d'analystes venus de quasiment tous les horizons du renseignement, qui travaillaient côte à côte sept jours sur sept et vingt-quatre heures sur vingt-quatre, il était la preuve que la coopération était désormais la règle plutôt que l'exception.

Elle descendit les marches et passa entre les rangées de stations de travail, saluant au passage les collègues, jusqu'à ce qu'elle eût rejoint le Centre antiterroriste de la CIA. L'attendaient à l'intérieur deux hommes et une femme : son patron et directeur du service, Ben Margolin ; la chef des opérations, Janet Cummings ; et enfin John Turnbull, à la tête de la station Acre, la force d'intervention interarmes dédiée à la traque, la capture ou l'élimination de l'Émir et de la direction du CRO. Le visage soucieux de Turnbull révéla d'emblée à Mary Pat que tout n'était pas rose à ladite station.

« Suis-je en retard ? » s'enquit-elle en s'asseyant. Derrière la paroi vitrée, le personnel du centre poursuivait sa tâche en silence. Comme à peu près toutes les salles de conférences de Liberty Crossing, le Centre antiterroriste était un bocal EM – virtuellement isolé de toutes les émissions électromagnétiques, entrantes ou sortantes, à l'exception des flux de données cryptées.

« Non, c'est nous qui sommes en avance, précisa Margolin. Le colis est en route.

– Et ?

– On l'a raté, bougonna Turnbull.

– A-t-il jamais été présent sur place ?

– Difficile à dire, concéda la chef des opérations. Nous avons quelques retombées du raid, mais quant à savoir leur valeur… quelqu'un était bien là-bas – sans doute un membre important – mais en dehors de ça…

« – Neuf morts, dit Turnbull.

– Des prisonniers ?

– Deux au début, mais lors de l'exfiltration, le groupe est tombé dans une embuscade et ils en ont perdu un ; puis le second quand leur zone d'atterrissage s'est chopé un missile. Et ils ont perdu également plusieurs Rangers.

– Ah, merde. »

Ah merde, en effet, songea Mary Pat. Les Rangers allaient bien évidemment pleurer la perte de leurs camarades, mais ces gars étaient la crème de la crème ; en conséquence, ils savaient évaluer les risques du métier. C'étaient des professionnels accomplis, alors que leurs équivalents civils savaient déboucher un tuyau, recâbler une maison ou bâtir un gratte-ciel, eux s'étaient spécialisés dans un domaine complètement différent : tuer les méchants.

« Le chef de l'unité » – Cummings marqua un temps pour vérifier sa fiche – « le caporal-chef Driscoll, a été blessé mais il s'en est sorti. D'après son rapport, le prisonnier s'est relevé durant la fusillade. Délibérément.

– Seigneur », murmura Mary Pat.

Ils avaient déjà vu ça avec d'autres soldats du CRO qui préféraient la mort à la capture. Que ce soit une réaction d'orgueil ou de prudence pour ne pas risquer de parler durant un interrogatoire, voilà qui suscitait des débats enflammés chez les espions comme chez les militaires.

« Le second a tenté de s'échapper quand l'hélico s'est posé. Ils ont dû l'abattre.

– Eh bien, pas exactement un coup pour rien, constata Turnbull, mais pas non plus le résultat escompté. »

Le problème n'avait pas été la communication radio, Mary Pat en était certaine. Elle avait lu les données brutes et les analyses. Quelqu'un avait bien émis depuis cette grotte en recourant à des procédures de codage connues pour être utilisées par le CRO. L'un des mots – *Lotus* – était déjà apparu, tant lors des comptes rendus de mission d'agents sur le terrain que sur des interceptions de la NSA, mais nul jusqu'ici n'avait su découvrir ce qu'il signifiait.

Ils soupçonnaient depuis longtemps le CRO de recourir à des méthodes éprouvées pour ses communications cryptées, en se servant de masques jetables, en gros un protocole point à point dans lequel seul l'émetteur et le récepteur détiennent la suite unique requise pour décoder le message. Le système remontait à l'Empire romain, mais il était fiable, et à la condition que les blocs fussent suffisamment aléatoires, quasiment impossible à craquer, sauf à mettre la main sur un masque. Mettons que le mardi, le méchant A envoie une série de mots-clés – *chien, chou, chaise* – au méchant B, qui, utilisant son masque personnel, va convertir les mots en leur valeur alphanumérique, de sorte que chien va correspondre à 3, 8, 9, 5 et 14, lesquels chiffres vont à leur tour se traduire en une autre série de mots. Lors de raids, des membres des Forces spéciales en Afghanistan avaient récupéré un certain nombre de ces blocs, mais aucun n'était en activité et jusqu'ici, ni la CIA ni la NSA n'avaient été capables de reconstituer un modèle à partir duquel extrapoler une clé.

Le système avait cependant ses inconvénients. D'abord, il était lourd. Pour fonctionner convenablement, il fallait qu'émetteur et récepteur travaillent concrètement sur le même masque, qu'ils en changent à intervalles réguliers, le plus souvent si possible, ce qui chaque fois exigeait des courriers pour transmettre lesdits masques du Méchant A au Méchant B. Alors que la CIA avait sa Station Acre dédiée à la traque de l'Émir, le FBI avait un groupe de travail baptisé Poisson-clown, chargé de l'interception des messagers du CRO.

La grande question, Mary Pat le savait, était celle-ci : qui avait poussé ceux qui occupaient la caverne à détaler, peu avant que le commando n'atterrisse ? Coïncidence ou pas ? Elle doutait qu'il s'agît d'une erreur humaine ; les Rangers étaient trop bons pour ça. Elle avait en fait relu un peu plus tôt le compte rendu de mission et, en plus d'une jambe cassée pour l'officier commandant et de la blessure de Driscoll, l'opération avait été coûteuse : deux morts, et deux autres blessés. Tout ça pour découvrir une caverne vide.

Si l'on éliminait la coïncidence, le coupable le plus probable était le téléphone arabe. Rares étaient les jours où un hélico pouvait décoller de sa base en Afghanistan ou au Pakistan sans qu'un partisan du CRO ou un sympathisant n'en prenne note et ne passe un coup de fil, un problème en partie résolu par des unités des Forces spéciales qui effectuaient des séries de petits vols aléatoires dans la campagne, dans les jours et les heures précédant une opération, en même temps qu'elles utilisaient des chemins détournés pour rejoindre leur objectif, autant de mesures qui contribuaient à entretenir le doute chez les observateurs trop curieux. La rudesse du terrain et des conditions météo compliquaient toutefois la tâche, car souvent certains itinéraires devenaient infranchissables. Tout comme l'avaient appris l'armée d'Alexandre le Grand et plus tard l'Armée rouge, la géographie de l'Asie centrale était un adversaire en soi. *Et qui plus est, impossible à vaincre*, s'avisa Mary Pat. Il fallait apprendre soit à vivre avec, soit à la contourner, sinon c'était l'échec assuré. C'était après tout le genre de leçon que Napoléon comme Hitler avaient appris à leurs dépens, quoique un peu tard, chacun lors d'une audacieuse (mais bien mal avisée) tentative d'invasion de la Russie au cœur de l'hiver. Bien entendu, l'un et l'autre avaient été convaincus de remporter une victoire éclair, bien avant l'arrivée des premiers flocons. Et après tout, en Russie, le terrain était plat. Il suffisait d'ajouter au mélange des montagnes élevées… et l'on avait l'Asie centrale.

Un porteur apparut à la porte vitrée, pianota sur le digicode, et entra. Sans un mot, il déposa devant Margolin une pile de quatre classeurs en carton brun rayé de rouge, plus une chemise accordéon, avant de tourner les talons. Margolin distribua les documents et, pendant le quart d'heure qui suivit, le groupe lut en silence.

Finalement, Mary Pat le rompit : «Un plan-relief en sable ? Pas croyable.

– Ç'aurait été sympa qu'ils nous le rapportent entier, observa Turnbull.

– Regarde plutôt les dimensions, objecta Cummings. Pas moyen de sortir un tel truc à pied. À moins de compromettre la sécurité du commando. Ils ont pris la bonne décision, je pense.

– Ouais, je suppose», marmonna le chef de la Station Acre, pas franchement convaincu.

Turnbull était soumis à une pression incroyable. Alors que la ligne officielle était que l'Émir n'était pas le premier dans la liste des personnes les plus recherchées des États-Unis, il l'était de fait. Quand bien même sa capture ne changerait pas radicalement la donne dans la guerre contre le terrorisme, qu'il continue de se balader en liberté faisait désordre. Au pire, c'était dangereux. John Turnbull était à ses trousses depuis 2003, d'abord comme adjoint du service, puis à la tête de celui-ci.

Si bon qu'il fût dans sa tâche, comme bien des agents de la CIA d'aujourd'hui, il souffrait de ce qu'Ed et Mary Pat Foley qualifiaient de «déconnexion opérationnelle». Il n'avait tout bonnement aucune idée de ce à quoi ressemblait une véritable mission sur le terrain, et cette déconnexion d'avec la réalité engendrait une pléthore de problèmes qu'on pouvait généralement regrouper en une catégorie unique : des attentes irréalistes. En préparant une opération, on attend trop, soit de ceux qui l'effectuent, soit de ses résultats. La plupart des missions ne se résument pas à une manche gagnante. Il s'agit plutôt d'accumuler les points, avec lenteur et régularité, jusqu'à la victoire finale. Comme l'avait un jour confié à Ed son agent littéraire : « Il faut dix ans pour devenir un succès du jour au lendemain. » Il en allait généralement de même des actions clandestines. Parfois, le renseignement, la préparation et la chance convergeaient comme il faut au bon moment, mais, la plupart du temps, ils étaient juste assez désynchronisés pour empêcher de marquer le but. *Et parfois*, se remémora-t-elle tout en continuant de parcourir le rapport, *ce n'est que bien après coup qu'on s'aperçoit qu'on l'a marqué.*

« Vous avez vu cette histoire de Coran qu'ils ont retrouvé ? – Cummings s'adressait au groupe. Impossible qu'il ait appartenu à l'un des occupants de cette grotte. »

Nul ne réagit ; c'était inutile. Elle avait raison, bien sûr, mais à moins de porter une dédicace et une adresse de retour en page de garde, un Coran antique n'allait pas les mener bien loin.

« Je vois qu'ils ont pris quantité de clichés », constata Mary Pat. Les Rangers avaient, en effet, méticuleusement photographié la trombine de tous les occupants de la grotte. Si l'un d'eux avait été déjà repéré ou fiché par le passé, l'ordinateur leur cracherait les détails. Elle poursuivit : « Et pris des échantillons de la table. Malin, ce Driscoll. Où sont-ils, du reste, Ben ?

– Pour une raison quelconque, ils ont raté l'hélico au départ du Centcom de Kaboul. Ils arriveront ici dans la matinée. »

Mary Pat se demanda ce que lesdits échantillons pourraient bien leur révéler. Les scientifiques de Langley étaient capables de réaliser des miracles, au même titre que les techniciens des labos du FBI à Quantico, mais il était impossible de dire depuis combien de temps cet objet s'était trouvé dans la caverne et rien ne garantissait que cette reproduction ait des caractéristiques spécifiques.

« On a déjà les photos », indiqua Margolin.

Il prit une télécommande et la pointa vers l'écran de 42 pouces accroché au mur. Un instant après, une mosaïque d'images apparut sur le moniteur. Chacune portait une date et une heure. Margolin cliqua sur la première pour l'afficher en plein écran. Elle montrait la table *in situ*, prise avec environ un mètre vingt de recul.

Qui que soit l'auteur de ces clichés, il avait bossé comme un pro, accumulant les plans larges et les gros plans, avec chaque fois une pige dans le champ pour servir de repère. Malgré l'environnement défavorable, l'éclairage avait été particulièrement soigné, ce qui là aussi faisait une sacrée différence. Sur les 215 clichés pris par Driscoll et son équipe, 190 étaient une variation sur un thème – le même sujet mais en plus ou moins gros plan et sous divers angles – et Mary Pat se demanda si cela suffirait à Langley pour reconstituer l'objet en 3-D. Une question à creuser. Savoir si animer le tout ferait une différence, elle n'aurait su dire, mais ça valait toujours le coup d'essayer. Quelqu'un au CRO avait pris la peine de se lancer dans cette tâche d'envergure, et ce serait sympa de savoir pourquoi. On ne crée pas un tel plan-relief en sable juste pour s'amuser.

D'après le rapport, les vingt-cinq derniers clichés reproduisaient à nouveau trois emplacements spécifiques sur le diorama, deux sur le devant, le dernier à l'arrière, et qui tous présentaient une sorte d'inscription. Mary Pat demanda à Margolin de sauter jusqu'à ces dernières images, ce qu'il fit, passant en mode diaporama. Quand celui-ci fut terminé, Mary Pat commenta : « Les deux inscriptions sur le devant évoquent des marques de fabrique. Driscoll précisait que la base était en contreplaqué épais. On pourrait peut-être les exploiter pour remonter une piste. Quant à l'autre marque, celle du fond… arrêtez-moi si je me trompe, mais elle a bien l'air d'avoir été faite à la main.

– Affirmatif, dit Margolin. On va lâcher dessus les traducteurs.

– Et la question à un million de dollars ? intervint Cummings. Pourquoi confectionner ce plan-relief et quelle partie du monde est-il censé représenter ?

– Le lieu de villégiature de l'Émir, j'espère », dit Turnbull.

Éclat de rire général.

« Quand les poules auront des dents…, nota Margolin, songeur. Mary Pat, je vous vois en train de phosphorer. Vous avez une idée ?

– Peut-être ; je vous tiens au courant.

– Et pour ce qui est des documents dans la caisse de munitions ? demanda Turnbull.

– Les traducteurs estiment avoir un résultat pour demain après-midi », indiqua Margolin.

Il ouvrit la chemise accordéon, en sortit un plan de la grotte qu'il déplia sur la table. Chacun se leva pour l'examiner.

Cummins déchiffra tout haut la légende : « Service cartographique de l'armée américaine… 1982 ?

– Laissée par les conseillers de la CIA, dit Mary Pat. Ils voulaient bien que les moudjahidin aient des cartes, mais pas forcément les plus récentes. »

Margolin retourna le document, présentant le plan de la ville de Peshawar reproduit du guide Baedeker.

« On voit des inscriptions, là et là », nota Mary Pat en tapotant le plan. Elle se pencha un peu plus. « Des points. Au stylo-bille. » Ils épluchèrent le document, et bien vite trouvèrent neuf marques, formées chacune d'un groupe serré de trois ou quatre points.

« Quelqu'un a un couteau ? » demanda Mary Pat. Turnbull lui tendit un canif et elle fendit le ruban adhésif aux quatre coins du plan pour pouvoir retourner la feuille. « Et voilà… », murmura-t-elle.

Inscrites dans l'angle supérieur droit, sur pas plus de cinq milli-mètres de large, apparurent une flèche orientée vers le haut, sui-vie de trois points, et une autre pointée vers le bas, celle-ci suivie de quatre points.

« Une légende », murmura Margolin.

23

CELA PARTIT DU MINISTÈRE DE LA JUSTICE. Y avait abouti, transmis par le Pentagone, le compte rendu par le caporal-chef Driscoll de sa prise de la grotte dans l'Hindou Kouch. Le rapport – juste trois pages, rédigées simplement – détaillait les actions de Driscoll et de ses hommes. Ce qui attira l'attention de l'avocat qui l'éplucha, ce fut le bilan humain. Driscoll rapportait avoir tué neuf ou dix combattants afghans, dont quatre à bout portant avec un pistolet muni d'un silencieux. D'une balle en pleine tête, constata l'avocat, ce qui le glaça quelque peu. C'était quasiment l'aveu d'un meurtre de sang-froid. Il avait déjà lu de telles confessions, mais jamais rédigées d'une manière aussi directe. Ce Driscoll avait violé là un certain nombre de lois, estima l'avocat. Il ne s'agissait pas d'une action au combat, pas même du rapport d'un tireur d'élite ayant abattu des cibles à une centaine de mètres, au moment où elles passaient la tête au-dehors, comme autant de cartons au stand de tir. Non, il s'était débarrassé des « méchants » (c'était son expression), pendant leur sommeil. Leur sommeil. Alors qu'ils étaient totalement inoffensifs, estima l'avocat, et il les avait tués sans l'ombre d'un remords, et l'avait consigné sans ambages, comme il aurait parlé de tondre sa pelouse.

C'était un scandale. Il les avait sous sa coupe. Ils n'avaient eu aucun moyen de résister. N'avaient même pas su que leur vie était en danger, mais ce Driscoll avait dégainé son pistolet et s'était débarrassé d'eux comme un gamin écrabouille des insectes. Mais ce n'étaient pas des insectes. C'étaient des êtres humains et, selon les lois internationales, ils avaient le droit d'être considérés comme prisonniers de guerre, protégés par les conventions de Genève. Mais Driscoll les avait tués, sans la moindre pitié. Pis encore, il ne semblait même pas avoir envisagé un seul instant que les hommes qu'il allait tuer auraient pu livrer des informations. Il avait décidé, de manière parfaitement arbitraire, que ces neuf hommes étaient sans valeur, en tant qu'individus comme en tant que sources.

L'avocat était jeune, moins de trente ans. Il était sorti major de sa promotion à Yale avant d'accepter un poste à Washington. Il avait même failli intégrer la Cour suprême, mais s'était fait coiffer au poteau par un plouc de l'université du Michigan. De toute manière, il n'aurait pas aimé le poste, il en était sûr. La nouvelle Cour suprême, en place depuis cinq ou six ans, était remplie de constitutionnalistes conservateurs stricts, qui respectaient la lettre de la loi comme la parole de Zeus dans l'Antiquité. À l'instar de ces prédicateurs baptistes du Sud qu'il entrevoyait derrière leur chaire à la télé le dimanche matin, quand il zappait rapidement sur les canaux pour regarder les débats matinaux.

Bigre.

Il relut le rapport et, encore une fois, fut choqué par les faits et le langage appliqué. Un soldat de l'armée des États-Unis avait tué sans merci, et au mépris des lois internationales. Il rédigea lui-même un rapport sur les faits, soulignant la méthode avec sévérité.

Le compte rendu de mission était parvenu sur son bureau, transmis par un collègue de promotion qui travaillait au bureau du ministre de la Défense, accompagné d'un billet indiquant que pas grand-monde au Pentagone ne semblait y avoir prêté attention, mais que lui, en revanche, étant par ailleurs également avocat de formation, l'avait trouvé proprement scandaleux. Selon lui, le nouveau ministre de la Défense s'était fait engloutir par la bureaucratie tentaculaire sur l'autre rive du Potomac. Avocat lui aussi, il avait passé trop de temps en compagnie de ces créatures en uniforme. Il n'avait pas été alarmé par cet infâme torchon et cela malgré le fait que le président en exercice avait émis des directives bien précises pour encadrer l'emploi de la force, y compris sur le champ de bataille.

Eh bien, se dit le jeune avocat, lui-même veillerait à y mettre bon ordre. Il rédigea son résumé personnel de l'affaire, accompagné d'une note cinglante, le tout adressé à son chef de section, un diplômé de Harvard qui avait l'oreille du président – enfin, il avait intérêt : son père était un de ses partisans les plus en vue.

Ce caporal-chef Driscoll était un assassin, estima l'avocat. Oh, dans un tribunal, le juge pourrait le prendre en pitié, noter que c'était un soldat sur le champ de bataille, pour ainsi dire. Ce n'était pas vraiment une guerre, l'avocat le savait, puisque le Congrès ne l'avait pas officiellement déclarée, mais tout le monde faisait comme si, et le défenseur de Driscoll ne manquerait pas d'insister sur ce point, et le juge à la Cour du district fédéral – choisi par la défense pour sa bienveillance à l'égard des soldats – prendrait lui aussi en pitié le meurtrier, pour cette même raison. C'était une tactique de défense classique mais, malgré tout, ce tueur se ferait sévèrement rembarrer. Même acquitté (ce qui était probable, compte tenu de la composition du jury que l'avocat de la défense s'efforcerait de réunir, pas vraiment une tâche difficile en Caroline du Nord), il retiendrait la leçon et cette leçon serait également retenue par un tas d'autres militaires qui préféreraient tirer dans la cambrousse que se retrouver au banc des accusés.

Et puis tant pis ; il allait expédier ce message, parce qu'il fallait l'expédier. Parmi toutes les choses qui distinguaient les États-Unis des républiques bananières, il y avait l'obéissance inébranlable de l'appareil militaire aux autorités civiles. Sans cela, l'Amérique ne valait pas mieux que Cuba ou l'Ouganda sous Idi Amin Dada. L'envergure du crime de Driscoll, certes relativement minime, n'entrait pas en ligne de compte. Il fallait rappeler à ces gens à qui ils devaient obéissance.

L'avocat rédigea le premier jet d'un commentaire au document qu'il transmit par mail à son chef de section, accompagné d'une demande d'accusé de réception. Ce Driscoll méritait de se faire taper sur les doigts et il était l'homme de la situation. Le jeune avocat en était convaincu. Certes, ils couraient après l'Émir, mais n'avaient pas réussi à le capturer et l'échec avait un prix dans le monde réel.

Après un trajet de cinq heures en voiture, il embarqua à Caracas dans un avion pour Dallas et au-delà. Shasif Hadi emportait dans son sac de voyage un ordinateur portable qui avait été dûment inspecté à la douane pour s'assurer de son innocuité. On vérifia également les neuf CD-ROM de jeux vidéo auxquels il envisageait de jouer durant le vol. À l'exception d'un seul. Mais même s'il avait été examiné, on n'y aurait trouvé que du charabia, des données en langage informatique C++, solidement chiffrées et sans signification particulière ; à moins d'avoir des programmeurs informatiques ou des hackers en poste aux points de contrôle, il était impossible de distinguer ces lignes de code de celles d'un jeu informatique ordinaire. On ne lui avait donné aucune information sur le contenu du disque, se contentant de lui indiquer un point de rendez-vous à Los Angeles où il devrait le remettre à une personne qu'il identifierait uniquement par l'échange de phrases convenues à l'avance.

Cela fait, et pour sauver les apparences, il passerait quelques jours en Californie, puis s'envolerait pour Toronto avant de regagner son domicile semi-permanent, dans l'attente d'une nouvelle mission. Il était le messager parfait. Ne sachant rien d'essentiel, il ne pouvait donc rien trahir d'essentiel.

Il brûlait d'être un peu plus impliqué dans la cause, et il avait fait part de ce désir à son contact parisien. Il avait été loyal ; il était capable, prêt à mettre sa vie en jeu si nécessaire. Certes, sa formation militaire n'était que rudimentaire, mais la guerre en cours ne se résumait pas à presser sur la détente, n'est-ce pas ? Hadi eut un soupçon de culpabilité. Si Allah, dans sa grande sagesse, jugeait bon de lui demander plus, alors il s'y plierait avec grâce. Si, au contraire, son destin était de ne jouer qu'un rôle mineur, il l'accepterait tout autant. Quel que soit le souhait d'Allah, il obéirait.

Il franchit le point de contrôle sans problème autre que la fouille supplémentaire à laquelle étaient soumis de nos jours tous ceux qui « avaient l'air arabe », puis il gagna la porte d'embarquement. Vingt minutes plus tard, il était à bord et bouclait sa ceinture.

La durée totale du voyage serait de douze heures seulement, et ce, en comptant le trajet en voiture jusqu'à l'aéroport. Il était donc assis dans l'avant-dernier siège de première classe, du côté droit de l'Airbus, jouant distraitement à son jeu de tir idiot tout en songeant à regarder un film sur l'écran miniaturisé fourni gratuitement avec le billet. Mais il approchait de son record personnel dans la partie et le film pouvait bien attendre. Il découvrit qu'un verre de vin l'aidait à marquer. Sans doute en le relaxant juste assez pour empêcher sa main de trembler sur le pavé tactile de son ordinateur portatif.

24

DÈS QU'IL REÇUT UN SIGNE D'APPROBATION de la secrétaire, Wesley McMullen, le secrétaire général de la Maison Blanche, poussa la porte et pénétra dans le bureau Ovale. Il était en retard, moins d'une minute, mais le président était à cheval sur l'horaire. Le groupe était déjà réuni, avec Kealty dans le fauteuil à oreilles, au bout de la table basse, tandis qu'Ann Reynolds et Scott Kilborn étaient installés sur les canapés de part et d'autre. McMullen prit la chaise face au président.

« Alors, la voiture ne voulait pas démarrer ce matin, Wes ? » plaisanta Kealty. Le sourire semblait sincère mais McMullen connaissait assez bien son patron pour reconnaître l'avertissement.

« Toutes mes excuses, monsieur le président. » Comme tous les jours, sauf le dimanche, McMullen était au bureau depuis cinq heures du matin. Les dimanches, il ne travaillait que la demi-journée, de neuf heures à quinze heures. Telle était la vie sous le gouvernement Kealty et dans l'atmosphère confinée de l'exécutif.

On était mardi, l'un des deux jours de la semaine où Kealty rencontrait Scott Kilborn, son directeur central du renseignement. Contrairement à son prédécesseur, Kealty n'était pas un spécialiste de l'espionnage et il comptait sur Kilborn pour le tenir informé.

Ce dernier, partisan du président depuis son mandat au Sénat, avait quitté sa chaire de doyen du département de sciences politiques à Harvard pour devenir le conseiller aux affaires étrangères de Kealty avant d'être nommé à Langley. McMullen savait Kilborn compétent, mais le directeur du renseignement tendait à en faire des tonnes pour contrebalancer la politique étrangère de l'administration précédente, qualifiée par les deux hommes de désastreuse et contreproductive. Ce n'était pas entièrement faux, admettait McMullen, mais Kilborn avait poussé le balancier un peu trop loin dans la direction opposée, battant en retraite sur certaines initiatives de la CIA outre-mer, alors même qu'elles commençaient enfin à porter leurs fruits, une action qui, McMullen le savait, avait exaspéré le Service clandestin. Des agents qui avaient vécu à l'étranger, loin de leurs familles, parfois durant six à huit mois d'affilée, risquant leur vie dans des pays où il ne faisait pas bon être blanc, s'étaient entendu dire : « Merci pour le bon boulot mais nous avons décidé de changer notre fusil d'épaule. » La rumeur voulait que, dans les prochains mois, on assiste à un afflux de demandes de départs en retraite ou de mise à la retraite anticipée. Si c'était le cas, cela ramènerait le Service clandestin près de dix ans en arrière.

Pis encore, avec l'accord tacite de Kealty, Kilborn avait souvent tendance à marcher sur les plates-bandes des Affaires étrangères pour empiéter sur des problèmes qui se trouvaient à la marge, certes fluctuante, entre espionnage et diplomatie.

Quant à Ann Reynolds, la conseillère pour la sécurité de Kealty, c'était là aussi un élément de valeur mais bien trop inexpérimenté. Cueillie au Parlement par Kealty alors qu'elle entamait son premier mandat, Reynolds avait peu d'expérience en matière de sécurité, mis à part une place de stagiaire à la commission du renseignement de la Chambre. Au moment de sa sélection, Kealty avait expliqué à

McMullen qu'il l'avait choisie pour « raison démographique ». Il avait en effet rudement malmené sa rivale pour l'investiture au sein du parti démocrate, la gouverneur du Vermont Claire Raines : il y avait certes gagné les voix du parti, mais perdu dans la bataille une bonne partie de sa base dans l'électorat féminin. S'il voulait espérer un second mandat, il lui fallait la récupérer.

Reynolds avait de l'éloquence et d'indiscutables qualités théoriques, c'était indubitable, mais au bout de près d'une année en poste, il lui restait encore bien du chemin à faire avant de devenir une praticienne expérimentée. McMullen en venait à croire qu'il y avait un monde de différence entre la vraie vie et les leçons des manuels.

Et toi dans tout ça, mon vieux Wes ? songea-t-il. Un Noir de moins de trente ans, avocat diplômé de Yale, avec au compteur une demi-douzaine d'années de travail dans un club de réflexion quasi gouvernemental. Il ne doutait pas que les médias et autres experts en ragots en avaient autant à son service : son choix relevait des mesures antidiscriminatoires et on l'avait jeté un peu trop vite dans le grand bain ; c'était en partie vrai, du moins pour la dernière affirmation. Il se sentait encore débordé mais il avait vite appris à nager. Le problème était que plus sa brasse s'améliorait, plus il avait l'impression que les eaux devenaient troubles. Kealty était certes un homme intègre, mais il se perdait un peu trop dans les hautes sphères – un peu trop préoccupé de sa « vision » pour le pays et de la place de celui-ci dans le monde – et négligeait de se polariser sur les moyens pratiques d'y parvenir. Pis encore, il avait tellement à cœur d'inverser le cours des réformes entamées par son prédécesseur qu'à l'instar de Kilborn, lui aussi tendait à pousser dangereusement le balancier un peu trop loin, se montrant trop indulgent vis-à-vis des ennemis et trop clément à l'endroit d'alliés qui avaient oublié de suivre leurs engagements. L'économie frémissait de nouveau, cependant, entraînant une hausse de la popularité du président dans les sondages, et Kealty y voyait un blanc-seing et la preuve que tout allait pour le mieux dans le meilleur des mondes.

Alors, pourquoi restes-tu, se demanda-t-il pour la centième fois, *maintenant que tu as vu les nouveaux habits de l'empereur ?* Il n'avait pas de réponse toute faite, ce qui le désolait.

« OK, Scott, quoi de neuf dans le monde aujourd'hui ? lança Kealty pour ouvrir la réunion.

– L'Irak, commença Kilborn. Le Commandement central a soumis un plan final pour le retrait de nos troupes. Trente pour cent les cent vingt premiers jours, puis dix pour cent par tranche de soixante jours jusqu'à revenir au statut antérieur. »

Kealty hocha la tête, songeur. « Et les forces de sécurité irakiennes ? » La formation et l'équipement de la nouvelle armée irakienne avaient progressé par à-coups au cours des huit derniers mois, menant à un débat au Congrès pour savoir quand (et si) les FSI seraient prêtes à prendre la relève. Le problème était moins affaire de compétence que de cohésion. La majorité des soldats des FSI n'avaient pas de problème de formation, mais comme la plupart des nations arabes, l'Irak n'était guère plus qu'une juxtaposition de sectes et de familles étendues, laïques comme religieuses. L'idée de nationalisme venait loin en second après la fidélité tribale aux attaches sunnites ou chiites. Il fut un temps où le CentCom avait caressé l'idée d'organiser les unités et les commandements en les calquant sur ces positionnements religieux et familiaux, mais on avait bien vite renoncé à ce plan quand les analystes s'étaient rendu compte que les États-Unis ne feraient guère mieux qu'avaliser officiellement des bandes armées déjà prédisposées à la guerre intestine. La question demeurait : des clans rivaux ou des membres de sectes différentes pouvaient-ils se tenir côte à côte pour défendre le bien supérieur de leur pays ?

Le temps seul en serait juge, estima McMullen.

Le fait que ce soit Kilborn qui donne à Kealty ces nouvelles déprimantes plutôt que le chef d'état-major interarmées, l'amiral Stephen Netters, révélait à McMullen que le président avait en fait déjà pris sa décision sur le retrait des forces d'Irak. Lors de la réunion du jeudi précédent, Netters avait discuté le rythme accéléré du retrait, citant les rapports concordants sur le manque de préparation des troupes locales, transmis par les chefs de brigade de l'armée. Les FSI n'étaient certainement pas encore prêtes, et ne le seraient sûrement pas dans trois mois, date prévue pour le début du retrait des forces américaines.

De son côté, Kealty n'avait pas trop le choix, McMullen le savait, ayant centré l'essentiel de sa campagne sur la réduction des forces à l'étranger. Que Netters eût raison ou non ne comptait pas pour Kealty, qui avait donc ordonné à son chef d'état-major de mettre en application son projet.

« Il y a débat sur les chiffres entre les commandants de brigade et de division, mais les données semblent corroborer notre plan. Quatre mois, ce n'est pas beaucoup, mais la première phase de retrait s'étalera sur plus de trois, de sorte qu'il s'écoulera sept bons mois avant que les FSI commencent à sentir une pression. »

Conneries, songea McMullen.

« Bien, bien, fit Kealty. Ann, récupérez l'avant-projet de Scott et soumettez-le à la Commission. S'ils n'y trouvent rien à redire, on ira de l'avant. Sujet suivant, Scott.

– Le Brésil. Tout indique que leur plan d'expansion pour leurs infrastructures de raffinage s'avère plus ambitieux que ce que nous avions projeté.

– En clair ? » demanda Kealty.

Reynolds répondit : « Leurs champs pétrolifères de Tupi sont plus riches qu'ils ne le pensaient – ou l'ont laissé entendre. »

En surface du moins, le potentiel toujours plus vaste du bassin de Santos avait constitué une surprise autant pour le Brésil que pour les États-Unis. Nul n'en avait soufflé mot avant le communiqué de presse de Petrobras, et ce n'était pas le genre d'info qu'on gardait longtemps sous le manteau.

« Les enculés », grogna Kealty. Peu après avoir remporté la présidentielle et avant même la prestation de serment, Kealty avait demandé à son futur ministre des Affaires étrangères de contacter le gouvernement brésilien. Outre le retrait des troupes d'Irak, la réduction des prix du carburant avait été l'une des pierres angulaires de sa campagne. L'accord d'importation de pétrole signé avec le Brésil, prévu pour entrer en vigueur à la fin du mois, contribuerait pour une bonne part à remplir cette promesse. L'écueil était que le gouvernement brésilien, tout amical qu'il fût à l'heure actuelle, avait désormais dans les mains un levier d'une force considérable. La question à laquelle nul ne semblait capable de répondre aujourd'hui était de savoir si le Brésil resterait aussi bienveillant ou bien suivrait la voie de l'Arabie Saoudite – une main tendue amicalement, l'autre serrant une dague.

« Nous n'avons pas le moindre indice sur leurs intentions, monsieur le président », indiqua McMullen, essayant d'attirer l'attention de Kealty au passage. « Savoir quand ils vont modifier leurs plans d'extension, et dans quelle mesure, la question reste pendante. » McMullen regarda fixement Kilborn, espérant qu'il avait capté le message, ce qui parut être le cas.

Le Directeur central du renseignement avoua : « C'est vrai, monsieur le président.

– Wes, quand nous en aurons fini avec cette réunion, je veux m'entretenir avec l'ambassadeur Dewitt.

– Oui, monsieur.

– Quoi d'autre ?

– L'Iran. Nous exploitons encore plusieurs sources mais il semble bien que Téhéran s'apprête à remettre en route son programme nucléaire. »

Et merde, pensa McMullen. Parmi les nombreuses promesses de campagne de Kealty, il y avait eu le rétablissement de relations diplomatiques directes avec l'Iran. Ramener l'Iran dans le concert des nations et collaborer sur des zones d'intérêt réciproque, avait proclamé le candidat Kealty, était le meilleur moyen de convaincre Téhéran de renoncer à ses ambitions nucléaires. Et jusqu'à présent, cela semblait avoir marché.

« Définition de "s'apprête à" ?

– Centrifugeuses, usines d'enrichissement, certains allers-retours avec Moscou.

– Les enculés. Bon Dieu, qu'est-ce qu'ils nous fabriquent encore ? »

Cette dernière question était adressée à sa conseillère à la sécurité.

« Difficile à dire, monsieur le président », admit Reynolds.

McMullen songea : *Traduction : j'en sais fichtre rien.*

« Alors, facilitez-vous la tâche, aboya Kealty. Décrochez votre putain de téléphone et demandez aux Affaires étrangères de vous fournir des réponses. » Kealty se leva, donnant le signal de la fin de la réunion. « Ce sera tout. Wes, Scott, restez encore un moment. »

Une fois que Reynolds fut partie, Kealty gagna son bureau et s'assit en soupirant. « Que savons-nous de cette affaire Ryan ?

– Le Service de protection travaille encore dessus, répondit Kilborn. Il semble qu'il n'y ait eu qu'un seul tireur – non encore identifié mais l'examen de ses plombages indique une origine jordanienne. L'arme provient d'une cargaison volée d'armes de poing destinées à l'armée égyptienne – elle correspond à deux autres retrouvées à Marseille après l'attentat du mois dernier.

– Rafraîchis-moi la mémoire.

– Une attaque contre un bus. Quatorze morts, dont les tireurs.

– On soupçonne le CRO ?

– Oui, monsieur. »

McMullen connaissait suffisamment bien son patron pour déchiffrer son expression : en prenant pour cible Jack Ryan, le CRO avait braqué les projecteurs des médias sur l'ancien président. La moitié des réseaux rediffusaient en boucle des fragments de sa biographie, tandis que de son côté, Ryan avait minimisé l'incident, se contentant d'un communiqué de presse laconique et refusant les interviews. Pour sa part, Kealty avait traité l'incident lors d'une conférence de presse en recourant à la langue de bois. Il se réjouissait bien sûr que l'ancien président Ryan soit indemne, et ainsi de suite. Les paroles avaient paru sincères, mais McMullen était convaincu qu'elles avaient dû écorcher les lèvres de son boss lorsqu'il les avait prononcées.

Kealty poursuivit : « Wes, cette histoire avec Netters… »

Oh-oh, songea McMullen. « Oui, monsieur le président.

– Je pense qu'il serait temps de changer notre fusil d'épaule.

– Je vois.

– Tu n'es pas d'accord ? »

McMullen choisit ses mots avec soin. « J'aimerais suggérer, monsieur le président, qu'un léger désaccord n'est pas forcément une mauvaise chose. L'amiral Netters n'a pas sa langue dans sa poche, on peut le lui reprocher, mais c'est un homme respecté de beaucoup et pas seulement dans les forces armées mais également au Congrès.

– Bon Dieu, Wes, je ne vais pas le garder dans l'équipe rien qu'à cause de sa popularité…

– Ce n'est pas ce que je voulais dire…

– Alors quoi ?

– Il est respecté parce qu'il connaît son boulot. Mon père avait coutume de dire, "tu ne demandes pas ta route à quelqu'un qui ne sait pas où elle mène". L'amiral Netters sait où tout cela nous mène. »

Kealty se renfrogna un peu, puis son visage s'éclaircit. « Excellent, vraiment excellent. Ça te dérange si je te la pique ? OK, on sait où ça nous mène. Mais je vais quand même le faire, Wes. On va se retirer de ce fichu pays, d'une manière ou de l'autre. Est-ce bien compris ?

– Oui, monsieur.

– Scott, t'as l'air d'avoir perdu père et mère. Je t'écoute. »

Kilborn posa un dossier sur le bureau de Kealty, puis précisa : « La semaine dernière, une opération dans une grotte des montagnes de l'Hindou Kouch – un commando de Rangers à la recherche de l'Émir.

– Ah, Seigneur, ce gars-là ? lâcha Kealty en feuilletant distraitement le dossier. On continue à dilapider des ressources avec lui ?

– Oui, monsieur le président. Quoi qu'il en soit, le chef du commando ayant été blessé, son caporal-chef a pris la tête des opérations – un certain Driscoll, Sam Driscoll. Il a pu accéder à la grotte, a neutralisé deux gardes, mais quand ils ont pu entrer, il n'ont rien découvert.

– Pas vraiment une surprise.

– Non, monsieur, mais si vous voulez bien jeter un œil page quatre… »

Kealty obéit et ses paupières se plissèrent au fil de sa lecture.

Kilborn précisa : « Jusqu'à plus ample informé, aucun de ces hommes n'était armé, mais en tout cas, ce qui est sûr, c'est qu'ils étaient endormis.

– Et il les a froidement abattus d'une balle dans la tête, grommela Kealty, en écartant le rapport. C'est écœurant. »

McMullen intervint : « Monsieur le président, je suis un peu largué, là. De quoi parlons-nous ?

– De meurtre. Pur et simple. Ce caporal-chef, ce Driscoll, a assassiné neuf personnes désarmées. Point final.

– Monsieur, je ne pense pas…

– Écoute, mon prédécesseur a lâché la bride aux militaires qui ont pu n'en faire qu'à leur tête. Il est grand temps de redonner un sérieux coup de vis. On ne peut pas laisser des soldats américains divaguer et descendre d'une balle dans la tête des gens dans leur sommeil. Scott, peut-on faire ça ?

– Il y a des précédents des deux côtés, mais je pense qu'on peut faire un exemple. Il faudrait laisser le bébé au Pentagone, qui le refilera à la justice, avant de faire intervenir les tribunaux militaires. »

Kealty acquiesça. « Vas-y. Il est temps de faire comprendre aux troufions qui est le chef. »

Une sacrée belle journée pour pêcher, décida Arlie Fry, mais dans un sens, n'importe quelle journée était bonne – du moins par ici. Pas comme en Alaska, là où ils avaient tourné cette série télé pour Discovery Channel… *Deadliest Catch*. Pêcher là-bas, ce devait être l'enfer.

Le brouillard était épais mais c'était le matin, en Californie du Nord, après tout, alors il fallait un peu s'y attendre. Arlie savait qu'il allait se lever d'ici deux heures.

Son bateau, un Atlas Acadia 20E de sept mètres, équipé d'un moteur hors-bord Ray Electric, n'avait que trois mois, cadeau pour sa retraite de son épouse Eunice, qui avait choisi exprès un modèle adapté à la navigation en lagunes dans l'espoir de garder son mari près de la terre ferme. Et là encore, la faute au tube cathodique, surtout ce film avec George Clooney, *En pleine tempête*. Dans sa jeunesse, Arly avait rêvé de traverser l'Atlantique, mais il savait que son épouse n'aurait pas survécu à la tension nerveuse, alors il se contentait de parties de pêche côtière, deux fois la semaine, le plus souvent seul, même si aujourd'hui, il avait convaincu son fils de l'accompagner. Âgé de quinze ans, Chet s'intéressait plus aux filles, à son iPod et, quand il pourrait, à son permis de conduire, qu'à prendre des sérioles et des morues – même s'il avait dressé l'oreille quand son père lui avait signalé avoir vu un requin lors de sa sortie précédente. C'était certes vrai mais ledit requin ne mesurait qu'une soixantaine de centimètres.

Pour l'heure, Chet était assis à la proue, les écouteurs vissés aux oreilles, penché par-dessus le plat-bord, laissant traîner la main dans l'eau.

La mer était presque d'huile, avec juste un léger clapot, et tout là-haut, Arlie apercevait le disque pâle et flou du soleil derrière le rideau de brume. Le temps serait splendide et chaud d'ici une heure, estima-t-il. Eunice leur avait préparé une pleine cargaison de sodas, une demi-douzaine de sandwiches et un sac en plastique rempli de biscuits roulés à la figue.

Soudain, quelque chose heurta la coque de l'Acadia. Chet ressortit vivement sa main de l'eau et se redressa, faisant osciller l'embarcation. « Waouh !

– Qu'est-ce que c'était ?

– Un truc a heurté le flanc... là, tu vois ? »

Arlie regarda l'endroit désigné par Chet, tout à côté de la poupe, et eut juste le temps d'entrevoir une masse orange avant que le brouillard ne l'engloutisse.

« T'as eu le temps de distinguer ce que c'était ? demanda Arlie.

— Pas vraiment. Ça m'a foutu une peur bleue. On aurait dit comme un gilet de sauvetage ou peut-être un canot de survie. »

Arlie songea à poursuivre sa route mais l'objet, quel qu'il soit, n'avait pas été simplement orange, mais *orange international*, couleur généralement réservée aux urgences et aux situations de détresse. Et aux équipements de survie.

« Rassieds-toi, fils, je fais demi-tour. » Arlie vira de bord et rebroussa chemin, tout en ralentissant. « Reste aux aguets.

— Oui, p'pa. »

Trente secondes plus tard, Chet tendit le bras vers bâbord avant. Tout juste visible à travers le brouillard, apparut une masse orange de la taille approximative d'un ballon de foot.

« Je le vois », répondit Arlie, en mettant le cap sur l'objet pour venir bord à bord. Chet se pencha et l'intercepta.

Ce n'était pas un gilet de sauvetage, nota d'emblée Arlie, mais un radeau pneumatique en forme de losange. Y était arrimée une drisse de cinquante centimètres et, fixée à celle-ci, une cassette métallique noire, d'environ dix centimètres de côté sur vingt de long et de l'épaisseur d'un gros livre de poche.

« Qu'est-ce que c'est ? » demanda Chet.

Arlie n'était pas sûr mais il avait vu suffisamment de films et de séries télévisées pour avoir sa petite idée. Il murmura : « Une boîte noire.

— Hein ?

— Un enregistreur de vol.

— Ouah ! Tu veux dire comme les trucs des avions ?

— Ouais.

— Cool. »

Le dispositif de sécurité des installations était correct, Cassiano le savait, mais trois éléments jouaient en sa faveur : un, il travaillait pour Petrobras depuis onze ans, bien avant la découverte du gisement. Deux, cette industrie était spécifique, de sorte que les personnels de sécurité extérieurs ne pouvaient contrôler qu'une partie des installations. Le reste devait être réalisé par des travailleurs spécialisés qui savaient quoi y vérifier et qui en connaissaient le fonctionnement, de sorte qu'en même temps que ce dédoublement des tâches assurait une marche sûre des installations (et lui assurait au passage une bonne paie), il lui permettait également d'accéder sans entraves aux zones de sécurité maximale. Et enfin trois, la démographie même du Brésil.

Sur une population d'environ 170 millions d'âmes, le Brésil n'avait que moins d'un pour cent de musulmans, et dans ce chiffre, là encore un pour cent seulement était composé d'autochtones convertis. La marée montante de l'islamisme radical tant redoutée dans les autres pays occidentaux était un problème inexistant ici. Nul ne se souciait de la mosquée que vous fréquentiez ou de votre opinion sur la guerre en Irak ; ces sujets étaient rarement abordés et n'avaient en tout cas aucun impact sur votre aptitude à décrocher un emploi, que ce soit dans un restaurant ou chez Petrobras.

Cassiano gardait ses idées pour lui, priait en privé, n'était jamais en retard au travail, et prenait rarement des congés maladie. Musulman ou pas, il était le travailleur idéal, tant pour Petrobras que pour son nouvel employeur qui assurément le payait mieux.

Les détails qu'il lui avait demandé de fournir rendaient leurs intentions parfaitement transparentes et si Cassiano n'aimait pas particulièrement l'idée de jouer le rôle d'espion industriel, il se consolait par leur assurance que les seuls dégâts engendrés par ses actes seraient financiers. Par ailleurs, se disait-il, avec

l'extension progressive du filon du bassin de Santos, le gouvernement brésilien, actionnaire majoritaire de Petrobras, aurait de
l'argent à n'en plus savoir qu'en faire pour les décennies à venir.

Il n'y avait donc aucune raison qu'il n'ait pas sa part de butin,
non ?

25

« C HARPENTIER EST ARRIVÉ », pépia la radio près de l'endroit où était assise Andrea.

« Vous voulez que j'aille l'accueillir, patron ?

– Non, j'y vais. » Ryan quitta son ordinateur et gagna la porte. « Au fait, il restera pour dîner.

– Bien sûr, patron. »

Arnie van Damm n'avait jamais été du genre à s'encombrer de formalités. Il avait loué chez Hertz une voiture à l'aéroport de Baltimore et pris lui-même le volant. Toujours vêtu des mêmes chemises L.L.Bean et de son éternel pantalon kaki, nota Jack, alors qu'il descendait de sa Chevrolet.

« Eh, Jack ! » lança l'ancien secrétaire général de la Maison Blanche.

« Arnie, ça faisait un bail. Comment s'est passé le vol ?

– J'ai roupillé presque tout du long. » Ils entrèrent. « Et le bouquin, ça avance ?

– C'est un peu délicat pour l'ego d'écrire sur soi, mais j'essaie de dire la vérité.

– Waouh, mon vieux, voilà de quoi rendre perplexes les chroniqueurs du *Times*.

– Eh bien, ma foi, ils ne m'ont jamais trop apprécié. Je ne m'attends pas à ce qu'ils changent maintenant.

– Merde, Jack, tu viens juste d'échapper à une tentative d'attentat…

– Conneries, Arnie.

– Perception, mon ami. Le public entend ce genre d'info, et tout ce qu'il en retient, c'est que quelqu'un a essayé de te tuer et en a payé le prix.

– Alors quoi, de l'omnipotence par procuration ?

– T'as tout pigé. »

Ils avaient gagné la cuisine et Jack leur servait déjà le café. Cathy ne serait pas rentrée avant une heure et Jack avait donc encore le temps de compléter sa dose vespérale de caféine. « Alors, raconte-moi tout ça. J'ai entendu dire que la Cour suprême donnait des attaques à Kealty.

– Tu veux dire parce qu'il ne peut pas procéder à des nominations ? Ouais, ça le rend dingue, en effet. Durant la campagne, il avait promis un siège au professeur Mayflower, de la faculté de droit d'Harvard.

– Lui ? Bon Dieu, il veut réécrire l'Évangile selon saint Matthieu.

– Dieu n'a pas fréquenté Harvard. Sinon, il aurait été mieux informé », suggéra van Damm.

Ryan étouffa un rire. « Alors : pourquoi cette visite ?

– Je crois que tu le sais, Jack. Mieux encore, je crois que tu y as déjà songé. Dis-moi que je me trompe.

– Tu te trompes.

– Encore un truc que j'ai toujours aimé chez toi, Jack. T'as jamais été fichu de mentir. »

Ryan bougonna.

« Être mauvais menteur n'est pas une mauvaise chose, nota

Arnie. Kealty est déjà en train de sortir de la route, Jack. Ce n'est que mon opinion, mais…

– C'est un escroc. Tout le monde le sait, mais aucun journal ne le dira.

– C'est un escroc, mais c'est leur escroc. Ils croient pouvoir le contrôler. Ils le comprennent, comprennent son mode de pensée.

– Qui a dit qu'il pense, même ? Il ne pense pas. Il a une vision du monde tel qu'il le rêve. Il veut tout faire pour que le monde colle à cette idée… si on peut parler d'une idée.

– Et les tiennes, d'idées, Jack ?

– On les appelle des principes ; il y a une différence. On essaie de les vendre du mieux qu'on peut, avec l'espoir que le public comprendra. En faire plus, c'est se comporter en vendeur de voitures d'occasion.

– Un homme politique célèbre a dit un jour que la politique était l'art du possible.

– Mais si tu te limites à ce qui est possible – à ce qui a déjà été fait –, comment diable veux-tu qu'on progresse ? Kealty veut nous ramener aux années trente, à Roosevelt et tout ce qui s'ensuit.

– Tu y as beaucoup réfléchi, Jack ? observa son vieil ami, avec l'ombre d'un sourire.

– Tu sais bien que oui. Nos pères fondateurs se retourneraient dans leur tombe en voyant ce que fait cet abruti.

– Alors, remplace-le.

– Pour recommencer tout le cirque ? À quoi bon ?

– Edmund Burke, rappelle-toi. "Tout ce qu'il faut pour que triomphe le mal, c'est que les hommes de bien restent les bras ballants."

– J'aurais dû le sentir venir, rétorqua Jack. Merci, j'ai déjà donné. J'ai combattu deux guerres. J'ai préparé ma succession. J'ai fait tout ce qu'un homme est censé faire.

— Et fort bien, admit l'ancien secrétaire général de la Maison Blanche. Jack, en un mot comme en cent : le pays a besoin de toi.

— Non, Arnie, le pays n'a pas besoin de moi. Nous avons encore un bon Congrès.

— Ouais, ils sont excellents, mais ils n'ont pas encore engendré de vrai leader. Owens, le représentant de l'Oklahoma, est un gars prometteur, mais il lui reste du chemin à faire. Pas assez aguerri, trop provincial, et trop idéaliste. Il n'est pas encore prêt pour jouer en première division.

— Tu aurais pu en dire autant de moi, remarqua Ryan.

— Exact, mais tu écoutes, et la plupart du temps, tu connais tes limites.

— Arnie, j'apprécie vraiment l'existence que je mène aujourd'hui. J'ai du travail pour me tenir occupé, mais je n'ai pas besoin de me casser le cul. Plus besoin de surveiller la moindre de mes paroles, par peur d'offenser des gens qui me détestent de toute façon. Je peux me balader chez moi, pieds nus et sans cravate.

— Tu t'ennuies.

— Je l'ai bien mérité. » Ryan marqua un temps, but une gorgée de café, puis essaya de changer de sujet : « Que fait Pat Martin en ce moment ?

— Il n'a pas envie de redevenir procureur général des États-Unis, répondit van Damm. Il enseigne maintenant le droit à Notre Dame. Et il dirige des séminaires pour les juges qui viennent d'endosser la robe.

— Pourquoi pas à Harvard ou Yale ? s'étonna Ryan.

— Harvard ne voulait pas de lui. L'idée d'avoir un ancien procureur général les attirait, bien sûr, mais pas le tien. De toute façon, Pat n'avait pas envie d'aller là-bas. C'est un grand fan de foot. Harvard a une bonne équipe, mais ce n'est rien en comparaison de Notre Dame.

– Je me souviens, admit Jack. Ils ne daignaient même pas jouer avec nous, les petits arrivistes catholiques du collège de Boston. »

Et pourtant, il arrivait aux BC Eagles de battre Notre Dame, quand le ciel était avec eux.

« Tu veux bien y réfléchir ? insista de nouveau Arnie.

– Les Américains sont assez grands pour choisir eux-mêmes leurs présidents, Arnie.

– Certes, mais c'est comme un restaurant avec un menu limité. Tu ne peux choisir que ce que te propose le chef, et tu ne peux pas ressortir et aller en face si tu n'es pas satisfait de son choix.

– Qui t'envoie ?

– Des gens m'ont parlé. La plupart, de ton bord politique… »

Jack le coupa en levant la main. « Je ne suis inscrit nulle part, rappelle-toi.

– Voilà qui devrait réjouir les trotskystes du Parti socialiste des travailleurs. Eh bien, présente-toi en candidat indépendant. Lance ton propre parti. Après tout, Teddy Roosevelt l'a bien fait.

– Et il a perdu.

– C'est toujours mieux d'essayer et de se planter que…

– Ouais, ouais…

– Le pays a besoin de toi. Kealty est en train de se couvrir de ridicule. Il a déjà mis ses spécialistes de l'opposition sur le qui-vive pour sonder ton passé. Tu n'es donc pas au courant ?

– Conneries.

– Ça fait bientôt un mois qu'ils sont dessus. Cette histoire de Georgetown les tracasse. Je te le dis, Jack, il faut qu'on saute sur l'occasion tant qu'il est encore temps. » Ryan hocha la tête. Arnie insista : « Écoute, tu n'avais rien machiné. Si les gens en font des gorges chaudes, c'est parce que tu restes très haut dans les sondages.

– Ah, les sempiternels sympathisants…

– Ça ne se résoudra pas comme ça, crois-moi, mais si tu veux faire un grand retour, c'est l'occasion ou jamais. Donc : pas de linge sale ou de cadavres dans les placards ?

– Rien de plus que ce que tu sais déjà. » Mais Jack réussit à dissimuler ce mensonge. Seul Pat Martin était au courant de cet héritage particulier laissé par Ryan après son départ. Il n'en avait jamais parlé à Robby. « Je suis trop ennuyeux pour être un politicien. C'est sans doute pour ça que les médias ne m'ont jamais apprécié.

– Ces spécialistes de l'opposition auront accès à tout, Jack, y compris aux documents de la CIA. T'as bien dû laisser derrière toi quelques casseroles, insista van Damm. Nul n'y échappe.

– Ça dépend de l'interprétation qu'on en fait, j'imagine. Mais révéler quoi que ce soit serait un crime fédéral. Combien de politiciens oseraient faire une chose pareille ?

– T'es encore un grand naïf, Jack. En dehors de se faire filmer en train de violer une gamine ou de jouer à touche-pipi avec un petit garçon, il n'y a pas grand-chose qu'un politicien ne serait pas prêt à faire pour décrocher la présidence.

– Ce qui me ramène à la question qui me taraude : Kealty aime-t-il être président ?

– Lui-même n'en sait sans doute rien. Fait-il du bon boulot ? Non, pas vraiment. Mais ça, il ne s'en rend même pas compte. Il pense faire aussi bien que n'importe qui, et même plutôt mieux. Il aime le jeu politique. Il aime répondre au téléphone. Il aime que les gens viennent le voir quand ils ont un problème. Il aime être le gars qui répond aux questions, même quand il ne sait fichtre pas de quoi il parle. Tu te rappelles la rengaine de Mel Brooks : "C'est bon d'être un roi" ? Même si le roi est totalement naze. Il veut garder la place parce que toute sa vie, il a été un politicien. C'est son Everest, et il l'a escaladé parce qu'il était là, alors qu'importe, une fois arrivé au sommet, qu'on ne puisse rien y faire ? Il est là, et personne d'autre n'occupera sa place. Serait-il prêt à tuer pour son poste ? Sans doute, s'il en avait le cran. Mais il ne l'a pas. Il en chargerait, qui sait, un de ses sbires, sans laisser de traces écrites. On peut toujours trouver des gens pour se charger d'une telle tâche, et il suffit de les lâcher s'ils se font prendre.

– Jamais, je ne…

– Prends ce John Clark. Il a tué des gens, et les motifs n'auraient pas toujours tenu devant une enquête publique. Tu dois te résoudre à ce genre d'action quand tu diriges un pays, c'est entendu, peut-être que c'est techniquement illégal, mais tu le gardes sous le manteau parce que ça ferait tache en première page du journal. Si jamais tu as laissé derrière toi un truc dans ce genre, Kealty le rendra public, via des intermédiaires et des fuites savamment orchestrées.

– Si on devait en arriver là, je pourrais gérer le problème », dit Ryan, glacial.

Il n'avait jamais trop bien réagi aux menaces et lui-même en avait rarement émis, en tout cas, pas sans avoir de quoi riposter. Mais jamais Kealty ne laisserait faire une chose pareille. Comme bien trop de « grands » hommes, et comme une majorité du personnel politique en fait, c'était un poltron. Et les poltrons étaient les premiers à recourir aux démonstrations de force. C'était une forme de pouvoir qui grisait certains hommes. Pour sa part, Ryan l'avait toujours trouvée inquiétante, mais il n'avait jamais eu à dégainer cette arme sans une cause sérieuse.

« Arnie, si l'on doit en arriver là, je ne redoute rien des bâtons que ce salopard pourra me mettre dans les roues. Mais pourquoi en arriverait-on là ?

– Parce que le pays a besoin de toi, Jack.

– J'ai essayé de le remettre sur pied. J'y ai consacré près de cinq ans, et j'ai échoué.

– Le système est trop corrompu, c'est ça ?

– J'avais un Congrès honnête. La plupart étaient OK – ceux qui sont retournés chez eux à cause des promesses de campagne. Merde, ceux-là au moins, ils étaient réglo, non ? Le Congrès s'est grandement amélioré mais c'est le président qui donne le ton, et ça je n'ai rien pu y changer. Dieu sait pourtant que ce n'est pas faute d'avoir essayé.

– Callie Weston t'a écrit quelques bons discours. Tu aurais fait un bon curé. » Arnie se carra dans son siège et termina sa tasse de café. « Tu as fait un sérieux effort, Jack. Mais ça n'a pas suffi.

– Donc, tu veux que je remette ça. Quand on se frappe la tête contre les murs, ce bruit de courge qui éclate finit par devenir déprimant, à la longue.

– Les amis de Cathy ont-ils trouvé un remède au cancer ?

– Non.

– Ont-ils pour autant cessé leurs recherches ?

– Non, dut bien convenir Jack.

– Parce que ça vaut le coup d'essayer, même quand c'est impossible ?

– Jouer avec les lois scientifiques est plus aisé qu'améliorer la nature humaine.

– OK, tu peux toujours rester planté là à regarder CNN et lire tes journaux en bougonnant. »

Et Dieu sait que je ne m'en prive pas, dut admettre Jack. Le problème avec Arnie, c'est qu'il savait manipuler Ryan aussi bien qu'une gamine de quatre ans manipule son père. Sans effort, et en toute innocence. La même innocence que Bonnie et Clyde dans une banque, bien sûr, mais Arnie connaissait la chanson.

« Je te le répète, Jack. Ton pays…

– Et je te repose la question : qui t'a envoyé ?

– Pourquoi penses-tu une chose pareille ?

– Arnie…

– Personne, Jack, et je suis sincère. J'ai pris ma retraite, moi aussi, l'aurais-tu oublié ?

– Regrettes-tu le boulot ?

– Je n'en sais rien, mais je vais te dire une chose : je pensais que la politique était la plus digne des activités de l'homme, mais tu m'en as guéri. Il faut d'abord défendre une idée. Kealty n'a rien à défendre. Il veut juste être président des États-Unis, parce qu'il estime qu'il était dans la file d'attente et que son tour était venu. Du moins, c'est ainsi qu'il voit les choses.

– Donc, tu marcherais avec moi ?

– Je serais là pour t'aider, te conseiller et peut-être que cette fois-ci tu entendras un peu mieux la voix de la raison.

– Cette histoire de terrorisme... c'est un trop gros morceau pour être réglé en quatre ans.

– Entièrement d'accord. Tu peux réintroduire ton projet de reconstruction de la CIA. Accélérer le programme de recrutement, remettre en route les opérations sur le terrain. Kealty a estropié l'Agence mais il ne l'a pas complètement détruite.

– Ça prendrait dix ans. Peut-être plus.

– Eh bien, tu la remets sur les rails, tu cèdes la place, et tu laisses un autre finir le boulot.

– La plupart des membres de mon cabinet ne reviendront pas.

– Et alors ? Trouves-en de nouveaux, observa froidement Arnie. Le pays regorge de talents. Trouve-toi un groupe de gens honnêtes et fais jouer ta magie. »

La remarque fit ricaner Jack Ryan Sr. « Ce sera une campagne longue.

– Ta première en vérité. Il y a quatre ans, tu te présentais pour parachever ton couronnement, et ça a marché. C'en était même d'une facilité écœurante, à voler d'un bout à l'autre du pays pour t'adresser à des foules conquises – la plupart voulaient juste voir en chair et en os celui pour qui ils allaient voter. Avec Kealty, ce sera différent. Tu auras même à débattre avec lui – et ne le sous-estime pas. C'est un politicien doué, et il sait balancer des coups bas, prévint Arnie. Ça, tu n'y es pas habitué. »

Soupir de Ryan. « Tu sais que t'es un vrai fils de pute ? Si tu veux que je m'engage dans ce truc, tu vas être déçu. Il faut que j'y réfléchisse. J'ai quand même une femme et quatre mômes.

– Cathy sera d'accord. Elle est bien plus intelligente et solide que ne l'imaginent les gens, nota van Damm. Tu sais ce qu'a dit Kealty, la semaine dernière ?

– À quel propos ?

– De la sécurité sociale. Une chaîne de télé locale de Baltimore interviewait Cathy. Elle a dû avoir un moment de faiblesse et s'est lâchée en disant qu'elle ne pensait pas que l'actuelle politique de santé publique soit une si bonne chose. La réaction de Kealty a été : "Qu'est-ce qu'un toubib peut bien connaître aux problèmes de santé publique ?"

– Comment se fait-il que ça n'ait pas fait les gros titres ? Ça valait pourtant son pesant de cacahuètes.

– Anne Quinlan est sa secrétaire générale. Elle a réussi à convaincre le *Times* d'étouffer l'affaire. Anne n'est pas une idiote. Et le directeur de la rédaction à New York est un de ses vieux copains.

– Comment se fait-il que moi, par contre, ils ne me rataient jamais quand je mettais les pieds dans le plat ?

– Jack, Ed est du sérail. Toi, en revanche, non. Ça ne t'est jamais arrivé de passer l'éponge pour un de tes potes ? Eh bien, c'est ce qu'ils font. Ce sont des êtres humains, eux aussi. »

Arnie se montrait plus détendu désormais. Il avait remporté sa première bataille. Il était temps de se montrer magnanime.

Imaginer que les journalistes puissent être des êtres humains, c'était déjà bien assez dur à avaler pour Ryan.

26

PRÈS DU QUART DU PARC MONDIAL de grues de construction disponibles, songea Badr, dressées autour de Port Rashid. Trente mille grues, sur les 125 000 en service dans le monde, rassemblées au même endroit, et dans un même but : faire de Dubaï le joyau de la planète et un paradis pour ses habitants les plus fortunés.

De là où il se tenait, il pouvait voir au large les îles du Palmier et du Monde – de vastes archipels artificiels, le premier représentant la forme de la plante, le second évoquant un planisphère – ainsi que l'hôtel Burj Al-Arab, aiguille de plus de trois cents mètres en forme de voile géante.

Sur le continent, la ville était un océan de gratte-ciel, un dédale d'autoroutes entrecoupés de chantiers. Et d'ici cinq ans, d'autres attractions allaient continuer de jaillir du paysage : le front de mer, un croissant destiné à s'avancer sur près de quatre-vingts kilomètres dans la mer ; l'hôtel sous-marin Hydropolis ; la cité des sports et les complexes de sports alpins sous dôme ; le monde des sciences spatiales. En moins d'une décennie, Dubaï était passée du stade de petit coin de désert, perdu sur la carte, à celui de cité balnéaire en vue, terrain de jeux pour les plus fortunés. Avant longtemps, jugeait Badr, les équipements et attractions de Dubaï allaient même dépasser ceux de Las Vegas. Ou peut-être pas : la crise économique mondiale avait également touché les Émirats arabes unis. Bon nombre des grues qui dominaient la ville étaient en réalité immobiles, les projets immobiliers étant au point mort. Badr y voyait la main de Dieu. Une telle décadence dans un pays musulman était sinon impensable.

« Magnifique, n'est-ce pas ? » entendit-il dans son dos. Il se retourna.

« Toutes mes excuses pour ce retard, dit l'agent immobilier. Comme vous aurez pu le constater, les chantiers de construction, ça peut être pénible. Monsieur Almassi, je présume ? »

Badr acquiesça. Ce n'était pas son vrai nom, bien sûr, et l'agent devait probablement s'en douter, mais une autre des caractéristiques admirables de Dubaï était son respect généralisé pour la discrétion et l'anonymat au sein de son armée de banquiers, de courtiers et d'agents. Les affaires, comme l'argent, n'avaient pas d'odeur, et l'un comme l'autre étaient tenus en bien plus haute estime que des codes de conduite arbitraires et totalement subjectifs.

« Oui, confirma Badr. Merci de me consacrer votre temps.

– Mais de rien. Par ici, je vous prie. »

L'agent se dirigea vers une voiturette de golf électrique garée tout près. Badr y monta et ils longèrent le quai.

« Vous aurez sans doute remarqué que le bassin n'est pas réalisé en béton, commença l'agent.

– Je l'ai remarqué. »

De fait, la surface avait une légère teinte ocre brun.

« Il s'agit d'un matériau composite – assez analogue aux revêtements synthétiques, m'a-t-on dit, mais bien sûr plus résistant et plus durable ; et coloré dans la masse. Fait pour durer. Les concepteurs ont estimé que c'était un choix plus attirant que le gris béton habituel. »

Ils s'arrêtèrent devant un entrepôt tout au bout du quai. « Vous avez évoqué la nécessité d'un endroit discret, remarqua l'agent. Celui-ci conviendra-t-il ?

– Oui, je pense.

– Comme vous pouvez le constater, c'est un emplacement d'angle, avec des points d'accès à la mer sur le devant et sur le côté. De quoi accueillir deux bâtiments de cent mètres chacun. Bien entendu, des grues sur portique sont disponibles à la location, si vous en avez besoin. »

À vrai dire, Badr ne savait pas grand-chose des exigences de son client, en dehors de la taille et de la disposition de l'entrepôt, et de la période durant laquelle il serait utilisé. La facilité d'accès et l'isolement étaient essentiels.

« Puis-je visiter l'intérieur ?

– Bien entendu. »

L'agent exhiba une carte électronique qu'il introduisit dans un lecteur près de la porte. Il y eut un bip discret. L'agent plaqua ensuite son pouce sur une plaque près de la fente. Quelques secondes plus tard, le verrou s'ouvrit avec un déclic.

« La carte d'accès et le lecteur biométrique sont entièrement programmables par le locataire. Vous et vous seul pourrez contrôler qui aura accès aux installations.

– Comment procède-t-on ?

– Par le truchement de notre site Internet. Une fois que vous avez créé votre compte, vous n'avez plus qu'à vous connecter, programmer les cartes et entrer les scans d'empreintes digitales. Toutes les données sont cryptées selon le protocole TLS – Transport Layer Security – avec certificats numériques.

– Excellent. Et la police ?

– Ces dix dernières années, je peux compter sur les doigts d'une main les fois où la police a demandé un mandat pour visiter nos installations. Et tous, à l'exception d'un seul, ont été rejetés par les tribunaux. Nous nous enorgueillissons de garantir l'anonymat et la sécurité de nos clients – toujours dans le strict cadre légal des Émirats, bien sûr. »

Ils entrèrent. L'espace intérieur, d'environ deux mille mètres carrés, était vide. Le sol et les murs étaient réalisés dans le même matériau composite que le quai, mais d'une teinte blanc délavé. Pas de fenêtres, toutefois, bien qu'elles eussent été mentionnées dans les désirs du client. Sans être obligatoires, c'était certainement un plus. L'air était frais, sous les 20°.

« Confortable, n'est-ce pas ? » observa l'agent.

Badr opina. « Systèmes anti-effraction et anti-incendie ?

– Les deux. Surveillés par notre poste de contrôle à moins de quinze cents mètres d'ici. En cas d'incendie, un réseau de projection halogène est activé. En cas d'intrusion non autorisée, le locataire est contacté pour instructions.

– Pas la police ?

– Seulement avec l'aval du locataire.

– Et votre société ? Vous devez sûrement avoir accès…

– Non. Si un loyer demeure impayé au-delà d'une semaine, nous cherchons d'abord par tous les moyens à contacter le locataire. Au quatorzième jour, si le contact n'a toujours pas été établi, le lecteur de carte et le capteur biométrique sont désactivés – aux frais bien sûr du locataire, tout comme du reste la remise en route du système. Dans le même temps, tout le contenu de l'entrepôt est mis sous séquestre.

– Vous n'aurez pas ce problème avec nous, je puis vous le garantir, répondit Badr.

– J'en suis convaincu. Nous avons un contrat minimum d'un an, reconductible ensuite par tranches de six mois.

– Une année devrait suffire. » Un mois, en fait, lui avait-on dit. L'entrepôt demeurerait vide par la suite, après avoir rempli son office, quel qu'il fût. En fait, quelques jours après le départ de son client, le montage financier mis en place pour procéder à la location ne serait que l'ultime trace laissée aux autorités, et cela ne les mènerait du reste qu'à de nouveaux comptes fermés et d'autres sociétés-écrans. Cette « piste financière », que le renseignement américain savait si bien suivre, ne déboucherait sur rien.

« Nous pouvons également vous fournir notre assistance pour le dédouanement des marchandises, si vous devez en débarquer, proposa l'agent. Les licences d'exportation demeurant toutefois de votre responsabilité.

– Je comprends », répondit Badr en réprimant avec difficulté un sourire. Son petit doigt lui disait que les licences d'exportation étaient bien le cadet des soucis de ses clients. Il balaya une dernière fois les lieux du regard, puis se tourna vers l'agent. « Dans combien de temps le bail sera-t-il libéré ? »

Adnan ne devait jamais l'apprendre, mais ses homologues étaient beaucoup plus avancés dans leur mission et voguaient dans le confort relatif d'un bateau de croisière – même s'il s'agissait d'une péniche de débarquement russe reconvertie.

Adnan et ses hommes avaient parcouru pendant des jours la route côtière longeant la mer de Kara, traversant villages de pêcheurs et installations abandonnées dans un paysage uniformément blanc, ne rencontrant en chemin que de rares véhicules, et provenant toujours de la direction opposée – Adnan s'efforçait de ne pas y voir un présage funeste. Il avait du mal à imaginer qu'on puisse vivre ici par choix délibéré. Dans le désert, au moins, on pouvait profiter du soleil. Ici, un ciel uniformément plombé semblait plus la règle que l'exception.

Comme il s'y était attendu, trouver un abri pour leurs pauses nocturnes n'avait rien de sorcier, mais trouver mieux qu'une cabane était une autre histoire. Le premier soir, ils avaient eu la chance de dénicher une tente rectangulaire dotée d'un four à bois en état de marche, et si les parois de toile étaient criblées de trous et n'étaient plus étanches, les mâts de soutien étaient toujours solidement ancrés dans le sol et les sandows encore bien tendus ; ils avaient donc passé une nuit relativement confortable, alors que dehors, un véritable blizzard criblait la toile de neige et de glace comme autant d'éclats d'obus, tandis que les vagues grondaient sur les rochers. La deuxième nuit, ils avaient eu moins de chance, devant se blottir les uns contre les autres dans leurs sacs de couchage à l'arrière du camion dont la bâche, vraie passoire, ondulait au vent. Au bout de plusieurs heures à chercher vainement le sommeil, ils avaient renoncé et passé le reste de la nuit à boire du thé infusé sur leur réchaud de campagne, en attendant les premières lueurs de l'aube.

Et à présent, après trois journées de trajet, ils étaient à un jour, un jour et demi au plus, de leur destination – s'il fallait en croire la carte qu'Adnan consultait avec lassitude, en prenant grand soin de vérifier coordonnées et distances à l'aide de son GPS. *Destination* n'était toutefois pas vraiment le terme adéquat. Mieux valait sans doute parler de *tremplin*. À condition que le capitaine qu'ils avaient engagé se montre aussi bon qu'il s'en vantait et soit prêt à mériter le reste de sa prime, ils se seraient encore rapprochés d'une étape de leur objectif, ce qui provoquait chez Adnan une certaine appréhension. Du peu qu'il avait pu lire de celui-ci, le paysage environnant, aussi désolé qu'il puisse paraître, allait bientôt leur sembler par comparaison relativement luxueux. Et puis, il y avait la maladie. Ils avaient certes des médicaments, mais le docteur n'était pas certain de leur efficacité. Ils aideraient, lui avait-on dit, mais sans garantie. Leur meilleure précaution resterait la vitesse et la prudence. Plus ils s'attarderaient sur place, plus élevé serait le risque. Le pire était qu'aucun d'eux ne saurait avant de longues années s'il s'en était ou non tiré indemne, ne découvrant que bien trop tard que la mort invisible était en train de les dévorer. *Peu importe*, se dit Adnan. La mort n'est qu'un passage vers le paradis, et ses hommes le savaient tout autant que lui. En douter eût été insulter Dieu.

Malgré le froid brutal et la frugalité des rations, pas un n'avait émis la moindre plainte. C'étaient des hommes de valeur, fidèles à Dieu et à la cause – ce qui bien entendu était du pareil au même. Et alors qu'il était raisonnablement certain de leur résolution quand enfin il leur révélerait la raison de leur voyage, il savait qu'il ne pouvait pas non plus baisser la garde. L'Émir l'avait personnellement choisi pour cette mission, et leur tâche était trop importante pour s'en laisser détourner par la peur.

Mais quid de la tâche proprement dite ? s'interrogea Adnan. Ses instructions étaient claires et détaillées, aisément accessibles dans son paquetage – plusieurs dizaines de pages plastifiées – mais s'il y avait des complications ? Si leur équipement se révélait inadapté ? S'ils coupaient au mauvais endroit ou si les treuils étaient incapables de supporter la charge ? Et si – Dieu les en protège – les mesures de sécurité avaient changé depuis qu'ils avaient reçu les informations ?

Stop. À l'instar de la peur, le doute de soi était un jeu de l'esprit, une faiblesse que permettait de surmonter la foi en Allah et en l'Émir. C'était un homme sage, un grand homme, et il avait assuré Adnan que leur récompense les attendrait. Ils la trouveraient, feraient le nécessaire pour s'en emparer, puis reviendraient.

Encore trois jours donc, puis cinq pour le retour.

27

Jack Junior éteignit son ordinateur et laissa son espace de travail, puis il sortit, regagna le parking et son Hummer H2 jaune, l'un de ses rares petits caprices. Pourtant, avec le prix de l'essence et la situation de l'économie, il culpabilisait chaque fois qu'il tournait la clé de contact. Sans être un écologiste pur et dur, loin de là, il se dit qu'il était peut-être temps de réviser ses ambitions à la baisse. Bigre, voilà que son écolo de petite sœur lui déteignait dessus. Il avait appris que Cadillac fabriquait un 4x4 Escalade hybride plutôt intéressant. Ça vaudrait le coup d'aller faire un tour chez le concessionnaire…

Occasion rare, il avait un dîner prévu ce soir avec ses parents. Sally serait là elle aussi, sans doute toujours aussi débordante d'idées au sujet de l'école de médecine. Elle devait encore songer à la spécialité qu'elle choisirait et pour cela, elle se reposait sur le conseil avisé de sa mère. Et Katie saurait se montrer toujours aussi charmeuse, toujours en adoration devant son grand frère, ce qui parfois pouvait s'avérer un brin pénible, mais SANDBOX – « bac à sable » – n'était après tout pas si mal, pour une petite sœur. Une vraie soirée en famille, avec steak, épinards en salade, pommes de terre rôties et maïs grillé, parce que c'était le repas préféré de son père. Peut-être un verre de vin, maintenant que l'âge le lui autorisait.

La vie d'un fils de président avait ses inconvénients, Jack l'avait appris depuis belle lurette. Son détachement de protection avait heureusement disparu même s'il n'était pas absolument certain de ne pas être toujours surveillé en catimini. Il s'en était ouvert à Andrea qui lui avait répondu que plus aucun effectif ne lui était assigné, mais pouvait-on vraiment la croire sur parole ?

Il se gara devant chez lui et entra troquer son costume contre un pantalon et une chemise de flanelle avant de ressortir. Bientôt, il était sur l'autoroute 97, pour rallier Annapolis et de là, Peregrine Cliff.

Ses parents avaient fait construire une maison de taille confortable avant leur entrée au service du gouvernement. La mauvaise nouvelle était que tout le monde savait où ils logeaient. Des curieux empruntaient la petite route de campagne pour venir s'arrêter devant, ignorant que leur plaque était systématiquement photographiée par le Service de sécurité, via un réseau de caméras discrètes. Peut-être devinaient-ils qu'un bâtiment discret, à moins de soixante-dix mètres du corps de logis abritait en permanence un minimum de six agents armés, au cas où quelqu'un s'aviserait de franchir la grille et de remonter l'allée. Il savait que son père trouvait ces mesures oppressantes. Ça devenait une coûteuse superproduction rien que de sortir pour rejoindre le supermarché « Géant » voisin pour acheter une baguette et un quart de lait.

Le prisonnier dans sa cage doré, songea Jack.

« SHORSTOP à l'entrée », annonça-t-il au planton et une caméra allait bien sûr confirmer son identité avant que s'ouvre la grille. Le Service de protection présidentiel avait tiqué lors du choix de son véhicule. Il faut dire qu'un Hummer jaune vif, c'était tout sauf discret.

Il se gara, descendit et gagna la porte. Andrea s'y tenait.

« Je n'ai pas eu l'occasion de vous en parler après, lui dit-elle d'emblée. C'est un sacré truc que vous avez, Jack. Si vous n'aviez pas réussi…

– Eh bien, vous auriez dû le descendre de plus loin, c'est tout…

– Peut-être. N'empêche, merci.

– De rien. On en sait un peu plus sur le gars ? J'ai entendu dire qu'il pourrait faire partie du CRO. »

Andrea hésita un instant. « Je ne peux ni confirmer ni infirmer », dit-elle avec un sourire après avoir nettement insisté sur *confirmer*.

Donc l'Émir a tenté d'éliminer papa. In-cro-yable. Il réfréna l'envie de retourner illico devant son ordinateur au Campus. L'Émir était en vadrouille et, tôt ou tard, il allait se démasquer ; dommage, Jack ne serait pas là quand ça se produirait.

« Sa motivation ?

– L'effet de choc, pense-t-on. Votre père est peut-être un "ex" mais il jouit toujours d'une immense popularité. Sans compter que la logistique est plus facile à gérer – il est toujours plus aisé de tuer un président à la retraite qu'un président en exercice.

– Plus aisé, peut-être, mais pas non plus si facile que ça. Vous l'avez prouvé.

– *Nous* l'avons prouvé, sourit Andrea. Vous voulez entrer dans le service ? »

Jack sourit à cette perspective. « Je vous informerai de l'évolution de la situation. Mais merci, Andrea. » Il poussa la porte et lança : « Eh, je suis là !

– Salut Jack », dit sa mère en émergeant de la cuisine pour l'étreindre et lui faire la bise. « T'as l'air en grande forme.

– Toi aussi, Dame Professeur en chirurgie. Où est p'pa ? »

Elle pointa le doigt vers la droite. « Dans la bibliothèque. Il a de la compagnie : Arnie. »

Jack s'y dirigea, gravit les quelques marches et tourna à gauche pour pénétrer dans l'espace de travail paternel. Son père était assis dans son fauteuil pivotant, Arnie van Damm était avachi dans un fauteuil club près de lui. « Qu'est-ce que vous êtes encore en train de conspirer tous les deux ? » demanda Jack en entrant dans la pièce.

« Les complots, ça ne marche pas », observa son père d'une voix lasse. Le sujet avait été fort à la mode durant sa présidence et son père détestait tout ce qui y touchait de près ou de loin, même s'il avait un jour, par plaisanterie, dit qu'il ferait repeindre en noir mat la flotte d'hélicos présidentiels, rien que pour embêter tous ceux qui étaient convaincus que rien ne se passait en ce bas monde sans l'intervention de quelque noir complot. Le fait que John Patrick Ryan Sr. fût à la fois un homme fortuné et un ancien employé de la CIA avait également contribué à alimenter ce genre de rumeur.

« Si c'est pas honteux, papa, railla Jack en s'approchant pour étreindre son père. Comment va Sally ?

– Ta sœur est allée à l'épicerie acheter de quoi faire la salade. Elle a pris la voiture de ta mère. Quoi de neuf ?

– J'apprends les arbitrages monétaires. C'est d'un sinistre…

– T'as déjà fait quelques opérations ?

– Ma foi, non, pas encore, enfin pas de grande ampleur, mais je conseille des gens.

– Des comptes théoriques ?

– Ouais. Je me suis fait un demi-million de dollars virtuels, la semaine dernière.

– Les dollars virtuels, tu ne peux pas les dépenser, Jack.

– Je sais, mais il faut bien commencer quelque part. Alors Arnie, on essaie de convaincre papa de se représenter ?

– Pourquoi dis-tu ça ? » s'étonna van Damm.

Peut-être était-ce le décorum, se dit Jack. Il arqua légèrement les sourcils mais n'insista pas. De sorte que chacun dans la pièce savait une chose qu'ignoraient les deux autres. Arnie n'était pas au courant de l'existence du Campus et du rôle joué par son père dans sa mise en œuvre, il ignorait l'existence des grâces présidentielles en blanc, ignorait les procédures autorisées par son père. Ce dernier ignorait que son propre fils travaillait là-bas. Quant à Arnie, il connaissait plus de secrets politiques que quiconque depuis l'ère Kennedy, secrets que pour la plupart il taisait, même au président en exercice.

« C'est un vrai bordel à Washington », lança Jack, espérant relancer la conversation.

Van Damm ne s'y laissa pas prendre : « Rien de nouveau.

– On en vient à se demander à quoi pensaient les gens en 1914, quand ils ne s'imaginaient pas que le pays était au bord du gouffre – mais tout le monde semble l'avoir oublié aujourd'hui. Est-ce parce que quelqu'un a réparé les dégâts ou bien parce que ça n'avait pas vraiment d'importance ?

– Le premier gouvernement Wilson, répondit Arnie. La guerre éclate en Europe, mais personne à l'époque n'imagine à quel point elle va dégénérer. Il a fallu un an encore pour que la réalité s'ancre dans les esprits et, à ce moment, il était déjà trop tard pour trouver une issue. Henry Ford a bien essayé, mais il s'est fait couvrir de lazzis.

– Est-ce parce que le problème était trop vaste ou parce que les gens avaient l'esprit trop étriqué ? s'interrogea Jack.

– Ils n'ont pas vu venir la catastrophe, répondit Ryan père. Trop occupés qu'ils étaient à régler les affaires courantes pour prendre le recul nécessaire afin d'appréhender les grandes tendances de l'Histoire.

– Comme tous les politiciens ?

– Les professionnels de la politique tendent à se polariser sur les petits problèmes plutôt que sur les gros, c'est vrai, approuva Arnie. Ils essaient de privilégier la continuité parce qu'il est toujours plus aisé de garder le train sur la même voie. Le problème se pose quand les voies s'affaissent à la courbe suivante... C'est pour ça que c'est un boulot difficile, même pour des gens intelligents.

– Sans compter que personne n'a vu venir le terrorisme.

– Non, Jack, en effet, du moins, pas complètement, admit l'ancien président. Certains, si. Merde, avec un meilleur service de renseignement, on aurait pu, mais les dégâts remontaient à trente années, et personne n'avait réellement rectifié le tir dans l'intervalle.

– Qu'est-ce qui marche ? demanda Jack. Qu'est-ce qui aurait fait la différence ? »

La question était suffisamment vague pour susciter une réponse sincère.

« Le renseignement technologique. Nous sommes sans doute toujours les meilleurs en ce domaine, mais rien ne remplace le renseignement humain, les véritables espions, sur le terrain, ceux qui parlent à des gens réels pour découvrir ce qu'ils pensent vraiment.

– Et qui en tuent quelques-uns ? intervint Junior, juste histoire de voir la réaction de ses interlocuteurs.

– Pas si souvent que ça, répondit son père. Du moins, ailleurs qu'à Hollywood.

– Ce n'est pas ce que disent les journaux.

– Ils continuent de signaler aussi qu'on a vu Elvis, observa Arnie.

– Merde, ça serait peut-être sympa que James Bond existe vraiment, mais voilà, non », remarqua l'ancien président.

Cela avait sonné la perte de l'administration Kennedy qui s'était mise à gober la fiction 007, à l'exception d'un idiot nommé Oswald. Les grandes orientations de l'Histoire étaient-elles le fait des accidents, des assassins et de la malchance ? Peut-être qu'un complot pouvait encore être justifiable autrefois, mais ce n'était plus le cas. Trop d'avocats, trop de journalistes, trop de blogueurs, de caméscopes et d'appareils photo numériques.

« Comment y remédier ? »

La question amena Jack Senior à relever la tête – avec quelque tristesse, remarqua son fils. « J'ai essayé une fois, tu te souviens ?

– Alors, pourquoi Arnie est-il ici ?

– Depuis quand es-tu devenu aussi curieux ?

– C'est mon boulot de chercher et de trouver des conclusions.

– Ah, la malédiction familiale », observa van Damm.

C'est à cet instant que Sally entra. « Eh bien, qui voilà !

– Déjà fini de disséquer ton cadavre ? demanda Junior.

– Le plus dur est de rassembler les morceaux et de le faire marcher droit pour ressortir, rétorqua Olivia Barbara Ryan. C'est autre chose que de manier de l'argent – un sale truc, l'argent, plein de microbes.

– Pas quand on procède par l'informatique. Ça devient tout beau tout propre.

– Et comment va ma fille préférée ? s'enquit l'ancien président.

– Eh bien, j'ai trouvé la laitue. Bio. Rien de mieux. Maman m'a dit de te prévenir qu'il était temps de mettre à griller les steaks. »

Sally était contre la viande rouge mais ça restait la seule chose que son père était capable de cuisiner, ça et les hamburgers. Comme on n'était plus en été, il devait utiliser le réchaud à gaz au lieu du barbecue à charbon de bois. Cela suffit à faire se lever son père pour gagner la cuisine, laissant Junior seul avec Arnie.

– Alors, monsieur van Damm, est-ce qu'il va rempiler ?

– Je pense qu'il doit le faire, qu'il l'accepte ou non maintenant. Le pays a besoin de lui. Et tu peux m'appeler Arnie, Jack. »

Soupir de Junior. « C'est une histoire de famille qui ne me regarde pas. Ça ne rapporte pas assez en compensation de toutes les peines de cœur que ça déclenche.

– Peut-être bien, mais comment dis-tu non à ton pays ?

– On ne m'a jamais posé la question, répondit Jack, ce qui était plus ou moins un mensonge.

– La question est toujours personnelle. Et ton père l'a dans l'oreille désormais. Que va-t-il décider ? Bon sang, tu es son fils, tu le connais mieux que je le connaîtrai jamais.

– Le plus dur, avec papa, c'est nous : maman et les enfants. Je crois que sa loyauté va d'abord à nous trois.

– Comme il se doit. Dis-moi : pas de jolie fille dans ta vie ?

– Pas encore. »

Ce n'était pas entièrement vrai. Brenda et lui sortaient ensemble depuis un mois environ, et il tenait à elle, mais Jack ne savait pas encore jusqu'à quel point. Celui de la présenter à ses parents, par exemple.

« Elle t'attend quelque part. La bonne nouvelle est que la réciproque est vraie.

– Je vous prends au mot. La question reste : serai-je vieux avec des cheveux gris quand ça se produira ?

– T'es pressé.

– Pas spécialement. »

Sally apparut sur le seuil. « Dîner, pour ceux qui veulent dévorer la chair d'une créature innocente et inoffensive, sans doute assassinée à Omaha.

– Eh bien, elle aura eu une vie épanouie », observa Jack.

Arnie renchérit : « Oh oui, on lui a apporté sa nourriture sur place, elle avait plein d'amis, tous de son âge, elle n'a jamais eu à

marcher trop loin, pas à se soucier des loups, et a joui de soins médicaux constants pour traiter les maladies qui auraient pu l'affliger…

– Juste un détail, rétorqua Sally en les précédant dans l'escalier. Ils lui ont fait gravir une rampe pour entrer dans une cage avant de lui fracasser le crâne au marteau pneumatique.

– T'es-tu jamais posé la question, jeune fille, de savoir si une tête de laitue ne criait pas quand on la sectionnait de sa tige ?

– Pas facile toutefois de les entendre, pépia Jack. Leurs cordes vocales sont si petites. Nous sommes des carnivores, Sally. C'est pourquoi nous avons si peu d'émail sur les dents.

– En ce cas, nous sommes mal adaptés. Le cholestérol nous tue dès qu'on cesse d'être en âge de se reproduire.

– Seigneur, Sally, tu veux nous voir courir dans les bois, tout nus et armés de couteaux en silex ? Tu oublies ton Ford Explorer ? intervint Jack. Et le bœuf qui a constitué notre dîner a également donné le cuir de tes chaussures de marque. L'écologie pure et dure a ses limites…

– Ça devient une religion, Jack, avertit Arnie, et tu ne peux pas harceler quelqu'un sur ses opinions religieuses.

– C'est pourtant une tendance générale. Et qui ne s'exprime pas seulement en paroles.

– Certes, admit Arnie. Mais inutile d'en remettre une couche.

– OK, parfait. Sally, parle-nous donc du trou dans la couche d'ozone », suggéra Jack.

Là, il marquait un point. Sally aimait trop son bronzage.

28

COMME L'AVAIT PRÉVU VITALY, ses clients ne buvaient pas de vodka. Il en avait acheté quatre litres pour reconstituer ses réserves personnelles, mais alors qu'ils fumaient tous, aucun ne buvait d'alcool. Cela ne fit que confirmer ses soupçons. Non que cela eût une quelconque importance. Leur argent ne valait pas moins que celui des autres.

Il avait échoué sa péniche de débarquement sur un rivage de galets en pente douce – ce qui passait pour une plage par ici. Il avait laissé la rampe en position relevée, de peur qu'un ours ne divague à l'intérieur de l'embarcation. Ils allaient du reste mettre le cap sur une zone de chasse importante, même si la saison était à présent terminée. Mais si ses clients avaient des armes à feu, ils n'étaient pas du genre à chasser le gros gibier. Il avait pensé tirer un ours pour son plaisir personnel, ça ferait une jolie décoration dans la timonerie, le genre de truc propre à frapper la clientèle. Mais il n'avait jamais pu trouver le temps.

Les clients étaient logés à l'extrémité de la cale. Vitaly y avait installé des matelas en plastique et quelques chaises pliantes. Assis, ils fumaient et discutaient tranquillement entre eux, sans vraiment le déranger. Ils avaient même apporté leurs vivres. Pas une mau-

vaise idée. Vanya était loin d'être un maître-queux et il se nourrissait surtout de rations de l'armée russe, qu'il rachetait en sous-main à un sergent fourrier basé à Arkhangelsk.

Il régnait ici un calme étrange. Les avions les survolaient trop haut pour être audibles, et il était même difficile et rare d'apercevoir leurs feux anticollision, c'est dire à quel point cette région était loin de toute civilisation, n'accueillant que de rares aventuriers ou naturalistes, et bien sûr les quelques pêcheurs locaux qui s'échinaient à tirer de la mer un maigre revenu. Qualifier cette région russe d'économiquement sinistrée était une litote. Si l'on exceptait la marine de guerre moribonde, il n'y avait quasiment aucune activité digne de ce nom, et le peu qui en subsistait se limitait au nettoyage des dégâts et autres catastrophes qui avaient causé la mort de tant de marins, les pauvres bougres.

Mais, se souvint-il, c'est justement ce qui l'avait amené ici, et, pour quelque raison incompréhensible, il s'y plaisait. L'air était toujours pur, les hivers plus que vifs, ce que tout vrai Russe avait dans le sang, et ce qui le différenciait des races européennes inférieures.

Il consulta sa montre. Le soleil allait bientôt se lever. Il réveillerait ses clients d'ici cinq heures, pour qu'ils boivent leur thé matinal et mangent leurs tartines beurrées. Il avait du bacon à leur refiler mais pas d'œufs.

Dans la matinée, il irait en mer et surveillerait le trafic marchand. Celui-ci était étonnamment dense. Mais d'un point de vue économique, ça se justifiait plus que le transport routier ou ferroviaire pour desservir les nouveaux gisements de pétrole et le complexe de la mine d'or de Iesseï. Et on était en train de construire un oléoduc pour desservir la Russie d'Europe, financé pour l'essentiel par des sociétés pétrolières états-uniennes. Les gens du coin l'avaient baptisé l'« invasion américaine ».

Temps de fermer boutique, se dit-il. Il but une dernière gorgée de vodka et s'allongea sur le matelas qu'il avait disposé dans la timonerie, escomptant jouir de cinq ou six heures de sommeil.

Excepté un examen un peu plus approfondi au poste de douane de Dallas – mais Shasif avait été prévenu, vu son nom et son faciès –, le transbordement s'était effectué sans problème. Comme prévu, il avait acheté un billet aller-retour et s'était muni de bagages cohérents avec un séjour d'une semaine aux États-Unis. Dans le même ordre d'idées, il avait loué une voiture, réservé une chambre d'hôtel et s'était muni de quantité de brochures touristiques, ainsi que de copies de mails d'amis vivant dans la région. Shasif supposait qu'il s'agissait d'individus réels. Quoi qu'il en soit, il était douteux que les autorités poussent leurs vérifications jusque-là.

Tout ce qui pouvait constituer un risque avait été prévu. Il n'empêche que l'inspection avait été épuisante nerveusement, quand bien même elle s'était soldée par la négative. On lui fit signe de passer sous le portique.

Sept heures après son départ de Toronto, il se posait à l'aéroport international de Los Angeles à 10 heures 45 du matin, soit deux heures de décalage avec sa montre, puisqu'il avait voyagé vers l'ouest.

Après un ultime passage en douane, cette fois sous le regard encore plus inamical des policiers de l'aéroport, Shasif se rendit au comptoir Alamo où il fit patiemment la queue durant un quart d'heure. Dix minutes plus tard, il était au volant d'une Dodge Intrepid et filait vers l'est sur Century Boulevard. La voiture était équipée d'un ordinateur de navigation, aussi, lors d'un arrêt à une station-service, il en profita pour introduire l'adresse dans l'ordinateur, puis redémarra en suivant l'itinéraire indiqué sur l'écran.

Le temps de s'engager sur la 405 pour remonter vers le nord, on approchait de l'heure du déjeuner et le trafic était devenu plus dense. À l'approche de la 10, l'autoroute de Santa Monica, les voitures avançaient par à-coups à quarante kilomètres-heure. Shasif n'arrivait pas à imaginer comment on pouvait vivre dans un endroit pareil. Certes, le paysage était magnifique, mais tout ce bruit, toute cette agitation… comment pouvoir espérer y entendre la douce voix de Dieu ? Pas étonnant que l'Amérique soit dans un tel état de confusion morale.

L'autoroute de Santa Monica était un peu plus dégagée, ce qui lui permit de rallier la route du bord de mer en moins de dix minutes. Encore onze kilomètres et il arrivait à destination, Topanga Beach. Il entra sur le parking, aux trois quarts plein, et trouva un emplacement près du sentier desservant la plage.

Il descendit. La brise de mer était vive et, au loin, il entendait crier les mouettes. De l'autre côté des dunes, il aperçut cinq ou six surfeurs, chevauchant les vagues. Shasif traversa le parking pour gagner un talus recouvert de broussailles et rejoindre la route de service. Quinze mètres en contrebas sur la piste, se tenait une silhouette isolée, tournée vers l'océan. L'homme était d'origine arabe. Shasif vérifia sa montre. Pile à l'heure. Il se dirigea vers lui.

« Excusez-moi, lui dit-il. Je cherche la Reel Inn. Je crois bien que je l'ai manquée. »

L'homme se retourna. Ses yeux étaient masqués par des lunettes noires. « En effet, répondit-il. De près de cent mètres. Mais si vous cherchez un endroit pour vous restaurer, je vous recommanderais plutôt chez Gladstone. C'est un peu plus cher mais on y mange mieux.

– Merci. »

Cela dit, Shasif ne sut plus trop quoi ajouter. Juste lui tendre le colis et repartir ? L'homme se chargea d'en décider pour lui : il tendit la main. Shasif sortit de sa poche de blouson l'étui à CD et le lui donna, remarquant au passage les cicatrices sur les mains de son contact.

Le feu, songea Shasif.

« Vous restez quelque temps ? demanda l'homme.

– Oui. Trois jours.

– Quel hôtel ?

– Le Doubletree. Cité du Commerce.

– Restez près de votre téléphone. Il se peut qu'on ait quelque chose pour vous. Vous avez fait du bon boulot. Si ça vous intéresse, nous pourrions vous demander de jouer un plus grand rôle.

– Bien entendu. Tout ce que je pourrai faire.

– On vous contactera. »

Sur ces mots, l'homme s'en retourna, redescendant la route.

29

L E TÉLÉPHONE PRIVÉ de Jack Ryan Sr. sonna. Il décrocha, espérant être distrait de sa tâche. « Jack Ryan.

– Monsieur le président ?

– Eh bien, ouais, dans le temps, fit Ryan en se carrant dans son fauteuil. À qui ai-je l'honneur ?

– Monsieur, ici Marion Diggs. On m'a nommé au FORCE-COM. Je suis à Fort McPherson, Georgie – Atlanta, en fait.

– Général d'armée à présent ? »

Ryan se rappelait que Diggs s'était gagné une certaine réputation quelques années plus tôt en Arabie Saoudite. Un excellent commandant sur le champ de bataille, presque aussi bon que Buford-Six.

« Oui, monsieur, c'est exact.

– Comment se passe la vie, à Atlanta ?

– Pas si mal. Le commandement a ses bons moments. Monsieur... (Il hésita soudain.) Monsieur, j'ai besoin de vous parler.

– De quoi ?

– J'aimerais mieux que ce soit en tête à tête, pas au téléphone.

– OK. Pouvez-vous venir ici ?

– Oui, monsieur, j'ai un bimoteur à ma disposition. Je peux rallier l'aéroport de Baltimore d'ici, oh, environ deux heures et demie. De là, je pourrai terminer le trajet en voiture.

– Excellent. Donnez-moi l'heure approximative de votre arrivée et je vous fais récupérer par le Service de protection. Cela vous convient-il ?

– Oui, monsieur, ce serait parfait. Je peux partir d'ici un quart d'heure.

– OK, ça vous mène à Baltimore aux alentours d'une heure et demie ?

– En effet.

– Allez-y, général. On vous prendra à l'aéroport.

– Merci, monsieur. À bientôt. »

Ryan raccrocha et sonna à l'interphone Andrea Price-O'Day.

« Oui, monsieur le président ?

– On va avoir de la compagnie. Le général Marion Diggs. Il est basé au FORCECOM d'Atlanta. Il arrive en avion à Baltimore. Vous pouvez vous arranger pour envoyer quelqu'un le récupérer pour l'amener ici ?

– Certainement, monsieur. Quand arrive-t-il ?

– Vers une heure et demie, au terminal d'aviation générale.

– On aura quelqu'un sur place. »

Le bi-turbopropulseur U-21 du général arriva, se posa et roula jusqu'au côté d'une Ford Crown Victoria. Le général était facile à reconnaître avec sa chemise verte et ses quatre étoiles sur les épaulettes. Andrea était venue le chercher en personne et tous deux ne parlèrent guère lors du trajet jusqu'à Peregrine Cliff.

De son côté, Ryan avait préparé lui-même le déjeuner, avec, entre autres, une livre et demie de corned-beef acheté à la bouche-

rie Attman de Lombard Street à Baltimore. Le trajet jusqu'en ville et l'arrivée du général avaient été gérés avec une grande discrétion. Moins de quarante minutes après être descendu de l'avion, Diggs était à la porte. Ryan l'accueillit en personne.

Ryan ne l'avait rencontré qu'une ou deux fois auparavant. De la même taille que lui, noir comme l'anthracite, tout en lui évoquait le soldat, y compris, nota Jack, un certain embarras.

« Eh, général, bienvenue, dit Ryan en lui serrant la main. Que puis-je faire pour vous ?

– Monsieur, je suis… ma foi, un peu gêné de vous en parler mais j'ai un problème dont je pense devoir vous entretenir.

– OK, entrez donc, on va se préparer un sandwich. Vous n'avez rien contre le Coca ?

– Ce sera très bien, merci, monsieur. »

Ryan le mena dans la cuisine. Après que les deux hommes eurent confectionné leur sandwich, Ryan prit un siège. Andrea restait dans les parages. Général ou pas, l'homme n'était pas un habitué des lieux et le boulot d'Andrea était de protéger la vie de son patron contre tous les risques. « Alors, dites-moi, quel est le problème ?

– Monsieur, le président Kealty s'apprête à faire poursuivre et juger un sous-officier de l'armée pour tentative de meurtre en Afghanistan.

– De *meurtre* ?

– C'est la qualification retenue par le ministère de la Justice. Ils ont dépêché un délégué du ministre à mon commandement pas plus tard qu'hier pour m'interroger personnellement. En tant que commandant en chef des forces, je suis juridiquement responsable de toutes les forces opérationnelles de l'armée de terre – des autres services, également, mais ici, l'affaire concerne l'armée. Le soldat impliqué est un caporal-chef du nom de Sam Driscoll. C'est

un membre des Forces spéciales, appartenant au 75e régiment de Rangers basé à Fort Benning. J'ai examiné son dossier personnel. C'est un élément très sérieux, très bien noté au combat, belle petite gueule de soldat, et un sacré bon Ranger.

– OK. »

Ryan réfléchit à cette accumulation de lauriers. Il s'était rendu à Fort Benning et avait eu droit à la visite guidée habituelle de la base. En grande tenue de parade pour l'occasion, les Rangers lui avaient fait forte impression, en parfaite adéquation avec leur tâche essentielle qui était de tuer. Des membres des Forces spéciales, l'équivalent des régiments de SAS britanniques. « Quel est le problème ?

– Monsieur, la semaine dernière, nous avons intercepté un message suggérant que l'Émir pouvait se trouver dans une grotte bien localisée, nous avons donc détaché un commando pour tenter de lui mettre la main dessus. Il s'est avéré qu'il n'était pas là. Le problème, monsieur, est que Driscoll a tué neuf adversaires et que certains n'ont pas apprécié la méthode appliquée. »

Ryan prit deux bouchées de son sandwich. « Et ?

– Et c'est remonté jusqu'à l'attention du président, qui a demandé au ministère de la Justice d'entreprendre des poursuites – à savoir, dans un premier temps, d'ouvrir une enquête sur l'incident – en vue d'une éventuelle inculpation pour meurtre, puisque son acte pourrait avoir ou non enfreint un décret présidentiel sur la conduite à tenir au combat. Driscoll a descendu neuf personnes, donc certaines étaient endormies.

– Mais des meurtres ? Réveillés ou endormis, c'étaient des combattants ennemis, non ?

– Oui, monsieur. Driscoll était dans une situation tactique défavorable et, selon son jugement en tant qu'officier le plus haut gradé sur les lieux, il se devait de les éliminer avant de poursuivre

la mission. Et c'est ce qu'il a fait. Mais les gars de la Justice – tous engagés dans le combat politique, soit dit en passant – semblent penser qu'il aurait dû les interpeller au lieu de les tuer.

– Et où Kealty intervient-il dans cette histoire ? demanda Jack en buvant une gorgée de Coca.

– Il a lu le rapport, et ça l'a contrarié. Il a donc attiré l'attention du ministre de la Justice et c'est alors que ce dernier a envoyé enquêter l'un de ses hommes. » Diggs reposa son sandwich. « Monsieur, je suis dans une situation difficile. J'ai juré de défendre la Constitution, et le président est mon commandant en chef, mais sacré nom d'un pipe, il s'agit d'un de mes soldats, un bon élément, qui accomplit une rude tâche. Mon devoir est d'être fidèle à mon président mais...

– Mais vous avez la responsabilité d'être loyal envers vos sous-officiers, termina pour lui Ryan.

– Oui, monsieur. Driscoll ne représente pas grand-chose aux yeux de l'Histoire, mais c'est un bon soldat. »

Ryan réfléchit à cette dernière remarque. Pour Kealty, Driscoll n'était qu'un troufion, une forme de vie inférieure. Eût-il été un chauffeur de bus syndiqué, il en serait allé différemment, mais l'armée américaine n'avait pas encore de syndicat. Pour Diggs, c'était une question de justice, plus une question de moral des troupes qui affecterait l'ensemble des forces armées si l'homme allait en prison, voire passait en cour martiale à la suite de cet incident.

« Que disent les textes en la matière ? s'enquit Jack.

– Monsieur, c'est un peu flou. Le président a certes signé plusieurs décrets, mais ils n'étaient pas d'une clarté limpide et, de toute manière, ceux-ci ne s'appliquent pas aux opérations spéciales. La mission de notre homme était de capturer ce fameux Émir s'ils le trouvaient – ou de le tuer s'il fallait en arriver là. Les

soldats ne sont pas des policiers. Ils ne sont pas formés pour ça et se montrent merdiques quand ils s'y essaient. De mon point de vue, Driscoll n'a rien commis de répréhensible. Selon les règles de la guerre, on n'a pas de sommation à faire à l'ennemi avant de le tuer. C'est à *lui* de veiller à sa propre sécurité, et s'il déconne, eh bien, c'est son problème. Tirer dans le dos d'un type sur le champ de bataille est parfaitement légal. C'est à ça qu'on entraîne les soldats. En l'occurrence, huit ennemis étaient endormis sur des lits de camp, et le caporal-chef Driscoll a veillé à ce qu'ils ne se réveillent pas. Point-barre.

– Est-ce qu'il va y avoir des poursuites ?

– Le délégué du ministre semblait plutôt remonté. J'ai essayé de lui mettre un peu de plomb dans la tête, mais il s'est contenté de me renvoyer dans mes cordes. Monsieur, je suis soldat depuis trente-quatre ans. Je n'ai jamais connu de situation analogue. (Il marqua un temps.) Le président nous a envoyés là-bas. Tout comme en Irak, mais ici, il gère la situation comme… comme jadis au Viêt-nam. Nous avons perdu quantité de gens, des gens de valeur, par la faute de leur gestion à courte vue, mais là, franchement, les bras m'en tombent.

– Je ne vois pas trop ce que je pourrais faire non plus, général. Je ne suis plus le président.

– Non, monsieur, mais il fallait que je m'adresse à quelqu'un. D'ordinaire, je rends compte directement au ministre de la Défense, mais c'est une perte de temps.

– Avez-vous parlé au président Kealty ?

– Du temps perdu, là aussi. Il n'aime pas trop parler aux gens en uniforme.

– Et moi ?

– Vous, si. Vous avez toujours été quelqu'un à qui l'on pouvait parler.

– Et que voulez-vous que je fasse ?

– Monsieur, le caporal-chef Driscoll mérite un traitement équitable. Nous l'avons envoyé dans les montagnes accomplir une mission. La mission n'a pas été accomplie, mais ce n'était pas sa faute. Nous avons souvent fait chou blanc. Ce n'est qu'une fois de plus, mais bon Dieu, monsieur, si nous continuons d'envoyer des hommes dans ces collines et si nous punissons celui-ci pour avoir fait son boulot, la situation ne s'améliorera sûrement pas.

– OK, général, vous m'avez convaincu. Nous devons être derrière nos hommes. Est-ce qu'il aurait pu agir autrement ?

– Non, monsieur. Il est du genre à suivre scrupuleusement les règles. Tous ses actes étaient conformes à sa formation comme à son expérience. Les régiments de Rangers – d'accord, on peut les voir comme une forme de tueurs à gages, mais c'est parfois un outil bien utile à avoir dans sa besace. La guerre, ça se résume à tuer. On n'envoie pas de messages. On ne cherche pas à éduquer nos ennemis. Une fois engagés, notre boulot est de les tuer. Certains n'apprécient pas, mais c'est pourtant à ça qu'on les paie.

– OK, je vais voir ça de plus près et peut-être que je ferai un peu de raffut. Quels sont les éléments ?

– Je vous ai apporté une copie du rapport du caporal-chef Driscoll et le nom du délégué à la Justice qui a essayé de me l'enfiler dans le fion. Putain, monsieur, ce gars est un bon soldat.

– Je vous crois volontiers, général. Autre chose ?

– Non, monsieur. Merci pour le repas. »

Il n'avait pas dû manger plus d'une bouchée de son sandwich, s'avisa Ryan. Diggs s'en alla.

30

LE VOL FUT SANS HISTOIRES. Ils étaient à bord depuis huit heures et demie quand le car de transfert s'immobilisa devant la porte avant gauche du 777. Clark resta debout. Il avait les jambes raides. Pareil pour son petit-fils, qui regardait, tout excité, son pays natal – il était né, en effet, au Royaume-Uni même s'il avait déjà une batte et son premier gant de baseball. Il jouait au T-ball depuis maintenant six mois, et mangeait de vrais hot-dogs comme tout jeune Américain qui se respecte. Dans un petit pain rond, avec de la moutarde, et peut-être des oignons et de la sauce.

« Content d'être de retour, chérie ? demanda Ding, s'adressant à Patsy.

– Je me suis toujours bien plu là-bas, et je regretterai mes amis, mais rien ne vaut le pays natal. »

Malgré les demandes insistantes de Clark et Chavez, leurs épouses étaient descendues avec eux à Heathrow, et rien n'avait pu les faire changer d'avis. « On rentre à la maison ensemble », avait déclaré Sandy, coupant court à toute discussion.

L'opération à Tripoli s'était déroulée sans aléas particuliers. Huit méchants abattus lors de l'action, et juste quelques blessures

légères parmi les otages. Cinq minutes après le feu vert de Clark à Massoudi, des ambulances s'arrêtaient devant l'ambassade pour prendre en charge les victimes, dont la plupart souffraient surtout de déshydratation, sans plus. Quelques minutes plus tard, les services de la police suédoise arrivaient à leur tour pour réinvestir les lieux et deux heures après, Rainbow avait rembarqué dans le même Piaggio P180 Avanti, cap au nord sur Tarente, puis Londres.

Le compte rendu officiel d'opération avec Stanley, Weber et les autres interviendrait plus tard, sans doute par téléconférence cryptée, une fois que Clark et Chavez auraient retrouvé une vie normale aux États-Unis. Les faire participer au débriefing était de fait plus un geste de courtoisie qu'une nécessité. Ding et lui étaient officiellement dégagés de Rainbow et Stanley s'était trouvé sur place à Tripoli, de sorte qu'à part l'« enseignement » post mortem, tiré comme pour chaque mission, Clark n'avait guère à ajouter au rapport officiel.

« Comment te sens-tu ? demanda enfin John Clark à son épouse.

– J'ai dormi tout du long. »

Le décalage horaire d'est en ouest était toujours plus facile à gérer. Dans le sens inverse, ce pouvait être une vraie migraine. Elle s'étira. Les fauteuils de première sur British Airways pouvaient avoir leurs limites. Les transports aériens, même s'ils sont pratiques, sont rarement idéaux pour la santé. « T'as bien les passeports et tout le fourbi ?

– Juste ici, ma belle », lui assura Ding en tapotant sa poche de blouson. J.C. avait dû être l'un des plus jeunes Américains à disposer d'un passeport diplomatique noir. Mais Ding avait également son Beretta 45 automatique, ainsi que l'insigne doré et la carte confirmant qu'il était un US Marshal adjoint, détail toujours utile quand on se baladait armé dans un aéroport international. Il avait également son permis de port d'arme britannique – un document

suffisamment rare pour être quasiment contresigné par la reine. Ces papiers leur permirent de passer rapidement le contrôle des douanes et de l'immigration.

Ils se retrouvèrent aussitôt après dans un hall d'accueil public où les attendait un homme aux traits anonymes brandissant un carton avec CLARK écrit dessus. Ils se dirigèrent vers lui.

« Comment s'est passé le vol ? (La question rituelle.)

– Très bien. (La réponse usuelle.)

– Je suis garé dehors. Un Plymouth Voyager bleu immatriculé en Virginie. Vous résiderez au Marriott de Key Bridge, dans deux suites au dernier étage. » *Qui auront été inspectées de fond en comble*, s'abstint-il d'ajouter. Cette chaîne hôtelière accueillait nombre d'hôtes du gouvernement, surtout l'établissement de Key Bridge qui dominait Washington.

« Et demain ? s'enquit John.

– Votre rendez-vous est à huit heures quinze.

– Qui sommes-nous censés voir ? » (C'était Chavez.)

L'homme haussa les épaules. « Ça se passera au sixième. »

Clark et Chavez échangèrent un regard éloquent du genre *ah, ben merde alors*, mais en fin de compte, ce n'était guère surprenant, et tous deux étaient prêts pour une longue nuit de sommeil qui s'achèverait sans doute à cinq heures trente au plus, mais sans l'habituelle séance de pompes et les cinq kilomètres de course à pied.

« C'était comment, l'Angleterre ? demanda le chauffeur-réceptionniste durant le trajet.

– Civilisé. Avec même certains côtés fascinants », lui confia Chavez avant de se rendre compte que leur factotum était un jeune officier supérieur qui devait tout ignorer de leur mission outre-Atlantique.

Ça valait sans doute mieux. Il n'avait pas l'allure d'un ancien militaire, même s'il ne fallait jamais se fier aux apparences.

« Vous avez pu suivre les matches de rugby, pendant votre séjour ? demanda leur escorte.

– Un peu. Il faut être cinglé pour jouer sans protections, observa Clark. Mais ils sont quand même un peu spéciaux, là-bas.

– Peut-être sont-ils juste plus résistants. »

Le trajet jusqu'à la capitale se déroula sans encombre, d'autant que ce n'était pas encore l'heure de pointe et qu'ils n'allaient pas dans le centre. Les effets du décalage horaire commençaient à se faire sentir, même pour ces voyageurs aguerris et, en débarquant à l'hôtel, ils furent positivement ravis d'y trouver des chasseurs. En moins de cinq minutes, ils étaient au dernier étage, dans deux suites adjacentes, et J.C. contemplait déjà le lit géant auquel il aurait droit pour lui tout seul. Quant à Patsy, elle lorgnait du même œil la baignoire, peut-être plus petite que les monstres britanniques, mais il y avait de la place et de l'eau brûlante. Ding prit une chaise, saisit la télécommande et entreprit d'emblée sa ré-acclimatation à la télévision américaine.

Dans la chambre voisine, John Clark laissa Sandy se charger de défaire les valises et fila vers le minibar se servir une mignonnette de Jack Daniel's. Les Britanniques n'y entendaient rien en bourbon, ni en son cousin, le whiskey du Tennessee, et la première gorgée, même sans glace, fut pour lui un rare délice.

« Quel est le programme pour demain ? s'enquit son épouse.

– Une rencontre au sixième étage.

– Avec qui ?

– Il n'a pas précisé. Sans doute quelque sous-directeur adjoint des opérations. Je n'ai pas suivi le fil des bouleversements hiérarchiques à Langley. Qui que ce soit, sans doute me parlera-t-il du

grandiose plan de retraite qu'ils m'ont concocté. Sandy, je crois qu'il est temps pour moi de raccrocher. »

Il s'abstint d'ajouter que jamais il n'avait envisagé l'éventualité de vivre aussi longtemps. Sa chance ne l'avait donc pas abandonné ? Remarquable. Il devait rapidement se lever pour prendre son veston et le ranger dans la penderie avant que Sandy ne l'engueule une fois encore. Au revers, il y avait le ruban bleu ciel et les cinq étoiles blanches de la médaille d'honneur. Jack Ryan s'était arrangé pour la lui faire décerner, après avoir examiné ses états de service dans la marine et lu un document détaillé rédigé par le vice-amiral Dutch Maxwell, Dieu ait son âme. Il était absent quand Maxwell était décédé à l'âge de quatre-vingt-trois ans – il se trouvait de fait en Iran, pour s'assurer qu'un réseau d'agents n'avait pas été entièrement démasqué par la sécurité iranienne. La procédure avait commencé mais John avait tout de même réussi à en exfiltrer cinq et les ramener au pays, via les Émirats, accompagnés de leur famille. Sonny Maxwell était toujours pilote, aujourd'hui commandant de bord chez Delta Airlines et père de quatre enfants. La médaille était pour avoir fait sortir Sonny du Viêt-nam du Nord. Tout cela lui semblait aujourd'hui remonter au Déluge. Mais il avait son petit ruban pour le lui rappeler, et c'était mieux que rien. Rangé quelque part, il y avait le blouson et les chaussures noires d'un maître d'équipage, accompagnés de l'insigne doré des SEAL, les commandos de la marine. Dans la plupart des mess de la marine, on lui aurait régulièrement offert la tournée mais, bon Dieu, les officiers lui semblaient si jeunes aujourd'hui. Quand de son temps, ils lui faisaient l'effet d'être vieux comme Mathusalem…

Mais la bonne nouvelle restait qu'il n'était toujours pas mort. Il pouvait envisager une retraite honorable, et peut-être de rédiger son autobiographie, si Langley le laissait la publier. Pas très probable. Il

savait quantité de choses qui ne devaient pas être divulguées et il avait accompli un certain nombre d'actes discutables, même si, à l'époque, il n'avait pas vraiment eu le choix. Ce genre de dilemme n'est pas toujours évident pour les gens qui restent assis derrière leur bureau dans les ministères, quand, pour eux, le souci essentiel est de trouver une place pas trop loin pour se garer, et si oui ou non la cafétéria aura du cake aux épices à la carte des desserts.

Par la fenêtre, il voyait s'étendre la capitale. Le Capitole, le mémorial de Lincoln et l'obélisque en marbre de George, plus les bâtiments d'une laideur insigne qui hébergeaient les divers ministères.

Pour John Terrence Clark, ce n'était jamais qu'une ville intégralement composée de connards de chefs de service, pour qui la réalité se résumait à un dossier dans lequel les papiers étaient censés être bien classés ; et si un homme devait verser son sang pour qu'il en soit ainsi, c'était une question vraiment secondaire. Et ces hommes, il y en avait eu des centaines de milliers. La plupart avaient un conjoint et des enfants, mais même ainsi, il n'était pas si difficile de les considérer avec mépris voire, parfois, avec haine. Enfin, ces gens-là avaient leur univers, et lui le sien. Il leur arrivait de se superposer mais sans jamais vraiment se rencontrer.

« Content d'être de retour, John ? demanda Sandy.

– Ouais, si l'on veut. »

Le changement était dur mais inévitable. Quant à savoir quelle voie prendrait sa vie désormais... seul le temps pourrait le dire.

Le lendemain matin, Clark quitta l'autoroute George Washington, prit à gauche et franchit la grille, dont les gardes armés avaient son numéro d'immatriculation sur la liste des visiteurs

« autorisés à entrer ». John avait le droit de se garer au parking qui leur était réservé, juste devant le grand dais, côté gauche.

« Alors, combien de temps à ton avis avant qu'ils nous disent d'aller chercher du boulot ailleurs ? demanda Domingo.

– Je dirais une quarantaine de minutes. Ils redoubleront de courtoisie, j'en suis sûr. »

Sur ces fortes paroles, ils descendirent de la Chevrolet de location pour gagner l'entrée où les accueillit un agent de sécurité qu'ils ne connaissaient pas.

« M. Clark, M. Chavez. Je suis Pete Simmons. Bienvenue à la maison.

– Ça fait plaisir d'être de retour, répondit John. Vous êtes… ?

– Agent de sécurité, en attente d'une affectation sur le terrain. Je suis sorti de la Ferme il y a deux mois.

– Qui vous a formé ?

– Max DuPont.

– Max n'a pas encore pris sa retraite ? Un gars bien.

– Un bon professeur. Il nous a raconté deux ou trois anecdotes sur vous deux, et nous avons vu le film de formation que vous avez tourné en 2002.

– Je m'en souviens, observa Chavez. Au shaker, pas à la cuiller. »
Il étouffa un petit rire.

« Je ne bois pas de Martini, Domingo, tu as oublié ?

– Et tu n'es pas non plus aussi beau que Sean Connery. Que vous a enseigné le film, Simmons ?

– À ne négliger aucune hypothèse. Et à ne pas marcher au milieu de la rue. »

De fait, deux excellentes leçons pour un espion.

« Alors, avec qui a-t-on rendez-vous ? demanda Clark.

– Le sous-directeur adjoint Charles Sumner Alden.

– Nomination politique ?

– Correct. Kennedy School à Harvard. Il n'est pas désagréable mais, par moments, je me demande s'il approuve réellement ce que nous faisons ici.

– Et moi, je me demande ce qu'Ed et Mary Pat font en ce moment.

– Ed a pris sa retraite, lui dit Simmons. Il travaille sur un bouquin, à ce que j'ai cru comprendre. Mary Pat est au Centre antiterroriste. C'est une pointure.

– La plus fiable des agents que j'aie jamais rencontrée, confirma Clark. Vous pouvez compter sur son instinct. Ses indications valent de l'or.

– De quoi se demander pourquoi le président Kealty ne les a pas gardés tous les deux », observa Chavez.

Pas assez nets, songea Clark. « Comment va le moral ? » demanda-t-il ensuite, alors qu'ils franchissaient les portiques de sécurité. Simmons les fit passer après avoir adressé un signe au vigile armé posté de l'autre côté.

« Ça pourrait aller mieux. Nous avons des tas de gens qui tournent en rond à ne rien faire. Ils émargent à la direction du renseignement mais ma promo a été la dernière à être passée par la Ferme depuis un moment et, pourtant, aucun d'entre nous ne s'est encore vu assigner de mission.

– Vous venez d'où ?

– La police. Boston. Engagé dans le cadre du Plan bleu. J'ai étudié à Boston, pas à Harvard. Langues orientales.

– Lesquelles ?

– Serbe, un peu d'arabe et de pachtoune. J'étais censé me rendre à Monterey pour me perfectionner, mais ça a été remis aux calendes grecques.

– Vous allez avoir besoin des deux dernières, conseilla John. Et de travailler la course de fond. L'Afghanistan… j'y ai passé un

certain temps vers le milieu des années quatre-vingt et c'est un pays à vous mettre un chamois sur les genoux.

– À ce point ?

– Les gens là-bas se battent par plaisir, et il n'y a pas de bons citoyens. J'en ai fini par plaindre les Russes. Les Afghans sont des gens coriaces. J'imagine qu'avec cet environnement, on n'a pas le choix, mais l'Islam n'est qu'un vernis au-dessus d'une culture tribale vieille de plus de trois millénaires.

– Merci du renseignement. Je le barrerai de ma liste de préférences », dit Simmons alors que l'ascenseur atteignait le sixième.

Il les abandonna devant le bureau de la secrétaire. L'épaisseur de la moquette trahissait l'importance hiérarchique du bureau – qui semblait récemment aménagé. Clark prit un magazine qu'il feuilleta tandis que Domingo se postait contre le mur, placide. Sa vie antérieure de soldat lui permettait d'encaisser l'ennui sans problème.

31

AU BOUT DE QUARANTE MINUTES, Charles Alden pénétra dans l'antichambre, arborant un sourire de représentant de commerce. Grand et mince comme un coureur, assez vieux pour se sentir imbu de lui-même, quoiqu'il ait pu faire pour mériter ce poste. Clark était prêt à lui laisser le bénéfice du doute, mais les doutes eurent tôt fait de s'accumuler.

« Alors comme ça, vous êtes le fameux Monsieur Clark », commença Alden en guise d'introduction, et sans même une excuse pour les avoir fait poireauter, nota Clark.

« Fameux, n'exagérons rien, rétorqua l'intéressé.

– Ma foi, du moins dans ce métier. » Alden le précéda dans son bureau, sans inviter Chavez à les rejoindre. « Je viens de parcourir votre dossier. »

En un quart d'heure ? s'étonna Clark. Peut-être qu'il a fait de la lecture rapide. « J'espère qu'il vous a éclairé.

– Ébloui. Exfiltrer de Russie la famille Guerassimov était un sacré exploit. Quant à cette mission à Tokyo, déguisé en Russe… impressionnant. Ancien SEAL. Je vois que le président Ryan vous a fait décerner la Médaille d'Honneur. Vingt-neuf ans de service dans l'Agence. Un vrai record », dit Alden en lui indiquant une chaise.

Elle était plus basse que la sienne et dessinée pour être inconfortable. *Jeu de pouvoir*, songea Clark.

«Je me suis contenté de faire les boulots qu'on me donnait, du mieux que j'ai pu, et j'ai réussi à survivre à tous.

– Vos missions tendaient à être passablement… physiques.»

Clark écarta la remarque d'un haussement d'épaules.

«On essaie d'éviter cela, dorénavant, observa Alden.

– J'essayais de l'éviter moi aussi. Mais les meilleurs plans…

– Vous savez, Jim Greer a laissé derrière lui une abondante littérature pour expliquer dans quelles circonstances vous aviez attiré l'attention de l'Agence.

– L'amiral Greer était un homme d'honneur et d'une grande finesse», observa John, aussitôt sur ses gardes.

James Greer avait toujours eu un faible pour les rapports circonstanciés. Chacun ses faiblesses. Même lui.

«On lui doit également la découverte de Jack Ryan, correct ?

– Et d'un tas d'autres.

– C'est ce que j'ai appris.

– Excusez-moi, monsieur, mais vous effectuez des recherches, c'est cela ?

– Pas vraiment, mais j'aime savoir à qui je m'adresse. Vous aussi avez effectué du recrutement. Chavez, par exemple.

– C'est un bon agent. Même si vous omettez tout ce que nous avons accompli en Angleterre, Ding a toujours répondu présent quand notre pays avait besoin de lui. Et il a fait des études.

– Oh, ouais, il a décroché une maîtrise à George Mason, n'est-ce pas ?

– Exact.

– Un peu physique, toutefois, comme vous. Pas vraiment l'agent de terrain comme on l'entend généralement.

– Tout le monde ne peut pas être Ed ou Mary Pat Foley.

– Eux aussi ont des dossiers… éblouissants, mais nous essayons de changer d'attitude à mesure que le monde évolue.

– Pas possible ?

– Eh bien, le monde a changé. Cette affaire que vous avez traitée en Roumanie, Chavez et vous… ça a dû être excitant.

– C'est une façon de voir les choses. Ça n'arrive pas souvent de se trouver dans un pays au beau milieu d'une révolution, mais on a réussi à remplir la mission avant de nous éclipser discrètement.

– Vous avez tué votre sujet, fit remarquer Alden avec un certain dégoût.

– C'était nécessaire, dit Clark en fixant Alden, droit dans les yeux.

– C'était illégal.

– Je ne suis pas avocat, monsieur. »

Et un décret, tout présidentiel fût-il, n'a pas exactement la portée d'une loi constitutionnelle. John se rendit compte que ce type était l'archétype du rond-de-cuir. Si ce n'était pas couché sur papier, ça n'existait pas, et si ce n'était pas autorisé par écrit, alors c'était mal. « Quand quelqu'un pointe sur vous un flingue armé, observa Clark, il est un peu tard pour entamer des négociations officielles.

– Vous essayez quand même d'éviter d'en arriver là ?

– J'essaie. »

C'est en effet toujours mieux de descendre ces salauds en leur tirant dans le dos quand ils sont désarmés, mais ce n'est pas toujours possible, évita de préciser Clark. Quand il s'agit d'une question de vie ou de mort, le concept de combat équitable passe à la trappe. « Ma mission était d'appréhender cet individu et, si possible, de le remettre aux autorités compétentes. Ça n'a pas marché.

– Vos relations avec les forces de l'ordre n'ont pas toujours été très amicales », nota Alden en feuilletant rapidement les pages du dossier.

« Excusez-moi mais ce dossier inclut-il également le décompte de points de mon permis de conduire ?

– Votre amitié avec des personnalités influentes vous a bien servi dans votre parcours professionnel.

– Je suppose, mais c'est le cas pour bien des gens. J'ai pour habitude d'accomplir mes missions et c'est pourquoi je suis depuis si longtemps dans le métier. Monsieur Alden, quelle est la raison véritable de cet entretien ?

– Eh bien, au titre de directeur adjoint des opérations, je me dois de bien connaître les personnels du Service clandestin et en parcourant les dossiers, j'ai pu constater que vous aviez eu une carrière… animée. Vous avez de la chance d'avoir tenu aussi long-temps et vous pouvez désormais vous pencher sur une carrière d'exception.

– Et ma prochaine mission ?

– Il n'y aura pas de prochaine mission. Oh, vous pouvez retour-ner à la Ferme assurer la formation des agents, mais franchement, je vous conseillerais plutôt de prendre votre retraite. Vous l'avez amplement méritée. Les papiers sont prêts, vous n'avez qu'à signer. Sincèrement, vous l'avez mérité, John, ajouta-t-il avec l'esquisse d'un sourire glacial.

– Mais si j'étais de vingt ans plus jeune, vous n'auriez pas non plus de place pour moi ?

– Peut-être un poste dans une ambassade, réfléchit Alden. Mais ni vous ni moi ne sommes de vingt ans plus jeunes. L'Agence a changé, monsieur Clark. Nous avons tiré un trait sur les méthodes paramilitaires, excepté lorsqu'on nous envoie des éléments direc-tement issus de la Force Delta, par exemple, mais dans l'ensemble, nous nous efforçons d'éviter de mettre les mains dans le cambouis, ce qui était votre spécialité, à vous comme à Chavez. Le monde est devenu un endroit plus policé et plus civilisé.

– C'est ça, allez raconter ça aux New-Yorkais, peut-être ? remarqua Clark d'un ton égal.

– Il y a d'autres façons de traiter ces problèmes. Le truc est de ne pas se laisser prendre au dépourvu et d'encourager les gens à adopter d'autres méthodes, s'ils tiennent vraiment à attirer notre attention.

– Et comment procède-t-on au juste pour y arriver... théoriquement, bien sûr ?

– C'est un problème que l'on étudie ici même au sixième étage, au cas par cas.

– Sur le terrain, on n'a pas toujours le temps d'en référer au QG. On doit se fier à ses hommes pour prendre l'initiative, et les soutenir quand ils s'y prennent intelligemment. J'y suis passé. On peut se sentir bougrement seul sur le terrain, si l'on ne perçoit pas la confiance de sa hiérarchie, surtout quand elle se trouve à huit mille kilomètres de distance.

– L'initiative, c'est parfait au cinéma, mais pas dans la réalité. »

À quand remonte la dernière fois où tu as été sur le terrain, dans la réalité ? s'abstint de demander Clark. Il n'était pas là pour se disputer ni même discuter. Il était là uniquement pour écouter la parole divine, relayée par ce connard diplômé. Ça lui était déjà arrivé à l'Agence, mais dans les années soixante-dix, quand il avait pour la première fois évité la mise à la retraite d'office, grâce au soutien de James Greer, il avait réussi à se faire un nom en travaillant en Union soviétique pour des « missions spéciales ». C'était bien pratique, en ce temps-là, d'avoir un ennemi clairement identifié.

« Bref, je suis hors jeu ?

– Vous prendrez votre retraite avec les honneurs, et la gratitude de la nation que vous avez servie d'une manière exemplaire, au péril de votre vie. Vous savez, en lisant ce CV, je me demande pourquoi vous n'avez pas déjà une étoile au mur de l'atrium. »

Il faisait allusion au mur de marbre blanc décoré d'étoiles dorées, en souvenir des agents morts au service de la CIA.

Le livret où étaient classés ces noms – enfermé dans un écrin de verre et de laiton – montrait quantité de lignes vides portant uniquement des dates, car les noms eux-mêmes restaient classés confidentiel-défense, même un demi-siècle après les faits. Il était fort vraisemblable qu'Alden prenait l'ascenseur direct depuis le parking pour gagner son bureau, de sorte qu'il n'avait pas à contempler régulièrement ce mur... même pas à passer devant.

« *Quid* de Chavez ?

– Il peut prétendre à la retraite dans juste dix semaines, compte tenu de son temps de service dans l'armée de terre. Il se retrouvera au grade de GS-12, avec tous les avantages inhérents à l'échelon, bien entendu. Ou s'il insiste, on pourra lui obtenir un poste à la Ferme pendant un an ou deux, avant de l'envoyer sans doute en Afrique.

– Pourquoi l'Afrique ?

– Il s'y passe des choses... suffisamment pour éveiller notre intérêt. »

Bien sûr. L'expédier en Angola où l'on confondra son accent espagnol avec du portugais, au risque de le faire éliminer par quelque guérillero en goguette, c'est ça ? De toute façon, t'en as rien à cirer, Alden. Ces personnages si polis et si propres sur eux se fichaient pas mal des individus. Ils étaient bien trop intéressés par les grands problèmes du jour, s'efforçant de faire cadrer leur version théorique du monde avec la réalité de celui-ci. Défaut fort répandu dans le monde politique.

« Ma foi, c'est à lui de décider après tout, dit Clark, et après vingt-neuf ans de carrière, j'imagine que j'ai accumulé suffisamment de points de retraite, non ?

– En effet », admit Alden, avec un sourire aussi sincère que celui d'un marchand de voitures s'apprêtant à conclure la vente d'une Ford Pinto 1971.

Clark se leva. Il ne tendit pas la main mais Alden si, et Clark dut la serrer, par pure politesse, et la politesse avait toujours eu la vertu de désarmer les connards où que ce soit dans le monde.

« Oh, j'allais oublier : quelqu'un désire vous voir. Vous connaissez un certain James Hardesty ?

– J'ai servi sous ses ordres, à une époque, ouais, répondit Clark. N'a-t-il pas pris sa retraite ?

– Non, pas encore. Il travaille aux archives des opérations, un élément d'un projet en cours depuis dix-huit mois au sein de la direction, une sorte de récapitulatif historique du service. Quoi qu'il en soit, son bureau est au troisième, juste après le kiosque près des ascenseurs. »

Alden griffonna le numéro du bureau sur une feuille qu'il lui donna.

Clark la prit, la plia et la mit dans sa poche. James Hardesty travaillait toujours ici ? Comment diable avait-il réussi à échapper à l'attention d'un connard comme Alden ? « OK, merci, je passerai le voir en sortant.

– Ils ont besoin de moi là-dedans ? demanda Ding sitôt que Clark réapparut à la porte.

– Non, ce coup-ci, il voulait juste me parler. »

Clark rajusta sa cravate selon un signal convenu entre les deux hommes, signal auquel Chavez ne répondit pas. Sur quoi, ils reprirent l'ascenseur pour redescendre au troisième. Ils passèrent devant le kiosque tenu par des aveugles qui vendaient friandises et sodas – les visiteurs trouvaient la chose un brin sinistre mais la CIA se glorifiait de fournir ainsi un emploi à des handicapés. S'ils

étaient vraiment aveugles. On ne pouvait jamais être sûr de rien dans ce bâtiment, mais cela faisait partie de son mystère.

Ils trouvèrent le bureau d'Hardesty et frappèrent à la porte fermée par un verrou à digicode. Elle s'ouvrit au bout de quelques secondes.

« Big John ! s'exclama aussitôt Harvesty.

– Eh, Jimmy, qu'est-ce que tu fous dans ce trou à rats ?

– Je rédige une histoire des opérations que personne ne lira, en tout cas de notre vivant. (Puis, se tournant vers Ding :) Vous êtes Chavez ?

– Oui, monsieur.

– Entrez donc. »

Hardesty les introduisit dans son espace de travail, qui comprenait deux chaises supplémentaires avec juste assez de place pour y coincer les jambes plus une table qui tenait lieu de bureau.

« T'en es à quelle année ?

– Crois-moi si tu veux, mais en 1953. J'ai passé toute la semaine écoulée sur Hans Tofte et l'affaire du cargo norvégien. Le bilan avait été lourd, et pas seulement du côté adverse. Le prix des opérations à l'époque, j'imagine, et ces pauvres marins auraient mieux fait d'y réfléchir à deux fois avant de s'engager.

– C'était avant notre époque, Jimmy. En as-tu parlé au juge Moore ? Je crois qu'il avait tenu un rôle dans cette opération. »

Hardesty acquiesça. « Il était ici vendredi dernier. Son début de carrière n'a pas dû être de tout repos, avant qu'il ne vienne siéger aux assises. Pareil pour Ritter.

– Que fait Bobby Ritter, à présent ?

– T'es pas au courant ? Merde. Il est mort il y a trois mois. Au Texas. Cancer du foie.

– Quel âge avait-il ? demanda Chavez.

– Soixante-quinze. Il était hospitalisé au centre de cancérologie d'Anderson, donc il a pu bénéficier des meilleurs traitements, mais ça n'a pas suffi.

– Tout le monde doit mourir de quelque chose, fit remarquer Clark. Un jour ou l'autre. Personne ne nous en a parlé quand nous étions en Angleterre. Je me demande bien pourquoi.

– Le gouvernement actuel ne l'appréciait guère. »

Logique, s'avisa John. L'homme était un guerrier du sale vieux temps qui avait travaillé chez les Rouges contre le grand adversaire de l'époque, et les combattants de la guerre froide étaient de vrais irréductibles. « Il faudra que je boive un verre à sa mémoire. On s'était frottés l'un à l'autre à l'occasion, mais il ne m'a jamais fait de coup tordu. Je n'en suis pas aussi sûr avec cet Alden.

– Pas des gens de notre bord, John. Je suis censé rédiger un rapport circonstancié sur tous les types que nous avons dézingués sur notre chemin, sur les lois qu'on aurait pu enfreindre, ce genre de truc.

– Alors, que puis-je faire pour toi ? demanda Clark à son hôte.

– Alden t'a fait le coup de la retraite ?

– Vingt-neuf années de service. Et je suis toujours en vie. Ça tient du miracle quand on y réfléchit, dit John, quelque peu songeur.

– Eh bien, si tu as besoin de te recaser, je peux te refiler un numéro. Tes connaissances sont un atout ; tu peux les monnayer. Ça te permettrait d'acheter à Sandy une voiture neuve.

– Quel genre de boulot ?

– Un truc que tu trouveras intéressant. Je ne sais pas si c'est ton genre de turf, mais enfin bon… dans le pire des cas, ils te paieront un gueuleton.

– Qui est-ce ? »

Hardesty ne répondit pas à la question. Au lieu de cela, il tendit un autre bout de papier avec un numéro de téléphone. « Passe leur un coup de fil, John. À moins que tu désires rédiger tes mémoires et les soumettre à la moulinette des gens du sixième. »

Clark ne put retenir un rire. « Pas question. »

Hardesty se leva et lui tendit la main. « Désolé d'abréger, mais j'ai encore une tonne de boulot à terminer. Tu leur téléphones, ou pas, si tu ne le sens pas. À toi de voir. Peut-être que la retraite te conviendra mieux. »

Clark se leva. « Pas de problème. Merci. »

Après quoi, nouveau trajet en ascenseur pour regagner la sortie. John et Ding prirent toutefois le temps de s'arrêter pour contempler le mur. Pour certaines personnes à la CIA, ces étoiles représentaient les morts au champ d'honneur, tout autant qu'au cimetière national d'Arlington, sauf que ce dernier était ouvert aux touristes, lui.

« Quel numéro, John ? demanda Chavez.

– Un coin du Maryland, à en juger à l'indicatif. » Il regarda sa montre et sortit son nouveau téléphone mobile. « Voyons voir où… »

Le tri du trafic électronique quotidien de Jack accaparait en général les quatre-vingt-dix premières minutes de sa journée sans rien fournir de substantiel, aussi prit-il sa troisième tasse de café, piocha dans les bagels puis regagna son bureau pour se lancer, comme il disait, dans son activité de « troll matinal » des myriades d'interceptions transmises au Campus par tous les services de renseignement américains. Au bout de quarante minutes de cet exercice particulièrement frustrant, une interception de la Sécurité intérieure attira son attention. *Ah, voilà quelque chose d'intéressant*, se dit-il et il décrocha aussitôt son téléphone.

Cinq minutes plus tard, il était dans le bureau de Jerry Rounds. « Qu'est-ce que vous avez chopé ?

– Une interception Sécurité intérieure/FBI/ATC. Ils sont à la recherche d'un avion porté disparu. »

Voilà qui éveilla l'attention de Rounds. Le ministère de la Sécurité intérieure avait mis en place un dispositif de filtrage relativement efficace pour éliminer les événements d'importance mineure. Le fait qu'une telle enquête fût montée si haut dans la chaîne alimentaire suggérait qu'un autre service s'était déjà chargé du travail de routine et pour confirmer que l'appareil en question n'avait pas été simplement classé par erreur dans le mauvais dossier administratif par quelque compagnie à bas prix négligente.

« L'ATC, hein ? » grommela Rounds. Le service de contrôle des alcools, tabac et armes à feu avait également en charge les enquêtes liées aux explosifs. *Combiné à la disparition d'un avion...*, réfléchit Jack.

« Quel type d'appareil ?

– Ce n'est pas précisé, répondit Jack. Ce doit être un petit appareil privé, ou ça aurait déjà fait les gros titres. »

Les disparitions de 757 avaient tendance à alimenter les gazettes.

« Ça remonte à quand ?

– Trois jours.

– On connaît la source ?

– Une enquête interne, apparemment, donc l'aviation civile ou le Bureau enquêtes-accidents. J'ai vérifié pour hier et aujourd'hui. Motus et bouche cousue. » Ce qui voulait dire que quelqu'un avait mis le sujet sous le boisseau. « Il pourrait bien toutefois y avoir un moyen détourné de remonter à la source.

– Dites-moi.

– La piste de l'argent », expliqua Jack.

Rounds sourit. « Les assurances... »

32

Il ÉTAIT 10 HEURES 47 quand son téléphone sonna. Tom Davis venait tout juste de terminer une assez jolie vente d'obligations – une opération qui allait rapporter au Campus quelque 1 350 000 dollars, ce qui n'était pas si mal pour trois jours de boulot. Il décrocha à la deuxième sonnerie. « Tom Davis.

– Monsieur Davis. Je m'appelle John Clark. On m'a dit de vous appeler. Peut-être pour déjeuner ensemble.

– De la part de qui ?

– James Hardesty. J'ai un ami avec moi. Il s'appelle Domingo Chavez. »

Davis réfléchit un instant, aussitôt sur ses gardes, mais c'était plus une réaction instinctive qu'une nécessité. Hardesty ne distribuait pas ces invitations à la légère. « Bien sûr, discutons », répondit Davis. Il donna à Clark l'itinéraire à suivre avant de conclure : « Je vous attends aux alentours de midi. »

« Eh, Gerry, dit Davis en pénétrant dans le bureau du dernier étage. Je viens de recevoir un coup de fil.

– Quelqu'un qu'on connaît ? demanda le patron.

– Hardesty à Langley nous envoie deux gars. L'un et l'autre sur la liste des prochains départs en retraite de l'Agence. John Clark et Domingo Chavez. »

Hendley écarquilla légèrement les yeux. « Le fameux John Clark ?

– On dirait bien. Il sera ici vers midi.

– Est-ce qu'on a besoin de lui ? demanda l'ancien sénateur, même s'il connaissait déjà plus ou moins la réponse.

– Ce sera de toute façon sûrement intéressant de discuter avec lui, chef. À tout le moins, il a été un instructeur de première pour nos gars sur le terrain. Je ne le connais que de réputation. Ed et Mary Pat Foley l'adorent et c'est un appui qu'il est difficile d'ignorer. Il n'a pas peur de se salir les mains, il a les pieds sur terre. Un instinct en éveil, une intelligence affûtée. Chavez est taillé dans la même étoffe. Il a fait partie avec lui de l'unité Rainbow.

– Fiable ?

– Il faudra qu'on parle avec lui, mais sans doute.

– Ça me va. Fais-les venir si tu penses que ça en vaut le coup.

– Sans problème. » Davis ressortit.

Sacré nom d'une pipe, songea Hendley. *John Clark…*

« Prochaine à gauche », dit Domingo alors qu'ils arrivaient à moins de cent mètres du feu.

« Ouais, ce doit être le bâtiment là-bas sur la droite. Tu vois la forêt d'antennes ?

– Ouaip, observa Chavez alors qu'ils viraient. De quoi recevoir une tapée de programmes FM. »

Cela fit rigoler Clark. « Je ne remarque pas de mesures de sécurité. C'est bon signe. » Les professionnels savent quand se montrer discrets.

Il gara la voiture de location sur ce qui semblait être le parking réservé aux visiteurs, ils descendirent et gagnèrent l'entrée de l'immeuble.

« Bonjour, messieurs », leur dit un vigile en uniforme anonyme. Son badge indiquait qu'il s'appelait CHAMBERS. « Puis-je vous être utile ?

– On a rendez-vous avec M. Davis. John Clark et Domingo Chavez. »

Chambers saisit son téléphone et pianota dessus. « Monsieur Davis ? Chambers, dans le hall. Deux messieurs sont ici pour vous voir. Oui monsieur, merci. » Il reposa le téléphone. « Il descend vous accueillir, messieurs. »

Davis apparut juste une minute après. Noir, de taille moyenne, la cinquantaine, estima Clark. Bien habillé, manches retroussées, cravate desserrée. L'image du courtier affairé. « Merci Ernie, dit-il au vigile, puis : Vous devez être John Clark.

– Coupable, admit l'intéressé. Et voici Domingo Chavez. »

Échange de poignées de main.

« Montez donc. » Davis les précéda jusqu'à la batterie d'ascenseurs.

« Je vous ai déjà vu quelque part. De l'autre côté du fleuve, précisa Chavez.

– Oh ? réagit Davis, méfiant.

– Au PC des opérations. Officier de garde ?

– Ma foi, à une époque, j'étais militaire. Ici, je suis un simple opérateur en Bourse. Le plus souvent des titres privés, mais parfois des obligations d'État. »

Ils suivirent Davis jusqu'à son bureau au dernier étage – enfin presque, car ledit bureau jouxtait celui de Rick Bell et quelqu'un s'y dirigeait justement.

« Eh », entendit Clark qui se retourna pour découvrir Jack Ryan Jr. dans le couloir derrière lui.

Clark lui serra la main et pour une fois, son visage trahit la surprise. « Jack... tu bosses ici, hein ?

— Eh bien, ouais.

— Tu fais quoi ?

— Des arbitrages monétaires, surtout. Des échanges de devises, ce genre de choses.

— Je pensais que ta famille opérait sur le marché boursier, fit remarquer Clark, d'une voix douce.

— Plus maintenant... enfin, pour l'instant, répondit Jack. Bon, faut que je file. On se revoit un peu plus tard, peut-être ?

— Bien sûr », fit Clark.

Il n'avait pas encore l'esprit en ébullition, en partie distrait par les événements du jour.

« Entrez donc », leur dit alors Davis, qui les attendait au seuil de son bureau.

Ce dernier était confortable et n'était pas encombré d'un mobilier fabriqué dans une prison fédérale, comme ceux qu'ils avaient au siège de la CIA. Davis les invita à s'asseoir. « Dites-moi, depuis combien de temps connaissez-vous James Harvesty ?

— Dix ou quinze ans, répondit Clark. Un type bien.

— Certainement. Donc : vous voulez prendre votre retraite ?

— Je n'y ai jamais vraiment songé.

— Et vous, monsieur Chavez ?

— Je ne suis pas prêt non plus à toucher une pension, et j'imagine avoir encore quelques talents à monnayer. Plus une femme et un môme, et un autre en route. Jusqu'à présent, je n'y avais pas trop réfléchi, mais ce que vous faites ici me paraît à des années-lumière de notre domaine de compétence.

— Ma foi, tout le monde ici doit connaître au moins le jargon,

leur confia Davis. Mais en dehors de ça... » Davis haussa les épaules. « Quel est votre statut d'habilitation sécuritaire ?

– Secret défense/renseignements spéciaux/tous services... l'un comme l'autre, répondit Clark. Du moins, jusqu'à ce que Langley ait fini de traiter notre paperasse. Pourquoi ?

– Parce que ce que nous faisons ici n'est pas destiné à une diffusion publique. Vous aurez l'occasion de signer des accords de confidentialité assez stricts, précisa-t-il. Pas de problème avec ça ?

– Aucun », répondit aussitôt John.

Sa curiosité avait désormais été piquée comme jamais depuis des lustres. Il nota qu'on ne lui avait pas demandé de prêter serment. C'était de toute façon démodé, et les tribunaux avaient invalidé la procédure depuis longtemps – si vous communiquiez avec la presse.

La signature prit moins de deux minutes. Les formulaires n'avaient rien d'inédit, même si leurs dispositions l'étaient à coup sûr.

Davis parcourut les documents avant de les glisser dans un tiroir. « OK, en bref : nous recevons quantité d'informations d'initiés via des canaux "irréguliers". La NSA surveille les transactions internationales pour des raisons de sécurité. Vous vous souvenez quand le Japon avait déclenché contre nous cette guerre économique ? Ils avaient démoli Wall Street, ce qui avait amené les Fédéraux à penser qu'il valait le coup d'avoir à l'œil ce genre de manœuvre. La guerre économique est un fait bien réel, et l'on peut réellement semer la pagaille dans un pays en mettant à bas ses institutions économiques. Ça marche pour nous, surtout dans le cadre des transactions monétaires. C'est là la source essentielle de nos revenus.

– Pourquoi est-ce aussi important ? demanda Chavez.

– Nous nous autofinançons. Nous sommes en dehors du budget fédéral, monsieur Chavez, et par conséquent indétectables. Pas un centime de l'argent du contribuable n'arrive chez nous. Nous gagnons ce que nous dépensons, et ce que nous n'avons pas dépensé, nous l'épargnons. »

De plus en plus curieux, se dit Clark.

On pouvait garder une structure secrète en ne la faisant pas financer par le Congrès et en la laissant à l'écart des contrôles de la commission budgétaire. Si le gouvernement ne la finance pas, pour Washington, ce n'est qu'une source de prélèvements fiscaux, et un bon cabinet comptable pouvait s'arranger pour que Hendley Associates – la couverture officielle du Campus – reste une firme discrète : jamais en retard, payant toujours rubis sur l'ongle. Et si quelqu'un savait comment planquer des sous, ce devait bien être eux. Gerry Hendley avait à coup sûr suffisamment de contacts à Washington pour que le fisc détourne les yeux de son business. La meilleure façon était en général de se montrer honnête. Il y avait bien assez d'escrocs de haut vol aux États-Unis pour attirer l'attention des services fiscaux, et comme la plupart des agences gouvernementales, ils n'allaient pas prendre d'eux-mêmes l'initiative d'en rechercher d'autres sans avoir d'indices sérieux. Tant qu'on n'avait pas acquis la réputation d'être un peu trop malin, ou de tirer un peu trop des bords, on n'apparaissait pas sur les radars.

« Combien de clients réels avez-vous ? demanda Chavez.

– Pour l'essentiel, les seuls comptes privés que nous gérons sont ceux de nos employés, et avec un certain succès, je dois dire. Ces trois dernières années, nous avons un rendement moyen de vingt-trois pour cent, en sus de salaires déjà au-dessus de la moyenne. Nous avons, en outre, pas mal d'avantages en nature – en particulier pour nos employés qui ont des enfants en âge scolaire.

– Impressionnant. Que devez-vous faire au juste ? demanda Ding. Tuer des gens ? »

Il avait dit ça en matière de plaisanterie.

« À l'occasion, répondit Davis. Ça dépend des jours. »

Un grand silence se fit.

« Vous ne plaisantez pas, remarqua Clark.

– Du tout.

– Qui l'autorise ?

– Nous. » Davis marqua un temps pour que l'idée fasse son chemin. « Nous employons des personnels hautement qualifiés – des gens qui réfléchissent d'abord et traitent les problèmes avec précaution. Mais oui, en effet, nous le faisons uniquement quand les circonstances l'exigent. C'est arrivé à quatre reprises ces deux derniers mois, chaque fois en Europe, chaque fois pour des éléments terroristes. Nous n'avons pas eu de répercussion jusqu'ici.

– Qui s'en charge ? »

Davis esquissa un sourire. « Vous venez d'en croiser un.

– Vous devez nous raconter des craques, s'étonna Chavez. Jack Junior ? SHORTSTOP ?

– Ouais, il en a éliminé un à Rome, il y a tout juste six semaines. Suite à un pépin opérationnel ; il est tombé dessus un peu à l'improviste, mais il a fait du bon boulot. La cible était un certain Mohammed Hassan Al-din, l'un des principaux responsables du groupe terroriste qui nous prend la tête. Vous vous souvenez de cette fusillade dans un centre commercial ?

– Ouais.

– L'œuvre de ce monsieur. On a réussi à le localiser et l'abattre.

– On n'en a pas parlé dans les journaux, objecta Chavez.

– Il est mort d'un arrêt cardiaque, selon l'autopsie réalisée à la demande de la police romaine, conclut Davis.

– Le père de Jack n'est pas au courant ?

– Ça risque pas. Comme je vous l'ai dit, le rôle du fiston avait été attribué différemment, mais il y a parfois des problèmes, et il s'en est très bien tiré. Si nous avions su, sans doute aurions-nous procédé autrement, mais voilà, on n'a pas eu le choix.

– Je ne vais pas vous demander comment Jack a flanqué au sujet une crise cardiaque, observa Clark.

– Bien, parce que je ne vais pas vous le dire – dans l'immédiat en tout cas.

– Quelle est notre couverture ? s'enquit Clark.

– Tant que vous séjournez aux États-Unis, vous êtes entièrement couverts. Outremer, c'est une autre histoire. On s'occupera bien sûr de vos familles, mais si vous vous faites pincer à l'étranger, eh bien, nous engagerons les meilleurs avocats que nous pourrons trouver. En dehors de ça, vous ne serez que des citoyens lambda qui se sont fait prendre la main dans le sac.

– J'en ai l'habitude, fit remarquer Clark. Tant que ma femme et mes enfants sont protégés. Donc je suis un simple civil à l'étranger, c'est ça ?

– Tout à fait, confirma Davis.

– Et j'y fais quoi ?

– Nous débarrasser des méchants. C'est dans vos cordes ?

– Je fais ça depuis un bail, et pas toujours pour le compte de l'Oncle Sam. Ça m'a valu parfois des problèmes à Langley, mais c'était chaque fois une nécessité tactique, si bien que je... que nous avons toujours été blanchis. Mais s'il y a des répercussions par ici – vous savez, le genre complot pour commettre un meurtre...

– Nous avons une grâce présidentielle prête pour vous.

– Pardon ?

– C'est Jack Ryan qui a persuadé Gerry Hendley de mettre en place cette procédure. C'était le prix de Gerry. Le président Ryan a aussitôt signé cent formulaires en blanc.

– Est-ce légal ? demanda Chavez.

– Pat Martin le dit. Il est parmi les rares à connaître l'existence de cet endroit. Un autre est Dan Murray. *Idem* pour Gus Werner. James Hardesty, vous le connaissez déjà. Les Foley ne sont pas au courant, toutefois. Nous avons songé à les mettre dans la confidence mais Jack s'y est opposé. Même ceux que je viens de citer ne connaissent que ceux qu'ils recrutent pour des fonctions bien précises en un endroit particulier. Ils n'ont aucune connaissance opérationnelle. Ils savent qu'un endroit particulier existe mais sans savoir ce qu'on y fait. Même le président Ryan ne dispose d'aucune donnée opérationnelle. Tout cela reste confiné entre ces murs.

– Pas évident pour un fonctionnaire gouvernemental de faire confiance aux gens à ce point, dit Clark.

– Il faut sélectionner ses effectifs avec soin, reconnut Davis. Jimmy pense qu'on peut se fier à vous deux. Je connais votre CV. Je crois qu'il a raison. »

Pendant plus de vingt ans, il avait caressé le rêve d'avoir une institution telle que celle-ci. Langley lui avait un jour confié la mission de tirer le portrait d'Abou Nidal au Liban, voir s'il était possible de l'envoyer rejoindre son Dieu. Ce travail préparatoire avait été aussi dangereux que la mission proprement dite, et il l'avait vécu comme une forme d'insulte, mais il avait obéi malgré tout, et il était revenu avec la photo demandée pour montrer que oui, il était possible de descendre ce salaud, mais les têtes froides – ou plutôt les dégonflés de Washington – avaient mis leur veto à cette mission, si bien qu'il avait risqué sa vie pour rien. C'était en fin de compte l'armée israélienne qui l'avait tué en expédiant un missile Hellfire depuis un hélico d'attaque Apache, une méthode certainement moins propre qu'une balle tirée au fusil à 180 mètres

de distance, sans parler des dégâts collatéraux considérables, qui ne troublaient pas les Israéliens plus que ça.

« OK, dit Chavez, si et quand nous sommes envoyés en mission, ce sera censément pour éliminer quelqu'un qu'il faut neutraliser. Si on se fait prendre, tant pis pour nous. En pratique, il y a une chance sur deux qu'on se fasse descendre sur place, et je comprends que ce soit la règle du jeu. N'empêche, c'est sympa d'avoir encore un gouvernement pour avaliser, même en secret, ce genre de pratique.

– Il y a plus d'une façon de servir son pays.

– Peut-être bien », concéda Ding.

Clark reprit : « Il y a un gars à Langley qui est en train d'enquêter en profondeur sur mes antécédents, un certain Alden, à la direction des opérations. Il semble bien que Jim Greer ait laissé derrière lui un dossier sur moi et sur mes activités avant que je rejoigne le service. Je ne sais pas ce que ce dossier contient au juste, mais ça pourrait soulever des problèmes.

– Comment cela ?

– J'ai abattu plusieurs trafiquants de drogue. Peu importe pourquoi, mais j'ai démantelé tout un réseau. Le père de Jack Ryan Senior était inspecteur de police et il a voulu m'arrêter, mais je l'en ai dissuadé en simulant ma propre mort. Ryan connaît l'histoire – en partie du moins. L'Agence pourrait détenir des éléments écrits. Vous devez le savoir.

– Ma foi, si des problèmes surviennent à la suite de ça, nous avons ce pardon présidentiel pour vous protéger. Vous pensez que cet Alden pourrait exploiter la chose contre vous ?

– C'est un animal politique.

– Compris. Vous voulez prendre le temps de réfléchir à ma proposition ?

– Sûr, répondit Clark, parlant pour lui et Chavez.

– Pensez-y à tête reposée puis revenez me voir demain. Si on va plus avant, vous pourrez rencontrer le patron. Un simple rappel : tout ce dont nous venons de discuter…

– Monsieur Davis, ça fait un bout de temps qu'on garde des secrets. Lui comme moi. Si vous pensez devoir nous le rappeler, c'est que vous nous connaissez mal.

– Leçon retenue. » Davis se leva, mettant un terme à la réunion. « À demain. »

Ils n'échangèrent pas un mot avant d'être dehors pour rejoindre la voiture. « Dieu tout-puissant, alors comme ça, Jack Junior aurait descendu quelqu'un ? fit Chavez en levant les yeux au ciel.

– On dirait bien », répondit Clark en songeant qu'il serait peut-être temps de ne plus le baptiser « Junior ». « Il semblerait qu'il ait repris le flambeau familial.

– Son père en chierait dans son froc.

– Probablement », opina Jack. *Et ce ne serait rien comparé à la réaction de sa mère.*

Quelques minutes plus tard, alors qu'ils roulaient, Chavez dit : « J'ai une confession à te faire, John.

– Parle sans crainte, fils.

– J'ai merdé… et dans les grandes largeurs. »

Chavez s'avança sur son siège, retira de sa poche-revolver un objet qu'il déposa sur la console centrale.

« C'est quoi, ça ?

– Une clé USB. Tu sais, pour un ordinateur…

– Je sais ce que c'est, Ding. Pourquoi me la montrer ?

– Je l'ai récupérée sur l'un des terroristes à l'ambassade de Tripoli. On avait procédé à une fouille rapide. J'ai trouvé ça sur le chef du commando – celui que j'ai descendu près de l'ordi. »

Malgré une balle de 9 millimètres du MP5 de Chavez dans le flanc, l'homme avait réussi à tituber jusqu'à l'ordinateur portable et taper une combinaison de touches qui avait flingué le disque dur et la carte wifi, tous deux désormais aux mains des Suédois, pour ce qu'ils pourraient en tirer.

L'idée admise était qu'ils s'étaient servis de l'ordinateur pour communiquer avec quelqu'un à l'extérieur. Telle était la malédiction de l'ère numérique, Clark le savait. Les progrès de la technologie de l'Internet sans fil étaient désormais tels que la portée des signaux s'était accrue, mais aussi que les technologies de cryptage s'étaient grandement améliorées. Même si les Libyens avaient coopéré à cent pour cent, les chances pour Rainbow de surveiller et d'intercepter tous les points d'accès Wi-Fi aux alentours de l'ambassade étaient quasiment nulles, aussi, à moins que les Suédois réussissent à récupérer quelque chose sur le disque dur ou la carte, nul ne saurait jamais avec qui avait communiqué le commando.

Ou peut-être que si, songea Clark.

« Bon Dieu, Ding, t'as vraiment eu le nez creux.

— Je l'ai fourrée dans ma poche et je n'y ai plus repensé avant qu'on vide nos bagages au retour. Désolé. Alors, qu'est-ce que tu veux faire ? demanda Chavez avec un sourire matois. On la refile à Alden ?

— Laisse-moi le temps d'y réfléchir. »

L'après-midi était bien avancé quand Jack trouva ce qu'il cherchait. Alors que selon la réglementation du transport aérien, les compagnies d'assurances étaient censées ouvrir au public les demandes d'indemnités, il n'y avait aucun texte pour réglementer la facilité d'accès à ces procédures. En conséquence, la plupart desdites compagnies s'arrangeaient pour compliquer à loisir les

recherches de documents numériques permettant d'asseoir ces demandes.

« XLIS-XL Assurance, Suisse, dit Jack à Rounds. Spécialisée dans les contrats d'aviation. Il y a trois semaines, une demande d'indemnisation a été effectuée pour un Dassault Falcon 9000. C'est un petit jet d'affaires. La demanderesse est une certaine Margarite Hlasec, copropriétaire de Hlasec Air avec son mari Lars – qui se trouve également être pilote. L'entreprise est basée à Zurich. Et voilà le mieux : j'ai corrélé l'info avec nos interceptions, mélangé et cuisiné plusieurs mots-clés et j'ai obtenu un résultat. Il y a deux jours, le FBI a contacté ses attachés juridiques à Stockholm et à Zurich. Il semble que quelqu'un cherche également des infos sur Hlasek Air.

– Pourquoi Stockholm ?

– Simple supposition, mais on voulait s'informer sur le siège de la compagnie de l'intéressé et peut-être sur le dernier aéroport où s'est posé le Falcon.

– Que savons-nous d'autre sur ce Hlasek ?

– C'est assez trouble. J'ai trouvé quatre plaintes isolées transmises, soit à l'Administration suédoise de l'aviation civile, soit à l'Autorité suédoise de l'aviation civile…

– Quelle est la différence ?

– L'une gère les aéroports nationaux et le contrôle aérien ; l'autre s'occupe de l'aviation civile et de la sécurité. Quatre plaintes ces deux dernières années – trois pour des irrégularités sur des formulaires de déclaration en douane, et la dernière pour un plan de vol mal déclaré.

– Pour survoler l'espace aérien de terroristes accueillants, murmura Rounds.

– Ça se pourrait bien. Si oui, ce genre de service se monnaye un bon prix.

– Allons en parler à Gerry. »

Hendley s'entretenait avec Granger. Le patron leur fit signe d'entrer. «Jack a peut-être dégoté quelque chose», annonça Rounds, d'emblée, et Jack émit son hypothèse.

«Un peu tiré par les cheveux, observa Granger.

– Un avion disparu, l'Aviation civile sur le coup, le FBI qui tâte le terrain en Suède, plus une compagnie privée pas très claire, rétorqua Rounds. On a déjà vu ça, pas vrai? Hlasek Air transporte des gens qui, soit ne veulent pas, soit ne peuvent pas prendre de vols commerciaux. Ça ne nous conduira sans doute pas directement à celui qu'on cherche, mais c'est toujours une piste à creuser. Ou un coup d'épée dans l'eau, j'en conviens.»

Hendley réfléchit, puis regarda Granger qui haussa les épaules avant d'acquiescer. Hendley se tourna vers Ryan.

«Jack?

– Ça ne peut pas faire de mal d'aller y voir de plus près et de secouer de temps en temps quelques cocotiers, patron.

– Pas faux. Sur quoi sont les frangins Caruso?»

33

D EVOIR PASSER PAR UN INTERMÉDIAIRE n'était pas si commun, mais pas non plus au point d'inquiéter Melinda. Ça voulait dire en général que le client était marié et/ou qu'il s'agissait d'une personnalité en vue, ce qui à son tour se traduisait par une rémunération supérieure – ce qui était le cas ici. L'intermédiaire, un Méditerranéen du nom de Paolo avec des cicatrices de brûlures sur les mains, lui avait déjà donné la moitié des trois mille dollars convenus, en même temps que l'adresse du carrefour où elle devrait attendre qu'on la récupère – là non plus, pas sa méthode habituelle, mais l'argent n'avait pas d'odeur, et cet argent-là dépassait de loin ses tarifs.

Le danger le plus probable auquel elle pourrait être confrontée serait que le client veuille des trucs spéciaux qu'elle n'avait pas envie de faire. Le problème devenait alors de savoir réorienter ses pulsions sans rater la passe. La plupart des hommes se laissaient assez facilement manipuler, mais, de temps à autre, vous tombiez sur un mec buté, bien décidé à assouvir ses perversions. Dans ces cas – ça lui était arrivé à deux reprises –, la discrétion restait la meilleure défense. Dire merci beaucoup mais sans façon, puis s'éclipser vite fait.

Statistiquement, les tueurs en série ne couraient pas les rues, mais la moitié s'en prenaient aux prostituées – ça remontait à Jack l'Éventreur dans le quartier londonien de Whitechapel. Les belles de nuit, pour reprendre l'élégant euphémisme du dix-neuvième siècle, conduisaient leurs clients dans des coins discrets pour leur partie de jambes en l'air, coins où commettre un meurtre était toujours plus facile qu'au beau milieu d'une rue passante, tant et si bien que certaines de ses collègues avaient mis au point un système basique de protection mutuelle, en se partageant les détails de leurs rendez-vous.

Dans ce cas précis, la voiture était une Lincoln Town Car aux vitres teintées. Elle s'arrêta le long du trottoir et Melinda entendit se déverrouiller la portière arrière. Les vitres ne descendirent pas. Après un instant d'indécision, elle monta.

« Pourquoi les vitres teintées ? demanda-t-elle au chauffeur, en tâchant de prendre un ton détaché.

– Pour se protéger du soleil », répondit-il.

Logique, songea Melinda, non sans éloigner la main de son sac où elle tenait rangé un très vieux Colt de poche automatique, calibre 25, pesant trois cents grammes à peine. Elle n'avait quasiment jamais tiré avec, mais il était chargé de sept balles et le cran de sûreté était engagé. Pas vraiment un Magnum 44 mais pas non plus une caresse sur la joue.

Elle regarda sa montre. Une demi-heure déjà, ils devaient être sortis de la ville. À la fois une bonne et une mauvaise nouvelle. Une maison vraiment isolée était l'endroit idéal pour tuer une pute et se débarrasser du corps. Mais elle n'allait pas non plus s'inquiéter de tout, et son sac était juste à portée de main, avec Petit Monsieur Colt à l'intérieur…

La voiture vira brusquement à gauche dans une allée, puis à gauche encore pour s'engager dans le garage d'un immeuble. Pas un parking public. Donc, accès direct à l'appartement. Au moins, elle avait évité le parc à mobile homes. Les gens qui vivaient dans ces endroits lui flanquaient la trouille, même s'ils ne constituaient pas sa clientèle habituelle. Melinda se faisait payer entre mille et deux mille billets la passe, et quatre mille cinq cents la nuit. Le plus remarquable était qu'autant d'hommes soient disposés à payer de telles sommes, qui constituaient un joli complément à son boulot régulier de réceptionniste au rectorat de Las Vegas. L'homme descendit de voiture, ouvrit la portière et lui tendit la main pour l'aider à descendre.

« Bienvenue », dit une voix mâle. Elle se dirigea vers celle-ci et découvrit un homme plutôt grand dans le séjour. Il avait un sourire avenant. Elle y était habituée. « Comment vous appelez-vous ? » Jolie voix. Mélodieuse.

« Melinda », répondit-elle en s'approchant, tout en accentuant son balancement de hanches.

« Voulez-vous un verre de vin, Melinda ?

– Merci », répondit-elle, et apparut aussitôt un joli verre en cristal. Le chauffeur s'était éclipsé – où, elle n'aurait su dire – mais l'atmosphère avait pour ainsi dire déconnecté ses systèmes d'alarme. Qui que soit son client, il était riche et elle connaissait bien ces gens-là. Elle pouvait désormais se détendre un peu. Melinda savait fort bien déchiffrer les hommes – après tout, n'était-ce pas son gagne-pain ? – et ce gars n'avait absolument rien de menaçant. Il voulait juste prendre son pied, et son boulot était de le satisfaire. Si elle se faisait payer autant, c'est parce qu'elle était bonne, et les hommes ne voyaient pas d'inconvénient à payer parce qu'elle le valait bien. C'était l'archétype même de l'économie libérale si en vogue dans la région, quand bien même Melinda n'avait jamais voté républicain.

« C'est un très bon vin, observa-t-elle dès la première gorgée.

– Merci. On essaie de se montrer un hôte de qualité. »

D'un geste courtois, il indiqua un canapé de cuir et Melinda s'y installa, déposant à sa gauche son sac à main en le laissant ouvert.

« Vous préférez être réglée à l'avance ?

– Oui, si vous n'y voyez pas d'inconvénient.

– Aucun problème. »

Il glissa la main dans sa poche-revolver pour en sortir une enveloppe qu'il lui tendit. Vingt billets de cent dollars, pour régler la soirée. Peut-être plus, s'il se montrait particulièrement satisfait du résultat.

« Puis-je vous demander votre nom ? s'enquit Melinda.

– Vous allez rire... mon prénom est John. C'est vrai. Ce sont des choses qui arrivent.

– Ça me va très bien, John », répondit-elle avec un sourire à faire fondre le chrome d'un pare-chocs de Chevrolet.

Elle posa son verre de vin.

« Bon... »

Et elle se mit au boulot.

Trois heures plus tard, Melinda avait pris le temps de passer sous la douche et de se brosser les cheveux. Cela faisait partie de ses habitudes d'après les rapports, donner l'impression au client qu'il avait touché son âme. Mais ce n'était pas toujours évident avec la plupart des hommes, et certainement pas avec John ce soir. Et la douche éliminerait son odeur. Celle-ci était vaguement familière, même si elle n'aurait su la situer – elle avait quelque chose de médical. Puis elle cessa d'y penser. Sans doute une mycose ou un truc dans le genre. Malgré tout, il était plutôt bel homme. Italien, peut-être. En tout cas méditerranéen ou du Moyen-Orient. Ils étaient nombreux dans le secteur, et ses manières suggéraient à coup sûr que ce n'était pas un violent.

Elle finit de s'habiller et ressortit de la salle de bains, souriant avec coquetterie.

« John, dit-elle, prenant son ton le plus sincère, c'était merveilleux. J'espère que nous pourrons remettre ça un jour.

– Tu es très gentille, Melinda », répondit John, puis il l'embrassa.

De fait, il embrassait très bien. D'autant mieux qu'il exhiba une autre enveloppe avec vingt autres billets de cent. En échange, elle le serra dans ses bras.

Ça pourrait être un truc, songea-t-elle. Peut-être, seulement peut-être, si elle avait bien fait son boulot, elle serait à nouveau invitée. Les clients riches et huppés étaient les meilleurs.

« Elle était adéquate ? » demanda Tariq après avoir raccompagné Melinda.

« Tout à fait », dit l'Émir, étendu sur le canapé. *Plus qu'adéquate, en fait.* « Une nette amélioration par rapport à la première.

– Mes excuses encore pour cette erreur.

– Aucune excuse n'est nécessaire, mon ami. Notre situation est unique. Tu t'étais montré prudent – je n'en attends pas moins de toi. »

L'autre femme, cette Trixie, s'était montrée grossière et bien trop experte au lit, mais c'étaient là des traits que l'Émir pouvait encore pardonner. Si elle n'avait pas posé autant de questions, si elle ne s'était pas montrée aussi curieuse, elle aurait regagné saine et sauve son coin de trottoir pour y poursuivre sa pathétique activité – sa seule punition étant de ne pas avoir droit à une nouvelle convocation. *Malheureux mais nécessaire*, songea l'Émir. La leçon aussi avait été *nécessaire* pour lui. Amener Trixie directement à la maison avait été une erreur, que Tariq avait dû rectifier en louant cet appartement. Celui-ci lui servirait d'espace-tampon si jamais ils devaient se débarrasser d'une autre prostituée.

« Du nouveau avant que j'aille au lit ? » s'enquit l'Émir. Ils allaient passer la nuit sur place avant de regagner la maison. Les allées et venues nocturnes de voitures tendaient à attirer l'attention de voisins trop curieux.

« Oui, quatre éléments, répondit Tariq en s'asseyant sur la chaise en face du canapé. Un, Hadi retourne à Paris. Ibrahim et lui doivent se retrouver demain.

– Tu as examiné l'envoi de Hadi ?

– Oui. Quatre installations en particulier paraissent prometteuses. Notre agent a travaillé dans chacune, ces deux dernières années, et il apparaît que les mesures de sécurité ont subi des changements spectaculaires sur une seule d'entre elles.

– Paulinia ?

– Correct. »

Logique, songea l'Émir. Les installations de Petrobras sur place ont été choisies pour traiter les nouveaux apports, ce qui a exigé de nouvelles constructions – et c'était justement là, il le savait, que résidait la vulnérabilité. Ils en avaient connu l'exemple à Riyad dans les années soixante-dix et quatre-vingt, un déficit de personnels de sécurité compétent et bien formé pour suivre le rythme de l'expansion. Tel était le prix de l'avidité.

« Il faudra bien un an avant que leur sécurité ait comblé son retard.

– Tu as sans doute raison mais nous n'allons pas attendre pour savoir. Recrutement ?

– Ibrahim a presque terminé, conclut Tariq. Il indique qu'il sera prêt dans moins de quinze jours. Il a proposé le recrutement de Hadi pour l'équipe. »

L'Émir y réfléchit. « Ton avis ?

– Hadi est fiable, on a au moins cette certitude, et sa loyauté ne peut être mise en doute. Il a une certaine formation au travail de terrain, mais peu d'expérience concrète en dehors de son acti-vité au Brésil, un travail sérieux. Si Ibrahim estime qu'il est prêt, je tendrais à partager son opinion.

– Très bien. Donne mon accord à Ibrahim. Quoi d'autre ?

– Les dernières nouvelles de la femme. Leur relation est désor-mais bien établie, elle fait des progrès mais ne pense pas qu'il soit encore tout à fait prêt à être embarqué.

– A-t-elle évalué le temps qu'il lui faudrait ?

– Trois ou quatre semaines. »

L'Émir projeta mentalement ce délai sur le calendrier. Les informations procurées par la femme étaient la pierre angulaire. En leur absence, il lui faudrait envisager encore une fois de repor-ter l'opération d'un an. Encore une année laissée aux Américains pour réduire leurs réseaux, une autre année pour que des langues se délient. Et pour que quelqu'un, quelque part, ait un coup de chance et tombe sur le fil qui déviderait toute la pelote.

Non, décida-t-il, ce devait être fait cette année.

« Dis-lui qu'on ne patientera pas plus de trois semaines. Sui-vant.

– Un message de Nayoan, à San Francisco. Ses hommes sont en place, ils attendent les ordres. »

Des myriades de pièces composant le puzzle Lotus, celles de Nayoan s'étaient révélées les plus faciles, tout du moins dans les phases d'infiltration et de préparation. Les visas d'étudiant étaient relativement accessibles, et encore plus faciles à acquérir pour des individus dans la situation de Nayoan. En outre, du fait de l'igno-rance crasse des Américains pour tout ce qui existait hors de leurs frontières, les Indonésiens étaient considérés avant tout comme des Asiatiques ou des « Orientaux », plutôt que des membres de la plus vaste communauté de musulmans à la surface de la planète. L'étroitesse d'esprit et les tendances doctrinaires, s'avisa l'Émir, étaient des armes que le CRO n'était que trop heureux d'exploiter.

« Bien, conclut-il. Demain, on reverra la liste des objectifs. S'il doit encore y avoir des changements, mieux vaut y procéder trop tôt que trop tard. Suivant ?

– Dernier élément : vous avez lu les nouvelles concernant l'ambassade à Tripoli ? »

L'Émir acquiesça. « Une affaire stupide. Un vrai gâchis.

– Planifiée par l'un des nôtres. »

L'Émir se redressa, l'œil sévère. « Pardon ? » Huit mois aupara-vant, tous les membres du CRO avaient été informés que toutes les initiatives au niveau de la cellule étaient dorénavant interdites jusqu'à nouvel ordre. L'opération en cours était trop délicate, trop complexe. Celles de moindre envergure – en général des semi-échecs et des actions à nombre de victimes réduit – avaient leur rôle pour créer l'illusion de désorganisation et de poursuite d'une activité normale, mais pour un projet tel que celui-ci…

« Quel est son nom ? demanda l'Émir.

– Dirar al-Kariim.

– Ça ne me dit rien.

– Un Jordanien. Recruté à la mosquée Hussein d'Amman, il y a trois ans. Un soldat, rien de plus. La même mission avait été pro-posée l'an dernier par nos militants de Benghazi. Nous l'avions déclinée.

– Combien de morts ?

– Six à huit des nôtres. Aucune perte dans leur camp.

– Dieu soit loué. »

Sans mort d'otages, la presse occidentale aurait tôt fait d'oublier l'incident et, bien souvent, l'attention de la presse servait de guide à la curiosité des services de renseignement. Tel était le prix à payer pour mener leur « guerre contre le terrorisme ». Réduits à jouer le petit Néerlandais de la fable, le doigt dans la digue pour contenir l'inondation.

« Savons-nous qui l'a recruté ?

– On enquête. Et nous ne savons pas non plus qui a survécu au raid – en dehors d'al-Karim, ajouta Tariq. En fait, il n'y a même pas participé.

– L'imbécile ! Donc, ce moins-que-rien organise une mission sans notre aval, puis il la foire et n'a même pas le bon sens ou la décence de mourir dans sa tentative… savons-nous où il se trouve en ce moment ?

– Non, mais il ne devrait pas être difficile à retrouver. Surtout si on fait mine de lui tendre la main. Il doit être en fuite, à la recherche d'une planque sûre. »

L'Émir acquiesça, pensif. « Bien. Allez-y. Tendons-lui un rameau d'olivier. Mais de loin. Tu n'as qu'à en charger Almassi.

– Et quand nous l'aurons ?

– Qu'on en fasse un exemple pour les autres. »

34

ASSIS DANS UN BISTROT du quartier Montparnasse, à Paris, Shasif Hadi sirotait son café en tâchant de ne pas sembler trop nerveux.

Comme promis, son contact à Topanga Beach était entré en relation avec lui le lendemain de leur rencontre pour lui indiquer où il devrait récupérer les colis en retour, tous déposés au préalable dans des boîtes postales de la région de Los Angeles. Il ne fut pas surpris de découvrir que chaque paquet contenait un CD-ROM anonyme, mais fut surpris, en revanche, de trouver une note dactylographiée jointe à l'un des disques – Indiana Club, 77 avenue du Maine, Paris 14e – accompagnée d'une date et d'une heure. Ce que Hadi ignorait, c'était s'il s'agissait d'un simple dépôt de courrier ou d'une opération plus importante.

Algérien de naissance, Hadi était arrivé en France vers l'âge de dix ans, pour accompagner son père venu chercher du travail. Hadi s'exprimait parfaitement en français, avec un accent. Après la décolonisation, l'Algérie n'avait pas vraiment connu la prospérité, d'où une immigration massive en Europe, où les Algériens avaient été plutôt fraîchement accueillis, surtout depuis les années quatre-vingt-dix, quand ils avaient redécouvert leur identité islamique dans un pays qui tenait toujours à l'idée d'assimilation. Il suffisait de parler la langue (en la prononçant correctement), d'adopter les coutumes et l'on était français, et le Français se souciait assez peu de la couleur de la peau. Même s'ils appartenaient historiquement à un pays catholique, les Français se fichaient bien de savoir à quelle Église vous apparteniez, de toute façon, ils fréquentaient assez peu les lieux de culte. Mais l'Islam avait changé la donne. Peut-être les Français se souvenaient-ils de la victoire de Charles Martel à Poitiers en 732, où leurs ancêtres avaient déjà défait les Sarrasins, mais ils s'inquiétaient surtout du fait que certains immigrants musulmans rejetaient leur culture, pour adopter des tenues et des coutumes qui n'entraient pas vraiment dans le moule du *bon vivant*[1] buveur de vin, d'où leur exclusion du processus d'intégration. *Et pourquoi diable un homme ou une femme ne voudrait-il pas être français ?* se demandaient-ils. Tout comme les myriades de flics français qui les tenaient à l'œil. Hadi le savait et, par conséquent, il faisait un effort pour s'adapter, avec l'espoir qu'Allah le comprendrait et lui pardonnerait dans Son infinie miséricorde. Et du reste, il ne serait pas le premier ou le seul musulman à boire de l'alcool. La police française l'avait bien noté qui l'ignorait par conséquent. Il avait un boulot de vendeur dans un vidéo-club, s'entendait bien avec ses collègues de travail, logeait dans un modeste mais confortable appartement, rue Dolomieu, dans le 5e arrondissement, conduisait une petite Citroën et ne se faisait absolument pas remarquer. Nul ne s'était fait la réflexion qu'il vivait quelque peu au-dessus de ses moyens. Les flics d'ici étaient bons mais pas parfaits pour autant.

Ils n'avaient pas non plus relevé qu'il voyageait un peu, en général au sein de l'Europe, et qu'à l'occasion il rencontrait des étran-

---

1. En français dans le texte.

gers, généralement dans un bistrot confortable. Hadi appréciait tout particulièrement un rouge léger du Val-de-Loire, sans savoir que le vigneron était juif et un farouche défenseur de l'État d'Israël. L'antisémitisme était hélas à nouveau regrettablement répandu en France, pour le plus grand plaisir des cinq millions de musulmans qui habitaient désormais le pays.

« Je peux me joindre à vous ? » dit une voix près de l'épaule de Hadi.

Il se retourna. « Je vous en prie. »

Ibrahim s'assit. « Comment s'est passé le voyage ?

– Sans problème.

– Alors, que me rapportes-tu ? » demanda Ibrahim.

Hadi glissa la main dans sa poche de pardessus et en ressortit les CD-ROM qu'il passa à Ibrahim sans chercher à cacher le transfert. Essayer de ne pas se faire repérer était souvent le meilleur moyen pour qu'on le fasse. Par ailleurs, si un inconnu – voire un agent des douanes assermenté – s'avisait d'examiner le contenu de chacun de ces disques, il n'y trouverait que des diaporamas numériques de vacances estivales.

« Les as-tu regardés ? demanda Ibrahim.

– Bien sûr que non.

– Pas de problème avec la douane ?

– Non. J'en ai même été surpris.

– Nous sommes cinq millions ici. Ils ne peuvent pas nous surveiller tous et je reste discret. On me considère comme un Arabe qui boit de l'alcool et ne présente aucun danger. »

Se montrer discret signifiait qu'il ne fréquentait aucune mosquée et ne fréquentait pas les lieux où se réunissaient les intégristes.

« Ils ont évoqué la possibilité que mon rôle change », souffla Hadi.

Ils étaient attablés en terrasse. Les clients les plus proches étaient à moins de trois mètres, mais il y avait le bruit de la circulation et l'agitation habituelle d'une grande ville. Les deux hommes savaient éviter de prendre des airs de conspirateurs. On n'était plus au temps des films des années trente. Mieux valait boire du vin comme tout le monde, fumer et reluquer les femmes qui passaient jambes nues dans leur robe chic. Ça, les Français n'avaient pas de mal à le comprendre.

« Si ça t'intéresse, répondit Ibrahim.

– Effectivement.

– Ce sera différent de ton activité habituelle. Il y a un risque.

– Si Dieu le veut. »

Ibrahim lui adressa un regard sévère pendant quelques secondes avant d'acquiescer. « Tes déplacements au Brésil... combien de fois t'y es-tu rendu ?

– Sept ces quatre derniers mois.

– Tu t'y es plu ?

– C'était sympa.

– Suffisamment pour y retourner si on te le demande ?

– Certainement.

– Nous avons un homme sur place. J'aimerais que tu le rencontres pour mettre au point les détails. »

Hadi acquiesça. « Je pars quand ? »

« Je l'ai », dit Jack en tendant les pages.

Bell les prit et se cala dans son fauteuil pivotant. Il s'étonna : « En France ? Le faire-part de naissance ? »

En approfondissant ses soupçons concernant le brusque changement de protocole des communications au sein du CRO, Jack avait remonté la piste et effectué une série de références croisées, jusqu'à ce qu'il ait réussi à décortiquer un des en-têtes alphanumériques qui lui avait révélé un nom nouveau et une liste de distribution électronique.

« Ouaip. Il s'appelle Shasif Hadi. Il semble qu'il vive à Rome, on ne sait où au juste, mais c'est un musulman, sans doute d'origine algérienne, qui s'efforce au mieux de rester discret. Il passe beaucoup de temps à Paris. »

Bell pouffa. « Sans doute les Italiens ignorent-ils jusqu'à son existence.

– Quelle est leur valeur ? demanda Jack.

– Les Italiens ? Leurs services de renseignement sont excellents, et historiquement, ils n'ont jamais hésité à s'y coller. Leur police est également de qualité. Leurs gars ne sont pas retenus par autant de restrictions que les nôtres. Ils savent mieux que nous filer les individus et procéder à des enquêtes de fond. Ils peuvent procéder à des écoutes administratives, sans décision judiciaire comme c'est le cas ici. Si j'enfreignais la loi, je n'essaierais pas trop d'attirer leur attention. C'est la vieille méthode européenne, on essaie d'en savoir le plus possible sur les individus et leurs activités. Si vous avez les mains propres, alors on vous fiche la paix. Dans le cas contraire, ils peuvent sérieusement vous pourrir la vie. Leur système juridique n'est pas le nôtre, mais dans l'ensemble il reste équitable.

– Ils surveillent de près leur population musulmane car il y a eu une certaine agitation, mais rien de plus. Tu as toutefois raison : si ce gars est un des protagonistes, il saura faire profil bas, boire son vin, manger son pain et regarder la télé comme tout le monde. Ils ont eu des problèmes de terrorisme politique, mais surtout dans les années soixante-dix avec les Brigades rouges, comme les Français avec l'OAS dans les années soixante. Et comme les Français, ils ont traité le problème avec efficacité mais sans prendre de gants. Les Italiens ne sont pas manchots. Mais revenons-en à ce Hadi. Reste-t-il statique ?

– Non, il a beaucoup travaillé ces six derniers mois – chez nous, en Europe occidentale, en Amérique du Sud…

– Où au juste ?

– Caracas, Paris, Dubaï…

– Cela mis à part et en dehors de ce courrier électronique, qu'est-ce qui vous fait penser qu'il soit actif ? demanda Bell. Vous savez, j'ai reçu un jour un coup de fil de l'autorité des communications. Il s'était avéré que j'avais accidentellement emprunté la connexion Internet par wifi de mon voisin. Je ne m'en doutais pas.

– Ce n'est pas le cas ici, rétorqua Jack. J'ai vérifié et revérifié ; il s'agit bien du compte de Hadi. Hébergé chez un fournisseur d'accès allemand installé à Monte Sacro, un faubourg de Rome, mais ça ne veut rien dire. On pourrait y accéder depuis n'importe quel point en Europe. La question est de savoir pourquoi envoyer un tel message sous forme de mail crypté, quand un simple coup de téléphone aurait pu suffire, ou une annonce de vive voix, lors d'une rencontre au restaurant ? À l'évidence, l'expéditeur juge le sujet sensible. Peut-être ne connaît-il pas Hadi de vue, qu'il ne veut pas passer de coup de fil ou déposer un colis dans une cache convenue – ou peut-être qu'il ne sait comment s'y prendre. Ces gars sont mariés avec l'Internet. C'est une faiblesse opérationnelle qu'ils essaient de changer en vertu. Ils ont une organisation d'envergure relativement modeste et sans entraînement professionnel. Si ces gars étaient issus du KGB du bon vieux temps, on serait sérieusement dans la mouise, mais s'ils recourent à la technologie, c'est pour compenser leurs faiblesses structurelles. Ils forment un petit groupe, ce qui les aide à se dissimuler, mais ils doivent recourir aux technologies occidentales de communication pour dialoguer et coordonner leurs actions, et c'est parfait pour nous, mais nous savons qu'ils sont également hors d'Europe. Surmonter les frontières technologiques peut s'avérer compliqué. Raison de plus pour recourir aux porteurs traditionnels pour les éléments cruciaux.

– S'ils étaient un État-nation, ils jouiraient de meilleures ressources, mais en contrepartie, nous serions en mesure de mieux les cibler et de remonter avec plus de facilité leur chaîne de commandement. Il y a toujours du bon et du mauvais. On peut utiliser un fusil contre un vampire mais pas contre un moustique. D'un autre côté, le moustique n'est pas si dangereux, mais il peut réellement vous pourrir la vie. Notre vulnérabilité est que nous accordons bien plus de valeur qu'eux à la vie humaine. Si ce n'était pas le cas, ils n'auraient aucune prise sur nous, mais voilà, ça ne risque pas de changer. Alors, ils essaient de retourner contre nous nos faiblesses et nos principes fondamentaux, et inversement, nous avons du mal à les utiliser efficacement contre eux. Tant que nous n'aurons pas pu les identifier, ils continueront à nous harceler, avec l'espoir de nous faire tourner en bourriques. D'ici là, ils vont essayer de mettre à niveau leur technologie – en continuant de retourner contre nous la nôtre.

– Donc : recommandations ?

– On neutralise son compte de messagerie et si c'est possible, on lui met le fisc au cul. Toujours suivre la piste de l'argent. Dans un monde idéal, on croiserait ces infos avec celles du renseignement fédéral allemand, mais ce n'est pas évident. Merde, on ne peut même pas demander à notre Agence de le faire pour nous. »

Et en soulignant ce point, Jack venait d'identifier le vrai problème du Campus. Puisque la structure n'avait aucune existence légale, elle ne pouvait diffuser ses trouvailles aux services de renseignement officiels et, par conséquent, assurer le suivi des enquêtes via les canaux classiques. Même s'ils découvraient du pétrole au

Kansas et que les gens faisaient fortune, un bureaucrate quelconque remonterait la piste de l'annonce pour savoir d'où elle émanait, brûlant du même coup la couverture du service. Être plus que secret pouvait s'avérer un handicap autant qu'un avantage. Pis encore. Ils pouvaient transmettre une demande à Fort Meade sous couvert d'une question de l'Agence, mais même cette procédure demeurait dangereuse et devait recevoir l'aval de Gerry Hendley en personne. Enfin, en quelque sorte, on récoltait le raisin avec les pépins. Dans un monde où il valait mieux être plusieurs à s'atteler à résoudre les problèmes, le Campus se retrouvait isolé.

« J'ai bien peur que non, Jack, répondit Bell. À moins que ce Hadi apparaisse accidentellement sur une liste de diffusion ou que ce mail soit effectivement anodin, je pencherais pour l'hypothèse du messager. »

S'ils n'étaient pas le moyen de communication le plus rapide, ces derniers demeuraient le plus sûr. Données et messages cryptés, aisés à dissimuler dans un document ou sur un CD-ROM ne sont pas le genre d'élément que sont habitués à pêcher les personnels de sécurité aux aéroports. À moins d'avoir l'identité du transporteur – ce qui pouvait bien être le cas désormais –, les bons pouvaient ne jamais savoir que les méchants préparaient la fin du monde.

« D'accord, dit Jack. À moins qu'il ne bosse pour le *National Geographic*, on tient là quelque chose. Il est opérationnel ou il joue un rôle de soutien. »

Le gamin réfléchissait de manière pratique, bon point pour lui, estima Rick Bell. « OK, dit-il à Jack. Mets-ça au sommet de ta pile et tiens-moi au parfum.

– D'accord », et Jack se leva.

Il se dirigea vers la porte, puis se retourna.

« Une idée en tête ?

– Ouais. J'aimerais avoir un entretien avec le patron.

– À quel sujet ? »

Jack le lui dit. Bell tâcha de masquer sa surprise. Il joignit les doigts et considéra le jeune homme. « D'où cela vient-il ? Cette histoire avec Mohammed ? Parce que ce n'est pas ça, la vraie vie, Jack. Le travail sur le terrain, c'est…

– Je sais, je sais. Je veux juste avoir l'impression d'agir concrètement.

– Mais c'est le cas.

– Tu sais ce que je veux dire, Rick. Agir. J'y ai beaucoup réfléchi. Laisse-moi au moins jouer cartes sur table avec Gerry. »

Bell y réfléchit avant de hausser les épaules. « OK. Je t'arrange ça. »

Quinze mille putains de kilomètres et toujours pas de bière, songea Sam Driscoll, mais cela ne dura qu'un instant car bien vite il se rappela encore une fois qu'il aurait pu faire le même trajet dans un sac en plastique. Quelques centimètres plus à gauche ou à droite, avaient dit les toubibs, et l'éclat aurait déchiqueté la veine brachiale, céphalique ou basilique, et il se serait vidé de son sang bien avant d'avoir rejoint l'hélico. *On en a quand même perdu deux en chemin.* Barnes et Gomez s'étaient pris la roquette en pleine gueule. Young et Peterson avaient reçu quelques éclats aux jambes mais ils avaient réussi à grimper seuls à bord du Chinook. Ensuite, ils n'avaient eu qu'à faire un saut de puce pour gagner la base de Kala Gush, où il s'était séparé de son commando, à l'exception du capitaine Wilson avec sa jambe brisée, qui l'avait accompagné d'abord jusqu'à la base allemande de Ramstein, avant d'embarquer pour l'hôpital de Brooke, à Fort Sam Houston. Il s'avéra, en effet, que l'un comme l'autre devaient avoir recours au même type de chirurgie orthopédique, spécialité de ce centre médical des armées. À la chirurgie et au Demerol. Les infirmières savaient gérer l'utilisation des narcotiques analgésiques, ce qui avait fortement contribué à lui faire oublier que, cinq jours plus tôt, il avait encore un fragment de granite de l'Hindou Kush fiché dans l'épaule.

La mission avait été un échec, tout du moins en ce qui concernait leur objectif principal, et les Rangers n'avaient pas l'habitude d'échouer, de leur fait ou non. Si les renseignements fournis avaient été exacts et que la cible s'était bel et bien trouvée dans la grotte, elle avait dû s'en échapper, sans doute moins de vingt-quatre heures avant leur arrivée sur les lieux. Malgré tout, se remémora Driscoll, au vu de la tempête qu'ils avaient essuyée à leur retour vers la zone d'atterrissage, ça aurait pu être bien pire. Il avait perdu deux hommes mais en avait ramené treize. *Barnes et Gomez. Merde.*

La porte s'ouvrit et le capitaine Wilson entra, assis dans un fauteuil roulant. « T'as une minute pour une visite ?

– Bien sûr. Comment va cette jambe ?

– Toujours cassée. »

Driscoll rigola. « Ça risque de durer un petit moment, mon capitaine.

– Pas de broches ou de plaques, c'est déjà ça. Et toi, ça va comment ?

– Aucune idée. Les toubibs ne sont pas trop causants. L'intervention s'est bien passée, pas de dégâts vasculaires, ce qui aurait été critique. Les os et les articulations, ça doit être bien plus facile à réparer, j'imagine. Des nouvelles de nos gars ?

– Ouais. Ils vont bien. En tout cas, ils sont sur pied.

– Young et Peterson ?

– Tous les deux vont bien. Activités allégées pendant quelques semaines. Écoute, Sam, il se trame quelque chose.

– Votre visage me dit que ce n'est pas une visite de Carrie Underwood.

– J'ai bien peur que non. Les CID[1]. Deux agents sont passés au bataillon.

– Pour nous deux ? »

Wilson acquiesça. « Ils ont épluché nos rapports de mission. T'as des informations à me donner, Sam ?

– Non, mon capitaine. Je me suis pris un PV pour stationnement interdit devant le gymnase le mois dernier, mais à part ça, je suis resté bien sage.

– Pas d'entourloupe dans la grotte ?

– Le merdier habituel, mon capitaine. Comme je l'ai dit dans mon rapport.

– Eh bien, toujours est-il qu'ils monteront ici cet après-midi. Joue franc-jeu. Ça devrait marcher. »

Il ne fallut pas plus de deux minutes à Driscoll pour comprendre ce que voulaient les keufs du Département d'enquêtes criminelles de l'armée : sa tête. Qui et pourquoi, il l'ignorait, mais quelqu'un avait décidé de lui faire porter le chapeau pour ce qui était passé dans la grotte.

« Et combien de sentinelles avez-vous rencontrées ?

– Deux.

– Tuées toutes les deux.

– Oui.

---

1. Personnels de l'*United States Army Criminal Investigation Command* (USACIDC), enquêteurs de la police criminelle de l'armée américaine.

– OK, donc, vous avez pénétré dans la grotte proprement dite. Combien d'occupants étaient-ils armés ? demanda l'un des enquêteurs.

– Après avoir tout nettoyé, nous avons compté…

– Non, je veux dire au moment de votre entrée. Combien étaient armés ?

– Définissez "armés".

– Ne jouez pas au plus fin, caporal. Combien d'hommes armés avez-vous rencontrés en pénétrant dans la grotte ?

– C'est consigné dans mon rapport.

– Trois, correct ?

– Ça me semble exact, répondit Driscoll.

– Les autres étaient endormis.

– Avec des AK sous leur oreiller. Vous n'avez toujours pas pigé. Vous parlez de prisonniers, c'est ça ? Ça ne marche pas ainsi, pas dans la vraie vie. Vous avez une fusillade à l'intérieur d'une caverne avec un seul bandit et vous vous retrouvez avec des Rangers sur le carreau.

– Vous n'avez même pas tenté de neutraliser ces hommes assoupis. »

La remarque fit sourire Driscoll. « Je dirais qu'ils ont été pleinement neutralisés.

– Vous les avez abattus durant leur sommeil. »

Soupir de Driscoll. « Bon sang, si vous me disiez plutôt franchement ce que vous êtes venus me dire.

– À votre guise. Caporal, nous avons recueilli suffisamment de preuves dans votre compte rendu de mission pour vous inculper de meurtre de combattants désarmés. Ajoutez-y les déclarations du reste de votre équipe…

– Que vous n'avez pas encore officiellement recueillies, n'est-ce pas ?

– Pas encore, non.

– Parce que vous savez que c'est un tissu de conneries, et que vous aimeriez mieux que je pose bien gentiment ma tête sur le billot pour ne pas faire de vagues. Pourquoi cet acharnement ? J'ai fait mon boulot. Faites le vôtre. Nous n'avons fait qu'appliquer la procédure réglementaire. On ne laisse pas aux barbus une chance de dégainer les premiers.

– Et apparemment, vous ne leur avez pas non plus laissé une chance de se rendre, n'est-ce pas ?

– Dieu tout-puissant… Messieurs, ces idiots ne se rendent pas. Quand il s'agit de fanatisme, ils vous feraient passer les pilotes kamikazes pour des ramollis. Ce que vous me suggérez aurait entraîné la mort de plusieurs de mes hommes, et ça, il n'en était pas question.

– Caporal, êtes-vous en train d'admettre que vous exécuté préventivement ces hommes ?

– Ce que je dis, c'est que cet entretien est terminé tant que je n'aurai pas vu un avocat du TDS[1]. »

---

1. *US Army Trial Defense Service* : service de conseil juridique de l'armée américaine. Il procure gratuitement des avocats et des conseils juridiques aux soldats impliqués dans des procédures criminelles ou administratives.

35

« C HASSER LE DAHU, observa Brian Caruso en regardant défiler le paysage. J'imagine qu'il y a des endroits pires. » La Suède était vraiment un joli pays, avec tout plein de verdure, et du moins depuis qu'ils avaient quitté Stockholm, des routes impeccables. Et pas le moindre détritus en vue. Ils étaient à présent à cent cinquante kilomètres au nord de la capitale ; une vingtaine de kilomètres au nord-ouest, les eaux du golfe de Bothnie étincelaient sous un ciel légèrement couvert. « À ton avis, où est-ce qu'ils planquent leur *bikini team*[1] ? » poursuivit le marine.

Rire de Dominic. « Elles sont entièrement générées par ordinateur, frangin. Personne ne les a jamais vues en chair et en os.

– Mes couilles ; elles sont bien réelles. On est encore loin de notre destination ? Quel est son nom, déjà ? Söderhamn.

– Ouais, encore deux cent vingts kilomètres environ. »

---

1. Allusion au Swedish Bikini Team, de « Drôles de dames » blondes et pulpeuses en bikini bleu, héroïnes d'une campagne publicitaire – vite interrompue par les féministes – pour la bière Old Milwaukee dans les années quatre-vingt-dix. Depuis elles sont souvent réapparues sous forme parodique et ont même fait l'objet d'un film, d'un roman et d'une franchise de série TV…

Jack et Sam Granger leur avaient résumé la situation et, alors que les frères Caruso partageaient l'idée de leur chef des opérations de « prendre de la hauteur », ils aimaient bien aussi celle d'aller se frotter au terrain. Sans compter que ce serait une bonne occasion pour eux d'affûter leurs talents. Jusqu'ici, l'essentiel de leur travail au Campus avait concerné l'Europe, et plus on consacrait de temps à s'entraîner dans un véritable environnement opérationnel, mieux c'était. L'un et l'autre se sentaient plus ou moins dénudés sans un flingue, mais là aussi, c'était une réalité opérationnelle : le plus souvent, à l'étranger, ils se trouveraient désarmés.

Ils ignoraient comment Jack avait bien pu trouver le lien entre Hlasek Air et le minuscule aérodrome de Söderhamn, mais où que le Falcon disparu ait pu finir sa course, son dernier atterrissage avait eu lieu ici. Comme l'expliquait Dominic, cela s'assimilait beaucoup à la recherche d'une personne disparue. Où avait-elle été aperçue pour la dernière fois, et par qui ? Savoir comment répondre à ces questions, une fois parvenus à destination, c'était une autre paire de manches. La suggestion, que Jack avait accompagnée d'un sourire penaud, allait sans doute se révéler de la prescience : *Improvisez*. À cet effet, les documentalistes du Campus, bien planqués dans leur cagibi quelque part dans les entrailles du bâtiment, leur avaient procuré des papiers à en-tête, des cartes de visite et des références émises par la division enquête du bureau londonien de la Lloyd's, maison mère de la compagnie suisse XL Insurance.

On était en début d'après-midi quand ils atteignirent les faubourgs de Söderhamn, 12 000 habitants, et Dominic quitta l'autoroute E4 par la bretelle est en suivant les pictogrammes qui le conduisirent, huit kilomètres plus loin, à l'aérodrome. Ils se garèrent sur le parking presque vide : il y avait trois voitures en tout et pour tout. Par-delà la clôture grillagée, ils aperçurent quatre hangars au toit blanc. Un camion-citerne isolé roulait sur le tarmac fissuré.

« Bonne idée d'être venus un week-end, j'imagine », observa Brian. La théorie était que le personnel serait réduit un samedi après-midi, ce qui, espéraient-ils, devrait leur éviter de tomber sur un responsable. Avec un peu de chance, ils tomberaient sur un employé à temps partiel mal payé, désireux de passer l'après-midi avec un minimum de tracas. « Encore un bon point pour le cousin. »

Ils descendirent, gagnèrent le bâtiment, entrèrent. Un blondinet d'une vingtaine d'années était assis derrière le comptoir, les pieds posés sur un classeur métallique. Derrière lui, un gros radio-CD diffusait à fond un titre de techno-pop suédois. Le gamin se leva et baissa le volume.

« *God Middag* », dit-il.

Dominic lui présenta ses papiers d'identité. « *God Middag.* »

Il ne fallut pas plus de cinq minutes, en alternant cajoleries et menaces indirectes, pour qu'ils obtiennent les registres quotidiens de vol de l'aéroport, qui ne leur révélèrent que deux arrivées de Dassault Falcon au cours des huit semaines écoulées, le premier venu de Moscou, un mois et demi auparavant, le second de Zurich, le siège de Hlasek Air, trois semaines plus tôt. « Nous aurions besoin de voir le manifeste, le plan de vol et le carnet d'entretien pour cet appareil », indiqua Dominic en tapotant le classeur.

« Je n'ai pas ces documents ici. Ils devraient être dans le hangar principal.

– Eh bien, allons-y. »

Le gamin décrocha son téléphone.

Harold, le mécanicien de garde, était à peine plus âgé que l'employé de bureau et parut encore plus intimidé par leur apparition. *Enquêteur des assurances, appareil disparu* et *carnet d'entretien*, trois expressions qu'aucun mécanicien d'aviation n'aimait entendre, surtout quand elles étaient accompagnées de l'évocation de la Lloyd's de Londres, qui depuis près de trois siècles jouissait d'une réputation comme bien peu d'autres compagnies dans le monde.

Harold les introduisit dans le bureau du service d'entretien et bientôt, Dominic et Brian avaient sous les yeux les documents demandés, accompagnés de deux tasses de café. Harold s'attarda sur le seuil jusqu'à ce que Dominic le gratifie d'un regard signifiant *rompez*, dont seul un officier de marine peut avoir le secret.

Le plan de vol soumis par Hlasek Air indiquait que la destination du Falcon était Madrid, mais les plans de vol n'étaient rien de plus que de simples plans. Une fois sorti de l'espace aérien de Söderhamn, le Falcon avait pu aller n'importe où. C'était bien sûr un peu plus compliqué que cela, mais rien d'insurmontable. Le carnet d'entretien semblait tout aussi routinier, jusqu'à ce que passé le résumé, ils examinent les documents plus en détail. Après avoir effectué le plein des réservoirs du jet d'affaires, le mécanicien en poste avait en effet procédé à un diagnostic du transpondeur de l'appareil.

Dominic se leva, tapota sur la vitre du bureau et fit signe à Harold d'entrer. Il présenta au mécanicien le compte rendu des travaux effectués. « Ce mécano – Anton Rolf – nous aimerions lui parler.

– Euh, il n'est pas ici aujourd'hui.

– On s'en doutait un peu. Où peut-on le trouver ?

– Je n'en sais rien.

– Comment ça ? s'étonna Brian.

– Anton n'est pas revenu travailler depuis une semaine. Plus personne n'a eu de nouvelles de lui. »

La police de Söderhamn, expliqua alors Harold, s'était présentée à l'aérodrome le mercredi précédent, à la suite d'un avis de disparition déposé par la tante de Rolf chez qui Anton vivait. Son neveu n'était pas rentré du travail le vendredi et il ne s'était plus manifesté depuis.

Ayant supposé que la police locale avait déjà fait son boulot, Brian et Dominic se rendirent en ville, descendirent à l'hôtel Hinblomman et dormirent jusqu'à six heures, avant de redescendre et de trouver un restaurant proche où ils dînèrent puis tuèrent le temps une heure encore avant de se rendre, trois rues plus loin, dans un café nommé le Dålig Radisa – le méchant radis – qui, aux dires de Harold, était le point de chute favori de son collègue.

Après avoir fait le tour du pâté de maisons pour inspecter les alentours, ils poussèrent la porte du bar pour être aussitôt assaillis par une vague de fumée de cigarettes et de heavy metal, et engloutis dans une mer de corps blonds qui se bousculaient pour rejoindre le comptoir, ou trouver un endroit dégagé pour danser.

« Au moins, ce n'est pas cette merde de techno », hurla Brian pour couvrir la cacophonie.

Dominic intercepta une serveuse et, avec ses bribes de suédois, lui commanda deux bières. Elle disparut pour revenir cinq minutes plus tard. « Vous parlez anglais ? lui demanda-t-il.

– Oui. Vous êtes anglais ?

– Américains.

– Eh, des Américains, c'est super !

– On cherche Anton. Vous l'avez vu ?

– Quel Anton ? Y en a des tas qui viennent ici.

– Rolf, répondit Brian. Un mécano qui bosse à l'aérodrome.

– Ah, OK, cet Anton. Non, il n'est pas repassé depuis une semaine, je pense.

– Vous savez où on peut le trouver ? »

Le sourire de la serveuse se dissipa quelque peu. « Pourquoi êtes-vous à sa recherche ?

– On a fait sa connaissance sur Facebook l'an dernier. On lui a dit que la prochaine fois qu'on passerait par ici, on lui ferait un petit coucou.

– Oh, Facebook. C'est cool. Ses amis sont ici. Ils devraient savoir. Par là, dans le coin. »

Elle leur indiqua une table occupée par une demi-douzaine de types d'une vingtaine d'années, vêtus de pull-overs.

« Merci », dit Brian et la serveuse tourna les talons.

Dominic l'intercepta. « Eh, juste par curiosité. Pourquoi avoir demandé pourquoi nous le recherchions ?

– Parce que vous n'étiez pas les premiers. Et les autres n'étaient pas sympas comme vous.

– Quand ?

– Mardi dernier ? Non, pardon, lundi.

– La police, peut-être ?

– Non, pas la police. Je connais tous les flics d'ici. Quatre hommes, basanés. Orginaires du Moyen-Orient, peut-être. »

Sitôt qu'elle fut repartie, Dominic cria à l'oreille de son frère : « Lundi. Trois jours après que la tante de Rolf a signalé sa disparition.

– Peut-être n'a-t-il pas envie qu'on le retrouve, répondit Brian. Merde, ce doit être une bande de hooligans.

– Comment ça ?

– T'as jamais regardé la Coupe du Monde de foot ? Ces supporters aiment encore plus se battre que se pinter.

– Dans ce cas, cela ne devrait pas être trop dur de déclencher une réaction.

– Dom, il n'est pas question de match de boxe. Mais plutôt de sérieuse castagne, genre je te piétine et je t'arrache les oreilles. Rassemble toute cette bande et tu sais ce que tu obtiens ?

– Quoi donc ?

– Un gros tas de dents », répondit Brian avec un sourire mauvais.

« Eh les mecs, on cherche Anton, lança Dominic. La serveuse a dit que vous étiez ses potes.

– Cause pas anglais », répondit l'un d'eux. Il arborait un croisillon de balafres sur le front.

« Eh, va te faire foutre, Frankenstein », dit Brian.

L'homme repoussa sa chaise, se leva d'un bond et se mit en garde. Le reste de la bande l'imita.

« Tiens, on cause anglais, maintenant, hein ? s'écria Brian.

– Dites juste à Anton qu'on le cherche, intervint Dominic, en levant les mains à hauteur d'épaule. Sinon, on ira rendre une petite visite à sa tante. »

Brian et Dominic contournèrent le groupe pour gagner la sortie. « Combien de temps, d'après toi ? souffla Brian.

– Trente secondes, maxi », répondit Dominic.

Une fois dehors, Brian s'empara d'une poubelle en tôle et son frère saisit un fer à béton rouillé long comme l'avant-bras. Ils se retournèrent juste à temps pour voir la porte du bar s'ouvrir à la volée. Brian, qui se tenait derrière la porte, laissa trois des hooligans sortir et se ruer sur Dominic, puis il claqua la porte au nez du quatrième avant de s'interposer, maniant sa poubelle comme une faux. Dominic se chargea du chef de la bande avec un coup au genou, puis il se pencha pour esquiver un coup de poing du second avant d'abattre le fer sur son coude et de le briser. Brian se retourna au moment où la porte se rouvrait et abattit le bord arrondi de la poubelle sur le front du quatrième larron ; il attendit qu'il s'effondre pour se retourner et expédier la poubelle dans les genoux des deux derniers qui chargeaient vers le seuil. Le premier s'étala aux pieds de Brian, puis il se redressa à quatre pattes mais Brian lui balança un coup de talon sur la tempe, l'assommant pour le compte. Le dernier homme était en train de charger Dominic, avec de grands moulinets de bras, les poings serrés. Dominic le laissa avancer, tout en reculant pour rester hors de portée, avant de faire un pas de côté et d'asséner un coup de fer à béton sur la tempe du type. L'homme alla percuter le mur et s'affala.

« Ça va ? demanda Dominic.

– Ouais, et toi ?

– Y en a un d'encore réveillé ?

– Ouais, par ici, celui-ci. » Brian s'agenouilla près du premier hooligan avachi en travers de la porte. L'homme grognait en roulant d'un côté sur l'autre tout en tenant son genou brisé. « Eh, Frankenstein, tu diras à Anton qu'on le cherche. »

Ils laissèrent les hooligans sur le trottoir et traversèrent la rue pour gagner le parc en face du bar, et Dominic s'installa sur un banc. Brian retourna au trot à l'hôtel récupérer leur voiture de location, puis revint pour se garer du côté opposé.

« Pas de police ? » s'enquit Brian en s'approchant du banc de Dominic sous les arbres.

« Nân. M'ont pas l'air du genre à trop aimer les flics.

– Moi non plus. »

Ils attendirent cinq minutes, puis la porte du café s'ouvrit et deux des hooligans ressortirent, pour se traîner jusqu'à une voiture garée un peu plus loin sur le trottoir. « De braves gars, observa Brian. Crédules mais bien braves. »

36

ILS SUIVIRENT LA VOITURE DES HOOLIGANS, une Citroën bleu marine, traversèrent le centre-ville pour gagner les faubourgs est et bientôt s'enfoncer dans la campagne. Au bout de six kilomètres, ils s'arrêtèrent dans une bourgade, celle-ci quatre fois plus petite que Söderhamn. « Forsbacka », déchiffra Brian en regardant sa carte. La Citroën quitta la route principale, puis vira plusieurs fois avant de s'engager dans l'allée d'une maison vert menthe, avec un étage en retrait. Dominic passa devant, prit à droite au prochain carrefour et s'arrêta au bord de la route, sous un arbre. Par la lunette arrière, ils apercevaient l'entrée de la maison. Les types étaient déjà sous le porche. L'un d'eux frappa à la porte. Trente secondes plus tard, la lampe du porche s'alluma et la porte s'ouvrit.

« Qu'est-ce que t'en penses ? On entre ou on attend ? demanda Dominic.

– On attend. Si c'est Rolf, il a été assez futé pour rester planqué une semaine. Il ne va pas jaillir comme ça avant d'y avoir mûrement réfléchi. »

Au bout de vingt minutes, la porte d'entrée se rouvrit et les deux hommes émergèrent. Ils remontèrent dans la Citroën, démarrèrent, s'éloignèrent. Brian et Dominic attendirent que les feux arrière aient disparu au coin de la rue, descendirent, traversèrent la chaussée et se dirigèrent vers la maison. Une haie touffue de lilas séparait le pavillon de ses voisins. Ils suivirent la haie, passèrent devant deux fenêtres obscures, pour arriver devant un garage séparé qu'ils contournèrent pour découvrir l'arrière de la maison : une porte flanquée de deux fenêtres. Une était éclairée. Sous leurs yeux, un homme passa devant l'ouverture et s'arrêta face à un placard de cuisine qu'il ouvrit, puis referma. Dix secondes plus tard, l'homme émergea, lesté d'une valise. Brian et Dominic se planquèrent. La porte latérale du garage s'ouvrit, suivit un bruit de portière qu'on ouvre et qu'on referme. La porte du garage fut rabattue, puis la porte arrière de la maison se referma en claquant.

« Il s'apprête à prendre la route. Mieux vaut supposer qu'Anton est un supporter de foot comme ses copains.

– Je pensais la même chose. Je doute qu'il soit armé – les lois suédoises sont assez strictes de ce côté – mais deux précautions valent mieux qu'une. On lui saute sur le paletot et on l'immobilise.

– D'accord. »

Ils prirent position de part et d'autre de la porte arrière de la maison et attendirent. Cinq minutes s'écoulèrent. Ils entendaient l'homme s'affairer à l'intérieur. Brian ouvrit la porte de la moustiquaire, puis essaya le bouton de la porte principale. Elle n'était pas verrouillée. Il se retourna vers Dominic, hocha la tête, puis tourna le bouton, entrouvrit le battant, s'arrêta. Attendit. Rien. Brian entra et tint la porte pour son frère qui le suivit.

Ils se retrouvèrent dans une cuisine exiguë. À gauche, après le réfrigérateur, s'ouvrait la salle à manger. À droite, un bref couloir menait à la pièce de devant qui semblait être un séjour. Quelque part, on entendait un téléviseur. Brian se colla contre le mur et jeta un coup d'œil derrière l'angle. Il recula vivement et fit signe à Dominic : *Un seul homme. J'y vais.* Dominic opina.

Brian fit un pas, marqua un temps, un second. Il était à mi-couloir.

Le plancher craqua sous ses pieds.

Dans le séjour, Anton Rolf, debout devant la télé, leva les yeux, aperçut Brian et fonça aussitôt vers la porte d'entrée. Brian se précipita, se pencha, plaqua les deux mains contre la table basse en bois et la poussa, clouant ainsi Rolf contre la porte entrouverte. Le gars perdit l'équilibre et tomba à la renverse. Brian avait déjà enjambé la table basse. Il saisit Rolf par les cheveux et lui écrasa le front contre le chambranle de la porte, à trois reprises. L'homme s'effondra, inerte.

Ils trouvèrent dans un tiroir de la cuisine un rouleau de corde à linge pour le ligoter. Pendant que Brian surveillait leur prisonnier, Dominic fouilla les lieux mais ne découvrit rien d'anormal, en dehors de la valise que Rolf avait bouclée. « Il a fait rudement vite », nota Brian en triant les vêtements et les affaires de toilettes fourrés dedans à la hâte. Il semblait clair que sa décision avait été précipitée par la visite de ses amis.

Ils entendirent un crissement de freins à l'extérieur. Brian s'approcha de la fenêtre, regarda dehors, hocha la tête. Dominic retourna dans la cuisine. Il atteignit la fenêtre au-dessus de l'évier juste à temps pour apercevoir une femme qui tournait au coin de l'allée pour se diriger vers la porte de derrière, qui s'ouvrit quelques secondes après. Dominic avait eu tout juste le temps de se cacher. La femme entra. Dominic claqua la porte, s'avança, lui plaqua la main droite sur la bouche et tourna sa tête pour la coller contre son épaule.

« Du calme, murmura-t-il en suédois. Parlez-vous anglais ? »

Elle opina. C'était le cas d'une grande partie des Suédois, avaient-ils découvert, comme souvent du reste dans nombre de pays européen. À cet égard les Américains faisaient vraiment tache, ayant tendance à parler uniquement anglais – et encore, pas toujours bien.

« Je vais retirer ma main. Nous n'allons pas vous faire de mal mais si vous criez, je vous bâillonne. Compris ? »

Elle acquiesça.

Dominic ôta sa main et la poussa doucement vers l'une des chaises de la salle à manger. Brian entra. « Quel est votre nom ? demanda son frère.

– Maria.

– Anton est votre petit ami ?

– Oui.

– Des gens sont à sa recherche, vous le savez ?

– Vous êtes à sa recherche.

– D'autres que nous, répondit Brian. La serveuse au bar nous a dit que des types qui avaient l'air d'être du Moyen-Orient l'ont interrogée à son sujet ». Maria ne dit rien. « Il ne vous en a pas parlé, n'est-ce pas ?

– Non.

– Sans doute ne voulait-il pas vous inquiéter. »

Maria leva les yeux au ciel et Brian réprima un rire. « On est un peu con, parfois. »

Ce qui fit sourire Maria à son tour. « Oui, ça je sais. »

Dominic intervint : « Anton vous a-t-il dit pourquoi il se cachait ?

– Il a parlé d'une embrouille avec la police. »

Les deux frères échangèrent un regard. Anton avait-il supposé que la police le recherchait pour une autre raison ? Indépendamment de l'avis de disparition déposé par sa tante ?

« Où comptiez-vous aller ? reprit Dominic.

– Stockholm. Il a des amis là-bas.

– OK, écoutez : si on avait voulu vous faire du mal, on n'aurait pas attendu jusqu'à maintenant. Vous comprenez ? »

Elle hocha la tête. « Oui. Qui êtes-vous ?

– Peu importe. Nous voulons que vous persuadiez Anton. S'il répond à nos questions, on verra ce qu'on peut faire pour l'aider. D'accord ? Sinon, ça risque de tourner mal pour lui.

– Entendu. »

Brian alla chercher dans la cuisine une carafe d'eau qu'il renversa sur la tête d'Anton. Puis Dominic et lui se retirèrent vers l'autre bout de la pièce, tandis que Maria s'agenouillait près de son ami et commençait à lui murmurer à l'oreille. Au bout de cinq minutes, elle se retourna et leur fit signe.

« Ma tante est allée voir la police », expliqua Anton, quelques minutes plus tard.

Dominic acquiesça. « Elle ne vous avait pas vu. J'imagine qu'elle s'inquiétait. Vous pensiez qu'il s'agissait d'autre chose ? En rapport avec l'avion ?

– Comment êtes-vous au courant ?

– Une intuition, répondit Brian. Jusqu'à cet instant. Vous avez donc bidouillé le transpondeur ? »

Anton acquiesça.

« Comment cela ?

– J'ai dupliqué les codes.

– Pour un autre appareil, un Gulfstream ?

– Exact.

– Qui vous a payé ?

– Le gars – le propriétaire.

– De Hlasek Air. Lars.

– Oui. »

Brian intervint : « Et ce n'était pas la première fois que vous faisiez ça pour lui ?

– Non.

– Comment vous paie-t-il ?

– En liquide.

– Étiez-vous présent le soir où le Dassault a fait escale ?

– Oui.

– Racontez-nous, dit Dominic.

– Quatre passagers, le genre arabe, sont arrivés dans une limousine. Ils ont embarqué et l'avion a redécollé. C'est tout.

– Pouvez-vous décrire l'un ou l'autre ? »

Rolf secoua la tête. « Il faisait trop sombre. Vous avez parlé du bar. Quelqu'un d'autre est à ma recherche ?

– D'après la serveuse, répondit Brian, quatre types venus du Moyen-Orient. Une idée des raisons de leur curiosité ? »

Rolf lui lança un regard mauvais. « Vous essayez d'être drôle ?

– Non, désolé. »

Dominic et Brian laissèrent Maria avec Anton et regagnèrent le couloir. « Tu crois qu'il dit la vérité ? demanda Brian.

– Ouais. Il crève de trouille et il a été soulagé comme c'est pas permis de voir qu'on n'était pas basanés.

– Quoique, ça ne change pas grand-chose aux données du problème. Il n'a rien d'exploitable pour nous. Pas de nom, pas de signalement, pas de trace écrite… juste des types du Moyen-Orient qui voyagent incognito vers Dieu sait où. Si la Sécurité intérieure ou le FBI avaient mis la main sur Hlasek et son pilote, ils n'auraient pas demandé à Zürich ou Stockholm de battre la campagne.

– T'as sans doute raison, admit Dominic.

– Qu'est-ce qu'on fait maintenant de ces deux là ?

– Le mieux encore est de les accompagner à Stockholm. Si Anton a deux onces de jugeote, il se rendra auprès de la Rikskriminalpolisen en espérant que son histoire les intéressera. »

Dominic surveilla Anton et Maria tandis qu'ils rassemblaient leurs affaires. Brian sortit par-derrière récupérer la voiture. Il revint trois minutes plus tard, hors d'haleine. « Problème, on a crevé les quatre pneus de la bagnole. »

Dominic se tourna vers Anton : « Vos amis ?

– Non. Je leur ai dit de ne pas revenir. »

Un crissement de pneus se fit entendre. Dominic éteignit le plafonnier. Brian verrouilla la porte d'entrée et regarda par l'œilleton. « Quatre types, murmura-t-il. Armés. Deux à l'entrée, les deux autres passent par derrière.

– On vous a suivie, dit Dominic en regardant Maria.

– Je n'ai vu personne…

– C'est un peu le but du jeu.

– Vous avez une arme ? demanda Brian, s'adressant à Anton.

– Non. »

Les deux frères échangèrent un regard. Chacun d'eux savait ce que pensait l'autre : trop tard pour appeler les flics. Et quand bien même, leur arrivée ne ferait que compliquer un peu plus la situation.

« Filez dans la cuisine », ordonna Dominic à Anton et Maria. « Verrouillez la porte, puis allongez vous par terre et gardez le silence. » Dominic et Brian les y suivirent. « Des couteaux ? »

murmura Brian à Anton qui montra un tiroir. Avançant voûté pour ne pas être vu de l'extérieur, Brian s'approcha, ouvrit le tiroir indiqué et y trouva deux couteaux à steak en Inox. Il en tendit un à Dominic, puis se désigna, désigna ensuite la salle de séjour, et s'y dirigea. Dominic le suivit et, ensemble, ils renversèrent le divan, la table basse et un fauteuil pour les entasser contre la porte. Ça n'arrêterait aucun intrus mais ça les ralentirait et, du moins l'espéraient-ils, égaliserait leurs chances. Bien que ce fût inévitable, les deux frères se trouvaient avec des armes blanches pour affronter une fusillade. Dominic adressa un signe d'encouragement à son frère, puis il retourna dans la cuisine. Brian se posta au bout du couloir, les yeux fixés sur la porte d'entrée.

Toujours allongée par terre, Maria murmura : « Que... »

Dominic leva la paume et fit non de la tête.

De l'autre côté de la fenêtre de la cuisine leur parvinrent des voix assourdies. Dix secondes s'écoulèrent. Le bouton de la porte tourna avec un craquement, dans un sens, puis dans l'autre. Dominic avança en crabe pour contourner Anton et Maria, puis il se plaqua contre le mur près de la porte, du côté où elle s'ouvrait.

Silence.

Nouveau murmure de voix.

Venu du côté, leur parvint un bruit de verre brisé. Dominic crut entendre un pavé tomber sur le plancher. Une feinte, décida-t-il, convaincu que son frère avait dû parvenir à la même conclusion. La porte à moustiquaire s'ouvrit en crissant.

Une masse pesante s'écrasa contre la porte. Une seconde fois. Le chambranle de bois près de la tête de Dominic se fendit. Au troisième coup, la porte fut propulsée à l'intérieur. Un avant-bras et une main tenant un revolver apparurent d'abord, suivis une seconde plus tard par un visage. Dominic attendit que sa cible – le point sensible juste sous le lobe de l'oreille – apparaisse, alors il projeta le couteau, l'enfonçant jusqu'à la garde dans la gorge de l'homme, avant de s'en servir comme d'un levier pour attirer le gars sur le seuil. Le type lâcha son flingue. Dominic chassa celui-ci d'un coup de pied vers le couloir, où son frère le récupéra. Dominic retira le couteau, puis se pencha, saisit la porte et la claqua, repoussant l'agresseur dehors.

Deux coups de feu retentirent sur le devant de la maison. Un bruit de vitre brisée. Brian s'accroupit et pointa le revolver vers la porte d'entrée. Dominic contourna Maria et Rolf, s'accroupit, puis jeta un coup d'œil à la fenêtre de la cuisine. Dehors, deux des hommes étaient agenouillés au-dessus de leur partenaire. L'un d'eux leva la tête, aperçut Dominic, et tira deux coups de feu à travers la vitre.

Retombé à quatre pattes, Dominic demanda à Maria : «Vous avez de l'huile ?» Elle lui indiqua le placard du bas, en face. Dominic leur ordonna de retourner dans le séjour avec Brian, puis il récupéra la bouteille d'huile et renversa son contenu sur le lino, un mètre devant la porte avant de les rejoindre dans le séjour. Alors qu'il contournait Brian, la porte de derrière s'ouvrit de nouveau à la volée. Une silhouette s'engouffra, suivie d'une autre. Le premier individu dérapa sur le sol huilé et s'étala, entraînant avec lui son partenaire. Le revolver en main, Brian s'engagea dans le couloir, l'épaule droite calée contre le mur, puis il ouvrit le feu. Il logea deux balles dans le corps du premier homme et trois dans celui du second, puis récupéra leurs armes et les lança à Dominic qui s'était déjà engagé dans le corridor en poussant Rolf et Maria devant lui.

Évitant la flaque d'huile, Dominic enjamba les corps, jeta un coup d'œil dehors par la porte de derrière, puis se recula. «La voie est libre...»

Venant du séjour, ils entendirent la porte qu'on enfonçait, puis le grincement du mobilier repoussé sur le plancher.

« Filez vers la voiture, dit Dominic à son frère. Démarre, fais du bruit.

– Pigé. »

Tandis que Brian poussait dehors Rolf et Maria, Dominic se retourna vers le couloir juste à temps pour voir une silhouette escalader l'empilement de meubles. Dominic fila par la porte de derrière et traversa la pelouse au pas de course pour contourner le garage par l'arrière. À l'intérieur, Brian avait fait démarrer la voiture de Rolf et emballait le moteur. Dominic s'agenouilla et regarda derrière lui ; la clôture était plongée dans l'obscurité et recouverte de broussailles. Accroupi devant, il devait être presque invisible.

Le dernier homme apparut sur le seuil. Ayant découvert ses camarades morts dans la cuisine, il se montrait plus prudent, regardant de chaque côté avant de s'aventurer dehors. Il marqua une nouvelle pause, puis se coula le long du mur pour inspecter l'allée avant de traverser la pelouse. Dominic attendit qu'il ait presque posé la main sur le bouton de la porte du garage pour lâcher : « Eh ! » Il laissa l'homme se tourner imperceptiblement, juste pour avoir une cible parfaite, et tira à deux reprises. Les deux balles cueillirent l'homme au sternum. Il recula en titubant, tomba à genoux, puis bascula en arrière.

37

TEMPS DE SE TROUVER UN NOUVEAU BOULOT, se dit Clark après le petit déjeuner. Il téléphona d'abord, prit ses dispositions pour arriver à dix heures trente, puis il réveilla Chavez et ils se retrouvèrent devant la voiture à neuf heures et demie.

« Eh bien, on va bien voir combien ils paient, observa Chavez. Je suis prêt à me laisser impressionner.

– Ne t'emballe pas trop, l'avertit Clark en tournant la clé de contact. Merde, je n'avais jamais escompté toucher cent mille de Langley quand j'ai débuté là-bas. Mon traitement de départ était de quatre-vingt-quinze par an.

– Ma foi, le gars a dit que leur plan marchait plutôt bien, et j'ai vu tout plein de Béhème garées au parking. Mais je te laisserai mener la conversation », suggéra Chavez.

John se permit un petit rire.

« Ouais, tu te contentes de rester assis, l'air menaçant.

– Tu crois qu'ils veulent vraiment qu'on descende des gens ?

– J'imagine que ce sera à nous de le découvrir. »

La circulation sur le pont de la Légion américaine n'était pas trop dense – on arrivait à la fin de l'heure de pointe – et bientôt, ils s'engageaient sur la nationale 29 en direction du nord.

« Tu as décidé de ce que tu comptes faire après ma gaffe ?

– Ouais, j'y ai réfléchi. On va se jeter dans la gueule du loup, Ding. Autant y aller à fond, ce coup-ci. On leur balance le tout et on voit ce qu'ils peuvent en tirer.

– D'accord. Donc, ce Hendley – que savons-nous de lui ?

– Sénateur de Caroline du Sud, démocrate, a été membre de la commission sur le renseignement. On l'aimait bien à Langley – intelligent, jouant franc-jeu. Ryan l'aimait bien, lui aussi. Hendley a perdu sa famille dans un accident de voiture. Il avait deux enfants, je crois. Très riche. Comme Ryan, il a amassé une fortune dans la finance. Il sait voir ce qui échappe au regard de la majorité. »

Les deux hommes étaient vêtus correctement, costumes achetés à Savile Row durant leur séjour à Londres avec Rainbow, cravates Turnbull & Asser, souliers bien cirés. En fait, c'était le genre de tenue que Chavez portait tous les jours, depuis qu'il avait servi dans l'armée, quand de ce côté, Clark devait être parfois rappelé à l'ordre.

Ils se garèrent au parking des visiteurs et entrèrent dans le bâtiment. Chambers était une fois encore de permanence à l'accueil. « Salut. On revient voir M. Davis.

– Oui, bien sûr. Asseyez-vous, je vous prie, le temps que je l'appelle. »

Clark et Chavez s'assirent et John prit un exemplaire de *Time* magazine. Il allait devoir s'habituer à lire des nouvelles vieilles de quatre jours. Davis apparut dans le hall.

« Merci d'être revenus. Voulez-vous bien me suivre ? »

Deux minutes plus tard, tous trois se retrouvaient dans le bureau de Davis, dominant les prairies à chevaux du Maryland.

« Donc, vous êtes intéressés ? demanda Davis.

– Oui, confirma Chavez pour eux deux.

– OK, parfait. Règle numéro un : ce qui se passe ici ne sort pas d'ici. Cet endroit n'existe pas, pas plus que les activités qui peuvent ou non s'y dérouler.

– Monsieur Davis, nous connaissons l'un et l'autre les règles du secret. Nous ne sommes bavards, ni l'un ni l'autre, et n'avons pas coutume de parler à l'extérieur.

– Vous allez devoir signer une nouvelle série de déclarations de confidentialité. Nous ne pouvons pas tout imposer par des voies légales, mais nous pouvons vous dépouiller de tout votre argent.

– Sommes-nous à même de faire examiner ces documents par nos avocats personnels ?

– Si c'est votre désir, vous pouvez. Il n'y a rien de compromettant dans ces accords, mais ensuite vous pouvez aussi bien en faire des chiffons de papier. Nous ne pouvons pas avoir d'avocat de notre côté pour examiner notre conduite. Tout cela n'est pas, à franchement parler… légal.

– Beaucoup de déplacements ? demanda alors John.

– Moins que dans vos activités précédentes, j'imagine. La question est encore en débat. Vous passerez l'essentiel de votre temps ici, à examiner des données et organiser des opérations.

– Source des données ?

– Langley et Fort Meade, pour l'essentiel, mais on pioche également un peu du côté du FBI, de l'Immigration, des Douanes, de la Sécurité intérieure… tous ces services. On a une équipe technique de première bourre. Vous aurez probablement remarqué la forêt d'antennes sur le toit.

– En effet.

– Nous sommes le seul bâtiment situé directement sur la ligne de visée entre CIA et NSA. Ils échangent leurs données par micro-ondes et on intercepte toutes leurs transmissions. C'est du reste ainsi que nous effectuons nos transactions financières. La NSA surveille de près les banques américaines et étrangères. Et ils peuvent aussi s'introduire dans les réseaux informatiques des banques et dans leurs réseaux internes.

– L'autre jour, quand vous avez parlé de travail sur le terrain… ?

– Nous n'avons organisé à ce jour qu'une seule opération – les quatre personnes mentionnées hier. Pour dire vrai, nous nous demandions un peu comment cela tournerait. En fait, il ne s'est pas passé grand-chose. Peut-être avons-nous trop bien dissimulé nos traces. Toutes ces éliminations ressemblaient à des crises cardiaques, les victimes ont été autopsiées et les rapports ont tous conclu à une "mort naturelle". Nous pensons que l'opposition a gobé l'histoire et poursuivi comme si de rien n'était. Le quatrième individu – MoHa – nous a laissé un ordinateur portatif avec des clés de chiffrage, ce qui nous permet désormais de lire une partie de leur correspondance électronique interne – enfin, jusqu'à tout récemment. Il semblerait, en effet, qu'ils aient changé leurs protocoles de communication la semaine dernière.

– Comme ça, à l'improviste ? s'étonna Clark.

– Ouaip. Nous avons intercepté un faire-part de naissance. Envoyé sur une imposante liste de distribution. Et au bout de quelques heures, silence radio généralisé.

– Ils ont changé de canal, dit Chavez.

– Ouaip. On travaille sur une piste qui pourrait nous remettre dans le coup.

– Qui d'autre va opérer comme nous ?

– Vous les rencontrerez le moment venu, promit Davis.

– Et la paie ? s'inquiéta Ding.

– Nous pouvons vous faire démarrer tous les deux à deux cent cinquante par an. Vous pourrez également participer au plan d'investissement du service en plaçant à votre guise un pourcentage de votre traitement. J'ai déjà évoqué le taux de rentabilité. Nous finançons également les frais d'éducation de vos enfants. Jusqu'au niveau du doctorat ou d'un diplôme professionnel.

– Et si ma femme veut reprendre ses études médicales pour compléter son cursus ? Elle est aujourd'hui médecin de famille, mais elle pensait se réorienter vers la gynécologie et l'obstétrique.

– Pas de problème.

– Si elle demande ce que je fais ici, qu'est-ce que je lui réponds ?

– Que vous êtes consultant en sécurité pour une grosse société commerciale. Ça marche toujours, lui assura Davis. Elle doit savoir que vous avez bossé pour l'Agence. »

Chavez désigna Clark : « C'est sa fille.

– Donc, elle comprendra, n'est-ce pas ? Et votre épouse, monsieur Clark ?

– Appellez-moi John. Ouais, Sandy connaît la chanson. Peut-être que ce coup-ci, elle pourra enfin dire aux gens quel est mon vrai boulot, ajouta-t-il avec l'ombre d'un sourire.

– Donc, que diriez-vous de rencontrer le patron ?

– Ça nous va », répondit Clark pour lui et Chavez.

« Les grâces présidentielles sont réelles, leur assura Hendley quelques minutes plus tard. Quand Ryan m'a soufflé l'idée de monter cet endroit, il a ajouté qu'il ferait le nécessaire pour protéger les agents que nous enverrions sur le terrain, aussi en a-t-il signé une centaine. Nous n'avons jusqu'ici jamais eu à en utiliser une seule, mais elles constituent une police d'assurance au cas où. D'autres questions sur des sujets que Tom n'aurait pas abordés ?

– Comment sont sélectionnées les cibles ? demanda Clark.

– Pour l'essentiel, vous serez impliqués dans la procédure.

Nous devons nous montrer prudents dans le choix des individus dont nous voulons nous débarrasser.

– Avons-nous le choix des méthodes ? » demanda Clark, avec tact.

Hendley s'adressa à Davis : « Tu leur as parlé des stylos ?

– Ceci est un des instruments que nous utilisons. (Davis exhiba le stylo en or.) Il injecte une dose d'environ sept milligrammes de succinylcholine. C'est un sédatif utilisé en chirurgie. Qui bloque la respiration et les mouvements musculaires volontaires. Mais pas le cœur. Vous ne pouvez plus bouger, plus parler, plus respirer. Le cœur continue de battre environ une minute, mais il est privé d'oxygène, de sorte qu'à l'autopsie, la mort semble être due à un infarctus. Et pour la victime, c'est également l'impression qu'elle ressent, bien sûr.

– Réversible ? demanda Clark.

– Ouais. Si la victime est placée immédiatement sous assistance respiratoire. La substance se dissipe, par métabolisation, au bout d'environ cinq minutes. Elle ne laisse pas la moindre trace, à moins que la victime soit examinée par un médecin légiste vraiment pointu et qui, de plus, sait exactement ce qu'il doit rechercher. C'est quasiment le produit parfait.

– Je suis surpris que les Russes n'aient pas eu recours à une méthode analogue.

– Ce n'est pas faute d'avoir essayé, confirma Davis. Mais la succinylcholine n'est sans doute pas utilisée dans leurs hôpitaux, j'imagine. Nous l'avons obtenue d'un ami toubib qui bosse à la Faculté de médecine et de chirurgie de Columbia : il avait une vieille dette à régler. Son frère – courtier chez Cantor Fitzgerald – est mort le 11-Septembre.

– Impressionnant, dit Clark en lorgnant le stylo. Ça pourrait faire un bon instrument d'interrogatoire. Je doute qu'un client veuille revivre l'expérience deux fois de suite. »

Davis lui tendit l'objet. « Il n'est pas chargé. Vous tournez l'extrémité pour faire sortir la pointe. Il écrit à la perfection.

– Malin. Ma foi, ça répond déjà à une question. Nous sommes libres de recourir à des instruments plus classiques ?

– Si le boulot l'exige, confirma Davis avec un signe de tête. Mais tout le but du jeu est de faire comme si nous n'avions jamais été là, ne l'oubliez jamais.

– Compris. »

Hendley se tourna vers Ding : « Et vous, monsieur Chavez ?

– Monsieur, je me contente d'écouter et d'apprendre, répondit l'intéressé au patron.

– N'est-il pas futé, John ? demanda l'ancien sénateur.

– Bien plus que ça, en fait. Nous travaillons très bien ensemble.

– C'est ce qu'il nous faut. Eh bien, bienvenue à bord, messieurs.

– Une chose encore », dit Clark. Il sortit de sa poche la clé USB fournie par Ding et la posa sur le bureau. « On a trouvé ça sur un des méchants à Tripoli.

– Je vois. Et que fait-elle sur mon bureau ?

– Une négligence, répondit Clark. Appelez ça une "absence due à l'âge". Non, je me suis dit qu'on pourrait la refiler aux Suédois ou à Langley, mais j'ai dans l'idée qu'elle serait plus utile ici.

– En avez-vous examiné le contenu ? »

C'est Chavez qui répondit : « Des dossiers d'images JPG. Une douzaine en tout. Ça m'a donné l'impression de clichés de vacances, mais qui sait. »

Hendley réfléchit à la réponse, puis il hocha la tête. « OK, on y jettera un œil. Tom, a-t-on un bureau à leur donner ?

– Juste en dessous, avec les frères Caruso.

– Bien. Faites le tour du propriétaire, les gars, puis on se revoit demain à la première heure. »

Hendley se leva, encourageant les autres à l'imiter. Davis se dirigea vers la porte, suivi de Clark et Chavez.

« John, pouvez-vous rester un moment ? demanda Hendley.

– Bien sûr. Ding, je te rattrape. »

Une fois qu'ils furent seuls, Hendley expliqua : « Vous avez pas mal bourlingué, John. Je voulais vous informer de deux ou trois trucs.

– Allez-y.

– Tout ce concept est un peu nouveau, en fait, alors on avance par tâtonnements. J'en viens à penser que notre rythme de travail est un rien alambiqué. »

Clark étouffa un rire. « Sans vouloir vous vexer, Gerry, mais parler de *rythme de travail* pour une organisation telle que celle-ci me donne à penser que vous avez raison. Comment se présente la chaîne de commandement ? » Hendley lui décrivit la structure organisationnelle du Campus et Clark observa : « Ça ressemble à Langley. Écoutez, le travail d'espionnage utilise pour l'essentiel le facteur humain, n'est-ce pas ? On ne peut pas se passer de la phase d'analyse mais essayer de fourrer l'ensemble de la procédure dans une structure artificielle, c'est courir au-devant des embouteillages.

– Vous n'y allez pas de main morte.

– Vous vouliez que je prenne des gants ?

– Non.

– Trop de bonnes idées se perdent en remontant une chaîne de commandement. Mon conseil : réunir vos chefs de section une fois par jour pour une séance de remue-méninges. Ça peut paraître cliché, mais ça marche. Si vous avez des employés qui redoutent que leur pensée créative se perde dans les méandres de la hiérarchie, c'est qu'il y a des talents qui se perdent... »

Hendley siffla doucement, puis sourit. « Ne le prenez pas en mauvaise part, John, mais vous êtes tout sauf le troufion néandertalien, pas vrai ? »

Clark haussa les épaules mais s'abstint de répondre.

« Ma foi, reprit Hendley, vous avez pour ainsi dire mis le doigt là où ça fait mal. Je pensais la même chose. Mais c'est toujours agréable d'avoir une confirmation extérieure.

– Autre chose ?

– Ouais. Jack Ryan est passé me voir l'autre jour. Il veut bosser un peu plus sur le terrain. »

Junior n'est plus junior, se remémora Clark.

« Tom vous a parlé de l'affaire MoHa ? demanda Hendley.

– Ouais.

– Eh bien, j'ai appris indirectement que les frères Caruso ont emmené Jack faire un petit stage d'entraînement. D'après eux, il s'est rudement bien démerdé. Il s'est pris quelques coups, a fait deux ou trois erreurs de débutant, mais dans l'ensemble, c'était excellent. »

Il a donc un brin de talent, songea Clark. Ce devait être génétique, si on croyait à ce genre de truc. Il avait vu son père à l'œuvre, et lui aussi, c'était une fine gâchette. Et qui ne se laissait pas démonter même sous pression. L'une et l'autre qualités pouvaient être enseignées, mais la dernière tenait plus de la rigueur et du tempérament. Il semblait que Jack possédait les deux, plus une main qui ne tremblait pas.

« Qu'en pense-t-il ? demanda Clark.

– Il ne se fait pas d'illusions. Et il ne m'a pas non plus donné l'impression de rechercher la gloriole.

– Sûrement pas. Ses parents l'ont très bien élevé.

– C'est en tout cas un analyste sacrément talentueux, il a vraiment le don pour ça, mais il donne l'impression de piaffer d'impatience. Il tient à se jeter dans la mêlée. Le problème est que je ne pense pas que son père serait d'accord…

– Si vous commencez à prendre des décisions le concernant fondées sur l'opinion ou les remarques de son père, alors…

– Dites-moi.

– Alors vous feriez mieux de vous soucier de votre situation, pas de la sienne. Jack est un adulte, c'est sa vie. Vous devez prendre votre décision en fonction de sa valeur intrinsèque pour la tâche, de l'intérêt ou non de celle-ci pour le Campus. C'est tout. Rien de plus.

– Pas faux. Enfin, il faut que j'y réfléchisse encore un peu. Si je décide de l'envoyer sur le terrain, il lui faudra un instructeur.

– Vous en avez déjà un.

– Je pourrais en utiliser un ou deux de plus. Peter Alexander est très bon, mais j'aimerais vous voir prendre Jack sous votre aile. »

Clark envisagea la proposition. *Temps de mettre en pratique ce que tu viens de prêcher à ton patron, John.* « Bien sûr, volontiers.

– Merci. On est toujours en quête d'éléments comme vous ou Chavez, alors si jamais vous avez des idées… nous avons nos propres agents recruteurs mais il vaut toujours mieux avoir un trop-plein de candidatures.

– Certes. Donnez-moi le temps d'y réfléchir. J'aurai peut-être un ou deux noms à vous suggérer. »

Sourire de Hendley. « Quelque agent qui aurait récemment pris sa retraite ? »

Clark lui rendit son sourire : « Ça se pourrait bien. »

38

« D ES POINTS DE DÉPÔT », annonça Mary Pat, en poussant la porte vitrée de la salle de conférences du Centre national antiterroriste. Elle se dirigea vers le tableau en liège sur lequel on avait agrafé la copie de la carte et celle du plan de Peshawar. Elle tapota sur un des groupes de points.

« Redites-moi ça ? fit John Turnbull.

– La légende au dos de la carte – les flèches verticales combinées aux groupes de points –, sert à les identifier. La flèche tournée vers le haut est pour le signal de récupération, celle tournée vers le bas, le point de dépôt. La position de la première vous indique où récupérer le colis. Un groupe de trois points pour donner le signal de récupération, un groupe de quatre pour localiser la boîte.

– On se croirait revenu au temps de la guerre froide, fit remarquer Janet Cummings.

– C'est une méthode éprouvée – elle remonte à l'Antiquité romaine. »

Le fait que ses collègues parussent surpris du tour pris par les événements lui révéla qu'ils se fondaient encore – comme peut-être également l'ensemble de la CIA – sur une sous-estimation des capacités du CRO en matière de renseignement. À la condition que les agents procédant aux dépôts se montrent prudents, le système avait fait ses preuves pour transférer documents et données.

« Cela dit, impossible de dire si ces boîtes aux lettres sont toujours actives, observa-t-elle. Sans présence humaine sur place. »

Sous le coude de Ben Margolin, le téléphone se mit à pépier. Il décrocha le combiné, écouta trente secondes, raccrocha. « Rien jusqu'ici, mais les ordinateurs continuent à mouliner. La bonne nouvelle est que nous avons éliminé un rayon de cent kilomètres autour de la caverne.

– Trop de variables, commenta John Turnbull, le chef de la station Acre.

– Ouaip », confirma Janet Cummings, chef des opérations de la cellule antiterroriste.

Pour résoudre l'énigme de la localisation du plan-relief en sable découvert par Driscoll et ses hommes Mary Pat Foley avait proposé de recourir à un projet de la CIA : Collage.

Fruit des réflexions d'un mathématicien de la direction scientifique de Langley, Collage avait été imaginé pour répondre à ce type de questions précises de Mary Pat. L'Émir et ses lieutenants adoraient diffuser des photos et des vidéos de leurs randonnées dans les étendues désertiques de l'Afghanistan et du Pakistan, fournissant au renseignement américain quantité d'indices sur le terrain et la météo locales, mais jamais assez pour être d'une utilité quelconque pour les forces d'intervention sur le terrain. À défaut d'un contexte élargi, de points de référence, ou d'une échelle fiable, un rocher ne se différenciait pas d'un autre.

Collage avait espéré résoudre ce problème en collectant les

moindres bribes de données topographiques brutes, depuis les images commerciales et militaires de Landsat jusqu'aux vues radar des satellites Lacrosse ou Onyx, en passant par les albums de famille sur Facebook et les journaux de voyages sur Flickr – pourvu que lesdites images puissent être localisées et leur échelle déterminée avec précision, Collage les digérait pour les recracher sous la forme d'un calque plaqué sur une représentation de la surface terrestre. S'ajoutait à la mixture une vertigineuse quantité de variables : données géologiques, conditions de météo locale présentes et passées, plans d'exploitation forestière, activité sismique… Dès qu'un élément concernait la surface de la terre et l'évolution de son aspect à un moment donné, il était intégré à la base de données.

Des questions auxquelles personne ne songeait, telles que : « À quoi ressemble le granite de l'Hindou Kush quand il est mouillé ? » Et « Quelle serait la configuration de cette ombre avec un taux de couverture nuageuse de trente pour cent et un point de rosée de tant ? » où : « Au bout de dix jours de vent de vingt-cinq kilomètres/heure, quelle hauteur atteindrait telle ou telle dune de sable au Soudan ? » Les permutations et les possibilités étaient vertigineuses, comme le modèle mathématique enfoui dans les millions de ligne de code du logiciel Collage. Malheureusement ces calculs étaient fondés, à la fois sur des variables connues et sur des données imaginaires, sans parler de probabilités fragiles, de sorte que le programme devait extrapoler des suppositions, non seulement à partir de données brutes, mais aussi de ce qu'il dépouillait au sein d'une image ou d'une séquence vidéo. Ainsi, dans une séquence de trente secondes au format 640 x 480, dès la première passe, Collage identifierait entre cinq cent mille et trois millions de points de référence auxquels assigner une valeur en noir et blanc – sur une échelle de soixante-cinq mille nuances de gris –, une taille relative et un angle de vue ; plus la distance par rapport à l'avant-plan, à l'arrière-plan et aux objets voisins ; l'intensité et la direction angulaire du soleil, l'épaisseur et la vitesse de la couverture nuageuse, et ainsi de suite… une fois ces valeurs assignées, elles étaient introduites dans la matrice du calque de Collage et c'était parti pour trouver une correspondance.

Collage avait rencontré un certain nombre de réussites, mais jamais aucun résultat d'une valeur tactique bien concrète et Mary Pat commençait à soupçonner le système d'avoir, comme les autres, montré ses limites. Si oui, l'échec ne venait pas du programme mais bien des données acquises. Ainsi n'avaient-ils toujours aucune idée de la signification réelle du plan-relief en sable. Était-ce la représentation exacte d'un site, était-elle à l'échelle ou se trouvait-elle dans l'Hindou Kush ou bien à des milliers de kilomètres ?

« Où en sommes-nous avec Lotus ? » demanda Mary Pat. La NSA avait fait le tour de ses interceptions pour y traquer des références à Lotus dans l'espoir de trouver un motif permettant au centre antiterroriste de reconstituer un tableau. Comme le modèle sur lequel était élaboré le programme Collage, le nombre de questions auxquelles il leur faudrait répondre pour reconstituer le puzzle était hallucinant : quand le terme était-il apparu pour la première fois ? Avec quelle fréquence ? Dans quelle partie du monde ? Par quel moyen se disséminait-il de préférence ? Courrier électronique, téléphone, sites web, ou encore un autre média qu'ils n'auraient pas encore envisagé ? Lotus précédait-il ou suivait-il les incidents terroristes majeurs ? Et ainsi de suite. Du reste, rien ne garantissait que Lotus eût une signification quelconque. Pour ce qu'ils en savaient, ce pouvait être le surnom donné par l'Émir à sa petite amie.

« OK, envisageons le pire scénario », dit Margolin pour remettre la discussion sur les rails.

« Je dirais qu'on devrait repartir d'hypothèses sûres, répondit Cummings. Nous savons où se trouve la caverne et nous savons, d'autre part, que le signal avait une portée relativement réduite – quelques dizaines de kilomètres de part et d'autre de la frontière. À supposer que Lotus ait une signification quelconque, il y a de bonnes chances qu'il déclenche un mouvement – de personnes, de matériel, de fonds, qui peut dire. »

Le problème, se dit Mary Pat, était que les personnes et les aspects logistiques étaient souvent mieux pistés par le renseignement humain que par l'interception de signaux, or, pour l'heure, ils n'avaient quasiment aucun personnel dans le secteur.

« Vous savez de quel côté je penche, dit-elle au patron de l'antiterrorisme.

– Nous avons tous la même liste de vœux, mais pas les ressources – du moins pas autant qu'on aimerait. »

Merci à Ed Kealty et Scott Kilborn, songea-t-elle avec amertume. Après qu'ils eurent passé près de dix années à reconstituer son écurie d'agents sur le terrain – pour l'essentiel grâce au Plan bleu – le Service clandestin avait reçu instruction de réduire sa présence outremer en faveur d'éléments fournis par les alliés. Des hommes et des femmes qui avaient risqué leur vie à constituer des réseaux dans les zones tribales du Pakistan ou de l'Afghanistan, ou sur les plateaux iraniens, se retrouvaient enfermés dans des ambassades et des consulats sans même un remerciement.

Dieu nous préserve de la politisation à courte vue du renseignement.

« Alors, changeons de perspective, dit Mary Pat. Nous avons des éléments exploitables sur place – pas seulement les nôtres. Tendons la main vers le bon vieux renseignement allié. »

– Les Rosbifs ? demanda Turnbull.

– Ouaip. Ils ont plus d'expérience que quiconque en Asie centrale, y compris les Russes. Ça ne peut pas faire de mal d'essayer. Je vais demander à quelqu'un d'inspecter les boîtes aux lettres, voir si elles sont toujours exploitables.

– Et ensuite ?

– On suit la piste quand on sera là-bas. »

Au bout de la table de conférence, Margolin bascula la tête en arrière et fixa le plafond. « Le problème n'est pas de demander ; mais d'avoir la permission de le faire.

– Putain, tu te fous de moi, j'espère », dit Cummings.

Hélas non, Mary Pat le savait. Même si les adjoints de Kilborn au renseignement et au Service clandestin n'avaient pas avalé la pilule comme leurs collègues de la direction centrale du renseignement, ils étaient néanmoins en bonne voie. En choisissant Kilborn, le président Kealty s'était assuré la docilité des échelons supérieurs de la CIA, quelles que fussent les conséquences pour le service et les services voisins.

« Dans ce cas, ne demandons pas, dit simplement Mary Pat.

– Comment ça ?

– Si on ne demande pas, on ne risque pas d'avoir de réponse négative. Pour l'instant, on continue de bavasser dans le vide, non ? Rien d'opérationnel, rien de concret. On part juste à la pêche au hasard. Voilà ce qu'on fait ; voilà à quoi ils nous paient. Depuis quand devons-nous demander à qui que ce soit l'autorisation de tailler une bavette avec un allié ? »

Margolin la fixa sans aménité durant quelques instants, puis il haussa les épaules. La mimique voulait dire tout et rien à la fois. Elle connaissait assez bien son patron pour savoir qu'elle avait touché une corde sensible. Comme elle, Margolin s'intéressait à sa carrière, mais pas au point que cela nuise à son boulot.

« On n'en a jamais parlé, observa Margolin. Laissez-moi lancer un ballon d'essai. Si on nous renvoie dans nos cordes, alors on agira à notre guise. »

C'était là la vraie Russie, songea Vitaly, avec les hivers les plus rigoureux dans un pays connu pour la rudesse de son climat hivernal. Dans le coin, les ours polaires étaient bien dodus, couverts d'une épaisse couche de graisse pour les protéger du froid, suffisante pour leur permettre d'hiberner dans des anfractuosités creusées dans les séracs sur la glace, ne se réveillant qu'à l'occasion pour attraper un phoque qui s'était aventuré un peu trop près de l'ouverture de leur antre.

Vitaly se redressa et s'ébroua pour se réveiller, puis il gagna d'un pas traînant la cuisine pour faire chauffer l'eau de son thé matinal. La température était tout juste positive – ce qui correspondait à une chaude journée d'automne. Il ne s'était pas formé de glace durant la nuit, du moins pas en épaisseur suffisante pour bloquer le bateau, et les ponts étaient recouverts de deux ou trois centimètres de neige chassée par le vent et gelée, une épaisse couche de givre qu'il leur faudrait dégager pour ne pas alourdir leurs œuvres vives. Se retourner dans ces eaux était synonyme de mort quasiment certaine ; sans combinaison de survie, un homme était sûr de perdre connaissance au bout de quatre minutes et de mourir dans le quart d'heure ; d'ailleurs, même s'il avait des combinaisons en nombre suffisant à bord, leur manipulation n'avait guère soulevé l'intérêt de ses passagers.

Ses clients étaient réveillés, piétinant sur place et se claquant le torse. Tous allumèrent une cigarette avant de se diriger vers l'arrière et les toilettes rustiques du bord. Puis tous mangèrent le pain et le beurre glacé sortis pour le petit déjeuner.

Vitaly laissa une heure s'écouler avant de se mettre en branle, puis il lança les moteurs diesel et recula pour dégager le navire de la plage de galets sur laquelle ils s'étaient échoués pour la nuit. Il avait déjà ouvert ses cartes et mit le cap à l'est à dix nœuds. Vanya le relaya à la barre. Ils écoutaient une vieille radio à ondes courtes – en général de la musique classique diffusée par une station d'Arkhangelsk – ça aidait à passer le temps. Il leur restait dix heures de navigation jusqu'à leur destination. Environ cent quatre-vingt-dix kilomètres. Dix heures à dix nœuds, s'il fallait se fier à la carte.

« Ça ne se présente pas trop bien », observa Vanya, le doigt tendu vers tribord avant.

À l'horizon, s'étalait une ligne boursouflée de nuages noirs si bas qu'ils semblaient se fondre avec la surface de l'océan.

« Ça ne présage rien de bon, en effet », admit Vitaly. Et il savait que ça allait empirer. Pour parvenir à leur destination, il allait leur falloir traverser la tempête – à moins de se dérouter, voire de regagner la terre ferme et d'attendre qu'elle passe.

« Demande à Fred de monter, veux-tu ? » dit Vitaly.

Vanya descendit et remonta une minute plus tard avec le patron de leur groupe de clients. « Un problème, capitaine ? »

Vitaly montra la bourrasque qui s'annonçait derrière la vitre. « Ça !

– De la pluie ?

– Pas de pluie par ici, Fred. Rien que des tempêtes. La seule question, c'est : de quelle intensité ? Et ce truc m'a tout l'air d'un sacré coup de chien. »

Et pis encore pour une ancienne péniche de débarquement, avec ses bords plats et juste un mètre de tirant d'eau, s'abstint-il d'ajouter.

« Combien de temps avant qu'on ne l'atteigne ?

– Trois heures, peut-être un peu plus.

– Pourra-t-on l'encaisser ?

– Sans doute, mais rien n'est certain par ici. Quoi qu'il en soit, on va être secoués.

– Y a-t-il une autre solution ? demanda Fred.

– Retourner à notre point de départ de la nuit dernière ou mettre le cap au sud pour tenter de contourner le grain. L'une ou l'autre solution nous retarderont d'une journée.

– Inacceptable, répondit Fred.

– Ça va être coton à traverser – et je peux vous garantir que vous et vos hommes allez passer un sale moment.

– On survivra. Et peut-être qu'une prime vous aidera à mieux digérer l'épreuve ? »

Vitaly haussa les épaules. « Moi, je suis partant si vous l'êtes.

– Alors, allez-y. »

Deux heures plus tard, il aperçut un bâtiment à l'horizon, qui faisait route vers l'ouest. Sans doute un navire d'approvisionnement qui venait de livrer sa cargaison de matériel de forage au nouveau champ pétrolier découvert plus loin à l'est, en remontant la Léna, au sud de Tiksi. À en juger par son sillage, le navire avançait à toute vapeur, cherchant de toute évidence à prendre ses distances avec la tempête vers laquelle eux-mêmes se dirigeaient.

Vanya apparut à ses côtés. « Les moteurs tournent comme une horloge. Toutes les écoutilles sont fermées. » Vitaly lui avait demandé de les préparer à l'approche du grain. En revanche, ils ne pouvaient guère préparer leurs passagers à l'épreuve qui s'annonçait, ou mieux préparer leur bateau aux dégâts que pouvait lui occasionner la tempête. La nature était vicieuse et cruelle.

Un peu plus tôt, Vitaly avait demandé à Fred que ses hommes leur prêtent la main pour dégivrer le bateau, tâche dont ils s'acquittèrent, malgré leurs jambes flageolantes et leur teint nauséeux. Pendant que la moitié d'entre eux taillaient la glace à coups de marteau et de pic, l'autre, sous la supervision de Vanya, s'était servie de pelles à blé pour balancer par-dessus bord les blocs de glace ainsi détachés.

« Et si après ça, on déménageait pour Sotchi, pour travailler sur un bateau là-bas ? » demanda Vanya à son capitaine après avoir libéré leurs passagers pour qu'ils redescendent se reposer.

« Fait trop chaud. Pas un endroit pour vivre. »

Toujours cette mentalité polaire. Les vrais hommes vivaient et travaillaient dans le froid, et ils se vantaient de leur résistance. Sans compter que ça donnait meilleur goût à la vodka.

À dix milles nautiques devant leur étrave, la tempête était là, menaçante, haute muraille de rouleaux gris-noir qui semblait prête à leur fondre dessus. « Vanya, descends donner à nos hôtes un petit cours de rattrapage sur les tenues de survie. »

Vanya se retourna vers l'échelle.

« Et ce coup-ci, veille à ce qu'ils soient attentifs », ajouta Vitaly.

Sa responsabilité de capitaine était de garantir la sécurité de ses passagers mais, plus important, il doutait que leur employeur, quel qu'il fût, lui pardonnerait, si jamais ils devaient perdre la vie par sa faute.

Un exercice idiot, se dit Moussa Merdassan, en regardant ce gnome de Russe déplier sur le pont la combinaison de survie orange. Pour commencer, aucun navire de sauvetage n'arriverait à temps pour les récupérer, combinaison ou pas ; ensuite, aucun de ses hommes n'enfilerait ces tenues, quoi qu'il advienne. Si Allah jugeait bon de les livrer à l'océan, alors ils accepteraient leur sort. Qui plus est, Merdassan n'avait pas la moindre envie qu'on les repêche ; et si ce devait être le cas, il priait pour qu'ils soient méconnaissables. C'était un élément à envisager : comment également s'assurer que ni le capitaine ni son matelot ne survivent à une telle catastrophe, de crainte qu'on n'enquête sur la nature de leur voyage et sur leur identité. Il ne pouvait pas compter sur une arme à feu s'ils se retrouvaient jetés à la mer. Un couteau restait donc préférable s'ils devaient abandonner le navire. Et peut-être faudrait-il leur ouvrir le ventre pour s'assurer que les corps aillent par le fond.

« D'abord, vous étalez la combinaison à plat sur le pont, les fermetures ouvertes, puis vous vous asseyez dessus, le derrière juste au-dessus de la partie inférieure de la fermeture Éclair », expliquait le Russe.

Merdassan et ses hommes faisaient bien sûr mine de suivre attentivement. Mais aucun d'eux n'avait trop l'air en forme ; avec cette mer de plus en plus grosse, leurs visages étaient devenus livides. La cabine puait le vomi, la sueur et les légumes trop cuits.

« On entre les jambes d'abord, puis chaque bras l'un après l'autre, et enfin, on met la capuche. Quand c'est fait, on roule sur soi pour se mettre à genoux, on remonte entièrement la fermeture, et on ferme les rabats en Velcro devant la partie inférieure du visage. »

Le Russe passa d'homme en homme, pour s'assurer que chacun suivait ses instructions à la lettre. Satisfait, il les embrassa du regard et demanda : « Des questions ? »

Il n'y en avait aucune.

« Si vous passez par-dessus bord, votre EPIRB…

– Notre quoi ? demanda l'un des hommes.

– Emergency Position-Indicating Radio Beacon – émetteur de localisation d'urgence –, la balise de détresse fixée à votre cou s'activera automatiquement dès qu'elle sera submergée. (Il marqua un temps.) Pas d'autres questions ? »

Il n'y en avait pas.

« OK, je vous suggère de regagner vos couchettes et de vous accrocher. »

Même si Vitaly avait su à quoi s'attendre, la vitesse et la férocité avec lesquelles la tempête les frappa n'en furent pas moins déstabilisantes. D'un seul coup, le ciel vira au noir d'encre et, en moins de cinq minutes, la mer passa d'un calme relatif avec des creux d'un mètre cinquante à des vagues de huit mètres qui venaient s'écraser contre le bastingage.

De grandes volutes d'écume et de mousse s'élevaient de chaque côté des flancs verticaux pour venir cribler les vitres de la timonerie comme autant de pelletées de gravillons, obscurcissant la vision de Vitaly pendant une dizaine de secondes avant que les essuieglaces ne dégagent la vue, lui laissant juste le temps d'entrevoir la vague suivante. Toutes les deux ou trois secondes, des tonnes d'eau de mer passaient par-dessus le bastingage à tribord pour balayer le pont jusqu'à hauteur du genou, recouvrant les dalots, incapables d'évacuer le volume d'eau embarqué. Les mains agrippées à la barre, Vitaly sentait celle-ci répondre de moins en moins, à mesure que la masse d'eau prise au piège oscillait d'un plat-bord à l'autre.

« Descends surveiller les moteurs et les pompes », dit-il à Vanya qui se précipita.

Jonglant avec les deux commandes des gaz, Vitaly essayait de maintenir la proue pointée vers les vagues. Laisser l'embarcation virer par le travers de la houle, c'était risquer un rouleau fatal menant immanquablement au chavirage. Avec son fond plat, le T-

4 n'avait quasiment aucune possibilité de se redresser, passé quinze degrés de gîte. Renversé dans un creux, il ne lui faudrait pas plus d'une minute ou deux pour aller par le fond.

D'un autre côté, Vitaly n'était que trop conscient des limites structurelles de la rampe de proue. Même si avec Vanya, il avait multiplié les efforts pour s'assurer de son arrimage et de son étanchéité, on ne pouvait surmonter les faiblesses inhérentes à sa conception : elle était destinée à se rabattre à plat sur une grève pour débarquer des soldats. À chaque vague, la rampe vibrait et, malgré le grondement de la tempête, il pouvait entendre grincer et claquer les goupilles de sécurité épaisses de trois centimètres.

Une nouvelle vague passa par-dessus le bastingage et s'écrasa, une partie balayant le pont, l'autre se fracassant contre les vitres de la timonerie. Le bateau roula sur bâbord. Vitaly perdit pied et son front percuta la console. Il retrouva son équilibre et cligna rapidement des yeux, vaguement conscient de quelque chose d'humide et tiède qui lui ruisselait sur la tempe. Il lâcha la barre et porta la main à son front ; ses doigts revinrent tachés de sang. Pas de gros bobo, toutefois. Ça se réglerait avec quelques points de suture.

Dans l'interphone, il entendit la voix assourdie de Vanya : « Pompe... en panne... j'essaie de la redémarrer... »

Bigre. Une pompe, ils pouvaient encore s'en passer, mais Vitaly savait que la plupart des navires sombraient non pas à la suite d'un seul incident catastrophique mais par l'effet domino déclenché, leur succession aboutissant à la défaillance de toutes les fonctions vitales. Et si jamais cela se produisait ici... il préférait ne pas y songer.

Soixante secondes s'écoulèrent, puis la voix de Vanya, à nouveau : « Pompe repartie !

– Compris ! » répondit Vitaly.

Soudain, venant d'en bas, il entendit une voix s'écrier : « Non, ne fais pas ça ! Rentre ! »

Vitaly se dirigea vers la droite et colla son visage contre la vitre latérale. À l'arrière, il vit une silhouette franchir en titubant la porte de la cabine et gagner le pont. C'était un des hommes de Fred.

« Qu'est-ce qu'il... »

L'homme tituba, tomba à genoux. Il se mit à vomir. Il était pris de panique, comprit alors Vitaly. Se sentant pris au piège à fond de cale, son instinct avait repris le dessus, le poussant à s'échapper.

Vitaly retourna vers l'interphone avec la salle des machines. « Vanya, il y a un homme sur le pont arrière... »

La poupe fut soudain violemment propulsée vers le haut. Projeté dans les airs, l'homme fut rejeté de côté avant d'aller percuter le plat-bord. Il resta là quelques instants, affalé comme une poupée de chiffon, les jambes sur le pont, le torse en équilibre sur le bastingage, puis il bascula par-dessus bord et disparut.

« Un homme à la mer, un homme à la mer ! » s'écria Vitaly dans l'interphone général. Il scruta l'océan derrière les vitres, cherchant une accalmie entre les crêtes des vagues qui lui permettrait de virer de bord.

« Non ! » entendit-il une voix s'écrier dans son dos.

Il se retourna pour découvrir Fred en haut de l'échelle, les deux mains agrippées aux mains courantes. Le devant de sa chemise était maculé de vomissures.

« Quoi ? demanda Vitaly.

– Il est perdu ; oubliez-le.

– Vous êtes cinglé ? On ne peut pas...

– Si vous virez de bord, on risque de chavirer, pas vrai ?

– Oui, bien sûr, mais...

– Il connaissait les risques, capitaine. Je ne vais pas laisser son erreur nous mettre tous en danger. »

Vitaly savait que Fred avait raison en toute logique, mais abandonner un homme en mer, sans même tenter de le récupérer semblait inhumain. Et le faire sans montrer la moindre trace d'émotion...

Comme s'il avait perçu l'indécision de Vitaly, le dénommé Fred précisa : « Mes hommes sont sous ma responsabilité ; la vôtre est la sécurité de ce navire et de ses passagers, exact ?

– Exact.

– Alors, on continue. »

39

« A LLÔ ? » dit l'ancien président Jack Ryan. Il aimait toujours répondre lui-même au téléphone. À celui-ci, du
moins.

« Monsieur le président ?

– Ouais. Qui est à l'appareil ? »

Qui que soit son interlocuteur, il avait accès à sa ligne privée.
Ils n'étaient pas si nombreux.

« John Clark. Je suis tout juste rentré du Royaume-Uni, avant-
hier.

– John ! Comment va ? Alors, ils ont réussi, finalement ? À renvoyer les Yankees avec armes et bagages ?

– J'en ai bien peur. Toujours est-il que nous sommes rentrés,
Ding et moi. Alors, j'ai appelé en me disant qu'on pourrait vous
rendre une petite visite de courtoisie. Est-ce OK ?

– Bien sûr que oui ! Passez tous les deux pour déjeuner. Dis-
moi juste quand.

– Peut-être vers une heure et demie ?

– Entendu, c'est parfait. On se voit vers onze heures ?

– Oui, monsieur.

– Je m'appelle toujours Jack, tu te souviens ? »

Clark étouffa un rire. « Je tâcherai de m'en souvenir. »

On raccrocha. Ryan changea de ligne pour sonner Andrea.

« Oui, monsieur le président ?

– Deux amis vont passer aux alentours de onze heures. John Clark et Domingo Chavez. Vous vous souvenez d'eux ?

– Oui, monsieur. OK, je les ajoute sur la liste », répondit Andrea avec une neutralité étudiée. Ces deux hommes, se souvint-elle, étaient du genre dangereux, même s'ils paraissaient loyaux. Mais étant un agent du Service de sécurité présidentiel, elle ne se fiait à personne. « Pour le déjeuner ?

– Probablement. »

Le trajet vers l'est par la nationale 50, puis vers le sud pour rejoindre Annapolis, se révéla agréable. Clark s'aperçut que la réadaptation à la conduite à droite était presque automatique, malgré plusieurs années passées à conduire à gauche. De toute évidence, la programmation de toute une vie n'avait aucun mal à reprendre la main sur les ajustements qu'il avait dû faire au Royaume-Uni, même s'il devait parfois y réfléchir. Les panneaux signalétiques verts y aidaient. Leurs équivalents en Angleterre et au pays de Galles étaient bleus, bon moyen de lui rappeler qu'il était dans un pays étranger, même si la bière y était meilleure.

« Alors, quel est le plan ? demanda Chavez.

– On lui dit qu'on s'est engagés.

– Et concernant Junior ?

– Tu décideras ce que tu voudras, Ding, mais voici comment je vois les choses : ce que père et fils ont à se raconter est leur problème, ça ne nous regarde pas. Jack Junior est un adulte. Ce qu'il fait de son existence est son affaire, pareil pour ceux qu'il choisit de mettre dans la confidence.

– Ouais, j'entends bien, mais bon sang, s'il était blessé… Dieu tout-puissant, je n'aimerais pas être dans les parages si ça se produit. »

Moi non plus, songea Clark.

« Mais d'un autre côté, qu'est-ce que tu aurais pu dire ? poursuivit Ding. Le gars te demande de le former, tu peux difficilement lui dire non.

– Là, t'as marqué un point. »

À vrai dire, ne pas en parler à Ryan Senior mettait Clark mal à l'aise – ils se connaissaient depuis belle lurette, après tout, et il devait beaucoup à l'ancien président – mais il avait bâti une bonne partie de son existence en gardant les secrets de tiers. C'était personnel, bien sûr, mais Jack était un grand garçon, et il avait la tête sur les épaules. Mais ça ne voulait pas dire que Clark ne tenterait pas de convaincre le fils d'avouer à son père qu'il travaillait au Campus.

Après quarante minutes de trajet, ils tournèrent à droite sur la route de Peregrine Cliff, désormais sans aucun doute sous le regard des caméras de télésurveillance, tandis que des agents du Service de sécurité devaient vérifier sur leurs ordinateurs l'origine de leur plaque minéralogique – découvrant, un, qu'il s'agissait d'un véhicule de location et deux, qu'ils ne pouvaient pas accéder assez vite à la base de données de Hertz pour identifier le conducteur du véhicule. Voilà qui allait sans aucun doute les chagriner quelque peu, quand bien même ces tracas n'étaient qu'institutionnels, mais le Service de protection présidentielle adorait pinailler. Enfin apparut la borne de pierre marquant le début de l'allée privée qui menait, au bout de quatre cents mètres, à la propriété des Ryan.

« Veuillez vous identifier », émit une voix dans le haut-parleur encastré dans le pilier.

« Rainbow Six, en route pour voir SWORDSMAN.

– Passez », répondit la voix, suivie d'un vibreur qui accompagna le bruit des vérins hydrauliques du portail télécommandé.

« Tu ne leur as pas parlé de moi », objecta Chavez.

Clark rigola :

« Contente-toi de garder tes mains bien en vue. »

Andrea Price-O'Day les attendait sous le porche. La chef du détachement en personne, nota Clark. Peut-être estimaient-ils qu'il était important. Être pote avec le patron pouvait avoir ses avantages.

« Salut, chef », dit-elle en manière d'accueil.

Elle m'aime bien ? s'étonna Clark. Seuls ses amis l'appelaient chef…

« Bonjour, m'dame. Commnt va le patron ?

– Il bosse sur son livre, comme d'habitude. Bienvenue au pays.

– Merci. (Il saisit sa main tendue.) Vous connaissez Domingo, je crois ?

– Oh, bien sûr. Comment va la petite famille ?

– Très bien. Contents d'être rentrés. Et on en a un autre en route, au fait.

– Félicitations.

– Comment va-t-il ? s'enquit alors Clark. Il grimpe aux rideaux ?

– Vous en jugerez par vous-même. »

Andrea ouvrit la porte d'entrée.

Ils étaient déjà venus, dans la vaste salle de séjour, aux larges portes-fenêtres ouvrant sur la baie de la Chesapeake, où trônait le piano à queue de Cathy, un Steinway dont elle devait sans doute encore jouer un jour sur deux. Andrea les invita à gravir les quelques marches recouvertes de moquette montant au bureau-bibliothèque de Ryan et les quitta.

Ils trouvèrent Ryan en train de taper sur son clavier avec une énergie propre à en dégommer un par an, au bas mot. Ryan leva les yeux à leur entrée.

« Des soucis, monsieur le président ? demanda Clark avec un sourire.

— Eh, John ! Comment va, Ding ! Bienvenue ! » Ils échangèrent des poignées de main. « Asseyez-vous et mettez-vous à l'aise », dit Jack.

Vieux amis ou pas, Jack était un ancien président des États-Unis et les deux hommes avaient porté l'uniforme dans un passé pas si lointain.

« Heureux de voir que vous êtes entier, remarqua Clark.

— Vous voulez parler de Georgetown ? » Ryan hocha la tête. « Ça n'a pas fait un pli. Andrea l'a descendu, vite fait bien fait. Grâce à un coup de main de Jack, quand même.

— Pardon ?

— Il était sur place. C'est lui qui a fait signe à Andrea. Il avait remarqué un truc pas catholique avec le gardien.

— Quoi donc ?

— L'homme s'était servi d'un tournevis pour faire mine de desserrer un boulon ; il aurait dû prendre une clé.

— Malin, observa Chavez. Papa a dû être fier.

— Vous l'avez dit, avoua sans vergogne l'ancien président. Je vous sers du café ?

— Ça, voilà une chose qu'ils ne savent pas préparer en Angleterre, remarqua Chavez tout en acquiesçant. Ils ont bien des Starbucks, mais c'est pas trop mon truc.

— Je vais vous en faire. Venez. » Il se leva et descendit vers la cuisine où attendaient une cafetière Cona et des tasses. « Alors, comment s'est passée la vie en Angleterre ?

– Ce sont des types bien. Notre base était située à proximité du pays de Galles – les gens sont chouettes, les pubs sont sympas et on y mange plutôt pas mal. J'apprécie tout particulièrement leur pain, précisa Clark. Mais pour eux, le corned-beef n'existe qu'en boîte. »

Rire de Ryan. « Ouais, de la pâtée pour chats. J'ai bossé près de trois ans à Londres et je n'ai jamais pu y trouver de corned-beef présentable. Ils ont bien du "bœuf demi-sel" mais ce n'est pas vraiment pareil. Alors, démobilisés de Rainbow, c'est ça ?

– Je suppose qu'on aura lassé l'amabilité de nos hôtes.

– Qui reste sur place ?

– Les équipes commando, toutes parfaitement entraînées, dont la moitié sont des membres du SAS de l'armée britannique. Des éléments excellents, assura Clark. Mais les autres contingents européens plient bagage. Dommage. Certains étaient de vrais as. Les renforts de renseignement sont également mis plus ou moins en sommeil. Rainbow va continuer de tourner, s'ils n'y touchent pas. Mais les bureaucrates locaux – je pense surtout aux Européens – mouillent leur froc dès que mes gars se déploient.

– Ouais, enfin, on a le même genre de zigues, ici aussi, observa Ryan. Wyatt Earp doit se retourner dans sa tombe. »

Ses deux hôtes rigolèrent.

« Que fait SHORTSTOP, en ce moment ? » demanda Clark. Entre amis, c'était une question naturelle après être restés séparés si longtemps ; ne pas la poser eût paru étrange.

« Il est dans le courtage, comme moi dans le temps. Je ne lui ai même pas demandé où. Avoir pour père un président peut être parfois un handicap, vous savez…

– Surtout les filatures lors des rendez-vous galants, suggéra Chavez avec un sourire. Pas sûr que j'aurais apprécié. »

Ils passèrent dix minutes à deviser et prendre des nouvelles de leurs familles respectives, causer de sport et de l'état de la planète, puis Ryan dit : « Bon, les gars, qu'allez-vous faire à présent ? J'imagine que la CIA vous a proposé à l'un et l'autre de prendre votre retraite. Si vous avez besoin d'une lettre d'introduction, faites-moi signe. Vous avez tous les deux bien servi votre pays.

– C'est un des points que nous désirions en effet aborder, confirma Clark. Nous sommes tombés sur Jimmy Hardesty à Langley, et il nous a mis en contact avec Tom Davis.

– Oh ? » fit Ryan en reposant sa tasse.

Clark confirma d'un signe de tête. « Ils nous ont proposé un boulot. »

L'ancien président resta songeur un moment. « Ma foi, ce n'est pas comme si l'idée ne m'avait pas déjà traversé. Vous deux êtes taillés pour ça, aucun doute. Et que dites-vous de l'arrangement proposé ?

– C'est tout bon. Quelques difficultés en perspective, j'imagine, mais c'est prévisible.

– Gerry Hendley est un type bien. Sinon, je ne lui aurais pas transmis le témoin. Vous êtes au courant pour les grâces présidentielles ? »

Ce fut Chavez qui répondit : « Ouais, merci d'avance. Espérons qu'on n'en aura pas besoin, mais c'est sympa de savoir qu'elles existent. »

Ryan opina. « Ça vous dit de déjeuner ? »

Et voilà qui met fin à la conversation, nota Clark. Grande idée de Ryan ou pas, mieux valait garder le Campus à bonne distance.

« Je me demandais quand tu poserais la question », répondit Clark, sautant aussitôt sur l'occasion. « Est-ce qu'on peut espérer du corned-beef ?

– J'ai déjà passé commande chez Attman, à Baltimore. C'est un des avantages du Service de protection : comme ils ne me laissent rien faire, ils se tapent presque toutes les courses.

– Dans le temps, je parie qu'ils l'auraient ramené par avion de Carnegie à New York », spécula Chavez.

Ce fut au tour de Ryan de sourire. « À l'occasion. Il faut toujours se montrer prudent avec ce genre de pratique. On a vite fait d'y prendre goût et de se mettre à croire qu'on le mérite. Merde, ça me manque parfois de ne plus pouvoir me balader pour faire les boutiques, mais Andrea et ses troupes sont sur le point de faire une attaque quand j'en manifeste le désir. »

Le Service de sécurité avait, entre autres, insisté pour que la maison soit dotée d'un système d'arrosage anti-incendie. Ryan avait cédé et payé lui-même la facture des travaux, alors qu'il aurait pu la transmettre au ministère du Budget. Mais il ne voulait pas être tenté de se prendre pour un roi.

Cette mise au point faite, il précéda ses hôtes dans la cuisine où le corned-beef était déjà disposé sur un plat, avec des petits pains ronds et de la moutarde fine.

« Dieu soit loué pour ce déjeuner américain, dit tout haut Clark. J'aime bien les Rosbifs, et j'apprécie une pinte de John Smith, mais rien ne vaut la cuisine du pays. »

Ryan observa : « Maintenant que vous êtes libres, dites-moi : comment est le Langley new look ? »

Ce fut Clark qui répondit : Vous me connaissez, Jack. Ça fait combien de temps que je gueule pour qu'on donne plus de moyens à la direction des opérations ? » Il faisait allusion à ce qu'on appelait désormais le Service clandestin de la CIA, les vrais espions, les agents de renseignement sur le terrain. « Le Plan bleu a juste eu le temps de décoller avant d'être descendu en flammes par ce branleur de Kealty.

– Vous parlez arabe, je me trompe ?

– Tous les deux, confirma Chavez. John est plus doué que moi, mais je suis capable de demander où sont les toilettes. Mais pas le pachtoune, en revanche.

– Et le mien est passablement rouillé, concéda Clark. Je ne suis plus retourné là-bas depuis une bonne vingtaine d'années. Des gens intéressants, ces Afghans. Durs, mais primitifs. Le problème, c'est que toute l'économie locale tourne autour du pavot.

– Quelle est l'ampleur du problème ?

– Il y a pas mal de véritables milliardaires là-bas, tous grâce à l'opium. Ils vivent comme des rois, dépensent leur fortune le plus souvent sous la forme d'armes et de munitions, mais toutes les drogues dures que l'on peut trouver sur les trottoirs des quartiers sud-est de Washington proviennent d'Afghanistan. Personne ne semble vouloir l'admettre. Et pourtant, c'est la quasi-totalité. Tout ça génère suffisamment d'argent pour corrompre leur culture – et la nôtre. Ils n'ont pas besoin d'aide. Jusqu'à l'arrivée des Russes en 1979, ils s'entretuaient. À ce moment, ils ont fait front commun pour tomber sur le dos des Popovs. Puis ils ont soufflé peut-être quinze jours après avoir chassé l'Armée rouge et ils ont recommencé à se foutre sur la gueule. Le mot paix leur est étranger. Tout comme le mot prospérité. Si vous bâtissez des écoles pour leurs mômes, ils les font sauter. J'ai vécu là-bas un an, à crapahuter dans les montagnes et tirer sur les Russes, pour essayer de les former. Ils ne sont pas dépourvus de qualités, mais pas question de leur tourner le dos. Et on a intérêt à tâter le terrain. Certains coins, il vaut mieux se contenter de les survoler de haut en hélicoptère. Pas vraiment le lieu de villégiature idéal. Mais c'est encore leur culture qui pose le plus de problèmes. L'âge de pierre allié à l'armement moderne. Ils semblent avoir une connaissance innée de tous les moyens possibles pour tuer un mec. Non, décidément, ils ne sont pas comme tout le monde. Le seul truc dont ils s'abstiendront, c'est de vous bouffer après vous avoir tué. Ça, c'est leur imprégnation musulmane. Pour le reste, aussi longtemps que le pavot rapportera de l'argent, ce sera le moteur de l'économie du pays, et personne n'y pourra rien changer.

– Plutôt sinistre, comme portrait, observa Ryan.

– *Sinistre*, ce n'est pas vraiment le mot. Merde, les Russes ont tenté tout ce qu'ils ont pu – construire des écoles, des hôpitaux, des routes –, histoire de faciliter leur campagne en les achetant, et regardez le résultat. Ces gens se battent par plaisir. On peut tenter d'acheter leur loyauté avec des vivres et du matériel ou, effectivement, en construisant des écoles et des routes. Ça devrait marcher, mais je n'y mettrais pas ma main à couper. Il s'agit de trouver le moyen d'effacer trois millénaires de guerres tribales, de querelles intestines et de méfiance vis-à-vis des étrangers. Une armure difficile à fendre. Bon sang, j'ai servi au Viêt-nam, eh bien, le Viêt-nam, c'est Disneyland comparé à l'Afghanistan.

– Et quelque part dans ce royaume magique, l'Émir joue à cache-cache avec nous, compléta Chavez.

– Ou peut-être pas, rétorqua Clark. Tout le monde semble persuadé qu'il est toujours là-bas.

– Vous sauriez quelque chose qu'on ignore ? demanda Ryan avec un sourire.

– Non, j'essaie juste de me mettre dans sa peau. Chez les SEAL, c'était la règle cardinale dans l'entraînement à l'évasion : aller là où ne sont pas censés aller les bandits. D'accord, les options sont limitées, mais ils ont une infrastructure et des fonds en abondance.

– Peut-être se trouve-t-il à Dubaï, suggéra Ding. Dans une villa de luxe. »

La remarque fit rire l'ancien président Ryan. « Ma foi, ce n'est pas faute de chercher partout. Le problème, c'est que sans une direction du renseignement pour poser les bonnes questions, et sans une direction des opérations assez bien implantée pour aller les chercher, on ne fait que réfléchir dans le vide. Tous les gars que Kealty a mis sur le coup sont des grosses têtes, et ce n'est pas comme ça que le boulot sera fait. »

Deux heures plus tard, Clark et Chavez regagnaient la capitale, digérant leur repas et ruminant ce qu'ils avaient appris. Même si Ryan n'avait fait qu'effleurer le sujet, il était clair aux yeux de Clark que la perspective d'une nouvelle candidature pesait sur l'esprit de l'ancien occupant de la Maison Blanche.

« Il va y aller, observa Clark.

— Ouaip, acquiesça Chavez. Il se sent pris au piège.

— Il l'est.

— Nous aussi, Ding. Nouveau boulot, mais même merdier.

— Pas exactement le même. Ça risque d'être intéressant, en tout cas. Je me demande jusqu'à quel point…

— Pas tant que ça, je dirais. Les cadavres, c'est en général mauvais pour les affaires et, qui plus est, ils ne sont pas causants. Or, à présent, on est passés dans le renseignement.

— Mais parfois, il faut tailler dans le gras.

— Exact. À Langley, le problème a toujours été de trouver quelqu'un pour signer l'ordre. La paperasse est éternelle, vois-tu ? Au Viêt-nam, nous avions une vraie guerre, les ordres pouvaient être verbaux, mais une fois la guerre terminée, les ronds-de-cuir ont commencé à mouiller leur froc, puis les avocats se sont mis de la partie, quoique ce ne soit pas entièrement une mauvaise chose. On ne peut plus avoir de hauts fonctionnaires qui balancent ce genre d'ordres sur un simple caprice. Tôt ou tard, l'individu X va se laisser emporter, mais l'individu Y va avoir une crise de conscience et le dénoncer, quand bien même l'ennemi méritait cent fois la mort. C'est incroyable comme une conscience peut se montrer dangereuse – et en général, au plus mauvais moment. On vit dans un monde imparfait, Ding, et aucune règle n'impose qu'il doive avoir un sens.

– Une grâce présidentielle en blanc, observa Chavez, changeant de sujet. Et c'est légal ?

– Ma foi, c'est ce qu'il nous a dit. Je me rappelle quand *James Bond contre Dr No* est sorti. J'étais lycéen. La publicité pour le film précisait : "Le double zéro signifie qu'il a licence pour tuer qui il veut, quand il veut." C'était les bonnes vieilles années soixante. Bien avant le Watergate et tout le toutim, et l'idée plaisait également au gouvernement Kennedy. C'est ainsi qu'ils ont lancé l'opération Mangouste[1]. Qui devait foirer totalement, bien sûr, mais on n'a jamais révélé jusqu'à quel point. La politique…, expliqua Clark. J'imagine que tu n'as jamais entendu les détails de l'affaire.

– Du moins, pas dans le cursus donné à la Ferme.

– C'est aussi bien. Qui voudrait bosser pour une agence qui s'est rendue coupable de telles âneries ? Éliminer un chef d'État étranger, c'est vraiment vouloir jouer avec le diable, fils. Même si l'un de nos présidents trouvait cool d'être un psychopathe. Marrant de voir comment les gens omettent de considérer toutes les conséquences de leurs actes.

– Comme nous ?

– Pas quand tu fais éliminer des gens qui n'ont pas une si grande importance.

---

1. Référence aux multiples tentatives « baroques » de la CIA pour éliminer Fidel Castro.

– C'est quoi ce merdier, à propos de ce Ranger ?

– Sam Driscoll ? » répondit Clark. Ryan leur avait parlé de l'insistance de Kealty pour faire ouvrir une enquête officielle au sein de l'armée. « J'ai pas mal crapahuté avec lui dans les années quatre-vingt-dix. Un type bien.

– Des initiatives en vue pour arrêter ça ?

– J'en sais rien mais si Jack nous en a parlé, c'est pour une bonne raison.

– Une nouvelle recrue pour le Campus ?

– Sûr que ça amortirait sa chute, tu ne crois pas ?

– Ouais, n'empêche, voir sa carrière partir à l'égout parce qu'un vague connard a voulu faire son malin – c'est tout simplement pas correct, *mano*.

– Par quelque bout qu'on le prenne », confirma Clark.

Ils poursuivirent leur route en silence puis, au bout de quelques minutes, Chavez fit remarquer : « Il a l'air préoccupé. Fatigué.

– Qui ça, Jack ? Je le serais, à sa place. Le pauvre bougre. Il veut juste écrire ses mémoires et peut-être travailler son golf, jouer au papa avec ses mômes. Tu sais, c'est vraiment un type bien.

– C'est son problème, fit remarquer Chavez.

– Ça, c'est sûr. » Ça faisait toujours plaisir de constater que son gendre n'avait pas perdu son temps sur les bancs de l'université Georges Mason. « Le sens du devoir peut parfois te mettre en difficulté. À toi de savoir t'en sortir. »

Du côté de Peregrine Cliff, Ryan se surprit à rêvasser, les doigts au-dessus du clavier. *Cet enculé de Kealty...* poursuivre un soldat pour avoir tué l'ennemi. C'était, constata-t-il tristement, l'illustration parfaite du caractère du président en exercice.

Il regarda son téléphone. Par deux fois, il tendit la main vers l'appareil pour la voir s'arrêter au dernier moment, comme de sa propre initiative, en contradiction flagrante avec la phrase célèbre de saint Augustin sur la volonté et la résistance. Mais finalement, il décrocha le combiné et appuya sur les touches.

« Ouais, Jack », répondit la voix de van Damm – il l'avait appelé sur son numéro personnel.

« OK, Arnie, tu peux y aller. Et que Dieu me garde, ajouta-t-il.

– Le temps de passer quelques coups de fil. Et je te rappelle demain.

– OK, à plus. »

Et Ryan raccrocha.

Qu'est-ce que t'es en train de fabriquer ? se demanda-t-il.

Mais il ne connaissait que trop bien la réponse.

40

ILS DEVAIENT S'ENTRAÎNER à ne pas prendre des airs de conspirateurs, à se comporter comme des gens ordinaires en train de
déjeuner dans un café parisien un jour de bruine – ce qui jouait
en leur faveur. À part eux, il n'y avait que deux clients, un jeune
couple, attablés à proximité sous la banne.

Ibrahim leur avait dit comment s'habiller – en Français de la
classe moyenne – et de ne plus quitter désormais cet accoutre-
ment. Tous parlaient français et, bien que musulmans, aucun ne
fréquentait régulièrement la mosquée : ils faisaient leurs cinq
prières quotidiennes à la maison et évitaient à tout prix d'assister
aux prêches des imams radicaux qui étaient tous étroitement surveillés par les divers services de police français.

En se cantonnant aux lieux publics et en devisant comme des
gens ordinaires, ils évitaient les réunions de conspirateurs dans des
pièces exiguës aisément susceptibles d'être truffées de micros par
la police. Les rencontres à l'extérieur étaient faciles à observer
mais quasiment impossibles à enregistrer. Et à peu près tout le
monde en France retrouvait des amis pour déjeuner. Si vaste et
bien financée que pût être la police française, elle ne pouvait pas
enquêter sur tout le monde dans ce pays d'infidèles. La visibilité

entraînait l'anonymat. Pas mal d'autres avaient été capturés, voire tués, en empruntant la voie inverse. Surtout en Palestine, où les services de police étaient d'une efficacité notoire, en grande partie grâce aux pots-de-vin si libéralement distribués. Il y avait toujours des gens prêts à échanger des informations contre de l'argent, raison pour laquelle il devait choisir avec grand soin les membres de son réseau.

Et donc, la réunion ne débuta pas par des incantations religieuses. N'importe comment, tous connaissaient le rituel. Et, du reste, ils s'exprimaient exclusivement en français, là encore pour ne pas se faire remarquer. Trop d'Occidentaux reconnaissaient l'arabe même sans le parler – et pour eux, la langue avait toujours un ton de complot. Leur mission était de demeurer invisibles même en pleine lumière. Ce n'était pas bien sorcier, heureusement.

« Alors, quelle est cette mission ? s'enquit Shasif Hadi.

– C'est un équipement industriel, répondit Ibrahim. Pour l'heure, c'est tout ce que vous avez à savoir. Une fois sur le terrain, vous aurez toutes les informations.

– Combien ? » demanda Ahmed.

Il était le plus jeune du groupe, rasé de près, fine moustache.

« L'objectif n'est pas les pertes – en tout cas pas les pertes humaines.

– Alors, c'est quoi ? »

Cette fois, c'était Fahd. Un Koweiti, bel homme.

« Je le répète, vous en saurez plus quand ce sera nécessaire. » Ibrahim sortit de sa poche un morceau de papier qu'il déplia devant eux sur la table. C'était une carte, imprimée par ordinateur après avoir été légèrement modifiée par un logiciel de traitement d'images pour en ôter toutes les légendes.

« Le problème sera de sélectionner le meilleur point d'accès, poursuivit-il. Les installations sont vraiment bien gardées, surveillance intérieure comme périphérique. Les charges explosives nécessaires seront banales, assez compactes pour être transportées dans un seul sac à dos. Les vigiles inspectent le site deux fois par jour, la chronologie sera donc cruciale.

– Si tu me donnes les spécifications des explosifs, je peux d'ores et déjà me mettre au travail », dit Fahd, ravi de voir son éducation mise au service de la Sainte Cause.

Les autres le jugeaient un peu trop imbu de son diplôme d'ingénieur de l'université du Caire.

Ibrahim acquiesça.

« Qu'en est-il de la police et des services de renseignement sur place ? » demanda Hadi.

Ibrahim écarta l'objection d'un geste de la main. « C'est gérable. »

Son ton désinvolte démentait ses pensées. Il avait une peur réelle des enquêteurs. Ils étaient comme de mauvais djinns, avec cette façon qu'ils avaient d'inspecter le moindre indice et d'en extraire comme par magie toutes sortes d'informations. On ne pouvait jamais dire ce qu'ils savaient et comment ils allaient reconstituer le puzzle. Or sa tâche première était de ne pas exister. Nul ne devait connaître son nom ou son visage. Il voyageait, aussi anonyme qu'une brise du désert. Un membre du CRO pouvait rester en vie en demeurant caché. Pour sa part, Ibrahim se déplaçait avec un nombre indéfini de cartes de crédit – l'argent liquide n'était, hélas, plus anonyme ; la police se méfiait des gens qui utilisaient du liquide et les traquait sans pitié. Il possédait chez lui assez de passeports pour contenter un ministère des Affaires étrangères, chacun d'eux ayant été obtenu à prix d'or, alors qu'il n'était utilisé qu'un nombre limité de fois avant d'être réduit en cendres. Et il se demandait même si cette précaution était suffisante. Un seul individu pouvait le trahir.

Et les seuls capables de le faire étaient ceux en qui il avait une confiance absolue. C'étaient là les idées qu'il tournait et retournait dans sa tête. Il but une gorgée de café. Il redoutait même de parler dans son sommeil à bord d'un avion lors d'un vol transocéanique. Il n'en faudrait pas plus. Ce n'était pas la mort qu'il redoutait – aucun d'eux ne la craignait – mais bien plutôt l'échec.

Mais les Saints Guerriers d'Allah n'étaient-ils pas ceux qui accomplissaient les actes les plus difficiles, et Ses bienfaits ne seraient-ils pas en proportion de son mérite ? Rester dans le souvenir de ses compatriotes. Avoir leur respect. En portant un coup pour la cause – quand bien même son acte resterait anonyme –, il rejoindrait Allah le cœur en paix.

« Avons-nous l'autorisation finale ? demanda Ahmed.

– Pas encore. Bientôt, j'espère. Nous ne nous reverrons que sur place.

– Quand serons-nous informés ?

– J'ai un oncle à Riyad. Il envisage d'acheter une voiture neuve. Si mon mail précise qu'elle est rouge, on attend ; si elle est verte, nous passons à l'étape suivante. Auquel cas, cinq jours après l'envoi du mail, nous nous retrouverons à Caracas comme prévu, puis finirons le trajet en voiture. »

Shasif Hadi sourit et haussa les épaules. « Alors prions tous pour que ce soit une voiture verte. »

Les portes de leurs bureaux avaient déjà des plaques gravées à leur nom, remarqua Clark. Chavez et lui disposaient de pièces mitoyennes de taille standard, équipées chacune d'un bureau, de chaises pivotantes, de deux chaises pour les visiteurs et d'un ordinateur personnel, avec leur mode d'emploi et d'accès à toutes sortes de fichiers.

Pour sa part, Clark eut tôt fait de se débrouiller avec son ordi. En moins de vingt minutes, à sa grande surprise, il était déjà en train de surfer dans les sous-sols ultraprotégés du siège de la CIA à Langley.

Dix minutes plus tard, il souffla : « Bonne mère...

– Ouais, fit Chavez, de l'autre côté de la porte. Qu'est-ce que t'en penses ?

– C'est un compartiment du niveau directorial... Bon Dieu, ce truc me laisse quasiment accès à tout. »

Davis était de retour. « Vous avez vite fait. Le système informatique vous donne, en effet, accès à pas mal de données. Pas à tout, juste les principaux dossiers. On n'a pas besoin de plus. *Idem* avec Fort Meade. Nous avons une entrée dans quasiment toutes les bases de renseignement informatique. Vous allez en avoir, de la lecture... Rien que le mot-clé ÉMIR va vous ouvrir l'accès à quelque vingt-trois dossiers – tout ce que nous détenons sur le bonhomme, y compris un profil particulièrement fouillé ; c'est du moins ce que nous pensons. Le nom du dossier est ÉSOPE.

– Ouais, je vois ça, répondit Clark.

– Rédigé par un dénommé Pizniak, professeur de psychiatrie à la faculté de médecine de Yale. Lisez-le et dites-moi ce que vous en pensez. N'ayez pas peur de monter poser des questions. La seule question idiote est celle qu'on ne pose pas. Ah, au fait, la secrétaire particulière de Gerry est Helen Connolly. Elle collabore avec lui depuis un bon bout de temps. Elle n'est pas – j'insiste – habilitée à connaître notre activité ici. Gerry rédige lui-même ses avant-projets, rapports et autres directives préliminaires, mais le plus souvent, à ce niveau de prise de décision, le travail s'effectue verbalement. Soit dit en passant, John, il m'a parlé de votre idée de restructuration des services. Content que vous l'ayez évoquée ; ça m'a évité de mettre le sujet sur la table. »

Clark étouffa un rire. « Toujours ravi de jouer les mauvais garçons. »

Davis ressortit et les laissa reprendre leurs activités. Clark éplucha tout d'abord les photos de l'Émir dont ils disposaient, qui n'étaient pas nombreuses et le plus souvent de mauvaise qualité. Il nota le regard froid. Presque sans vie, des yeux de requin. Totalement dénués d'expression. *Voilà quelque chose d'intéressant*, s'avisa-t-il. Beaucoup de gens disaient que les Saoudiens étaient dénués d'humour – l'expression consacrée était : *comme des Allemands, le sens de l'humour en moins* – mais ce n'était pas ce qu'il avait ressenti sur place.

Clark n'avait jamais rencontré de « mauvais » Saoudien. Il en connaissait assez bien un petit nombre – ça remontait au temps de son service à la CIA, des gens qui lui avaient enseigné la langue. Tous étaient religieux, disciples du wahhabisme, la branche conservatrice de l'Islam sunnite. Pas si différents des Baptistes du sud des États-Unis pour la minutie de leur dévotion. Personnellement, il n'y voyait pas d'inconvénient. Il était déjà entré dans une mosquée et avait assisté au rite, en prenant soin de rester discrètement au fond de la salle – ç'avait été tout d'abord une leçon de langue, mais la sincérité de la foi de ces gens était incontestable. Il avait discuté de religion avec ses amis saoudiens et n'y avait rien trouvé à redire. Il était difficile de s'acquérir l'amitié d'un Saoudien, mais une fois que c'était fait, il était prêt à donner sa vie pour vous. Leurs règles d'hospitalité étaient admirables et l'Islam prohibait le racisme, ce que le christianisme avait hélas oublié en chemin.

Que l'Émir soit un fervent musulman ou non, Clark l'ignorait, mais l'homme n'était pas un imbécile, c'est à tout le moins ce que laissait entendre ÉSOPE. Il était d'un naturel patient, mais également capable de décisions promptes. *Une combinaison rare,* estima Clark, même s'il lui était arrivé de se retrouver lui-même dans le même cas de figure. La patience était une vertu difficile à acquérir, d'autant plus pour celui qui croyait avec ferveur en la cause à laquelle il avait choisi de consacrer sa vie.

Le manuel de son ordinateur indiquait l'existence d'un répertoire des archives informatiques de l'Agence, ainsi que les références des points d'accès obtenues par le mot-clé ÉMIR. Clark se mit donc à surfer. De quel volume de données Langley disposait-il sur ce bonhomme ? Quels agents avaient travaillé sur lui ? Quelles anecdotes avaient-ils consignées ? Quelqu'un avait-il trouvé la clé du personnage ?

Clark s'évada de sa rêverie et regarda sa montre. Une heure avait passé. « Le temps file », marmonna-t-il avant de saisir le téléphone. Quand on décrocha, il attaqua : « Gerry, c'est John. T'as une minute ? Tom, aussi, s'il est dispo. »

Deux minutes plus tard, il était dans le bureau de Hendley. Tom Davis, l'agent recruteur du campus, se pointa une minute plus tard. « Que se passe-t-il ?

– J'aurais peut-être un candidat », commença Clark, puis avant que l'un ou l'autre de ses interlocuteurs ait pu poser la question évidente, il poursuivit : « Ça vient de Jack Ryan – Senior, je précise. »

Voilà qui éveilla l'attention de Hendley qui se pencha, les mains crispées sur le buvard de son bureau. « Continue.

– Ne me demandez pas comment, parce que je ne connais pas tous les détails, mais il y a un Ranger, un vieux de la vieille dénommé Driscoll, qui se retrouve dans une mauvaise passe. La rumeur court que Kealty voudrait se servir de lui pour faire un exemple.

– Sous quel prétexte ?

– Une mission dans l'Hindou Kush. Il a tué une poignée de bandits dans une grotte pendant leur sommeil. Kealty et son ministre de la Justice veulent le faire inculper pour meurtre.

– Dieu du ciel, murmura Tom Davis.

– Vous connaissez ce gars ? » demanda Hendley.

Clark acquiesça. « Il y a une dizaine d'années, juste avant le lancement de Rainbow, j'avais un petit boulot en Somalie. Un groupe de Rangers exerçait pour moi une mission de surveillance. Driscoll était l'un d'eux. Nous sommes restés en contact, on partageait une bière de temps en temps. Un gars solide.

– Jusqu'où est allée cette procédure avec la justice ?

– L'affaire a été confiée au Commandement des enquêtes criminelles de l'armée. Pour une enquête préliminaire. »

Hendley soupira et se gratta la tête. « Qu'en dit Jack ?

– S'il m'en a parlé, c'est qu'il a une bonne raison. Il sait que je travaille ici. »

Hendley acquiesça. « Chaque chose en son temps : si l'attaque vient de la Maison Blanche, Driscoll ne s'en sortira pas sans bobo.

– Je suis sûr qu'il en est conscient.

– Dans la meilleure des hypothèses, il est mis au rancart. Peut-être en conservant sa pension.

– Ça aussi, il doit le savoir, j'en suis sûr.

– Où se trouve-t-il ?

– À l'hôpital militaire de Brooke, à San Antonio. Il a conservé un petit souvenir à l'épaule durant l'exfiltration.

– Grave ?

– Je n'en sais rien.

– OK, allez discuter le bout de gras avec lui. Tâtez le terrain. » Puis, à l'adresse de Davis : « Tom, dans l'intervalle, entame une enquête approfondie sur Driscoll. La totale.

– Entendu. »

« Entre donc, dit Ben Margolin à Mary Pat, et ferme la porte. »

Une nouvelle journée au Centre national antiterroriste. Encore des interceptions, encore des pistes qui pouvaient déboucher sur un truc énorme ou échouer dans une impasse. Le volume de données était écrasant, et même si aucun d'eux n'en était surpris, la plupart s'inquiétaient de manquer d'éléments. Une meilleure technologie les aiderait bien, mais qui pouvait dire combien de temps il faudrait pour installer et mettre en œuvre les nouveaux systèmes ? Le fiasco antérieur avait amené les responsables à redouter un nouvel échec, de sorte qu'ils avaient tendance à tester chaque élément en détail. Dans l'intervalle, estima Mary Pat, elle et le reste du centre mettaient les bouchées doubles en essayant de continuer d'exploiter le filon tout en recherchant de nouvelles failles.

Mary Pat ferma les portes comme demandé et s'installa en face du bureau de Margolin. À l'extérieur, le centre bruissait d'activité.

« Ils ont balancé à la trappe notre idée d'assistance, commença Margolin sans préambule. On ne pourra pas utiliser les éléments britanniques implantés au Pakistan.

– Mais pourquoi, pour l'amour du ciel ?

– Ça, ce n'est pas de mon ressort, Mary Pat. Je suis remonté le plus loin possible, mais rien à faire. Ma meilleure suggestion : l'Irak. »

La même idée était venue à Mary Pat avant même que son patron ne l'énonce. Sous la pression de son opinion, le Royaume-Uni avait régulièrement pris ses distances, dans sa politique comme dans les moyens mis à disposition, avec la guerre d'Irak. La rumeur voulait que, malgré ses paroles apaisantes en public, le président Kealty en voulait à mort aux Britanniques, qui l'avaient, selon lui, laissé en plan. Sans un soutien même symbolique du Royaume-Uni, tout plan de retrait des troupes américaines se verrait ralenti, sinon compromis. Pis encore, cette prise de distance des Britanniques avait à son tour enhardi le gouvernement irakien dont les appels à un départ des Américains étaient passés de polis mais fermes à stridents, voire belliqueux, un changement de ton que les citoyens américains ne pouvaient pas manquer de remarquer. *D'abord nos alliés les plus proches, puis ceux-là mêmes pour qui nous avons versé notre sang pour leur venir en aide.* Ayant fondé toute sa campagne sur la promesse de retirer les États-Unis du bourbier irakien, le président Kealty dégringolait dans les sondages, et certains commentateurs à la télé étaient allés jusqu'à le soupçonner d'entraver le retrait pour faire pression sur le Congrès qui s'était, de son côté, montré peu enthousiaste envers certains des projets favoris du nouveau président.

Ce refus d'engager les forces britanniques pour suivre l'affaire de la carte de Peshawar n'aurait pas dû surprendre Mary Pat, qui avait connu plus de querelles inter-gouvernementales qu'elle ne pouvait s'en souvenir, mais pourtant ce fut le cas. Cette satanée grotte restait leur meilleure piste vers l'Émir depuis des années. Le voir leur glisser ainsi entre les doigts par la faute d'un simple caprice présidentiel avait de quoi exaspérer. Bien entendu, que leur directeur central du renseignement, Scott Kilborn, soit lui-même retors, n'arrangeait pas les choses.

Mary Pat hocha la tête avec un sourire. « Dommage vraiment que Driscoll ait perdu ses prisonniers.

– Un petit bain forcé tend à délier les langues », observa Margolin.

Une idée répandue, songea Mary Pat, *mais pas d'une grande utilité dans le monde réel.* Sans jouer les saintes nitouches promptes à s'effaroucher et ne pas reconnaître que la torture avait parfois ses mérites, elle savait aussi que, de manière générale, ces techniques étaient loin de produire des informations fiables et vérifiables. Le plus souvent, c'était une perte de temps. Durant la Seconde Guerre mondiale et peu après, le MI6 et l'OSS avaient soutiré des généraux allemands capturés plus d'informations dans une partie de ping-pong ou de dames qu'avec une paire de pinces ou d'électrodes.

Le scénario tant galvaudé de « la bombe prête à sauter » relevait quasiment du mythe. La plupart des complots contre les États-Unis consécutifs au 11-Septembre avaient été brisés dans l'œuf, au moment où les adversaires recrutaient, transféraient des fonds ou mettaient en place leur logistique. L'image d'un terroriste, planqué quelque part, le doigt au-dessus du bouton, tandis que les bons essaient de soutirer des informations à l'un de ses compatriotes, relevait du fantasme hollywoodien et avait à peu près autant de rapport qu'un film de James Bond avec le travail de renseignement dans le monde réel. En fait, Mary Pat n'avait connu qu'un seul exemple de « bombe prête à sauter » durant toute sa carrière, et John Clark avait réglé la question en deux coups de cuiller à pot en brisant quelques doigts et en posant les bonnes questions.

« Si les clichés sont des clichés, il y a une bonne raison, lui avait un jour dit Ed. Ils sont en général si vrais que les gens ont tendance à les surexploiter. » Pour ce qui concernait Mary Pat, quand il s'agissait d'interroger un suspect, la maxime « on attrape plus de mouches avec du miel qu'avec du vinaigre » était parfaitement exacte. La morale n'était qu'une facette dans l'argumentation pour ou contre. L'essentiel était l'efficacité. On fait ce qui procure les meilleurs résultats. Point-barre.

« Donc, en résumé, dit-elle à son patron, retour à la case départ ?

– Absolument pas question. Ce vieux copain, de l'autre côté de la mare, à qui tu as fait allusion… passe-lui un coup de fil, pour voir. »

Mary Pat sourit mais hocha la tête. « Ça, c'est ce qu'on appelle un coup fourré, Ben.

– On ne vit qu'une fois. »

Melinda fut agréablement surprise de le revoir. Il l'avait prise en voiture la semaine précédente pour aller rendre visite à « John ». Ce dernier l'avait royalement payée, il n'avait rien demandé de spécialement tordu et, dans l'ensemble, elle s'en accommodait, surtout la partie financière.

Ce gars était particulièrement élégant, pour le coin en tout cas. Elle n'avait pas l'habitude de se montrer ainsi en public. Elle était call-girl, pas tapineuse, mais cet hôtel avait une salle de restaurant particulièrement raffinée et le maître d'hôtel l'aimait bien. Dans son métier, un petit cadeau était toujours le bienvenu et, pour dire vrai, c'était un type honnête, marié, comme la plupart de ses clients, et donc digne de confiance. Enfin, jusqu'à un certain point. On ne pouvait jamais être sûr de rien, mais les hommes dans sa situation, ceux qui vivaient par ici, connaissaient en général la règle du jeu. Et si ce n'était pas le cas, elle avait toujours le Petit Monsieur Colt dans son sac à main.

Regards qui se croisent. Sourire entendu. Il était mignon, ce procureur. Une petite barbe taillée court, du genre de celle qu'aurait pu porter Errol Flynn dans un film de pirates. Mais elle n'était pas Olivia de Havilland. Elle était plus jolie, estima-t-elle, sans la moindre vergogne. Elle faisait des efforts pour garder la ligne. Les hommes aimaient les femmes dont ils pouvaient enserrer la taille avec leurs deux mains. Surtout celles qui avaient de chouettes nichons au-dessus.

« Hello », fit-elle d'un ton agréable. Le sourire était juste amical mais son destinataire savait qu'il annonçait bien plus.

« Bonsoir Melinda. Comment allez-vous par cette chaude soirée ?

– Très bien, merci. »

Petites quenottes pour accompagner le sourire.

« Êtes-vous prise ce soir ?

– Non, pas pour le moment. (Le sourire s'élargit.) Je n'arrive jamais à retenir votre nom.

– Ernest », répondit-il avec un sourire aimable.

L'homme avait un certain charme, mais avec un soupçon d'exotisme, estima Melinda. Pas Européen. Il devait venir d'ailleurs. Son anglais était parfait, mais avec une pointe d'accent… Il avait appris l'anglais ailleurs. Voilà. Bien appris, certes, et… et puis quoi ? Qu'avait-il de si différent ? se demanda-t-elle. Elle entreprit de l'étudier un peu plus en détail. Mince, plus grand qu'elle, d'adorables yeux noirs, un regard sombre. Des mains douces. Pas celles d'un ouvrier. Plutôt dans la finance, cet Ernest – un prénom qui n'était sans doute pas son prénom d'origine. Son regard la jaugeait. Elle en avait l'habitude. L'air de dire *est-ce que c'est vraiment un bon coup ?* Ma foi, il avait toutes les raisons de ne pas en douter. Son patron ne s'était pas plaint, il lui avait même refilé une prime. Ça aussi, elle en avait l'habitude. Elle était *vraiment* un bon coup. Melinda avait un tas de clients réguliers, certains qu'elle connaissait par leur vrai nom – s'il fallait du moins les en croire. Elle avait elle-même ses petits noms pour ses habitués, généralement en rapport avec la taille de leurs attributs. *Ou la couleur, dans ce cas précis,* songea-t-elle en retenant un rire et un demi-sourire qu'Ernest prit sans aucun doute pour lui. C'était une attitude quasiment instinctive chez elle. Quoi qu'il en soit, elle comptait déjà la monnaie.

« Voudriez-vous venir avec moi ? » demanda-t-il, presque timidement. Les hommes savaient d'instinct – les plus malins – que la timidité faisait craquer toutes les femmes.

« Ça me plairait bien. » Et jouer la réserve était tout aussi efficace dans le sens opposé. « Pour voir votre ami ?

– Peut-être. » Sa première erreur. Ernest ne serait pas mécontent d'essayer lui-même la marchandise. Elle avait beau être une sale pute, c'était une amante experte, et ses pulsions étaient identiques à celles de la plupart des hommes. « Ça vous dirait de venir avec moi ?

– Bien sûr. »

Le trajet fut relativement bref, à la grande surprise de Melinda. Un appartement chic en centre-ville, doté d'un parking souterrain privé. « Ernest » descendit de voiture et lui ouvrit galamment la porte. Ils se dirigèrent vers la batterie d'ascenseurs et l'homme pressa le bouton. Elle ne connaissait pas l'immeuble mais l'extérieur était suffisamment caractéristique pour qu'elle s'en souvienne. Donc John avait un pied-à-terre en ville ? Plus pratique pour elle comme pour lui ? Elle se posa la question. Ou peut-être gardait-il d'elle un souvenir affectueux. Cela arrivait plus d'une fois, selon son expérience.

« John » se tenait à l'entrée de la cuisine, avec un verre de vin blanc.

« Eh bien, bonsoir, John, quelle bonne surprise », dit-elle avec son plus beau sourire. Un sourire à réchauffer le cœur d'un homme, et pas que le cœur, bien sûr. Puis elle s'approcha, l'embrassa tendrement avant de saisir le verre offert. Elle but une gorgée minuscule. « John, tu as le goût le plus sûr en matière de vin. Italien ?

– Pinot Grigio, confirma-t-il.

– Et leur cuisine est aussi la meilleure.

– Es-tu d'origine italienne ?

– Hongroise, admit-elle. Nous faisons de l'excellente pâtisserie mais les Italiens sont les rois pour la préparation du veau. »

Nouveau baiser. John était un peu bizarre mais il embrassait merveilleusement bien. « Tu vas bien ?

– Voyager est toujours un problème pour moi », admit-il – à tort, pour le moment.

« Où es-tu allé ? demanda Melinda.

– Paris.

– Tu apprécies leur vin.

– Le vin italien est meilleur », répondit-il, un brin ennuyé par la conversation. Elle n'était pas ici pour ses aptitudes à la conversation. Toutes les femmes étaient douées pour ça mais les talents de Melinda étaient ailleurs. « T'as de chouettes habits », observa-t-il.

Ils s'enlèvent assez vite, s'abstint-elle de remarquer. C'était un des éléments qui entraient dans le choix de sa tenue de travail. Certains hommes aimaient posséder leurs femmes nues, mais un petit nombre aimait tirer un coup en vitesse, avec leur partenaire la jupe relevée, appuyée sur une table ou un canapé, en soutif mais les tétons à l'air... John appréciait également les pipes à genoux, elle n'y voyait pas d'inconvénient, aussi longtemps qu'il ne se laissait pas aller. « Oh, juste des bricoles que j'ai mises comme ça. Dis donc, il est chouette, ton appartement.

– Il est pratique. Et j'aime bien la vue. »

Melinda saisit l'occasion pour regarder dehors. *OK, bien*. À présent, elle savait avec précision où elle se trouvait. Il y avait du monde dans les rues, si tant est qu'on pût parler de rues, plutôt des allées permettant de marcher d'un palace à un autre, pour ceux trop radins pour prendre un taxi. Pas vraiment de trottoirs, toutefois. Le trottoir, ça ne rapportait rien. John demeura en retrait pour la contempler.

« Melinda, tu es comme une apparition », dit-il avec un sourire. C'était un sourire qu'elle connaissait bien – le sourire « j'ai envie de te sauter ». Poli en surface, plein d'un désir ardent en profondeur. Un bref coup d'œil sous la ceinture de son client confirma sa supposition.

Il était temps d'aller chercher un nouveau baiser. Ça aurait pu être pire.

« *Hmm* », murmura-t-elle. *OK, il est temps de passer aux choses sérieuses, John.* Il la prit dans ses bras. Des bras vigoureux, peut-être pour lui faire comprendre qu'elle était sa propriété. Les hommes étaient comme ça. Puis, avec douceur, il la conduisit dans la chambre.

Waouh, songea-t-elle en entrant. Celui qui avait décoré les lieux devait savoir à quoi était destiné l'appartement. Sans doute pas son premier chantier, Melinda en était sûre. Tout était pensé jusqu'au moindre détail, comme la petite chaise pour se déshabiller, près de la fenêtre. Au crépuscule, ça aurait été parfait. Elle s'assit et ôta ses souliers Manolo Blahnik. Ils avaient beau être jolis, ils étaient plus agréables à enlever qu'à mettre. Un look fantastique, mais pas vraiment faits pour marcher, et elle avait des jolis pieds très féminins. Les hommes les adoraient toujours. Suivit le corsage portefeuille qu'elle déposa sur la coiffeuse avant de se lever. Elle ne portait jamais de soutien-gorge au travail mais ça n'était pas un problème. Ses seins bonnets B+ (presque C) étaient fermes. Ça aussi, tous les hommes appréciaient. Un instant après, elle était nue et s'approchait de John pour mieux le détailler.

« Puis-je t'aider ? » Absolument tous les hommes sans exception adoraient qu'on les déshabille, surtout quand on y ajoutait ce petit côté « saute-moi vite ».

« Oui, s'il te plaît », répondit John avec un sourire rêveur. D'où qu'il puisse venir, il n'était pas habitué à ce genre de vénération. Bon, il la payait grassement pour en jouir, et après tout, c'était une de ses grandes spécialités. En une minute, elle vit pourquoi elle se souvenait de lui. Rouge, c'était le surnom parfait. Bien entendu, elle embrassa l'objet du délit.

Et bien entendu, il y réagit favorablement. Avec ce qu'il lui donnait, elle avait envie d'en faire un client régulier. Elle envisageait de changer de voiture. Une BMW, ou peut-être, carrément, une Mercedes. Il pouvait lui donner un coup de main. Comme pour son boulot, elle aimait régler cash. Enfin, un chèque certifié pour la voiture. Elle rêvait d'une Mercedes classe E. Elle aimait la solidité des voitures allemandes. On s'y sentait en sécurité. Elle aimait se sentir en sécurité. Elle se releva.

« John, est-ce pour toute la nuit ? C'est plus cher, deux mille cinq cents.

– Tant que ça ? demanda-t-il avec un sourire.

– C'est un vieux dicton : on en a pour son argent.

– Pas ce soir. Je dois m'absenter. »

Tu ne restes pas pour la nuit ? s'étonna-t-elle. *C'est juste ta garçonnière ?* Fallait-il qu'il ait des tonnes d'argent à jeter par les fenêtres. Cet appart' avait dû lui coûter un million, voire un million et demi. S'il aimait le sexe à ce point, alors elle désirait vraiment en faire un de ses clients réguliers. Les hommes ne se doutaient jamais à quel point les femmes comme elle savaient les jauger, et avec quelle profondeur, songea Melinda, même les plus fortunés d'entre eux. *Surtout les plus fortunés.* Elle le regarda saisir une enveloppe. Qu'il lui tendit.

Comme toujours, Melinda l'ouvrit et compta les billets. Il était important que les hommes sachent que cela restait une transaction commerciale, quand bien même elle était délivrée avec le meilleur simulacre d'amour qu'on puisse s'offrir contre de l'argent. Plus d'un homme avait tendu à désirer que cette relation aille un peu plus loin. Elle avait alors un charme fou pour détourner la conversation.

L'enveloppe alla dans son sac Gucci, près du Petit Monsieur Colt à la crosse de nacre. Quand elle se leva, c'était avec son plus radieux sourire. La partie affaires était réglée. On pouvait passer à l'amour.

41

*É*TAIT-CE UNE ERREUR? se demanda l'Émir. Les choses n'étaient jamais parfaitement claires à ce niveau de responsabilité opérationnelle. Le pays choisi pour cible était en fait secondaire, mais la cible proprement dite était d'une importance cruciale – potentiellement, du moins. Les effets de l'attaque se répandraient comme des ondulations dans une mare, pour bien vite venir lécher les rives de leur véritable objectif.

Si l'opération en cours lui causait des soucis, ce n'était pas à cause de son commandant sur le terrain. Ibrahim était certes ambitieux, mais il était aussi prudent et méticuleux, et il avait su se choisir une équipe réduite, organisée jusqu'au moindre détail. Mais, encore une fois, le test grandeur nature surviendrait quand le plan deviendrait opérationnel, or c'était la décision à laquelle il était maintenant confronté. Le moment choisi était essentiel, tout comme la capacité à ne pas perdre de vue la « perspective générale », comme disaient les Américains. Il y avait quantité de pièces qui se déplaçaient sur l'échiquier, et chacune devait bouger sans la bonne direction et au bon rythme pour qu'aucune ne risque de se retrouver isolée et sans soutien, entraînant les autres dans sa chute pour aboutir à l'effondrement de Lotus. Sans doute mourrait-il avant de voir Lotus porter ses fruits. Qu'il agisse trop vite ou trop lentement, le résultat serait le même.

Il allait donc laisser Ibrahim poursuivre sa reconnaissance sur zone mais attendrait, pour donner le feu vert définitif à l'opération, de connaître avec précision la disposition des autres pièces.

Et si Ibrahim réussit ? Qu'adviendra-t-il alors ? Ce Kealty réagira-t-il comme prévu ? Leur profil de l'individu – baptisé CASCADE – semblait le garantir, mais l'Émir avait depuis longtemps appris à se méfier des errements de l'esprit humain.

CASCADE… un nom bien choisi. Il l'avait trouvé amusant, tout comme le concept qu'il sous-tendait. Les services occidentaux de renseignement avaient à coup sûr des profils psychologiques sur lui – du reste, il en avait lu un –, de sorte qu'il trouvait assez farce de fonder leur opération la plus ambitieuse à ce jour sur un profil de leur cru.

Kealty était l'archétype du politicien, ce qui dans le système américain était synonyme de leader. Comment et depuis quand ils avaient perdu de vue cet élément, il l'ignorait. Et c'était le cadet de ses soucis. Les Américains s'étaient choisi le politicien qui avait su le mieux se définir lui-même comme un leader, sans jamais se demander si l'image correspondait au personnage réel. CASCADE disait que non et l'Émir était d'accord. Pis encore – ou mieux ? Tout dépendait du point de vue –, Kealty s'était entouré de flagorneurs et d'obligés qui ne contribuaient guère à l'amélioration de son image.

Et qu'arrive-t-il quand un homme faible, au caractère défaillant, se trouve confronté à une cascade de catastrophes ? Il s'effondre, bien sûr – et avec lui, son pays.

Comme promis, le bateau qu'ils avaient loué les attendait. Le capitaine, un pêcheur du coin du nom de Pyotr Salytchev, était assis dans une chaise longue, la pipe au bec, au bout de la jetée en planches déserte. Ballottant sur les eaux noires et froides, était amarré un chalutier de douze mètres Halmatic de construction britannique. Salytchev se leva en grognant.

« Vous êtes en retard, dit-il en montant sur le pont arrière.

– Mauvaise météo, expliqua Adnan. Vous êtes prêt ?

– Je ne serais pas ici, sinon. »

Durant leurs premières négociations, Salytchev avait posé plusieurs questions sur l'identité des passagers ou les raisons qui les poussaient à se rendre sur l'île, mais Adnan, jouant le rôle du militant écologiste, avait lâché quelques indices durant leur conversation. Des groupes d'observateurs venaient depuis longtemps dans les parages pour consigner les ravages de la guerre froide, avait répondu Salytchev avec un haussement d'épaules désabusé. Tant que les clients payaient et qu'ils ne les mettaient pas en danger, lui et son bateau, Salytchev était toujours ravi de conduire qui le désirait dans ces coins perdus. « La stupidité n'a pas de prix », avait-il dit à Adnan.

Adnan considéra le bateau et remarqua : « Il est plus petit que j'avais imaginé.

– Vous vous attendiez à un bâtiment de guerre ? Il est plus robuste qu'il n'y paraît. Un des rares trucs bien qu'ont construit les Rosbifs, ce Halmatic. Il s'est déjà couché sur le côté et il tient toujours le coup. Inquiétez-vous plutôt de vous-mêmes. Allez, grouillez, maintenant, parce qu'on lève l'ancre dans dix minutes. »

Le reste des hommes d'Adnan finit de décharger le matériel du camion, puis se hâta sur l'estacade pour le charger à bord, tandis que Salytchev aboyait des ordres pour indiquer où et comment tout ranger sur le pont. Une fois satisfait de la disposition de la cargaison, il largua les amarres, posa un pied sur l'estacade et poussa pour en écarter le chalutier. Quelques secondes plus tard, il était dans la timonerie et lançait le moteur. Les collecteurs d'échappement vomirent une fumée noire, le moteur diesel gronda et l'eau se mit à écumer sous l'étrave.

« Prochain arrêt, annonça Salytchev sans se retourner : l'enfer. »

Deux heures plus tard, la pointe sud de l'île apparut à travers le brouillard par tribord avant. Debout sur le pont, Adnan observait la côte aux jumelles. Salytchev lui avait assuré que les patrouilles militaires ne poseraient pas de problème, et Adnan n'en apercevait aucune.

« Ils sont là-bas, lança-t-il depuis la timonerie. Mais ils ne sont pas si futés. Ils sont réglés comme des horloges. Toujours les mêmes itinéraires de patrouille, tous les jours à la même heure.

– Et les radars ?

– Où ça ?

– Sur l'île. J'ai entendu dire qu'il y avait une base aérienne… »

Rire de Salytchev. « Quoi, vous parlez de Rogatchevo ? C'est fini, tout ça. Plus assez d'argent. Il y avait une escadrille d'intercepteurs, dans le temps, le 61e régiment, je crois, mais aujourd'hui, il n'y a plus que quelques hélicos et avions de transport. Quant aux patrouilles maritimes, ils en font le minimum et, comme je l'ai dit, elles sont de toute manière prévisibles. Une fois que nous aurons touché terre, nous serons en sécurité. Comme vous pouvez l'imaginer, ils essaient de garder leurs distances. »

Adnan n'avait pas de mal à comprendre pourquoi. Alors que ses hommes ne savaient pas grand-chose sur la nature de leur mission ou leur destination, Adnan en avait été pleinement informé.

Novaïa Zemlïa – la Nouvelle-Zemble – était bien, en effet, l'enfer sur terre. D'après le dernier recensement, l'archipel comptait quelque deux mille cinq cents habitants, pour l'essentiel des Nénètses et des Avars rassemblés dans l'île de Beluchïa Guba. L'archipel était formé de deux îles principales, Severny au nord et Ioujny au sud, séparées par le détroit de Matotchkine.

C'était vraiment dommage, songeait Adnan, que le monde ne connût de l'archipel que son histoire depuis la guerre froide. Les Européens comme les Russes le connaissaient depuis le onzième siècle, d'abord via les marchands de Novgorod, puis grâce à une suite continue d'explorateurs – Willoughby, Barents, Liitke, Hudson... tous l'avaient visité des siècles avant que les Soviétiques ne décident de le vider de sa population en 1955 pour en faire un site d'essais nucléaires qu'ils avaient divisé en plusieurs zones : A, autour de la baie de Chernaya, à la pointe sud ; B, autour du détroit de Matotchkine et enfin C, Sukhoï Nos, où ils avaient procédé, en octobre 1961, à l'explosion aérienne d'une bombe de 50 mégatonnes, *Tsar Bomba*, la plus forte explosion nucléaire jamais réalisée.

Durant sa période d'exploitation de ses périmètres de tir, la Nouvelle-Zemble avait connu près de trois cents essais nucléaires, le dernier ayant eu lieu en 1990. Depuis, elle était devenue bien des choses pour bien des gens – une curiosité, une tragédie, un souvenir lugubre... mais pour la Russie, endettée après la dissolution de l'Union, l'île était devenue une poubelle radioactive, le lieu idéal pour y abandonner ses abominations.

Comment disaient les Américains, déjà ? se demanda Adnan. Ah oui, les ordures de l'un sont le trésor de l'autre.

Cassiano vit qu'ils s'intéressaient à la nouvelle ligne à haute tension. Les endroits où elle franchissait les routes, sa hauteur par rapport au sol, le nombre de pylônes par kilomètre... une requête intéressante et bien sûr, il ferait de son mieux pour recueillir l'information.

Ils s'intéressaient également aux trains, ce qui l'intrigua. Il était vrai que des trains circulaient quotidiennement, mais leur entrée sur le site était strictement encadrée. S'ils cherchaient à y accéder, il y avait des moyens plus faciles. Peut-être était-ce là la réponse. Ils s'intéressaient moins aux trains comme moyen d'infiltration que comme instrument de mesure. Le niveau de production était un secret bien gardé, mais si l'on surveillait les allées et venues des trains et qu'on connaissait les caractéristiques des convois, on pourrait avoir une assez bonne estimation de ladite production.

Très malin. Et ça collait avec ce qu'il savait de ses employeurs. La compétition était une saine pratique, lui avait-on dit, et l'on ne pouvait pas faire grand-chose avec un champ pétrolier nouvellement découvert. Ce sur quoi l'on pouvait intervenir, en revanche, c'était sur les prix et sur la capacité de production et, soupçonnait-il, c'était bien là ce que son employeur envisageait de faire. Les pays de l'OPEP (principalement les pays arabes) étaient les principaux fournisseurs mondiaux de pétrole depuis des dizaines d'années et si Cassiano pouvait contribuer à maintenir cette suprématie, il le ferait volontiers.

42

Rétrospectivement, Jenkins se rendit compte qu'il aurait dû le sentir venir ; cette « promotion » n'était en fait rien de plus qu'un emmerdement de première. Les installations recevaient jusqu'ici des visites régulières d'une pléthore d'officiels et de services gouvernementaux, de l'Agence de protection de l'environnement à la Sécurité intérieure en passant par les Services géologiques et le corps des Ponts et Chaussées, tous placés jusqu'ici sous l'égide d'un porte-parole du ministère de l'Énergie. Le débat récemment ravivé à Washington sur l'avenir du complexe avait changé la donne et désormais, il semblait que tous les politiciens ou bureaucrates en mesure de venir se pointaient immanquablement, bardés de questions inquisitrices induites par un personnel sous-payé et par un profond désir de comprendre les moindres rouages des installations.

« Ce qu'ils veulent, Steve, lui avait dit son patron, c'est pouvoir jeter un œil derrière le rideau, et toi, tu dois juste te montrer assez gauche pour leur faire croire qu'ils ont réussi. »

Compliment équivoque mis à part, Steve devait admettre qu'il connaissait le complexe comme sa poche, ayant débuté ici juste trois ans après son diplôme, ce qui correspondait, sur la durée de vie du projet, à dix-neuf ans, après que le site eut été sélectionné comme candidat possible, parmi dix autres répartis sur six États ; douze ans après, on le nommait pour des études intensives de « définition de site » ; et encore dix ans plus tard, il était couronné vainqueur du concours de beauté. Il avait travaillé sur ce pas si petit bout de désert durant presque toute sa vie d'adulte, et avec un coût actuel de 11 milliards de dollars, c'était une des parcelles de terrain les plus minutieusement étudiées sur la planète. Et, selon qui remporterait la bataille à Washington, ces 11 milliards pourraient bien être comptabilisés comme une perte sèche. Comment pouvait-on en arriver là ? Dans quelle colonne des comptes de la nation échouerait une telle somme ?

L'achèvement du projet était devenu une question d'amour-propre pour les neuf cents et quelque membres de l'équipe, et tandis que les opinions variaient d'un employé à l'autre quant à la pertinence d'habiter à proximité, leur investissement vis-à-vis de son succès demeurait sans faille. Bien qu'âgé de trente-sept ans seulement, Steve était considéré comme un des vétérans du site, avec la centaine de ses collègues qui avaient été présents dès le moment où le projet était passé d'esquisse sur une feuille de papier à une gigantesque entreprise de terrassement. Hélas, il ne pouvait guère s'étendre sur ce qu'il faisait, une restriction qui ne lui avait pas posé de problème jusqu'à ce qu'il rencontre Allison. Elle semblait montrer un vif (et sincère) intérêt pour son boulot, savoir comment il occupait ses journées, ce qui n'avait pas été le cas de ses deux copines précédentes. Bon Dieu, il pouvait s'estimer heureux. Trouver une femme comme elle... et qui soit attirée par *lui*... Et la baise. Bon Dieu ! Bon, d'accord, son expérience en la matière était limitée, mais les trucs qu'elle lui faisait, avec ses doigts, avec sa bouche... chaque fois qu'ils étaient ensemble, il avait l'impression de vivre le courrier des lecteurs de *Penthouse*.

Ses rêveries furent interrompues par l'apparition d'un panache de poussière caractéristique en haut de la colline qui faisait face à l'entrée principale du tunnel, signe que des véhicules approchaient. Soixante secondes plus tard, deux Chevrolet Suburban noirs apparaissaient sur la route nord et entraient au parking. Le travail de l'après-midi s'était interrompu et tous les camions ainsi que les palettes d'équipements avaient été garés sur le périmètre. Les deux 4X4 ralentirent et s'arrêtèrent à une quinzaine de mètres, moteur au ralenti. Les portes restèrent fermées et Steve imagina que les occupants redoutaient la perspective de quitter leur habitacle climatisé. Et il ne faisait même pas chaud – enfin, pas encore une chaleur estivale. Marrant comme les visites de délégations tendaient à se raréfier les trois mois d'été.

Les portières s'ouvrirent enfin, livrant passage aux dix officiels envoyés par leurs gouvernements respectifs. Deux pour chacun des cinq États frontaliers. Ayant déjà retroussé leurs manches de chemise et desserré leur cravate, ils restèrent un moment immobiles, à jauger les alentours en plissant les paupières, avant de voir Steve qui leur faisait signe. Ils approchèrent en masse et firent cercle autour de lui.

« Bon après-midi et bienvenue, leur dit-il. Mon nom est Steve Jenkins et je suis l'un des principaux ingénieurs du site. Je ferai mon possible pour apprendre vos noms avant que nous en ayons terminé, mais pour l'heure, je vous laisse trier vous-mêmes vos badges de visiteurs. »

Il leur tendit une boîte à chaussures et chaque délégué se présenta tour à tour pour y pêcher le badge à son nom.

« Juste deux ou trois petits rappels en vitesse, et nous rentrerons nous abriter de la chaleur. Je vous passerai de la documentation qui recouvre tous les sujets que nous allons aborder cet après-midi, et tout ce que je suis autorisé à vous dire. »

Cette dernière remarque suscita quelques rires. Steve se détendit un peu plus. Ça ne serait peut-être pas si terrible après tout.

« Cela dit, je vous demanderai de ne prendre aucune note, ni sur papier ni sur vos assistants électroniques. *Idem*, ni magnéto ni photo.

– Pourquoi cela ? s'étonna une des délégués, une blonde au style californien. Il y a quantité d'images sur Internet.

– Exact, mais uniquement celles que nous voulons diffuser, répondit Steve. Croyez-moi, si je peux répondre à une question, je le ferai. Notre but est de vous fournir autant d'informations que possible. Une dernière chose avant que nous entrions : cet appareil derrière moi qui ressemble à l'assemblage d'un booster de fusée avec un mobile home bardé de tuyauteries, est notre tunnelier, *Yucca Mucker*[1], comme on l'appelle affectueusement. Pour ceux parmi vous qui aiment les chiffres, cet engin mesure cent quarante mètres de long, sept mètres soixante de large, pèse sept cents tonnes et peut creuser la roche au rythme de cinq mètres soixante à l'heure. Pour vous donner une idée, c'est à peu près la longueur des 4X4 à bord desquels vous êtes arrivés. »

Murmures admiratifs et rires étouffés parmi la délégation.

« OK, si vous voulez bien me suivre vers l'entrée du tunnel, on va commencer la visite. »

« Nous nous trouvons en ce moment à l'intérieur de ce que nous appelons le complexe d'études préliminaires, expliqua Jenkins. La structure, en fer à cheval, fait environ huit kilomètres de long sur huit mètres de large. À huit emplacements du dispositif nous avons creusé huit alcôves du volume approximatif d'une

---

1. Littéralement « déblayeur du mont Yucca ».

grange en bois, qui nous servent à stocker du matériel et mener des expériences, et il y a six semaines nous avons achevé le creusement de la première galerie expérimentale de stockage.

— Ce qui veut dire ? demanda l'un des délégués.

— En gros, c'est l'emplacement où seront entreposés les déchets quand le site entrera en activité — s'il doit jamais être utilisé. Vous verrez l'entrée de la galerie dans quelques minutes.

— Nous n'allons pas y pénétrer ?

— Non, j'ai peur que non. Nous entreprenons encore des tests pour en garantir la stabilité. » C'était plus qu'une litote, bien entendu. Le creusement de la galerie avait pris un temps relativement bref. Les tests et l'expérimentation allaient encore prendre entre neuf mois et un an. « Mais parlons un peu de géographie, poursuivit Steve. La chaîne au-dessus de nous a été formée il y a environ treize millions d'années par la caldera d'un volcan aujourd'hui éteint ; elle est constituée d'une alternance de couches géologiques composées de matériaux à l'aspect de pierre ponce, un mélange de roches volcaniques, incluses dans une matrice vitreuse, et généralement connu sous le nom d'ignimbrite. »

Une main se leva : « Ai-je bien entendu ? Vous avez parlé de volcan ?

— En effet. Mais il est éteint depuis longtemps.

— Vous avez toutefois connu des séismes, n'est-ce pas ?

— Oui, deux. L'un de 5 sur l'échelle de Richter, l'autre de 4,4. Le premier a causé des dégâts minimes aux bâtiments de surface, mais guère plus que quelques fissures çà et là. J'étais sur place — ici même — les deux fois. Je n'ai quasiment rien senti. »

Il y avait eu, en fait, trente-neuf failles sismiques et sept minivolcans à divers stades d'activité dans le désert alentour. C'était consigné dans le document qu'il avait distribué, mais si personne ne soulevait la question, ce ne serait sûrement pas lui qui le ferait.

Quand les gens entendaient les mots volcan et *faille*, leur cerveau tendait à repasser en mode néandertalien.

« À vrai dire, poursuivit Steve, cette structure géologique particulière est étudiée de très près depuis près de trente-cinq ans, et nous avons une quantité de preuves que le site convient parfaitement à l'entreposage de déchets nucléaires.

– Quelle quantité au juste ?

– Eh bien, c'est une des questions à laquelle je ne suis pas habilité à vous répondre.

– Sur ordre de qui ?

– Faites votre choix. La Sécurité intérieure, le FBI, le ministère de l'Énergie... Disons simplement que cette installation sera le principal site du pays pour le stockage de déchets nucléaires. »

Les meilleures estimations évoquaient une capacité maximale de 135 000 tonnes, dont une partie se dégraderait à un niveau « sûr » au bout de plusieurs dizaines d'années, tandis que d'autres déchets demeureraient potentiellement mortels durant des millions d'années. L'archétype de ce genre de matériau – en tout cas celui le plus cité par les journalistes –, le plutonium 239 dont la demi-vie était de vingt-cinq mille ans, n'était pas, et de loin, celui dont l'activité radioactive était la plus longue, Steve le savait. L'uranium 235 utilisé dans les armes et les réacteurs avait une demi-vie d'environ 704 millions d'années.

« Comment seront transportés les déchets ? » La question venait de l'un des délégués de l'Oregon.

« Par rail et par route, chaque fois dans des conteneurs spécifiquement conçus.

– Ce que je voulais dire, c'est que nous ne parlons pas là de fûts de deux cents litres ?

– Non, monsieur. Vous trouverez des informations détaillées sur les conteneurs de transport dans les documents que je vous ai remis, mais j'ai eu l'occasion de les examiner de près et d'assister aux essais de résistance auxquels ils doivent être soumis. Ils sont quasiment indestructibles.

– On disait la même chose du *Titanic*.

– Un fait qui n'a certainement pas échappé aux ingénieurs de General Atomics qui ont travaillé sur le sujet ces dix ou douze dernières années. »

Ce qui eut l'effet désiré : si l'un des sous-traitants avait passé dix ans à travailler uniquement sur les conteneurs de transport, combien avait-on investi en temps, en travail et en argent pour l'ensemble des installations ?

« Et qu'en est-il de la sécurité, monsieur Jenkins ?

– Si le complexe entre en service, la sécurité sera assumée par les Forces de protection de la NNSA, l'Administration de Sécurité nucléaire nationale – sous l'égide du ministère de l'Énergie. En cas d'urgence, bien entendu, des forces supplémentaires seraient immédiatement prêtes à intervenir.

– Quel type de forces supplémentaires ? »

Sourire de Steve. « Du type à donner des cauchemars aux bandits. »

Nouveaux rires.

« OK, passons à ce que vous êtes venus voir. Si vous voulez bien monter à bord des wagonnets sur votre droite, nous allons commencer la visite. »

Le trajet prit un quart d'heure mais de fréquentes questions ralentirent le convoi. Finalement, ils s'arrêtèrent près d'une ouverture dans la paroi du tunnel principal. Les délégués descendirent derrière Steve puis se rassemblèrent autour de lui. « La galerie que vous voyez descendre fait cent quatre-vingts mètres de long et débouche sur un réseau de petits tunnels horizontaux qui, à leur tour, donnent accès aux zones de stockage.

– Comment sont transportés les déchets depuis le camion ou le train jusqu'aux niveaux de stockage ? s'enquit un des délégués de l'Utah. Restent-ils dans leur conteneur de confinement ?

– Désolé, là aussi, information confidentielle. Mais ce que je peux vous dire, c'est comment les déchets sont entreposés ensuite. Chaque "colis" sera enfermé dans deux conteneurs successifs, le premier d'une épaisseur de cinq centimètres d'un alliage résistant à la corrosion – nommé Alliage 22 –, le second, dans deux centimètres et demi d'un acier inoxydable qualifié pour la sécurité nucléaire – du type 316NG –, le tout recouvert d'un bouclier de titane conçu pour protéger les conteneurs des fuites et des chutes de roche.

– Est-ce qu'il y a un point qui vous inquiète ? »

Sourire de Steve. « Les ingénieurs ne s'inquiètent pas. Ils prévoient. Nous essayons de modéliser tous les scénarios possibles et d'y trouver une parade. Ces trois composants – les deux conteneurs emboîtés et le bouclier de titane – forment ce qu'on appelle une "défense en profondeur". Les colis de déchets seront stockés à l'horizontale et mélangés entre divers degrés d'activité de sorte à conserver une température uniforme dans chaque chambre.

– Quelle est la taille de ces colis ?

– Une soixantaine de centimètres de diamètre pour une longueur de trois mètres cinquante à quatre mètres cinquante.

– Que se passe-t-il si l'un des colis est… égaré ? intervint l'autre délégué de Californie.

– Impossible. Le nombre d'étapes impliquées pour le déplacer et le nombre de personnes requises pour donner leur aval rendent l'hypothèse virtuellement impensable. Voyez les choses ainsi : ça nous est arrivé à tous de perdre nos clés de voiture, n'est-ce pas ?

Imaginez une famille de huit personnes. Chacune disposant d'un double des clés ; trois fois par jour, ces personnes devraient signer un formulaire indiquant, soit que les clés sont en leur possession, soit l'emplacement décidé en commun pour les ranger ; trois fois par jour, chaque membre de la famille devrait vérifier en outre que son jeu de clés personnel fonctionne bien dans la serrure et sur le contact ; et, pour couronner le tout, trois fois par jour, chaque personne devrait consulter tous les autres membres de la famille pour s'assurer qu'ils se sont bien acquittés de toutes les étapes précédentes. Vous commencez à voir le tableau ? »

Acquiescement général.

« Tout cela et même plus se déroulera ici à chaque prise de poste, chaque jour de l'année. Avec une vérification informatique complémentaire. Je vous le garantis, aussi sûrement que le soleil se lèvera demain, rien ne pourra s'égarer dans ce complexe.

– Et si nous parlions de corrosion, monsieur Jenkins ?

– Nos tests de corrosion ont lieu au LTCTF – le laboratoire Livermore d'essais de corrosion de longue durée.

– Livermore... Comme le Laboratoire national Lawrence Livermore ? »

Merci de m'avoir tendu la perche, songea Jenkins, *in petto*. Lawrence Livermore était un nom archiconnu, et même si la plupart des gens auraient été bien en peine de vous dire ce qu'on faisait dans ce labo, il était néanmoins tenu en haute estime. Donc, si Lawrence Livermore avait apporté son sceau, de quoi pouvait-on s'inquiéter ?

« Bien, reprit-il. Les procédures d'essai impliquent des tests de vieillissement et de contraintes sur des échantillons de métal qu'on appelle des "coupons". En ce moment même, ils procèdent à ces tests sur dix-huit mille coupons représentant quatorze alliages différents dans des solutions de substances présentes dans la région.

Jusqu'à maintenant, le taux de corrosion moyen s'est révélé être de vingt nanomètres par an. Un cheveu humain est *cinq mille* fois plus épais. À ce rythme, rien que l'Alliage 22 utilisé dans les conteneurs extérieurs résisterait environ deux millions et demi d'années.

– Impressionnant », dit un homme coiffé d'un chapeau de cowboy, sans doute un des délégués de l'Idaho, estima Jenkins. « Mettons alors que nous adoptions le pire scénario... Si quelque chose se met à fuir et à s'infiltrer dans le sol.

– Les risques sont...

– Faites comme si.

– Pour commencer, vous devez savoir que la nappe phréatique sous nos pieds se trouve à une profondeur inhabituelle, environ quatre cent cinquante mètres, soit trois cent trente sous cette galerie de stockage. »

C'était là un autre point de débat passionné, Steve le savait. Même si ce qu'il venait de dire aux délégués était exact, certains des scientifiques du projet insistaient pour qu'on creuse des galeries encore plus bas – certaines jusqu'à quatre-vingt-dix mètres sous le niveau de celle-ci. À vrai dire, il n'y avait aucune réponse définitive à la question de la percolation. La vitesse à laquelle divers liquides pourraient s'infiltrer dans la roche sous le complexe demeurait une inconnue, tout comme les effets d'un séisme sur cette vitesse de percolation. Mais une fois encore, se remémorat-il, les statistiques les plus affinées évaluaient le risque d'un séisme catastrophique au point d'affecter les niveaux de stockage à un sur soixante-dix millions.

S'il devait y avoir un talon d'Achille inévitable pour le projet, ce serait bien la nature de la nappe phréatique. Jusqu'à ces dix derniers mois, il était admis par tous que la zone sous le complexe était un bassin hydrologique fermé, à savoir une cuvette sans aucun déversoir vers la mer ou un fleuve. Deux études complètes, l'une par l'Agence de protection de l'environnement, l'autre par les Services géologiques fédéraux, étaient venues y apporter un démenti. Si elles étaient exactes, ces nappes aquifères pourraient bien s'étendre jusqu'à la côte ouest et au golfe de Californie. Toutefois, tant que la question n'était pas tranchée, les instructions pour Steve étaient claires : le modèle du bassin hydrologique fermé devait être la norme.

Il poursuivit donc : « Pour que des déchets parviennent à s'infiltrer dans la roche, il faudrait que des dizaines de systèmes et de sous-systèmes – humains comme informatiques – connaissent une défaillance. Là encore, il faut remettre les choses en perspective : comparé aux protocoles de sécurité en vigueur dans ce complexe, s'introduire dans un silo de missile intercontinental et procéder à sa mise à feu serait de la rigolade.

– Certains de ces éléments sont-ils fissiles ?

– Vous voulez dire, peuvent-ils exploser ?

– Oui.

– Ma foi, il faudrait quelqu'un bardé de diplômes pour vous expliquer en détail pourquoi, mais la réponse est non.

– Imaginons que quelqu'un parvienne à contourner la sécurité et descende aux niveaux de stockage avec une bombe…

– Par "quelqu'un", j'imagine que vous faites allusion à Superman ou à l'Incroyable Hulk ? »

Cela déclencha un franc fou rire.

« Bien sûr, pourquoi pas ? Disons que ce soit le cas. Quel genre de dégâts pourrait-il occasionner ? »

Steve hocha la tête. « Désolé pour cette douche froide, mais la logistique à elle seule rend l'hypothèse hautement improbable. Pour commencer, vous noterez que ce tunnel en pente mesure trois mètres de diamètre. Or la quantité d'explosifs conventionnels nécessaires pour occasionner des dommages significatifs aux niveaux de stockage ne tiendrait pas dans un camion.

– Et avec des explosifs non conventionnels ? » intervint le délégué de l'Idaho.

Alors là, songea Steve, *nous aurions un problème.*

FIN DU PREMIER TOME

Du même auteur

aux Éditions Albin Michel

Romans :

À LA POURSUITE D'OCTOBRE ROUGE
TEMPÊTE ROUGE
JEUX DE GUERRE
LE CARDINAL DU KREMLIN
DANGER IMMÉDIAT
LA SOMME DE TOUTES LES PEURS, tomes 1 et 2
SANS AUCUN REMORDS, tomes 1 et 2
DETTE D'HONNEUR, tomes 1 et 2
SUR ORDRE, tomes 1 et 2
RAINBOW SIX, tomes 1 et 2
L'OURS ET LE DRAGON, tomes 1 et 2
RED RABBIT, tomes 1 et 2
LES DENTS DU TIGRE
MORT OU VIF, tomes 1 et 2

Une série de Tom Clancy et Steve Pieczenick :

OP-CENTER 1
OP-CENTER 2 : IMAGE VIRTUELLE
OP-CENTER 3 : JEUX DE POUVOIR
OP-CENTER 4 : ACTES DE GUERRE
OP-CENTER 5 : RAPPORT DE FORCE
OP-CENTER 6 : ÉTAT DE SIÈGE
OP-CENTER 7 : DIVISER POUR RÉGNER
OP-CENTER 8 : LIGNE DE CONTRÔLE
OP-CENTER 9 : MISSION POUR L'HONNEUR
OP-CENTER 10 : CHANTAGE AU NUCLÉAIRE
OP-CENTER 11 : APPEL À LA TRAHISON
NET FORCE 1
NET FORCE 2 : PROGRAMMES FANTÔMES
NET FORCE 3 : ATTAQUES DE NUIT
NET FORCE 4 : POINT DE RUPTURE
NET FORCE 5 : POINT D'IMPACT
NET FORCE 6 : CYBERNATION
NET FORCE 7 : CYBERPIRATES
NET FORCE 8 : LA RELÈVE

Une série de Tom Clancy et Martin Greenberg :
POWER GAMES 1 : POLITIKA
POWER GAMES 2 : RUTHLESS.COM
POWER GAMES 3 : RONDE FURTIVE
POWER GAMES 4 : FRAPPE BIOLOGIQUE
POWER GAMES 5 : GUERRE FROIDE
POWER GAMES 6 : SUR LE FIL DU RASOIR
POWER GAMES 7 : L'HEURE DE VÉRITÉ

Documents :
SOUS-MARINS. Visite d'un monde mystérieux :
les sous-marins nucléaires
AVIONS DE COMBAT. Visite guidée au cœur de l'U.S. Air Force
LES MARINES. Visite guidée au cœur d'une unité d'élite
LES PORTE-AVIONS. Visite guidée d'un géant des mers

Composition IGS-CP
Éditions Albin Michel
22, rue Huyghens, 75014 Paris
www.albin-michel.fr

ISBN : 978-2-226-22981-6
N° d'édition : 16131/A/01 – N° d'impression :
Dépôt légal : octobre 2011
Imprimé au Canada